글로벌시대 한국과 국제협력

Korea & International Cooperation in the Global Era

윤 영 미

Yun, Yeongmi

2013년도
대한민국학술원 선정
우수학술도서
이 도서는 교육부의 지원으로 대한민국학술원에서 선정한 "2013년도 우수학술도서"임.

도서출판 두남 Publishing DUNAM

서문

글로벌 시대 국제협력이 강화되는 시점에서 대한민국은 어떤 국가로 인식되고 있는가. 1945년 8·15 광복이후 1948년 8월 15일 '자유민주주의와 자본주의 시장경제 체제'의 합법적인 대한민국 정부가 탄생되었다. 그 후 우리는 1950년 6월 25일 북한의 갑작스런 남침에 의한 전쟁의 위기 속에서도 참전용사와 유엔군의 희생과 헌신이 있었기에 자유민주주의는 굳건히 지킬 수 있었다.

한국은 참혹했던 6·25전쟁의 폐해와 상처를 극복하고 원조를 받던 나라에서 주는 나라로 성장했다. 한강의 기적을 일으키며 세계 10위의 경제대국으로 성장했다. 또 2010년 G20(주요 20개국) 정상회의와 2012년 서울 핵안보정상회의의 성공적인 개최는 국가 위상과 이미지 제고에 크게 기여했다. 최근 한·유럽(EU)과 한·미 자유무역협정(FTA) 체결에 이어 6·25전쟁 참전국 콜롬비아, 그리고 터키와의 FTA 체결도 활발하게 추진 중이다. 이처럼 참전국 용사의 희생을 잊지 않기 위해 보훈외교도 활발하게 전개되고 있다. 특히, 2012년 계속되는 세계경제 위기 속에서도 무역 1조 달러 달성, 세계 7번째로 1인당 국민소득 2만 달러와 인구 5000만 명을 동시에 가입하는 '20·50클럽'의 쾌거를 달성했다.

동시에 세계경제 위기와 불어 닥친 고유가는 중앙아시아와 러시아, 남미 등 에너지외교의 다변화와 지속가능한 저탄소·녹색성장의 환경정책과 외교의 중요성이 더 강조되고 있다. 또 2012년 현재 북한 이탈주민(새터민)들을 포함한 외국인 거주 140만과 60만여 다문화가정 시대를 맞고 있다. 이제는 '나와 다름'을 이해하고 수용하는 공존의 시대에 직면했음을 인식해야 한다. 하지만 그동안 남북관계는 너무나 많은 경험과 변화를 겪으면서 경색되었다. 1972년 7·4공동성명 이후 '평화공영정책'에서 '상생공영정책'에 이르기까지 많은 남북 경협 및 교류 증진에도 불구하고 한반도의 평화관리는 그다지 안정적이지 못한 것 같다. 한반도는 세계 유일 냉전의 상처를 안고 있는 분단지역이자, 7천만 이산가족이 북쪽의 고향을 그리워하고 가족 상봉을 기다리고 있는 곳이다.

빌리 브란트 전 서독 총리가 1989년 6월 서울을 방문한 적이 있었다. 그는 당시, "통일되는 것을 보고 죽고 싶지만 독일 통일은 주변국의 반대로 빨리 이루어지지 않고 한국이 먼저 통일될 것 같다"고 말한 적이 있었다. 그러나 그의 이런 말과 달리 5개월 후 베를린 장벽이 무너졌다. 그리고 1990년 10월 독일통일이 달성되었다. 사실상 갑작스런 독일통일을 아무도 예측 하지 못했던 것이다. 물론 통독을 갈망하면서 오랫동안 동서독은 활발한 경협과 다양한 교류를 유지했었다. 우리에게 주는 중요한 시사점 중 하나는 통일은 이렇게 예고 없이 달성될 수도 있다는 것이다. 이런 점에서 이명박 정부가 추진했던 통일재원 마련을 위한 '통일항아리'에 남북한 평화통일을 염원해보기도 했다.

2010년 천안함 피격사건과 연평도 포격도발, 2011년 12월 중순 김정일의 갑작스런 사망과 3남 김정은의 권력 승계, 핵실험과 미사일 발사 실험 등 계속되는 북한의 위협 속에서도 굳건한 한·미동맹을 바탕으로 국가안보가 굳건히 유지되고 있다. 무엇보다도 이 시점에서 강대국은 타고나는 것이 아니라 만들어지는 것이고, 아무리 위대한 제국이라도 몰락하고 마는 역사의 교훈을 되새겨보고 싶다.

1987년 출판된 '강대국의 흥망'(the Rise and Fall of the Great Powers)의 저자인 폴 케네디(Paul Kennedy) 교수가 지적했듯이, 수준 높은 경제력과 강력한 군사력의 조화에서 강대국이 등장하는 것이다. 경제력에 상응하는 군사력도 필요하다. 한국의 지정학적 상황과 주변국과의 경쟁 관계를 고려해야 한다. 한국이 더 발전하기 위해서는 국력을 키워야 한다. 무엇보다 국론이 결집되고 나라 사랑하는 마음이 모아져야 하지 않을까 싶다. 일본의 계속되는 우경화 경향과 터무니없는 독도 영유권 주장은 우리에게 무엇을 시사해주고 있는가. 지도자와 국민의 날카로운 통찰과 지혜가 필요한 시점이다.

늘 그랬듯이, 선거철이 다가올 때 마다 어떤 인물을 선택할 것인가. 정말 고민스럽다. 사람이 바뀐다고 정치가 크게 달라진다고 믿고 싶지만 꼭 그렇지 않은 것 같다. 그러나 매번 유권자들은 '변화와 희망의 정치'를 기대한다. 그련 변화는 새로운 사람을 선택하는 데 중요한 척도임을 부인할 수 없다. 이와 관련 현대 정치학의 아버지라 불리는 마키아벨리(Niccolo Machiavelli, 1469~1527)의 선택은 무엇이었을까. 그는 우리에게 정치인은 '사자의 힘과 여우의 간교함'을 두루 갖춰야 살아남을 수 있다는 주장을 한 탓에 '권모술수'의 화신으로 인식되고 있다. 하지만 그의 고민은 국가의 생존과 번영에 있었다. 우리는 1531년 출판된 그의 '로마사 논고'(Discourses on Livy)를 주목해야 한다. 그가 지적했던 진정한 위대함은 공동체를 향해 정치지도자들의 '헌신과 기개'였음을 기억해야 한다.

2012년 6월 17일부터 23일까지 필자는 국방부 정책자문위원이자 정부합동성과평가단 일원으로 아프가니스탄(오쉬노부대) · 바레인(청해부대) · 아랍에미리트연합(UAE, 아크부대) 등 해외 파병부대를 방문했다. 민간여성으로 무려 50도가 웃도는 폭염과 헬기를 타고 전술비행 등 작전지역을 넘나드는 것은 결코 쉬운 일은 아니었지만, 보람된 시간이었다. 2006년 2월 말 이미 이라크 아르빌지역의 '자이툰'(현지어로 평화를 뜻함) 파병부대를 방문했던 경험이 있었지만, 이번에 남다른 감회가 느껴졌다. 몇 년 사이 우리 군의 위상과 전력이 많이 달라졌음을 새삼 느낄 수 있었다. 한국군은 세계 곳곳의 분쟁지역에서 '평화와 재건' 지원을 위해 명실 공히 세계 최강의 군으로 우뚝 섰다. 바로 이런 군의 모습이야말로 우리 국가를 세계 속의 한국으로 거듭나게 할 수 있는 헌신과 기개임을 느낄 수 있었다.

올 여름 정말 그 어느 때보다 폭염이 지루하게 길었다. 구슬땀을 흘리며 무더위와 싸우면서 손에서 놓을 수 없었던 소중한 원고를 다듬으면서, 여름을 건강하게 지낼 수 있었던 것은 새 학기 학생들에게 알맞은 교재를 제공해 주고 싶은 필자의 뜨거운 열망이 있었기 때문이었다. 사실 이 책이 빛을 발하기까지는 많은 분들의 도움과 지원이 있었다. 특히 2010년 전부터 새롭게 개설한 '현대민주주의와 한국정치' 과목에 평택대 학생들이 열정적으로 강의에 임해주었고, 많은 학생들의 요청도 있었기 때문이었다. 또 글로벌 시대 한국과 국제협력을 나름대로 진단해보고 한국 사회를 성찰해 보면서 국가 위상 강화를 위해 무엇을 할 수 있을 것인가에 대한 질문에 답하고 싶었다.

그동안 필자가 국방부, 통일부, 행안부, 해군, 청와대 대통령실 PI 자문단 등 주요 정부기관의 정책자문위원으로서의 소중한 경험, 또 국방FM 생방송 시사안보 프로그램, '국방광장'과 국방TV 정책진단 '코리아 리포트' 진행자로서 활동도 이 책 곳곳에 담고 싶었다. 방송 PD와 작가들을 비롯하여 물심양면으로 도움을 주신 많은 분들께 심심한 감사를 드리고 싶다. 특히 국방홍보원 전임 김종찬 원장님과 현 오철식 원장님의 지원과 배려를 언급하지 않을 수 없다.

아울러 여기 실린 글은 필자가 세미나에서 발표했거나 학술지에 실었던 논문을 수정 및 보완했고 또 틈틈이 연구했던 글들을 모아 묶었다. 크게 대북정책 관련 글과 글로벌 시대 국제의제, 그리고 한국사회가 당면한 국제협력 과제와 관련된 글들로 구성되었다. 1장의 공동저자이신 선문대 허태회・윤황 두 분 교수님께도 감사를 드리며, 그때그때 정책적・학문적 요구에 응해 집필된 글이라 다소 체계적으로 연결되지 못하는 약점을 갖고 있다. 그럼에도 불구하고 이렇게 한권의 책으로 묶은 것은 2000년대 이후 한국사회가 경험하고 있는 새로운 글로벌 의제에 대한 관심으로 정리할 필요를 절실히 느꼈기 때문이다. 특히, 보론은 필자가 2010년 11월부터 2012년 8월까지 언론에 기고했던 글로 엮었다. 칼럼의 특성상 다분히 시의적인 글이기 때문에 긴 호흡의 학술적인 논문에는 담을 수 없었던 내용을 포함하고 있어 별도로 엮었다.

마지막으로 이 책이 글로벌 시대 한국과 국제협력에 관심이 있거나 연구자들에게 적잖은 성찰과 도움이 되었으면 한다. 또 이 책을 읽어주시는 많은 독자의 아낌없는 충고와 질정을 기다린다. 이번에도 어려운 출판사정에도 불구하고 4번째 출판을 기꺼이 수락해주고 많은 도움을 준 도서출판 두남의 모든 관계자분들께도 진심으로 고마움을 전한다.

2012년 8월 15일
평택대 연구실에서
저자 윤영미

차 례

PART 1 글로벌 시대의 대북정책

1 1990년대 이후 대북정책의 지속과 변화 ······ 15

Ⅰ. 들어가는 말 ······ 15
Ⅱ. 남북관계와 남남갈등관계 ······ 17
Ⅲ. 한미관계와 북미관계 ······ 27
Ⅳ. 맺음말 ······ 40

2 '평화공영정책'에서 '상생공영정책'으로: 성과와 한계 ······ 47

Ⅰ. 들어가는 말 ······ 47
Ⅱ. 대북정책의 경로변환에 대한 개념적 접근 ······ 49
Ⅲ. 노무현 정부의 평화공영정책: 성과와 한계점 ······ 54
Ⅳ. 상생공영의 비핵·개방·3000정책과 한계점 ······ 61
Ⅴ. 맺음말 ······ 65

3 한반도 통일인식과 통일비용 조성방안 ······ 69

Ⅰ. 들어가는 말 ······ 69

Ⅱ. 한반도 통일에 대한 인식 ···· 70
Ⅲ. 독일통일과 통일비용 방안 ···· 79
Ⅳ. 한반도 통일비용 방안 ···· 87
Ⅴ. 맺음말 ···· 90

PART 2 국제협력과 국가안보

4 6 · 25전쟁과 국제협력: 참전국과의 협력 증진방안 ···· 97

Ⅰ. 들어가는 말 ···· 97
Ⅱ. 유엔(UN)군의 참전과 참전국 현황 ···· 99
Ⅲ. 국제사회 기여와 6 · 25전쟁 기념사업의 의미 ···· 106
Ⅳ. 전투병 참전국들과의 우호협력 방안 모색 ···· 115
Ⅴ. 맺음말 ···· 122

5 갈등과 협력의 동북아시아 해양안보와 환경변화 ···· 129

Ⅰ. 들어가는 말 ···· 129
Ⅱ. 동아지중해 모델의 이론적 접근과 고찰 ···· 131
Ⅲ. 동북아시아 해양안보 환경의 전략적 중요성 ···· 134
Ⅳ. 동북아시아 해양안보 환경의 갈등과 협력 과제 ···· 145
Ⅴ. 맺음말 ···· 152

6 주한미군 재배치와 협력적 거버넌스 구축 방안 … 159

Ⅰ. 들어가는 말 …… 159
Ⅱ. 한미동맹과 주한미군 재조정 …… 160
Ⅲ. 주한미군 평택재배치 현황 …… 166
Ⅳ. 주한미군 평택재배치와 협력적 거버넌스 구축 …… 170
Ⅴ. 맺음말 …… 179

PART 3 한국사회와 글로벌 의제

7 에너지외교의 다변화와 과제: 우즈베키스탄과의 협력모색을 중심으로 …… 189

Ⅰ. 들어가는 말 …… 189
Ⅱ. 우즈베키스탄의 지정학적 특성 …… 190
Ⅲ. 에너지외교의 다변화: 우즈베키스탄과의 협력 확대 … 196
Ⅳ. 맺음말 …… 205

8 저탄소·녹색성장의 환경정책: 특성과 과제 …… 215

Ⅰ. 들어가는 말 …… 215
Ⅱ. 지속가능한 발전과 녹색성장에 대한 개념 …… 216
Ⅲ. 녹색성장과 에너지체제 구축 …… 223
Ⅳ. 저탄소 · 녹색성장의 구축과 과제 …… 228
Ⅴ. 맺음말 …… 231

9 한국적 다문화정책의 양상과 대안모색 ········ 237

Ⅰ. 들어가는 말 ········ 237
Ⅱ. 한국적 다문화정책과 양상 ········ 239
Ⅲ. 사회통합적 이주민정책 ········ 246
Ⅳ. 맺음말 ········ 256

PART 4 윤영미 교수가 본 한국과 국제사회

나라사랑하는 마음 되새기는 광복절 되자 ········ 265
게티즈버그의 기억과 호국보훈의 의미 ········ 266
제2 연평해전 영웅을 기리며 ········ 268
호국보훈 의미를 되새기며 ········ 269
'천안함 2주기'를 되새기며 ········ 271
역사 바로 세워야 한다 ········ 272
반국가적 행위가 용납되지 않는 사회적 분위기를 조성해야 · 274
국보법은 유지되어야 한다 ········ 275
국가안보와 마키아벨리의 선택 ········ 277
유럽의 독재자 '루카셴코식'국가건설 ········ 278
사이버 안보도 '유비무환' ········ 280
對北 정보수집 강화해야 ········ 281
포스트 김정일 체제와 러시아의 선택 ········ 283
北, 핵보다 국민 먹여 살리는 게 우선 ········ 284
식량구걸 北 미사일이 웬 말 ········ 286
北이 보여줘야 할 건 신뢰와 진정성 ········ 287
미얀마의 개혁과 북한의 선택 ········ 289
김정은 파격 행보, 개혁 · 개방의 시작일까 ········ 290

국방개혁안 처리 더 늦춰선 안 돼 ······ 292
국민의 사랑 · 관심 있어야 선진强軍 된다 ······ 294
한미 국방장관회담 성과와 의미 ······ 295
동북아 안보와 제주해군기지 건설의 의미 ······ 297
독도 실효지배 강화하라 ······ 298
국가의 운명과 해양안보 ······ 300
한국군의 빛나는 전통, 이순신 정신 ······ 301
해외 파병부대 그 값진 희생과 헌신 ······ 303
'희망의 전도사' 오쉬노 부대와 국가안보 ······ 305
해외파병은 국가안보의 초석이다 ······ 307
숲의 가치 에너지 절약으로 지키자 ······ 309
지속 가능한 '국방녹색성장'을 위하여 ······ 310
글로벌 녹색외교의 의미와 성과 ······ 312

참고문헌 / 315

글로벌 시대의 대북정책

1부

제1장 1990년대 이후 대북정책의 지속과 변화

제2장 '평화공영정책'에서 '상생공영정책'으로: 성과와 한계

제3장 한반도 통일인식과 통일비용 조성방안

GLOBAL

제 1 장

1990년대 이후 대북정책의 지속과 변화

Ⅰ. 들어가는 말
Ⅱ. 남북관계와 남남갈등관계
Ⅲ. 한미관계와 북미관계
Ⅳ. 맺음말

Ⅰ 들어가는 말

1987년 9월 12일 헌정사상 처음으로 여야합의에 의해 제9차 헌법개정안이 국회에서 통과되고, 이 개정안이 10월 27일 국민투표에 의해 확정됨에 따라 12월 16일 제13대 대통령선거가 실시된 후 1988년 2월 25일 노태우(盧泰愚) 대통령이 취임함으로써 제6공화국은 공식 출범하였다. 노태우 정부는 국제질서의 탈이념·탈냉전 흐름에 부응한 '북방정책'의 구도 아래 1988년 '7.7특별선언'의 발표를 통해 남북간 인적·물적 교류협력 증진을 통한 남북관계 개선방안을 제시하였고, 1989년 '한민족공동체통일방안'의 통일정책을 구체화한 가운데 1990년 남북총리 수석대표의 '남북고위급회담'을 개최하고 1992년 '남북기본합의서' 및 '한반도 비핵화 공동선언'을 발표하는 등 북한을 평화통일의 대상으로 인정하고 남북 간에 다방면적인 대화와 교류를 통해 점진적으로 남북관계를 개선하기 위한 대북정책을 적극 추진하였다. 노태우 정부에 이은 김영삼 정부는 1993년 출범시기부터 북핵문제로 남북관계가 최악의 위기에 처했으나 1993년 '민족공동체통일방안'(한민족공동체 건설을 위한 3단계·3기조통일방안)의 천명, 1994년 남북정상회담의 개최합의, 1995년 전제조건 없는 대북식량제공의 의사 표명과 남북의 북경 쌀회담 개최에 따른 15만 톤 쌀 지원, 1995－1997년 동안 국제기구를 통한 정부차원의 인도적 대북지원과 동시에 민간차원의 대북지원 지속, 1995년 '한반도 평화체제 구축 3원칙'의 천명 등을 통해 단계적·점진적으로 남북관계를 개선하는 대북정책을 적극 추진하였다[1] 김영삼 정부의 출범이후 김대중, 노무현, 이명박 정부의 대북정책도 그 정책 실행의 비전과 기조, 목표와 전략, 원칙과 입장, 사업과 과제 등을 핵심적인 국가의제로 삼고 추진되었으며 또 추진되고 있다. 그 결과 남북관계의 개선발전, 한반도평화의 정착노력, 국제사회의 이해증진, 남북주민의 신뢰회복 등에서 한국의 대북정책은 상당한 성과를 낳기도 했다. 하지만 제2차 세계대전 이후 유일한 분단국가인 남과 북이 대내적·대외적 환경의 변수에 따라 언제든지 다시 냉전적 상황으로 회귀할 수 있는 강한 반동성을 갖고 있기 때문에, 그에 따라 김영삼 정부의 출범이후 한국정부의 대북정책은 일관성과 안정성을 갖고 정책실행을 하기가 어려웠고, 동시에 정권의 교체에 따른 정책의 차별적 실행으로 인해 집단과 여론의 분열을 초래하여 정책효과를 최대화시키는 것도 쉽지 않았다. 특히 2008년 이명박 정부의 출범과 함께 북한의 계속된 도발로 인해 남북관계는 급속히 경색되기 시작했으며, 사실상 김대중－노무현 정부 이전의 대결국면으로까지 복귀하고 있는 상황이다. 물론 최근 클린턴 전 미국 대통령의 방북과 김대중 전 대통령의 장례식 참석을 위한 북한의 조문 사절단 방한으로 인하여 남북관계의 변화에 대한 기대감이 높아지고 있다. 그럼에도 불구하고 오바마 정부의 일관된 '선(先)북핵문제해결 후(後)북미관계개선'이라는 대북정책의 기조에 따라 계속된 대북제재조치와 이명박 정부의 확고한 '비핵·개방·3000' 구상의 기조유지로 조속한 시일 내에 남북관계의 해빙가능성은 그다지 높지 않는 상황이다. 이처럼 기본적으로 '해빙과 결빙'이 주기적으로 반복되는 남북관계는 남과 북의 불안정성과 안보위기를 불러일으키고 있으며, 주변국과의 외교정책에 있어서도 정책적 일관성과 안정성을 약화시키는 결정적인 요인으로 작용하고 있다. 이러한 문제의식에서 출발하여 본 연구는 김영삼 정부의 출범 이후 한국의 대북정책에 영향을 끼치는 불안정성(instability)의 변수들을 파악하여 대북정책의 일관성과 안정성을 확보할 수 있는 정책기제를 모색하고자 시도하였다. 김영삼 정부의 출범 이후 그 동안 대북정책이 보여주는 가시적 성과에도 불구하고, 여러 가지 상황변수에 의해 쉽게 남과 북이 대결적 국면으로 치닫게 만드는 남북관계의 불안정성이 무엇인가를 분석하여 대북정책의 일관성과 안정성을 확보하기 위한 제도적 방안을 모색하는 것은 향후 한반도 평화구축에 있어 매우 중요한 의미를 갖고 있기 때문이다.

따라서 본 장은 김영삼 정부의 출범이후 한국정부가 추진해온 대북정책의 결정과정과 추진과정에 영향을 미친 주요 변수들을 분석하여 대북정책의 안정성을 확보할 수 있는 방안을 모색해 보고자한다. 분단이후 지금까지 역대 정부의 대북정책 결정에 가장 큰 영향을 미친 주요 변수들인 남과 북의 분단구조, 국제질서의 냉전구조, 한반도 주변의 4강구조, 남과 북의 권위주의정권구조 등에 관심을 갖고 한미관계와 북미관계를 외생변수로 설정하는 한편, 남북관계와 남남관계를 내생변수로 설정하여 이들 변수들과 대북정책과 관련된 상호작용과 영향을 분석하고자 하였다.

II 남북관계와 남남갈등관계

2.1 남북관계

지금까지 역대 정부의 대북정책 결정 및 추진에 가장 큰 영향을 미친 주요 변수들 중에 제일 중요한 변수로는 무엇보다 남북 간의 분단상황, 즉 고착화된 분단구조라고 하겠다. 역대 한국정부는 남북분단이라는 고착화된 구조적 요인과 당시의 상황적 편의에 따라 나름대로의 대북정책과 통일외교를 추진해왔다. 제1공화국의 이승만 정부는 남북 양 측 간에 막 시작된 남북분단과 갈등의 연장선에서 소위 '북진통일'을 목표로 한 대북강경책을 추구하였는가 하면, 뒤이어 경제재건과 빈곤탈출을 명분으로 집권한 제 3공화국의 박정희정부는 한 동안 경제재건에 매달리면서 북한과의 어떤 접촉도 거부한 채 고립주의적 대북정책을 추진하다가 1970년대 들어 세계적 데탕트의 분위기에 편승하여 처음으로 '점진적이며 기능주의적'인 대북정책의 기초를 마련하였다. 그 이후 군부쿠데타를 통해 집권한 제 5공화국과 이를 계승한 제 6공화국의 '북방정책'은 탈냉전이후 변화하는 국제환경에 나름대로 유연하게 대응하려는 시도로서 북한에 대한 포용적 성향이 처음으로 가시화되기 시작한 정책시도였다. 뒤를 이은 문민정부의 세계화 정책은 출범초기의 야심찬 계획에도 불구하고 대북정책과 관련 특별한 성과는 거두지 못한 채 일관성 없는 대결정책으로 머물렀다. 그러나 김대중 정부와 노무현 정부의 대북포용정책은 사실 역사적으로 의미가 있는 정책이며 기대를 모은 정책시도였으나, 그 포용정책의 실효성과 정책비용의 문제, 그리고 추진과정에서 드러난 여러 가지 문제점을 고려해 볼 때 대북정책의 안정성과 일관성을 담보한 성공적인 정책으로 평가받기는 어려울 것 같다. 여기에 이명박(李明博) 현 정부의 대북정책인 '비핵·개방·3000'은 기본적으로 좌파정권이었던 김대중－노무현 정부('햇볕정책·대북화해협력정책－평화번영정책')의 대북포용정책과 다른 문제인식으로 시작하여 북한의 선 비핵화에 이은 체제불안 해소와 경제지원을 표방하고 있지만 북한의 계속된 핵도발과 위기상황 고조로 인해 아직까지는 이렇다할만한 진전은 보이질 못하고 있다. 이처럼 대북정책의 추진과정에서 불안정성을 야기하는 가장 주요한 원인중의 하나는 남북 간의 상호인식에 따른 관계변화라고 하겠다. 물론 북한의 대남인식과 태도를 통제할 수 없는 상수(a constant)로 간주할 수 있겠지만 대북정책의 특성상 북한의 태도변화와 남한의 호응에 따른 상호관계를 고려하지 않을 수 없다. 최근 북한의 일방적인 도발과 행태가 결국은 남한의 상호대응과 정책 입지를 약화시키고 궁극적으로는 대북 지원정책에 대한 사회적 합의나 지지수준을 급락시키는 원인으로 작용하는 측면을 무시할 수 없기 때문이다. 따라서 지금까지의 역대 정부 대북정책 결정과 추진과정 및 그 이후 전개된 정책의 일관성 및 안정성의 차원에서 본다면 남북관계의 변화가 가장 중요한 축으로 작용하였다고 할 수 있을 것이다.

〈표 1〉 남북한 통일정책의 변화 추이

연대	남 한			북 한	
	공화국	정권	통 일 정 책	정권	통 일 정 책
1940	1	이승만	유엔 결의에 의한 북한만의 자유총선거실시정책	김일성 1인체제	유엔 부정의 남북한 총선거론
1950			유엔 결의와 감시 하에 의한 인구비례의 남북한 자유총선거 실시정책		위장평화의 무력통일론('외국군 철수 후 남북한 자유총선거 실시론')
1960	2	민주당	유엔감시 하에 의한 인구비례의 남북한 자유총선거 실시정책		남한 정부가 남북 자유총선거를 받아들일 수 없는 경우의 남북한 연방제론
	3	박정희	유엔 감시 하에 의한 남북한 자유총선거 실시정책(선경제건설 후통일의 정책)		'남한내 미군철수' 후의 남북한 자유총선거 실시 및 남북한 연방제론
1970	4	박정희 유신 정권	공정한 선거관리와 감시 하에 의한 토착인구비례에 의한 남북한 자유총선거 실시정책(선평화 후통일의 정책)		'남한내의 미군철수 · 정치범 무조건 석방' 아래 남북 자유총선거론(5대 강령의 고려연방공화국의 연방제론)
1980	5	전두환	민족화합 민주통일방안(남북 쌍방의 대표들로 민족통일협의회의 구성 → 통일헌법 초안의 마련 → 남북한 민주적 방식에 의한 자유국민투표의 실시 → 통일국회와 통일정부의 구성으로 통일국가 완성)		3대선결조건('남한내의 군사파쇼통치 청산과 사회의 민주화－반공법 · 과 국가보안법 폐지 · 폭압통치기구 철폐 · 공산당 활동 보장－실현, 한반도의 긴장상태 완화와 전쟁위험 제거－주한미군 철수 및 정전협정의 평화협정 전환－, 미국의 두 개 조선 조작책동 및 내정간섭의 제시')과 10대 시정방침에 의한 고려민주연방공화국 통일방안

<table>
<tr><td rowspan="4">1990</td><td rowspan="7">6</td><td>노태우</td><td>한민족공동체 통일방안(남북간에 자주 · 평화 · 민주의 3원칙 하에 교류와 협력을 통해 상호신뢰의 회복 → 과도적 통일체인 남북연합의 형성 → 통일헌법에 따라 총선거를 실시하여 통일국회와 통일정부의 구성으로 완전한 통일국가인 통일민주공화국 수립)</td><td rowspan="2"></td><td>조국통일 5개 방침에 의한 '정전협정의 평화협정 전환 · 유엔군사령부 해체 · 대미 평화협정 체결 · 주한핵무기와 미군 철수' 등의 고려민주연방공화국 통일방안</td></tr>
<tr><td>김영삼</td><td>한민족공동체건설을 위한 3단계 통일방안 또는 민족공동체 통일방안(3단계 : 남북의 화해 · 협력 단계→남북연합 단계→1민족 · 1국가 · 1체제 · 1정부의 통일국가 단계)</td><td>민족대단결 10대강령에 의한 4개 선결조건('외세의존정책 포기 · 미군철수 의지표명 · 외국군대와의 합동군사훈련 영구중지 · 미국의 핵우산 탈피')하의 고려민주연방공화국 통일방안</td></tr>
<tr><td rowspan="2">김대중</td><td>對北三不原則(무력도발의 不許容, 흡수통일의 不受容, 평화협력의 不可避)에 의한 햇볕정책(= 대북포용정책)</td><td rowspan="4">김정일</td><td>민족대단결5대방침의 통일원칙에 따른 김일성의 고려민주연방공화국제를 그대로 되풀이 하고있음</td></tr>
<tr><td>대북포용정책에 기초한 '남북연합제안'</td><td>조국통일3대헌장에 기초한 '낮은단계의 연방제안'</td></tr>
<tr><td rowspan="3">2000</td><td>노무현</td><td>한반도 평화증진과 동북아 경제중심국가건설의 '평화번영정책'</td><td>조국통일3대헌장에 기초한 '낮은단계의 연방제안'</td></tr>
<tr><td>이명박</td><td>'비핵 · 개방 · 3000'의 구상과 '상생 · 공영정책'</td><td>조국통일3대헌장에 기초한 '낮은단계의 연방제안'</td></tr>
</table>

출처: 서병철 편저, 『분단 극복을 위한 초석－한국과 독일의 분단과 통일－』(서울: 도서출판 매봉, 2003), pp. 343－344 보완함.

남과 북의 통일정책을 시대별로 요약해 보면 <표 1>과 같다. <표 1>에서 보는 바와 같이, 북한의 경우는 김일성－김정일 부자의 장기집권과 절대 권력에 의해 「민주기지노선(40년대)→위장평화의 무력투쟁노선(50년대)→과도기적 남북연방제(60년대)→5대강령하의 고려연방공화국제(70년대)→3대 선결조건과 10대 시정방침에 의한 고려민주연방공화국 통일방안(80년대)→조국통일 5개 방침과 민족대단결10대강령에 의한 고려민주연방공화국 통일방안(90년대)」으로 통일정책을 변화시켜오고 있다. 한국의 경우는 「유엔 감시하의 남북한 자유총선거실시론(李承晩 정권)→유엔 감시하의 남북한 자유총선거실시론(民主黨 정권)→유엔 감시하의 남북한 자유총선거실시론(=선 경제건설 후 통일정책 : 3공화국 朴正熙 정권)→공정한 선거관리와 감시하의 토착인구비례에 의한 남북한 자유총선거 실시론(=선평화 후통일 정책 : 제4공화국 朴正熙 정권)→민족화합민주통일방안(全斗煥 정권)→한민족공동체통일방안(盧泰愚 정권)→한민족공동체를 위한 3단계통일방안(=민족공동체통일방안 : 金永三 정권)→ 대북3불원칙에 의한 햇볕정책(= 대북포용정책: 金大中정권)→한반도 평화증진과 동북아경제중심국가건설의 '평화번영정책'(盧武鉉정권)→'비핵·개방·3000'의 구상과 '상생·공영정책'(李明博 정권)」으로 통일정책을 실행해오고 있다. 그러나 남한의 통일정책 변화는 연속성을 지니지 못한 채 명칭 상 정권과 더불어 생기고 정권과 함께 사라져버리는 특징을 보이고 있다[2] 이는 그동안 남·북한의 통일정책이 남과 북의 각각 다른 체제와 이념 아래 서로 다른 목적과 다른 형태의 통일을 지향하는 통일방안을 제시하는 선에 그치고 말았음을 말해주고 있는 것이다.

또한 남북관계를 "국제분쟁과 평화사건지수(COPDAB)" 분석방법을 토대로 분석해 볼 때, <표 2>가 보여주는 것처럼 남북관계의 변화양상과 대북정책의 추진은 매우 정비례적인 관계가 있음을 알 수 있다.[3] 즉 <표 2>를 보면 비록 남북관계의 패턴을 단순화시켰지만 대북정책의 성향에 따라 남북관계도 유사한 변화양상이 나타났음을 보여주고 있다. 비록 정책명칭은 다르지만 김대중 정부와 노무현 정부의 대북 포용정책 추진 시기에 갈등적이며 분쟁적인 사건보다 협상과 교류 사건(77%, 84%)이 훨씬 압도적으로 나타난 반면에 김영삼 정부와 현 정부의 대북 정책시기에는 교류협력적인 사건보다 갈등적인 사건(35%, 45%)이 훨씬 비율적으로 많이 나타나고 있는 것이다. 또한 이러한 갈등의 형태도 단순히 구두적인 사건보다 행위적인 사건의 비율이 훨씬 높게 나타남에 따라 갈등상황이 훨씬 심각하였음을 보여주고 있다.

〈표 2〉 김영삼 정부 이후의 대북정책 성향과 남북관계 사건

	김영삼 정부	김대중 정부	노무현 정부	이명박 정부
협상 및 교류(구두)	14	13	25	5
협상 및 교류(행위)	15	66	225	8
중립적사건(Neutral)	10	5	22	4
갈등 및 분쟁(구두)	13	9	17	23
갈등 및 분쟁(행위)	8	9	7	9
총 계	60	102	296	49

출처: 통일부 발간자료에서 사건들을 취합한 것임

실제로 위의 사건 빈도표를 분할표(Contingency Table) 형태로 만들어 "정권성향 변화와 남북관계변화"에 대한 교차분석(카이 제곱분석)을 시도할 경우 카이제곱이 92.847, 유의 수준이 0.000 으로 상관성이 매우 높게 나타난다. <그림 1>처럼 민주화이후 역대 정부의 대북정책성향과 남북관계는 전체적으로 정비례적인 상관관계를 보여주는 것이다. 여기에서 보듯이 한국정부의 대북인식에 따른 정책성향에 따라 남북관계도 유사한 패턴을 갖고 변화해왔음을 알 수 있는 것이다.

또 하나 중요한 사실은 대북정책의 추진에 있어 북한핵문제의 영향이다. 최근 북한의 일방적인 도발과 행태가 결국은 남한의 상호대응과 정책 입지를 약화시키고 궁극적으로는 대북 지원정책에 대한 사회적 합의나 지지수준을 급락시키는 원인으로 작용하고 있는 측면이 있다. 북한의 핵개발 의도가 지속되면 될 수록 적극적인 대북정책 추진에 한계가 있으며 어려움을 겪게 된다는 것이다. 따라서 만약 우리정부가 일관된 대북정책의 추진을 통해 한반도긴장완화를 추구하려 한다면 현 정부가 대북정책의 기조로 천명한 것처럼 북한이 핵개발의지를 포기하고 개혁개방으로 선회하는 것이 전제조건이 되어야 할 것이다.

〈그림 1〉 대북정책성향과 남북관계 변화의 상관성

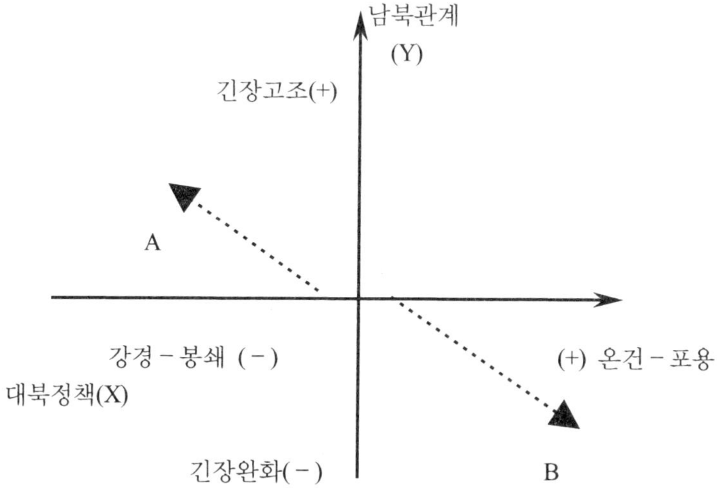

전체적으로 남북관계 패턴은 지난 반세기동안 남과 북이 강대국들 간의 전개된 이념분쟁을 자신들에게 내면화시켜 확고하게 구축하였던 적대적인 냉전구조를 종식시키고 새로운 형태의 적응과 수용의 관계(Relationship of Accommodation and Recognition)로 제도화 시켜 나가는 단계라고 할 수 있다. 즉, 그동안 남북관계의 발전에 가장 장애적인 요소였던 냉전구조가 해체되면서 남북관계도 다양한 협상과 회담을 통해 새로운 구조와 제도를 만들어 나가는 형국인 것이다. 사실 그동안 남과 북은 2차 대전 이후 강대국들이 만든 냉전구조 속에서 체제안정과 생존을 위한 제로－섬 게임을 전개해왔으며 이러한 것들이 다양한 형태의 갈등과 반목으로 표출되면서 긴장관계를 유지해 왔다[4].

냉전초기에 냉전의 최전선에서 첨병역할을 하던 양측은 50년대에 전면전을 불사하면서 한반도에서의 '정통성 투쟁'의 시기를 거쳤으며 60년대에는 직접 대화없이 대결과 갈등이 심화되는 '대립과 반목'의 시기를 거쳤고 이후 70년대 미소 데탕트에 자극받아 시험적이나마 대화와 협상을 시작한 뒤에 80년대에 들어 다양한 형태의 접촉을 통해 보다 신축적이며 유연한 '수용(Recognition)'의 시기를 거치게 된다. 이후 90년대 세계적인 탈냉전의 조류에 편승하여 양측은 보다 본격적인 협상을 시도하지만 남북기본합의서 체결과 같은 성과에도 불구하고 이후 각자의 내부 사정과 돌발적인 상황으로 인해 몇 번의 중요한 기회를 놓친 채 2000년대에 이르러서야 본격적인 남북관계의 제도화 국면으로 들어가기 시작한 것이다.[5]

물론 그 이후 남북관계는 남북정상회담을 시작으로 하여 그 어느 때 보다 많은 협상과 타협을 통해 다양한 제도적인 장치들을 마련하고 괄목할 만한 진전을 보인 것이 사실이나 최근 북한의 미사일 발사와 핵개발문제로 인해 상당한 진통을 겪고 있는 것도 사실이다.[6] 지금까지 역사적으로 전개되었던 남북관계의 변화양상을 시기적, 단계적으로 나누어 분석해 보면 남북관계의 진전이나 변화에 가장 주요한 영향을 미친 것은 강대국간 관계변화에서 오는 외생적 요인이지만 이런 변화에 대해 나름대로 대응하려는 남북 양측의 자구적인 노력과 정권의 변화도 남북관계변화에 중요한 내생적 요인으로 작용한 것으로 볼 수 있다. 특히, 경제적으로 안정되면서 어느 정도 민주화를 이룬 남측이 먼저 자유롭고 유연한 대북접근을 시도하면서 이것이 북한의 체제생존과 경제난 해결욕구와 맞물려 보다 자율적인 관계를 추구할 수 있었던 점을 주목한다면 향후 남북관계도 기본적으로 양측 정권의 정책의지와 정책입장에 크게 맞물려 있다고 하겠다.

2.2 남남갈등관계

김영삼 정부 이후의 대북정책 추진은 민주화라는 시대적 상황에 의해 크게 규정되는 바, 민주화가 외교안보정책, 특히 대북정책에 미치는 영향을 무시할 수 없다. 따라서 민주화 변수가 대북정책에 어떤 영향을 미치고 있는지 살펴보는 것은 대북정책의 안정성을 도모하고 바람직한 대북정책방향을 모색하는데 중요한 이론적 기반이 될 것이다. 기존 연구와 이론적 논의를 바탕으로 민주화 이후의 각 정부의 대북정책의 성격을 분석하는 것이 필요한 것이다. 그동안 반세기동안 지속되었던 냉전적 사고와 이념적 대립이 노정되면서 소위 진보 대 보수계층간의 대립 및 여야 간 정파갈등, 언론간의 이념적 논쟁과 보혁갈등이 심각하게 표출된 것이다.

남남간 이념적 갈등에 대한 역사적 시원을 보면 사실상 남남갈등은 1945년 이후 시작된 것으로 한국현대사 자체가 남남갈등의 역사라고 해도 과언이 아니다. 이는 분단이후 한국사회에 뿌리 깊은 반공주의, 그리고 1980년 이후 생겨난 한국사회의 이념적 분화, 그리고 이와 결합되어 있는 지역주의 등 구조적 요인에 크게 기인한다. 그러나 김대중 정부 집권 이후, 특히 2000년 남북정상회담 후 남남갈등이 심화된 것은 여러 정세적 요인, 사건적 요인에도 의존하고 있다. 우선 2000년 총선을 겨냥해 정상회담을 발표한 김대중 정부의 정략적 추진과 업적주의, 한나라당과 냉전적 언론의 정략적인 시비, 신자유주의 정책(먹고 살기도 어려운데 북한에 퍼주냐는 비판을 야기한), 일부 운동권의 감상주의 내지 소 영웅주의적 처신, 북한 지도부의 체제유지주의(서해도발 등), 부시행정부의 강경노선 등이 복합적으로 작용했다고 볼 수 있다. 또 다른 문제는 대한민국의 국가정체성 확립문제와 보안법 문제가 상호 복합적으로 얽혀져 남남갈등을 심화시키고 증폭시키는 데 기여했다고 볼 수 있다. 지금 표면화되고 있는 남남갈등은 역사적으로 중층적이며 매우 복합적인 배경과 구조를 가지고 있다. 남북한 사이에서뿐 아니라 남한 내부에서도 전쟁의 소용돌이 속에서 경험을 달리했던 사람들 사이에는 많은 시간의 흐름과 적극적인 치유의 노력 없이는 결코 해소하기 어려운 극심한 상호불신과 음성적 적대관계가 형성되었다.[7] 2000년 남북정상회담 이후, 그리고 특히 지난 몇 해 사이 남남갈등이라는 말이 현실이 될 정도로 갈등의 골이 깊어 진 것은 이제 신뢰에 기초한 상호이해의 노력이 거의 없이 화합과 통합의 기대감마저 사라졌기 때문인지 모른다.[8] 이명박 대통령도 2009년 7월 1일 민주평통 14

기 출범식에서 축사를 통해 "바깥에서 오는 위기보다 더 위험한 것은 바로 남남갈등, 즉 우리 내부의 분열과 갈등"이라고 지적하였다. 남남갈등은 경제위기 극복을 위한 국민적 동력을 약화시키고, 남북문제를 바로 풀기 위한 우리의 역량을 소진하기 때문이라는 이유 때문이다.

문제는 이런 남남갈등이 갑작스러운 시대적 변화에 따른 과도기적 현상이긴 하겠지만, 국민적 통합을 지향해야하는 시대적 상황에서 오히려 분열과 갈등이 조장돼 왔다는 점이다. 특히 그동안 한국사회는 대북정책의 추진과 관련하여 너무 심각한 혼란과 분열상을 겪어왔다. 예컨대 김대중 정부의 대북포용정책 실행이후 획기적인 남북개선이 이루어지는 듯하였지만 이후 여전히 냉전문화구조에 기인한 대내적 남남갈등구조가 표출되는 경향이 상존하고 있으며, 이것이 바로 대북정책추진력을 약화시키고 있는 것이다. 이는 점차 한국사회의 갈등구조의 한 양상으로 구조화하고 있다는 점에서 문제의 소지가 있다.[9] 이 문제는 한마디로 역대 정부의 대북정책 독점과 성과에 대한 지나친 집착으로 인해 대북정책의 성과가 오히려 퇴색되어지는 경향이 있었다는 것이다. 그동안 한국사회는 대북정책의 추진과 관련하여 너무 심각한 혼란과 분열상을 겪어왔다. 국내적으로 대북정책의 추진과 관련된 남남갈등과 이념적 분열현상, 그리고 정치적 대립과 혼란을 극복하기 위해 이제 대북정책의 추진과정을 투명하게 하고 정책추진의 모멘텀을 얻을 수 있도록 여야 간 초당적 대북정책 협력체제를 확립하는 것이 필요하다. 여기에서 외교정책의 일관성과 안정성을 확보할 수 있는 방안으로 제시될 수 있는 것은 '초당파주의'(bipartisanship)라 할 수 있다. 2차 대전이후 미국의 초당파적 외교정책(대소 봉쇄정책)에서 현실적 사례를 발견할 수 있는 초당파주의는 사회적 정치적으로 깊은 균열을 보이고 있는 한국의 정치현실에서 중요한 시사점을 준다.[10] 민주화 이후 한국의 대북정책 추진에는 이념적 이완과 이념적 스펙트럼의 확장이 중요한 정책기제로 작용하면서 영향력을 미치고 있다.[11] 따라서 이러한 초당파적 합의와 여론의 수렴은 대북정책의 일관성과 안정성을 유지하는 데 또 하나 가장 중요한 핵심축이라고 하겠다. 따라서 민주평화통일자문회의와 같은 대통령 직속 자문기구를 유명무실하게 운영할 것이 아니라 차제에 대북정책의 합리적 거버넌스 메커니즘의 일환으로 활용하는 방안도 적극 검토할 필요가 있다.

III 한미관계와 북미관계

3.1 한미관계

앞에서 대북정책의 불안정성을 야기하는 주요한 원인중의 하나로 남북 간의 상호인식에 따른 관계변화를 살펴보았지만 가장 중요한 외생변수는 한미관계의 변화와 이에 따른 대북공조라고 하겠다. 물론 해방이후 한미관계의 변천에 있어 가장 중요한 요인은 미국의 세계전략과 이에 따른 대 한반도정책의 변화이다. 2차 대전 이후 전후 세계질서를 구축하는 데 있어 가장 큰 안보위협으로 '소련의 공산주의위협'을 인식한 미국이 봉쇄전략을 추구하면서 이러한 미국의 세계전략에 한국의 지정학적 위치가 맞물려 한미동맹관계의 발전을 만든 중요한 요인이 되었기 때문이다. 제2차 대전 이후 영국의 세계패권을 이어받은 미국이 일본과 태평양해 보호를 위해 한반도 안정을 지향하면서 지난 반세기동안 한미 군사동맹관계는 세계 어느 지역의 동맹관계이상으로 견고하게 유지되어왔던 것이 사실이다. 주변 4강구조와 첨예한 분단구조 하에서 독자적 안보능력이 미흡했던 남한으로서는 세계 역사상 유례를 찾아볼 수 없을 정도로 막강한 초강대국 미국의 힘을 빌려 한반도에서의 세력균형과 안보를 유지할 수밖에 없었으며 사실상 이러한 확고한 군사동맹관계를 배경으로 빠른 산업화를 이룰 수 있었다. 따라서 사실상 몇 년 전까지만 하더라도 한미관계 약화나 이상(異常)의 징조가 탐지되기는 하였지만 한미동맹관계의 재조정, 주한미군의 감축같이 한미관계의 근간을 흔드는 문제가 발생될 것으로 예측한 사람은 많지 않다. 물론, 과거 한미관계의 변천사를 돌아보면 60년대 한국의 월남파병과 파병반대 시위, 70년대 박동선의 코리아게이트 사건, 80년대의 방위비 분담문제와 미문화원방화사건, 90년대 경제통상압력과 시장

개방문제 등 한미관계에 영향을 미친 커다란 사건들도 많이 있었으나, 이러한 사건들 대부분이 한미군사동맹관계의 근간을 흔들 정도로 심각한 사건들은 아니었다. 이러한 점에서 최근의 한미관계는 매우 빠르고 심층적인 변화를 겪고 있으며 군사안보분야를 넘어서 정치, 경제, 사회적인 변화를 망라하고 있는 게 사실이다. 그렇다면 최근의 이런 한미관계변화에서 변화요인은 어디에서 기인하는가? 그것은 먼저, 미국의 세계전략 변화와 가장 관련이 깊다고 하겠다. 미국의 세계전략이 탈냉전이후 새롭게 변화하고 있으며 그 중에서도 9.11 이후 미국의 근본적인 안보전략의 변화가 가장 두드러진 요인이라고 하겠다. 즉, 9.11이후 새로운 군사안보전략을 추구하고 있는 미국의 전략적 변화가 '북한핵문제'로 불거진 최근의 한미관계와 한반도정세에 가장 직접적이며 침투적인 영향을 미치고 있는 것이다.

문제는 이러한 미국의 안보전략변화에 북한의 대량살상무기 개발문제가 공교롭게 연계되어 미국으로 하여금 본격적으로 북한 미사일문제와 핵개발문제를 거론하게 만든 것이다. 대테러전쟁의 와중에서 나온 미국의 이러한 신안보전략은 부시정부가 추구해온 초기의 미국적 현실주의노선을 더 공세적이며 더 군사적인 방향으로 정당화한 측면이 있는 반면에 비확산문제인 MD와 테러방지를 연계시켜 선제공격논리를 개발하는 데 있어 다른 불량국가와 함께 북한이 좋은 대상으로 부각되게 하였다. 따라서 북한 미사일 발사와 핵실험이후 미국의 대북제재가 가속화되고 있는 상황에서 비록 군사적 수단의 사용가능성이 낮다고 하더라도 이런 문제가 한미관계의 발전에 중요한 요인으로 자리매김할 수밖에 없었다. 여기에 최근 한미관계의 변천에 있어 또 하나 중요한 요인은 민주화 이후 한국정부의 대외정책 성향변화이다. 돌이켜 보면, 민주화이후 한국의 역대정부로서 김대중 정부는 제일 먼저 클린턴 정부와는 어느 정도 포용정책의 연장선에서 큰 불협화음을 일으키지는 않았지만 이후 등장한 미국의 부시정부와는 처음부터 상황인식과 처방이 달랐다.[12] 2001년 9.11 테러사태로 인해 처음에는 북미 협상에 전력을 기울일 수 없었던 미국은 다시 북한을 '악의 축'으로 규정하면서 강경압박정책을 추진하였다. 비록 9.11 테러사태와 관련하여 북한이 테러를 반대하는 입장을 표명하였지만, 그

동안 중동지역이나 테러 국가들에게 재래식 군사무기 및 대량살상무기 그리고 그에 따르는 기술 등을 수출해온 북한에게 911 테러사건을 계기로 미국은 더욱 강경한 입장과 압력을 표명하였으며 이에 대해 북한이 계속 반발하는 입장으로 나가면서 심각한 국면이 조성되었던 것이다.[13]

결국, 한미관계의 관점에서 본다면, 미국의 세계전략변화와 북한핵문제와 같은 것이 가장 중요한 변수라고 하겠는 바 북한핵문제 자체가 한국정부가 독자적으로 쉽게 해결할 수 있는 문제가 아니기 때문에 중간 입장에서 매우 어려움을 겪는 것이며 한미관계의 발전에도 어려운 장애 요인으로 남을 수밖에 없었던 것이다. 더구나, 북한의 핵개발을 비롯한 북한문제는 미국의 해결의지나 의도이상으로 북한의 대미전략 및 대남전략과 맞물려 있기 때문에 한국의 대미관계 설정에 어려운 부담으로 남을 수밖에 없었다. 마지막으로 이와 같은 외생적 요인 외에도 또 하나 중요한 내생적 요인은 한국사회의 변화이다. 해방이후 미국군사력에 일방적으로 의존해 오면서 안보불안을 해소하던 한국이 빠른 경제성장과 산업화로 인해 기존의 전통적인 외교안보시각에서 벗어나 보다 새로운 시각에서 대외문제를 인식하고 한미관계의 변화를 희망해 왔다는 것이다. 특히, 노무현 정부 시절 한미관계 변화와 관련하여 주목할 부분은 보수파 입장에서 주장하는 것처럼 진보정권의 등장도 중요하겠지만 보다 심층적으로 한국사회의 내면적인 변화가 큰 영향을 미쳤다고 할 수 있다.

김대중-노무현 정부의 대외정책행태를 살펴보면 전통적인 우방인 미국과의 관계에서 뿐만 아니라 중국, 일본 등 거의 모든 주변 강대국들과의 관계에서도 독자적이며 선명한 '자주적 색채의 아젠다'를 제기하는 경향이 있었는데, 이런 것들 자체가 최근 한국의 국력성장과 함께 자각된 한국사회의 내적성장과 그 맥을 함께 하고 있다.[14] 민주화이후 한국정부는 지난 '국민의 정부'때 부터 '탈미친중-반미친북' 형태의 외교정책으로 선회하여 미국과 마찰을 빚기 시작하였는데, '참여정부'에서는 여기에서 한걸음 더 나아가 독자적이고 자주적인 외교를 공언하면서 '국민의 정부'때보다도 한미 관계가 더 악화되는 양상을 보였다. 여기에는 진보정권 등장으로 인한 대외정책시각 변화도 원인이 있겠지만 보다 근본적으로는 진보정권을 배태시키게끔 만든 한국사회의 근본적인 변화가 배경요인으로 지적될 수 있다. 빠른 경제발전으로 국력의 신장과 함께 국민적 자긍심이 고취된 상황에서 새로운 외교안보시각의 욕구가 배태되었으며 이후 다시 IMF위기로 좌절감을 겪으면서 자각된 국민들의 자기정체성과 자주성 인식 등이 한국사회의 대외적 성장고통(Growing Pains)문제를 겪게 한 것이라고 볼 수 있다. 결국 이러한 사회적 변화는 대외문제에 있어 한국사회가 공유해온 기존의 전통적 외교패러다임과 새롭게 자각된 자주외교 욕구와의 충돌로 나타났는바, 한미 군사혈맹 중시, 대북-주적개념에 기초한 전통적 외교패러다임과 새로운 민족중시, 자주성 중시의 진보적 외교패러다임과의 충돌로 나타난 것이다. 이러한 관점에서 본다면 한미관계는 한국사회의 외교적 성장고통문제와 대북정책성향, 그리고 여기에 미국의 정책변화가 함께 복합적으로 영향을 미치고 있는 것으로 보인다. 이러한 상호 연관된 변수들을 이념적 정책방향좌표에 놓고 살펴본다면 다음의 <그림 2>와 같다.

〈그림 2〉 최근 한국의 정권성향과 대북정책성향

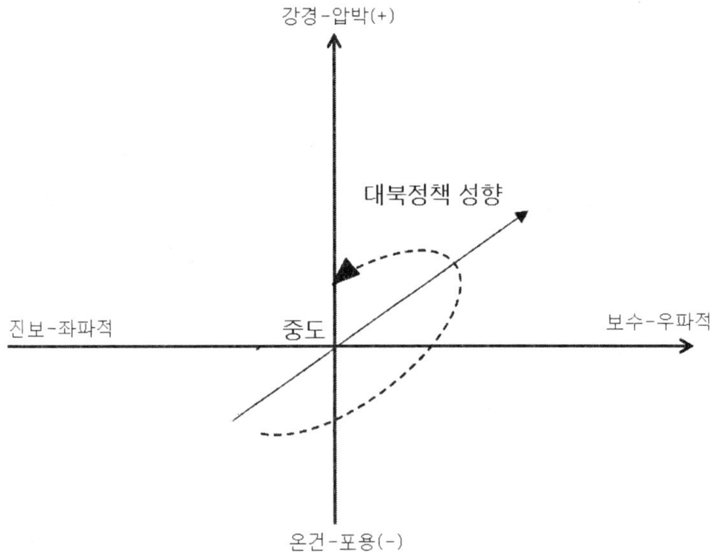

<그림 3> 미국 부시정부 때까지의 미국정권성향과 대북정책성향

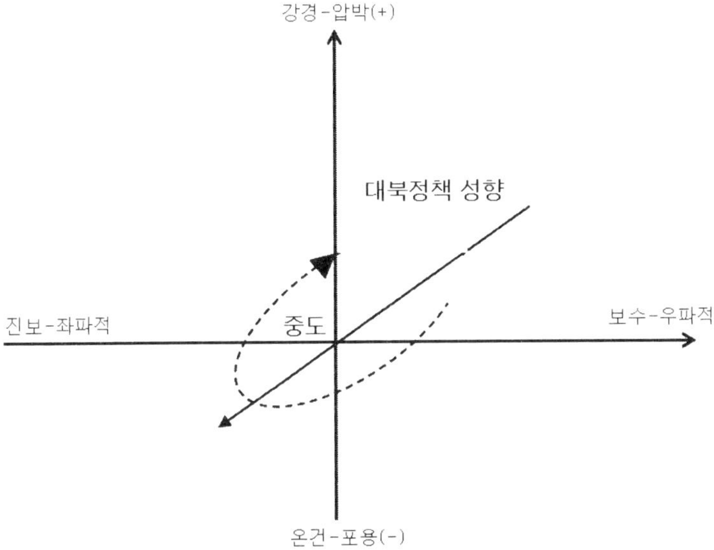

<그림 2, 3, 4>들은 비록 한미 양국의 최근 정권성향과 대북정책성향을 단순화시켜 표현한 것이지만, 지난 좌파 정부시절 한미관계가 어려워질 수밖에 없는 근본적인 구조적 한계를 잘 드러내 준다. 즉 <그림 2>와 <그림 3>이 보여주듯이 미국정부와 한국정부의 기본적인 정권성향은 물론 대북정책성향이 너무나 극명하게 대립되고 상호 배타적인 측면을 보여주고 있다. 이와 같이 미국과 한국정부의 대북정책성향이 정 반대로 움직이는-구조적으로 대치되는-상황 하에서는 아무리 동맹관계강화를 강조해도 실질적인 효과를 보기란 어렵다. 위와 같은 상호 대립적인 상황은 한미간의 정책간극을 보여줄 뿐 한미관계 강화를 위한 실질적인 정책대안을 제시하기란 어려운 것으로 대북정책 추진과 관련하여 불안정성을 보여주는 극명한 보기라고 할 수 있다.

〈그림 4〉 한－미 간 대북정책차이로 인한 정책균열

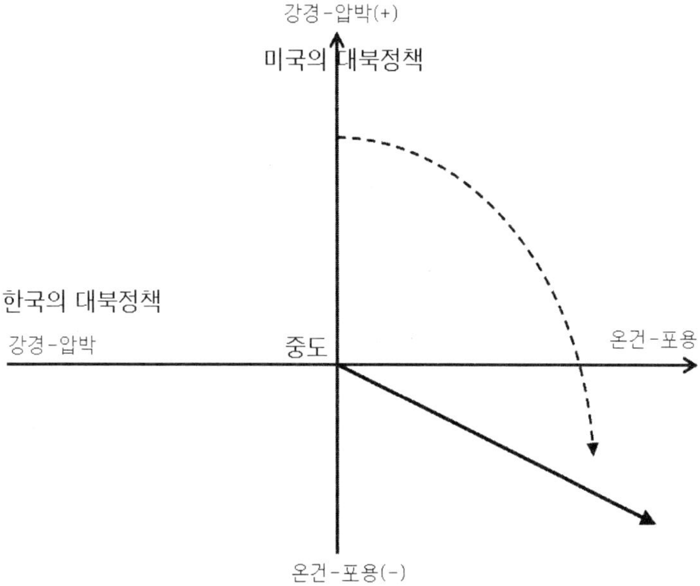

〈그림 5〉 최근 한국정부와 미국정부의 대북정책 간극의 비교

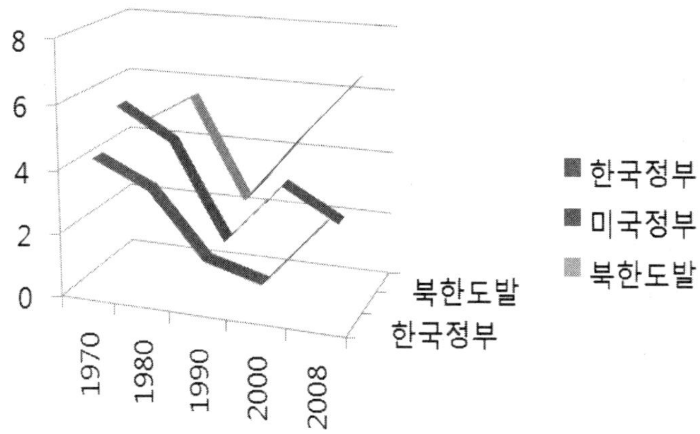

또한 <그림 4>와 <그림 5>는 한미 양측이 같은 한쪽 방향을 보면서 같은 프리즘을 통해 대외문제를 인식하고 공유된 인식 틀을 통해 비슷한 정책진단이 나와야 한미 간 정책이견 해소와 정책 공조를 제안할 수 있다는 것을 보여주고 있다. <그림 4>에서 보여주고 있는 것처럼 북한핵문제 같은 것이 불거져 한미간 정책균열이 벌어지게끔 하는 쐐기와 같은 작용을 하고 있는 상황에서는 한미간 관계강화나 정책공조는 어려울 수밖에 없다. <그림 5>는 한국의 지난 좌파 정부 7~8년 기간이 미국의 보수우파 정부 8년과 겹치면서 상호 배치되는 정책성향과 마찰을 보여주고 있다.[15] 이것은 최근 한국에 보수우파 정부가 집권한 데 대해 미국은 진보적인 성향의 민주당 정부가 출범하여 이러한 정책갈등과 대립의 재연 가능성을 시사하고 있어 향후 공동대응의 중요성을 일깨워 주고 있다.

이런 의미에서 한국정부로서는 현재의 한미동맹 체제를 보다 효과적이고 적실성이 있는 방향으로 변화시켜 강화해 나갈 필요가 있다. 즉, 양국이 장기적으로 미래의 상호 전략적 이익을 공동으로 추구한다는 차원에서 '한미 안보동맹'의 성격을 '새로운 차원의 안보동맹'차원으로 업그레이드 시켜나가야 하겠다.[16] 특히, 그동안 한미동맹의 방어목적이었던 '북한 군사위협'이 이제 남북관계의 진전과 한반도안보상황의 변화에 따라 다르게 바뀌어 가고 있는 현실에서 최근의 북한핵문제에 대한 양측의 철저한 입장조율과 조정이 먼저 선행될 필요가 있다. 계속해서 북한핵문제에 대한 한미간 인식 및 대응방식의 차이가 첨예한 문제로 불거짐에 따라 이 문제에 대한 우회적 회피가 아닌 직접적인 조정과 조율이 필요한 것이다. 기존의 한미동맹이 '북한위협'에 대응한 '집단방위체제'의 성격이었다면 이제 '지역위협요소'에 대응한 '새로운 차원의 집단안보체제'를 지향하는 방식으로 조정되고, 북한핵문제에 대한 한미간 기본전략의 틀이 먼저 조율되지 않고는 계속해서 이 문제가 한미관계발전에 발목을 잡을 수 있기 때문이다. 이런 의미에서 한미동맹문제는 북한핵문제와 동 떨어진 다른 차원의 문제로 다루어져선 안 될 것이다. 또한 앞에서 살펴본 것처럼 미국의 안보전략변화에 따른 세계전략적 이해관계와 한반도시각에서 바라보는 한국의 지역 차원적 이해관계를 어떻게 여하히 조정하느냐가

관건이 될 것인 바, 이와 관련해서는 미국의 세계전략 틀 내에서 한국의 한반도평화라는 소기의 전략적 목적을 담아내는 지혜가 필요할 것이다.

3.2 북미관계

우리의 대북정책 추진과정에서 불안정성을 야기하는 또 하나의 주요한 원인중의 하나는 북미관계라고 하겠다. 물론 북한의 대미인식과 태도가 우리의 대북정책 추진과정에서 직접적으로 통제할 수 있는 변수는 아니지만 대북정책의 특성상 우리의 주적인 북한과 최우방국인 미국과의 관계변화는 우리의 대북정책 추진과정과 정책입지에 직간접적으로 영향을 미치는 외생변수역할을 하기 때문이다. 이런 의미에서 북-미관계의 변화를 살펴보면 대략 20년 주기의 3개 패턴이 나타난다. 먼저 1953년 정전협상이후 1970년 대 초반까지의 대결국면 단계이다. 정전협상이후 소련과 미국의 데탕트로 인한 평화공존의 시기까지 북한과 미국의 관계는 냉전의 구도 안에서 첨예한 대결과 대립으로 점철된 시기를 보냈다. 이후 북한은 1974년 3월 미국과의 평화협정 체결을 제의했고, 미국은 1975년 남・북한, 미국, 중국이 참여하는 4자회담 개최를 제의하는 등 북미관계는 1980년대 중반까지 정전협정과 평화협정문제와 관련하여 4회담과 3자회담(남・북・미)의 제의를 놓고 신경전을 벌이면서 본격적인 협상과 갈등의 시기를 거치게 된다. 그 후 1988년 1월 20일 미국이 북한의 KAL기 폭파사건과 관련하여 대북제재조치를 발표함과 동시에 북한을 국제테러국 지정에 포함시켰으나 1990년대에 들어와 북한이 소련 및 동구권의 붕괴로 외교기반이 위축되고, 체제보호막 역할을 해 온 소련과 중국마저 한국과 수교함으로써 외교적 고립 상황에 직면하자, 체제유지를 위해 냉전종식 이후 유일 초강대국으로 등장한 미국과의 관계개선에 주력하게 된다. 그러나 1990년대 초부터 2000년대 까지 북미관계는 미사일 개발과 핵개발 같은 군사안보문제와 관련된 접근이라는 특징을 갖고 있다. 사실상 북핵문제는 1980년대 후반 이후부터 현재까지 끊임없이 진행돼온 북미관계의 갈등 축을 이루고 있었기 때문이다. 특히 북한은 1993년 3월 핵확산금지조약(NPT) 탈퇴

선언과 국제원자력기구(IAEA)의 핵사찰 거부 등 이른바 '핵카드'를 활용하여 미국과의 직접협상을 유도, 마침내 1994년 10월 북한의 핵개발 동결과 미국의 경수로 건설 제공, 그리고 양국간 관계 정상화 추진 등을 주요 내용으로 하는 제네바 기본합의서를 이끌어 냄으로써 대미관계 개선의 발판을 마련하였다. 북한은 또한 1994년 4월 외교부 성명을 통해 새로운 평화보장체제 수립을 위한 협상을 미국 측에 제의한 데 이어 1996년 2월에는 평화협정의 과도적 조치로서 잠정협정 체결을 주장하기도 했다. 이후 미국의 한국전 실종 미군 유해발굴 및 송환 요구에 대해 협력하고, 1996년 4월 한반도 문제의 평화적 해결을 위해 남북한과 미국, 중국이 참석하는 4자회담 개최 제의를 수용하는 등 대미관계 개선을 위한 협상 틀을 유지하려고 노력하였다. 특히 북한과 미국은 1998년 8월부터 제기되기 시작한 평북 대관군 금창리의 지하핵 의혹시설에 관한 협상을 4차례 개최, 1999년 3월 북한이 미국 측의 복수 현장 방문을 허용하는 대신 60만 톤의 식량을 제공받았고, 1999년 5월과 2000년 5월 미국의 현장방문단이 금창리 터널을 2차례 조사함으로써 지하핵 의혹시설 용도를 둘러싼 논란은 일단락됐다. 미사일 문제와 관련해서는 1999년 9월 북미 베를린합의가 이뤄지자 이에 대한 후속조치로서 미국은 북한에 대한 경제제재를 일부 해제하는 조치를 발표했고, 북한 역시 미사일 재발사 유보를 밝힘으로써 북·미 관계 정상화에 대해 본격 협상을 할 수 있게 되었다.

이러한 과정에서 미국의 클린턴 행정부는 1998년 11월 윌리엄 페리 전 국방장관을 대북정책 조정관으로 임명, 한일의 공조 하에 향후 북한이 핵과 미사일 등 대량살상무기(WMD)를 포기할 경우, 북한에 외교적·경제적 이익을 제공할 수 있는 틀을 마련함으로써 향후 협상에 가속도를 붙였다. 2000년 10월 조명록 북한 특사의 미국방문과 매들린 올브라이트 미국 국무장관의 북한 방문으로 외교대표부 설치, 실종 미군신원 확인, 한반도 긴장완화를 위한 구체적인 조치 등 현안들이 심도 있게 논의되었으나, 이후 부시 공화당부의 출현으로 다시 파국상황을 맞게 되었다. 이어 2001년 1월 출범한 조지 W. 부시 행정부는 대북정책에 대한 검토, 북한의 핵 변화 여부와 북한 미사일 개발에 대한 검증, 재래식 무기 감축문제를 강조하는 등 강경 입장을 계속 견지했다.

이에 대해 북한은 2001년 2월 말 외무성 담화를 통해 북미 관계 개선을 골자로 한 양국 간 합의사항 준수를 미국에 촉구하는 한편, 경제사절단을 미국에 파견하는 등 대결적 자세보다는 협상을 통해 미국의 대북 강경 움직임을 사전에 차단하려는 노력을 경주했다.

이러한 상황에서 부시 대통령이 6월 6일 미행정부의 대북정책 검토완료를 공식선언하면서 북한과의 대화재개 결정을 발표했다. 이에 따라 같은 달 13일 리형철(李亨哲) 유엔주재 북한대표부 대표와 잭 프리처드(Jack Prichard) 미 한반도 평화회담 담당특사간의 뉴욕접촉에서 미국이 북한에 대화재개 제의를 함에 따라 양국관계는 새로운 국면으로 접어들게 되었다. 그러나 2001년 9월 11일 미국의 테러 대참사와 10월 7일 미국의 아프가니스탄 침공을 계기로 미국은 대외정책의 기조를 반테러 협력에 둘 것임을 강조하며 국제사회의 지지 및 지원확보에 치중하고 있는 상황에서 북한이 테러 자체는 반대한다고 하지만 테러 근절에 대한 명확한 입장을 밝히고 있지 않기 때문에 북·미 관계는 물밑 대화와는 달리 큰 틀에서는 소강국면을 맞이하게 되었다. 특히, 2002년 10월 북한이 핵개발을 시인함으로써 북미제네바기본합의서의 체결과 KEDO의 출범도 백지화됨과 동시에 북한의 핵문제는 또 다시 2000년대 초에 국제문제로 부상하였다. 이 문제를 평화적·외교적으로 해결하기 위해 남북한을 비롯한 미국, 중국, 일본, 러시아의 6개국은 6자회담의 다자구도를 작동시켰다. 이 회담은 제1차 6자회담(2003. 8. 27~29) 이후 제6차 6자회담 3단계 회의(2008. 12. 8~11)까지 개최된 후 현재 중단되고 있다.

제1차에서 제6차 3단계회의에 이르기까지 6자회담에서는 미국과 북한의 중심으로 2005년 '9.19 공동성명', 2007년 '9.19 공동성명 이행을 위한 초기조치'('2.13 합의'), '9.19 공동성명 이행을 위한 2단계조치'('10.3 합의')가 도출되었으나, 북미간의 입장 차이로 현재까지 6자회담의 재개는 물론이요 그 합의서들의 이행이 전면적으로 중단되고 있는 실정이다. 결국 그 동안 진행되어 왔던 6자회담은 사실상 미국과 북한과의 입장과 주장에 따른 의제의 타협·조율이 주도적으로 이루어졌거니와 그 양자관계에 의해 회담의 중단·재개가 반복되었다. 이는 실제로 북핵문제가 미국과 북한의 양자 간 당사국문제로 다루어졌고 그밖에 6자회담 참여4국들은 단지 옵서버 지위에 머물고 말았음을 함의해 주고 있다. 한마디로 북핵문제의 해결여부나 6자회담의 성공여부가 모두 기본적으로 미국과 북한과의 관계에 의존 해왔다는 것이다. 이것은 곧 6자회담이라는 다자회담의 성사여부가 미국과 북한의 외교・안보 정책적 목표와 전략과 직결되어 왔다는 것으로 대북정책의 안정성에 이처럼 직접적으로 영향을 미치는 북미관계의 진전이 한국정부의 희망이나 기대보다 외생적 요인에 의해 좌우되는 경향이 강하므로 향후 대북정책 결정 및 추진에 있어 이러한 외연적 요소를 고려함이 없이 일방적으로 추진해서는 정책효과나 안정성을 담보하기 어렵다는 것을 의미한다.

〈표 3〉 미국 정부의 변화와 북미 관계 변화

미국정부 사건	미국 민주당 정부 기간: 클린턴 정부 (1993-2000)	미국 공화당 정부기간: 부시 정부 2001-2008):
협 상	84건	23건
협정체결	6건	2건
협정이행	6건	3건
분쟁 및 제재	7건	7건
총 계	103건(137건)	35건(39건)

출처: 통일부 발간자료에서 사건들을 취합한 것임

<표 3>는 미국정부의 변화에 따른 북미 간 관계의 변화양상을 분할표 형태로 보여주고 있다. 즉 미국의 경우 민주당 정부시절이 북-미간 접촉과 교류가 훨씬 많게 나타났다(103 건 대 35 건)는 것을 알 수 있으며 민주당 정부시절의 북미관계는 상호 비방이나 제재조치 같은 갈등적 관계보다 협상적인 사건과 협정이행적인 조치가 많이 나타났음을 알 수 있다. 실제로 위의 분할표를 토대로 "미국정권 변화와 북미관계변화"에 대한 교차분석(카이 제곱분석)을 시도할 경우 카이제곱이 22.03, 유의 수준이 0.03 정도로 상관성이 매우 높게 나타난다. 통계적으로도 위의 분석이 유의함을 보여주는 것이다. 여기에

<표 4>는 민주당 정부시절의 북미관계가 정치, 경제, 군사 전반에 걸쳐 전 방위적으로 나타난 반면에 공화당정부 시절은 주로 핵문제와 정전협상문제로 정치군사적인 면이 많이 나타나 양자 간의 정치·군사적 갈등관계가 심각했음을 보여 준다. 이러한 계량분석의 결과는 미국 민주당 정부가 적극적이며 지속적인 대북포용정책을 시도하였던 것에 반해 공화당정부는 북한핵문제에 대한 소극적 강경일변도의 대북정책을 추진했음을 극명하게 보여준다고 하겠다.

〈표 4〉 미국의 정권변화와 북-미 간 협상의제 변화

미국정부 협상의제	미국 민주당 정부 기간: 클린턴 정부 (1993-2000)	미국 공화당 정부기간: 부시 정부 2001-2008):
핵문제	23건	9건
미사일	7건	0건
유해송환	21건	0건
정치문제(정전협상)	19건	11건
경제문제	5건	1건
억류자 및 인권문제	9건	3건
총 계	84건	24건

출처: 통일부 발간자료에서 사건들을 취합한 것임

이런 측면에서 북미간 갈등문제를 본다면, 사실상 북한의 미사일발사 및 핵개발문제가 가장 중요한 핵심의제라고 하겠다. 사실 이번의 2차 북핵문제가 2002년 10월 불거지기 전에 이미 미국, 일본 대 북한 간에 미사일 개발과 재래식 무기문제로 마찰을 겪었다.[17] 9.11을 겪은 이후 미국이 지목한 가장 큰 안보위협은 대량살상무기 확산에 따른 비대칭 위협의 확산과 방지인 바, 불량국가나 테러집단에 의한 무분별한 대량파괴행위라는 것이었다(허태회 2002a, 105-185). 그러나 이러한 것이 미국이 실제 직면한 안보위협이기도 하지만, 사실상 미국의 패권을 유지하고 강화시

키기 위한 새로운 세계경영전략의 명분이기도 하다.[18]

즉 9.11테러 이후 미국이 채택한 대테러전쟁과 대량살상무기 확산방지전략은 당분간 미국이 위협대상으로 할 주요 타깃이 없는 상황에서 소련의 붕괴 이후 위축된 러시아, 사회주의체제에서 시장체제로 변환하려고 시도하는 중국, 10년 불황으로 경제 초강대국에서 위상이 크게 약화된 일본 새로운 안보위협으로 테러와 대량살상무기를 세계 공동의 적으로 지목하고 이러한 위협의 온상으로 그동안 반미적이었던 국가들을 불량국가로 지명함으로써 미국의 패권을 한층 더 강화해나가겠다는 전략이었다. 따라서 미국에게 "북한문제"는 미국의 골칫거리인 핵무기와 대량살상무기의 제거문제이상으로 미국의 거시 안보전략과 한미동맹조정, 중국의 순응(대만독립에 대한 불안 및 일본과의 핵개발 및 군사경쟁의 우려), 일본의 포용(미일 신안보체제의 강화, 대 중국견제를 위한 MD체제의 구축), 중국궤도로 들어가려는 한국의 미국영향권아래 회유 및 한반도영향력 강화, 심지어는 포스트 김정일의 북한장악(북한핵무기의 안전제거 명분으로 한반도문제 개입명분)까지 내다보는 장기적이며 다목적적인 전략카드라고 할 수 있다. 결국, 미국의 대북공세 명분이 테러와 WMD 확산차단을 위한 북한의 핵포기지만, 단지 북한의 핵프로그램 제거라고만 믿는다면 그 것은 핵문제이전에 미사일문제와 재래식무기 감축문제가 미국정부의 초기 대북 아젠다에 먼저 존재했었다는 사실을 잊고 있는 것이며, 부시 정부 초기 한동안 북한문제에 수사적 압박(Rhetorical Pressure)만 했을 뿐 결정적인 해결의지는 보이지 않으려했다는 것을 잊고 있는 것이다. 아울러, 미국이 이라크전쟁의 공격명분으로 삼은 대량살상무기의 제거가 전쟁이후 밝혀진 것처럼 그 증거가 전혀 없었는데도 불구하고 무조건 추진되었다는 사실을 간과하는 것이다.[19] 이것은 미국이 주장하는 안보위협의 명분과 전략적인 이해관계는 반드시 일치하지 않는다는 것을 시사하는 것으로 이러한 미국의 대외행태를 고려할 때 미국의 "북한 흔들기 또는 북한누르기"는 다양한 명분과 주장으로 지속될 것이며 이런 관점에서 북한핵문제 자체도 당분간 쉽게 해결될 수 없는 측면이 있다. 최근 북한핵실험에 대해 미국과 국제사회로부터 제재조치가 취해지고 있고 오바마 정부와 국제사회가 예상외의 강력한 대북압박을 시도하고 있지만 과연 이런 대북압박이 어느 정도 효과를 거둘지는 미지수이며 북한이 "선 북미 관계정상화 후 핵문제 해결"이라는 새로운 방향틀을 제시한 상황에서 이 문제가 가까운 시일 내에 해결되기란 쉽지 않다. 결국 이러한 것은 북미 관계 자체가 대북정책의 안정성에 영향을 미치는 중요한 외생변수이긴 하지만 한국정부의 독자적 노력이나 힘으로 제어하는데 한계가 있기 때문에 북미관계 진전의 가장 첨예한 이슈인 북한핵문제가 가능한 조속히 해결되도록 모든 노력을 경주하는 것이 바람직한 정책옵션일 수 있다는 것을 함의한다.

Ⅳ 맺음말

지금까지 대북정책의 결정 및 추진과 관련하여 대북정책의 불안정성에 가장 큰 영향을 미치는 구조적인 변수로 남북관계, 북미관계, 한미관계, 남남 갈등관계를 설정하여 이들이 어떻게 상호 작용을 하면서 대북정책 추진과정에 영향을 미쳤는지를 살펴보았다. <그림 6>이 보여주듯이 대북정책은 우리가 일반적으로 인식하고 있는 것처럼 한국정부의 북한에 대한 대외정책적 차원에서 작동하기 보다는 한반도의 지정학적 상황과 내부적 상황, 역사적 전개과정에 기인하여 여러 가지 다른 구조적 변수가 함께 복합적으로 영향을 미치고 있음을 알 수 있다. 특히 우리가 대북정책의 추진을 후륜구동 자동차로 비유한다면 대북정책의 추동력을 주는 자동차 뒷바퀴의 역할로서 남북관계와 한미관계가 가장 큰 영향을 미친다고 할 수 있으며 자동차의 방향을 제어하는 앞바퀴의 역할로서 남남 갈등 관계와 북미관계가 함께 영향을 미친다고 하겠다. 이러한 것은 궁극적으로 대북정책의 일관성과 안정성을 담보하는 데 4가지 바퀴 축이 중요하다는 것을 의미하는 것으로 특히 남북관계의 변화와 한미관계의 변화가 상호작용하여 대북정책의 추동력을 주지만 또한 북미관계와 남남관계가 대북정책 방향타의 역할을 하면서 좌의 방향 또는 우의 방향으로 나가게 하는 역할을 한다는 것을 의미한다.

〈그림 6〉 대북정책 안정성과 대북정책 변수들 간의 상관관계

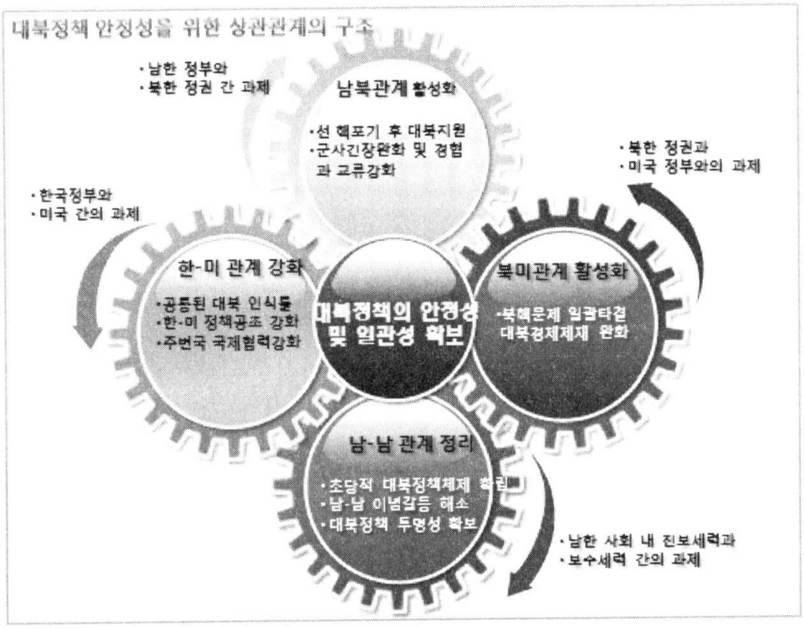

지난 좌파 정부기간 이념적 보혁관계에서 진보적 성향이 우세하여 친북좌파적인 대북정책이 나왔지만 그러한 좌파 온건정책의 추진이 미국의 보수우파 정권 집권이후 북미관계의 단절과 경직으로 인하여 추동력을 잃고 안정성을 확보하지 못한 점이 있다. 이제 보수우파적인 성향의 이명박 정부집권으로 인해 대북정책이 다시 강경압박으로 선회하였는바 남북관계 경직으로 추동력을 잃을 수 있는 점을 상기할 필요가 있다.

이처럼 민주화 이후 역대 정부의 각자 다른 성향의 대북정책 추진과 관련하여 대북정책의 추진에 있어서 추동력을 주는 남북관계가 경색되거나 한미관계, 북미관계가 경색되면 우리의 대북정책은 안정성과 추동력을 잃고 정체되게 된다. 이러한 관점에서 본다면 민주화 이후 한국정부의 독자적

대북정책 결정 및 추진은 그 정책목표로서 정책의 안정성과 일관성을 담보하는 것이 예상보다 매우 어려운 정책목표(An Elusive Goal)가 될 수 있다. 그것은 위의 상관관계에서 보듯이 첫째 북한의 대남정책이 바뀌지 않는 경직된 상황에서 남북관계를 제어해 나갈 수 있는 한국정부의 능력에 한계가 있으며, 둘째 북미 관계의 진전 및 촉진에 있어서 한국정부가 갖는 개입변수(An Intervening Variable)로서도 한계가 있으며, 셋째 한미간 정책공조와 관련하여서도 대북정책에 대한 기본 입장은 유사할지 모르지만 정책공조에 선행되어야 할 양 정부 간의 대북정책 인식과 전략, 이해관계의 차이로 인해 공조체제 상시화가 어려운 측면이 있다. 마지막으로 남남 갈등문제 또한 권위주의 시대와는 달리 민주화이후 진행된 이념적 스펙트럼의 확산으로 인해 당분간 한국사회 내 보혁갈등의 해소가 어려울 것이기 때문에 어떤 정부가 등장을 하더라도 자신의 대북정책기조를 안정적으로 유지하면서 정책의 일관성을 확보해 나간다는 것은 매우 어려운 과제가 될 것이다.

따라서 향후 어떤 정부가 들어서든 이러한 대북정책의 안정성문제와 관련해서는 먼저 대북정책결정 및 추진에 있어 국제적, 지정학적, 이념적 개입요소를 고려할 필요가 있다. 전체적인 대외정책 환경의 변화에 대한 분석을 토대로 그에 따른 대북정책의 적합성과 효과성을 고려하면서 대북정책을 결정하고 추진해야 하며 한반도가 처한 지정학적 상황 및 한국사회의 내부상황 변화가 종합적으로 함께 고려되어져야 한다. 아울러 이런 전체적인 맥락과 구조에 연계시켜 나온 맞춤형 대북정책이라도 본격적으로 추진하기 전에 미리 대북 정책 추진효과를 극대화하기 위한 - 사전 구도정리 및 정책공조 시스템 확립 - 사전 정지 작업을 통하여 개입변수의 통제에 어려움이 발생하지 않도록 치밀하게 추진하여야 할 것이다.

〈그림 7〉 대북정책의 일관성 및 안정성 제고방안

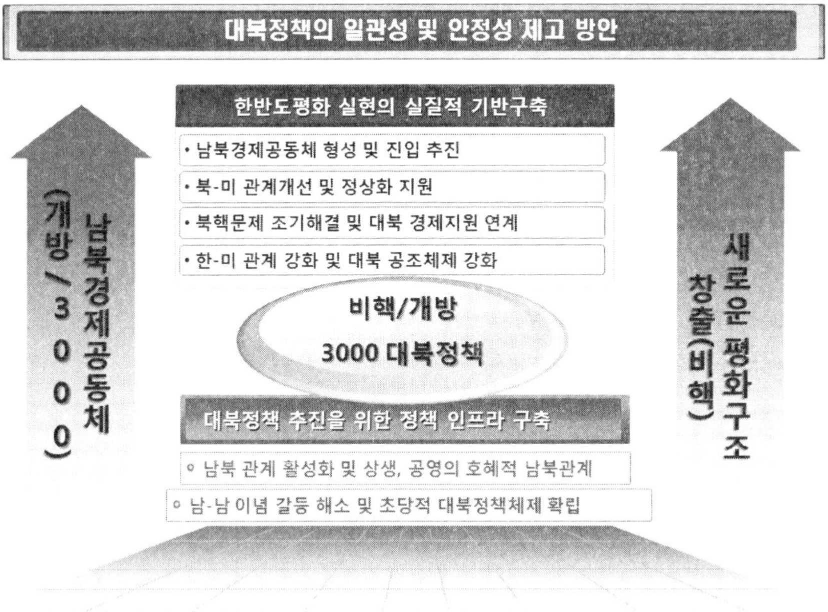

여기에 북한핵문제가 여전히 미해결로 지속되어 남북관계는 물론 한미관계, 북미관계에 계속 장애요인으로서 발목을 잡으면서 한반도긴장고조 및 동북아 지역안보의 불안정을 초래할 수 있으므로 가능한 한 북핵문제의 조기해결을 위한 전향적 조치를 마련하는 것이 중요하다. 그러한 방안 중의 하나로 과거 냉전시대 미소 간 협상 타결책으로 활용되었던 GRIT(Graduated Reciprocation in Tension Reduction) 모델을 적극 검토할 필요가 있겠다.[20] 얼핏 보면 이러한 GRIT 모델이 6자회담에서 제시된 단계적 패키지 딜과 유사한 것으로 보이지만 내용적으로 GRIT 모델이 훨씬 더 인센티브 지향적이며 명확하고 구체적인 목표를 지향하고 있다는 점에서 새로운 협상방안으로 적극 검토할 필요가 있다.

지금까지 김영삼 정부 이후 한국정부의 대북정책 안정성에 영향을 미치는 변수들의 상호작용을 분석하였다. 이러한 분석의 결과를 토대로 현 정부가 추진하는 '비핵 · 개방 · 3000 정책'이 정책의 안정성과 일관성을 확보하려면 먼저 대북정책 추진에 앞서 전체적인 국제구도의 사전 정지 작업의 일환으로 한미관계 강화 및 주변국들과의 관계 강화를 염두에 두어야할 것이다. 또한 남북관계는 물론 한미관계, 북미관계 개선의 현안인 북한핵문제의 해결을 최우선 과제로 선택하는 것이 중요한바 이러한 것은 비핵 · 개방/3000 정책이 향후 보다 적절한 방향을 설정할 필요가 있다. 다만 현 정부의 대북정책이 추구하는 의도와 정책목표에도 불구하고 최근 북한 내부상황의 변화에 따른 여러 개입변수와 최근 국제정세의 변화 그리고 세계경제위기 등이 한국의 대북정책환경을 복잡하고 불확실하게 만들고 있고 국내정치상황 또한 효과적인 대북정책의 추진을 어렵게 만들고 있는 상황에서 보다 안정되고 일관된 정책 추진으로 소기의 효과를 기대하려면 <그림 7>에서 제시하는 방향으로 추진할 필요가 있겠다.

미 주

1) 이와 관련된 보다 자세한 논의를 위해서는 성경륭, "김대중-노무현 정부와 이명박 정부의 대북정책 추진전략 비교: 한반도 평화와 공동번영 정책의 전략, 성과, 미래 과제,"「한국동북아논총」 제13권 제3호, 2008 참조.

2) 서병철 편저, 『분단 극복을 위한 초석－한국과 독일의 분단과 통일－』(서울: 도서출판 매봉, 2003), pp. 356－359.

3) COPDAB 사건 분석방법에 대해 Edaward Azaar, "The Use of Semantic Dimensions in the Scaling of International Events," International Interactions 17, 1981 참고.

4) 허태회, "부시공화당 정부의 한반도정책과 남북관계,"「극동문제」 1월호, 2001, pp. 40－64.

5) 허태회(2001), pp. 40－64.

6) 김학성, "대북포용정책의 중간평가와 향후과제," 통일연구원개최 학술회의, 2000 참조.

7) 이념을 달리하는 수많은 집단이나 개인들, 이산가족들에 이르기까지 남한 인구 전체의 4분의 1 정도로 추정되는 사람들이 희생자가 되었고 그들의 마음속에는 불신과 갈등, 고민과 원한이 합리적 해결책의 모색을 불가능케 할 정도로 얽히고 쌓였다.

8) 이인호, "통일지상주의는 현실 외면한 복고주의: 남남갈등 해결의 길－ 상호이해와 협력 그리고 사회통합," 2009, http://www.hani.co.kr(검색일: 2009. 9. 27) 참조.

9) 분단체제와 남남갈등, 즉 분단체제의 근대화와 냉전문화, 친미·반공문화와 반문화의 형성 등 남남갈등의 변화추이는 조한범, 『남남갈등 해소방안 연구』(서울: 통일연구원, 2006) 참조.

10) 초당파주의의 가능성과 한계, 현실적 제약에 대한 논의를 통해 한국적 상황에서 대북정책의 안정성과 신뢰를 강화시킬 초당파적 접근이 어떻게 가능할 수 있는지에 대한 논의를 통해 대북정책의 발전방향에 대한 논의를 전개할 수 있을 것이다.

11) 최진욱 · 강동원, "북한의 국가－사회관계 변화와 대북정책 거버넌스 개선방안,"「국방연구」 52(2), 2009, pp. 137－149.

12) 허태회(2001), pp. 2001, 40－64.

13) 2001년 9.11이후 미국이 대 테러응징 및 방지를 위한 미국의 대테러전쟁을 계속하면서 세계전역에 테러를 지원하는 국가를 발본색원하는 대테러정책을 펼치고 있는 상황에서 테러집단이나 불량국가들에게 대량살상무기를 확산시킬 우려가 있는 북한과의 마찰이 불가피할 것으로 전망되었는데, 2002년 북한이 스스로 핵문제를 시인하고 나옴에 따라 결국 어려운 상황이 조성되었다.

14) 이것은 한국과 유사하게 미일 안보동맹에 기초하여 대외관계를 발전시켰던 일본에서도 비슷한 사례를 찾아 볼 수 있다. 일본도 2차 대전 패망이후 정경분리라는 대외정책을 추진하였지만 기본적으로는 미국과 서방에 협조하는 친서방 중심의 대외정책을 추구하다가, 90년대 초 '경제 초강대국(economic superpower)'의 지위에 오르면서 한 때 미국의 궤도를 벗어나 독자적인 대외정책을 시도하려고 한 적이 있

다. 이후 거품경제 후유증과 미국의 강력한 통상압력 및 시장개방 압력에 시달리며 10년간의 장기불황에 빠져 있다가 최근 일본은 다시 미 · 일 동맹강화를 통해 미국의 질서 속에서 자신의 역할과 국익을 극대화하는 방향으로 나가고 있다.

15) 한미간 이러한 대북정책 입장 차이는 결국 상호 마찰과 갈등으로 이어졌는바 <표 2>와 <표 4, 5>는 이러한 차이를 극명하게 대조적으로 보여주고 있다.

16) 이 문제에 관해서는 김성한, "한반도평화체제구축과 한미동맹의 미래," 「2001년도 한국정치학회 국방 · 안보학술회의 논문집」 2001 참조.

17) 북핵문제가 사라지면 북미간에 갈등이 사라질 것이라는 전망은 희망사항일 뿐 핵문제가 아니더라도 북한에 대한 미사일수출포기문제와 생화확무기 폐기문제, 일본이 원하는 재래식무기 감축문제 등이 여전히 갈등의 씨앗으로 남아 있게 되며 여기에 북한인권문제까지 확대되면 북한에 대한 미국의 견제와 압박의 명분은 현 북한정권이 궤멸되지 않는 한 계속 상존할 수밖에 없다.

18) 과거 냉전시대 '봉쇄전략'을 통해 소련과 공산주의위협을 제거한다는 명분으로 미국중심의 세계질서를 구축하는 데 성공했던 미국은 이후 탈냉전시대에는 '개입과 확대전략'을 내세워 미국이 원하는 시장민주체제의 확산을 바탕으로 패권강화를 위한 명분으로 삼았으며 9.11 테러이후 미국은 또다시 '테러 및 대량살상무기 확산방지전략'이라는 대외목표를 내세워 패권강화의 명분으로 삼으려 하였다. 이러한 전략 하에 미국은 21세기 세계질서를 미국의 패권아래 두고 경영하기 위해 하나는 미 · 영 동맹과 나토체제의 확대를 통해 유럽질서를 구축해 나가고 또 하나는 미일동맹의 강화와 MD체제의 구축을 통해 동아시아질서를 미국의 구도대로 구축해 나가겠다는 의도를 갖고 있었다.

19) 미국이 공격 대상으로 삼은 이라크가 핵이나 생화학무기를 소유했든 안했든 이미 미국은 여하히 미국의 이해관계를 위해 후세인을 제거하고 이라크에 친미정권을 세워야겠다는 생각이 있어 9.11테러이후 알 카에다와 연루의혹이 강한 이란보다 먼저 이라크를 압박하였으며 심지어 이라크가 국제여론을 받아들여 유엔사찰을 허용하였음에도 불구하고 결국은 새로운 증거와 이유를 들어 선제공격한 사실을 간과하는 것이다. 덧붙여, 과거 이란과 이라크전쟁에서 미국의 적은 원래 이란이었으나 쿠웨이트 석유문제를 놓고 이라크와 적이 되었다가 다시 이란의 세력 확대를 염려하여 후세인을 살려놓고 철수한 다음, 이후에 중동개입의 여지를 위해 계속 남겨놓았다가 다시 테러와 대량살상무기 확산 방지를 명분으로 공격하는 행태를 보인 사실에 주목할 필요가 있다.

20) 1960년대 미국과 소련 간에 냉전이 고조된 상황에서 Charles Osgood이라는 미국 심리학자가 '적대적 관계에서 상호신뢰를 구축하는 단계적 방안'으로 제시하여 케네디 대통령이 채택하였으며 이후 핵실험 금지협정(Nuclear Test Ban Treaty)을 체결하는데 기여하였다.

제 2 장

'평화공영정책'에서 '상생공영정책'으로: 성과와 한계

Ⅰ. 들어가는 말
Ⅱ. 대북정책의 경로변환에 대한 개념적 접근
Ⅲ. 노무현 정부의 평화공영정책: 성과와 한계점
Ⅳ. 상생공영의 비핵 · 개방 · 3000정책과 한계점
Ⅴ. 맺음말

Ⅰ 들어가는 말

2010년 3월 26일 북한의 천안함 피격사건 이후 정부의 '5 · 24조치'로 인도주의적 사안과 개성공단을 제외한 모든 남북한 교류가 중단되었다. 그 후 북한 요청에 의해 정부가 대한적십자사를 통해 쌀 5000톤을 지원했고 이산가족 상봉을 위한 실무접촉을 제안했다. 이런 가운데 북한은 내부적으로 당정비와 후계자 구도를 위해 9월 말 북한은 44년 만에 노동당대표자회를 개최하고 3남 김정은을 후계자로 공식 천명했다. 김정일 국방위원장은 김정은에게 인민군 대장 칭호를 부여했고 당 중앙군사위 부위원장 자리에 임명했다. 이는 선군정치 체제 속에서 김정은에게 군부 직위를 부여함으로써 후계자 승계의 안정화를 꾀한 것이었다.

북한의 제의에 의해 시작된 이산가족 상봉행사는 세 차례의 실무접촉을 통해 2009년 9월 말 추석을 계기로 1년 1개월 만에 성사되었다. 정부는 이산가

족면회소 사용을 제안했고, 북한은 금강산 관광 재개 문제 해결을 주장하면서 면회소 사용과 관광 재개를 연계했다. 최종적으로 남북한은 이번 이산가족 상봉행사에 한해 '면회소'을 사용하기로 했다. 2010년 10월 1일 개성 자남산 여관에서 열린 3차 남북적십자 실무접촉에서 양측은 10월 30일부터 11월 5일까지 금강산에서 남북 각각 100가족 규모로 이산가족 상봉행사를 갖기로 최종 합의했다.

초기 실무회담에서 정부는 이산가족 상봉을 계기로 정례화를 제안했고, 북한은 금강산 관광이 재개되어야만 수용한다는 입장을 고수했다. 북한이 제안한 금강산 관광 재개에 대해 정부는 2008년 7월 박왕자씨 피격사건에 대한 '진상규명, 재발방지책 마련, 관광객 신변안전 보장'을 위한 제도적 장치 완비 등 '3대 선결과제'가 해결을 요구했다.

그런데 2010년 11월 23일 북한은 기습적으로 연평도를 포격했다. 이 포격으로 인해 남북관계는 다시 경색되었고 국제사회의 대북 제재조치로 이어졌다. 당시 김정일은 남북관계 정상화의 가장 중요한 사안인 비핵화의 확고한 의지는 보여주지 않았다. 김대중과 노무현 정부의 지난 10여 년간의 대북 유화정책 동안에도 북한은 핵개발 및 실험과 6자회담 병행이라는 이중적 잣대를 지속했다. 또 이명박 정부의 상생공영정책 하에서도 북한은 끊임없는 무력도발과 오히려 핵 억지력은 결코 포기할 수 없음을 국제사회에 피력했다. 이처럼 북한이 핵을 개발하고 포기하지 않는 한 어느 정부도 대북정책에 뚜렷한 성과를 내기란 쉽지 않다.

2011년 12월 17일 김정일의 갑작스런 사망으로 김정은에게 권력이 승계되었고, 이어 12월 29일 김정은은 조선인민군 최고사령관으로 추대되어 핵무기 통제권을 장악했다. 이런 맥락에서 본 장에서는 대북정책의 핵심 대상이 되는 북한을 상수로 보고 노무현 정부와 이명박 정부의 대북정책의 경로변환을 체제전환이론을 중심으로 비교 분석해 보고자 한다. 대북정책의 추진 체계와 정책에서 상이성을 잘 드러나는 노무현 정부의 대북정책의 성과와 이명박 정부의 대북정책의 성과를 비교해보는 것은 향후 대북정책 수립에 상당부분이 도움이 될 것으로 간주된다.

Ⅱ 대북정책의 경로변환에 대한 개념적 접근

노무현 정부와 이명박 정부의 대북정책의 '연속성과 상이성'의 특성을 체제전환이론을 중심으로 분석해 보고자 한다. 체제전환이론의 제도변화는 경로의존성(path – dependence)과 경로규정성(path – shaping) 개념으로 분석 및 비교해 볼 수 있다. 경로의존성은 말 그대로 기존의 제도와 조직을 급격히 변화시키는 것은 불가능하다는 가정에서 출발한다.[1] 노무현 정부의 평화번영정책은 김대중 정부의 햇볕정책을 계승 및 발전한 것이다. 이처럼 '평화번영정책'은 경제협력을 통해 평화를 증진시키고 이를 통해 경제협력을 발전시키는 '평화와 경제의 선순환' 구상이었다.[2]

경로규정성은 자발적이고 창조적으로 새로운 질서를 만들어 가는 과정을 말한다. 즉 제도의 형성과 변화가 과거와 단절 속에서 이뤄짐을 의미한다 <표 1 참조>.[3] 이전 정부의 대북정책과 달리 이명박 정부의 대북정책은 북한 김정일 체제의 비핵과 개혁개방을 전제로 북한 주민의 소득을 향상시키는 구체적인 정책을 제시했다. 상생공영의 대북정책은 노무현 정부의 평화번영정책에 비해 한반도 평화체제 구축 문제를 적극적으로 표방하지 않았다. 대신 북핵문제의 해결 없이 한반도 평화체제 실현은 불가능하다는 원칙에서 출발했다. 기존의 평화와 경제의 선순환 구상과는 상이한 경제 및 사회관계 중심의 대북정책이다.[4]

경로의존적 정책변화는 정책추진 환경과 초기 조건이 매우 중요하다. 노무현 정부는 김대중 정부의 햇볕정책을 계승했기 때문에 정책의 연속성과 안정성을 중심으로 출발했다. 지난 10년간 남북관계는 내용적으로는 논란의 여지가 있지만 외형적으로는 다소 남북관계 발전을 달성했다는 긍정적인 평가를 받았다. 그러나 이 정책은 북한의 우라늄 농축프로그램을 둘러싼 핵개발과 실험이라는 위기에 직면했다.[5]

〈표 1〉 체제전환이론 중에서 제도변화 이론

개　　념	주요 내용
경로의존성 (path - dependence)	• 제도의 변화는 과거와 현재의 연장선상 속에서 제도와 정책의 효율성 보다는 안정과 지속성을 더 중시함. 현재보다는 과거를 더 중시하는 경향이 있음. ex) 노무현 정부의 평화번영정책
경로규정성 (path - shaping)	• 과거보다 현재를 더 중시하는 경향이 있기 때문에 효율성을 중시함. 제도와 정책의 변화에는 일반적으로 거래비용(transaction cost)과 기회비용(opportunity cost)이 소요됨. ex) 이명박 정부의 상생공영정책

출처: Klaus Niesen, Bob Jessop and Jerzy Hausner, "Institutional Change in Post-Socialism," in Strategic Choice and Path-Dependency in Post-Socialism (Aldershot: Edward Elgar Publishing Company, 1995), pp. 6-7.

이명박 정부의 경로규정적 정책 변화는 북한의 1, 2차 핵 위기 이후에 전개된 정책으로 북한의 비핵화 의지 여부가 중요했다. 금강산 관광 사업의 중단 이전까지 남북경협 사업은 어느 정도 순조롭게 진행되었다. 경로규정적 이론에 의하면 이명박 정부의 상생공영의 대북정책은 수립과 추진하는 과정에서 기존의 정책이 달성해 놓은 합의와 성과를 계승하지 않기 때문에 불가피하게 거래비용과 기회비용을 수반하게 되었다.[6]

좀 더 구체적으로 코헤인(Robert Keohane)의 상호주의에 의해 대북정책을 분석해 보면 다음과 같다. 코헤인은 상호주의를 엄격한 상호주의(specific reciprocity)와 유연한 상호주의(diffuse reciprocity)로 구분했다<표 2 참조>. 상호주의는 동시성, 등가성, 의무부가 여부에 의해 기초된다.[7] 이 이론에 의하면, 노무현 정부의 대북정책은 유연한 상호주의로 설명할 수 있다. 동시성과 등가성의 경우의 사례가 적용된다. 특히 등가성의 대표적 사례는 인도적 차원에서 매년 최소 2,600억 원에서 최대 3,800억 원의 대북 식량차관 제공이 해당된다.[8] 그 대가로 이산가족 상봉행사라는 '비등가적 상호주의'가 지속적으로 추진되었다. 이명박 정부의 대북정책도 유연한 상호주의에 해당된다. 차이점은 “줄 것은 주고받을 것은 받겠다”는 의지를 표명함으로써, ‘철저한 원칙과 유연한 접근’이라는 대북정책을 고수했다. 북한이 요청할 경우의 식량지원 등 인도주의 차원에서의 대북지원의 동시성과 등가성에서는 유연한 입장을 취하지만, 대북경협 3원칙을 전제조건으로 하는 ‘조건부 상호주의’로 규정된다.

〈표 2〉 코헤인의 상호주의 개념

분　류	주요 내용
엄격한 상호주의 (specific reciprocity)	• 교환이 거의 동시에 이루어지고, 교환되는 행위의 가치가 등가이며, 의무가 부가됨
	• ‘눈에는 눈, 이에는 이’ 식의 Tit-for-Tat를 의미함
유연한 상호주의 (diffuse reciprocity)	• 동시성과 등가성에 덜 민감하고, 의무가 부가되지 않거나, 의무의 즉각적 수행을 강조하지 않음
	• 하나를 주고 즉시 하나를 요구하지 않고, 상대방으로부터의 우호적 반응이 없더라도 지속적으로 우호적으로 행동하며 결국 상대방으로부터 우호적 행동을 이끌어내는 것을 의미함[9]

출처: Robert Keohane, “Reciprocity in International Relations,” International Organization, 40, 1986, p. 8.

이처럼 노무현 정부와 이명박 정부의 ‘유연한 상호주의’ 차이는 전제조건 존재 여부에 있다. 전제조건의 존재 여부는 상대방의 우호적 행동에 대한 신뢰의 문제에서 제기된다. 노무현 정부는 남한이 우호적 행동을 보이면 북한도 우호적 행동으로 보답할 것이라는 기대에서 출발했다. 반면 이명박 정부는 과거 정부의 상호주의에 대한 비판을 통해 북한이 먼저 우호적 태도와 입장을 보이면 그 다음 우호적 행동을 보이고 상응하는 보답을 받겠다는 것에서 출발한다. 반면 노무현 정부의 유연한 상호주의는 북한의 우호적 행위를 이끌어내지 못했던 일방주의로 분석된다. 그러나 이명박 정부의 ‘조건부 상호주의’는 남북관계가 신뢰와 우호적 관계에 있지 않을 경우 실질적인 상호주의가 작동되기 아주 어려운 한계에 직면했다. 예를 들면 2008년 7월 이후 중단된 금

강산 관광의 재개는 북한의 3대 선결과제 수용 및 해결 여부에 달려 있다.[10)]

〈표 3〉 노무현 정부와 이명박 정부의 대북정책 추진체계

내용/정부	노무현	이명박
명 칭	평화번영정책	'비핵·개방·3000정책'(상생공영정책)
개념	• 한반도 평화를 증진시키고 남북공동번영을 추구함으로써, 평화통일의 기반을 조성함. 동북아 경제중심으로 발전하기 위한 토대를 마련하고자 하는 전략적 구상임	• 북한이 핵을 포기하고 개방의 길을 선택하면 정부가 국제사회와 협력하여 10년 안에 북한 주민의 소득이 3천 달러 달성을 돕겠다는 정책임. 남북경제공동체 형성 진입(개방·3000)을 추진함으로써 한반도 평화통일의 실질적 토대를 구축하고자 국민합의를 바탕으로 국제협력을 추진함
목표(비전)	• 한반도 평화증진과 남북 공동번영 실현 및 동북아 공동번영을 추구함	• 평화공동체의 건설: 한반도의 비핵화 달성과 남북 군사적 신뢰구축·긴장완화의 실현, 경제 공동체의 달성: 북한의 발전과 국제사회의 참여지원, 남북 공동이익의 경제협력 추구, 행복공동체의 실현: 남북한의 인도적 문제 해결과 남북주민의 삶의 질 향상을 추구함
추진원칙	• 대화를 통한 문제 해결, 상호신뢰와 호혜주의, 남북당사자 원칙에 기초한 국제협력, 국민과 함께하는 정책임	• 실용과 생산성의 추구, 원칙에 철저하되 유연한 접근, 국민 합의에 기반을 둔 투명한 정책의 추진, 남북협력과 국제협력의 조화임
추진기조	• 국민의 정부 계승(안보와 화해 협력의 병행), 경제 협력의 확대와 심화를 통한 남북경제의 상호의존성 증진과 공동번영 촉진함. 관광, 제조업에서 조선업과 자원개발 등으로 경제협력과 대북투자의 전면화를 추진함	• 비핵화를 경제협력의 선결조건으로 설정, 창조적 실용과 결과의 생산성 추진에 의한 남북관계의 발전 추진, 공생·공영의 남북경제 공동체 추진과 한반도 평화구조 창출, 남북대화의 추진과 인도적 지원, 국민합의와 국제협력의 중시함
추진전략	• 국민의 정부 3단계 접근과 안보-경협 병행 전략 수용, 남북화해협력의 실질적 확산과 심화에 집중됨 • 중장기적으로 한반도 평화체제 구축 및 동북아 안보경제공동체 구축에 기여함	• '비핵·개방·3000'의 포괄적·단계적 추진(국제협력 하에 북한의 비핵화·개방화 유도 및 정상국가화 촉진, 경제 지원 확대) • 상생·공영의 경제협력 확대(한반도 경제 선진화 기여), 호혜적 인도적 협력을 추진함

출처: 성경륭, "김대중-노무현 정부와 이명박 정부의 대북정책 추진전략 비교: 한반도 평화와 공동번영 정책의 전략, 성과, 미래과제,"「한국동북아논총」 제48집, 2008, p. 290 재정리함.

부연하자면 역대 정부의 대북정책 결정 및 추진에 가장 중요한 영향을 주요 변수는 무엇보다 남북한의 '고착화된 분단구조'라는 공통점이 존재한다. 이승만 대통령에서 이명박 대통령에 이르기까지 한국은 남북분단이라는 고착화된 구조적 요인과 당시의 상황적 편의에 따라 대북정책과 통일외교를 추진해왔다.[11] 예를 들면, 김대중과 노무현 정부의 대북포용정책은 역사적으로 의미가 있는 정책이었다. 그러나 포용정책의 실효성과 정책비용의 문제, 추진과정에서 드러난 여러 가지 문제점을 고려해 볼 때 대북정책의 '안정성과 일관성'을 담보한 성공적인 정책으로 평가받기에 제약점이 제기된다. 상생공영정책은 북한의 '선 비핵화'와 그에 따른 후 체제불안 해소와 경제지원을 표방했다. 북한에 일관성 있는 대북정책의 추진으로 계속해서 같은 메시지를 보냈다. 남북관계 발전의 최대 난점은 북한의 천안함 피격사건과 연평도 포격도발, 김정은의 계속된 핵개발과 핵보유국 선언, 미사일발사 실험 등의 위협도발 요소다. 이로써 남북관계 경색의 지속화와 대화단절로 별다른 성과 내지 진전을 이루지 못했다.

이처럼 대북정책의 추진과정에서 정책의 전환과 남북의 상호의존성을 저해하고 불안정성을 야기하는 가장 주요한 요인 중의 하나는 남북 간의 상호인식에 따른 관계변화다. 역대 정부의 대북정책의 특성상 북한의 태도변화와 남한의 호응에 따른 상호관계를 고려해야 한다. 북한의 일방적인 도발과 행태로 인해 남한의 상호대응과 정책 입지가 약화되었다. 궁극적으로 대북 지원정책에 대한 사회적 합의나 지지수준을 급락시키는 원인으로 작용했다. 노무현 정부와 이명박 정부의 대북정책의 추진체계를 요약 정리해 보면 <표 3>과 같다.

III 노무현 정부의 평화공영정책: 성과와 한계점

3.1 주요 성과

통일부 자료에 따르면, 김대중 정부에서 이명박 정부까지의 대북송금 규모는 약 4조 원에 추산되었다.[12] 특히 김대중과 노무현 정부의 대북지원의 총액은 27억 5,500만 달러였다<표 4 참조>. 미국 국제전략연구소(CSIS)의 『2006년 아시아 군사력비교』 라는 보고서에 따르면, 북한의 군사비 지출은 1999년 21억 달러에서 2000년 20억 9천만 달러로 약간 줄었으나 2001년 45억 달러, 2002년 50억 달러, 2003년 55억 달러로 5년 동안 약 3배가량이나 증가했다. 따라서 금강산 관광사업의 대가로 북한에 지급되는 비용의 상당부분은 북한군대의 현대화와 군 장비구입에 사용되었다.[13]

〈표 4〉 대북포용정책의 경제적 지원

정 부	총비용	주요 지원 내용
김대중	13억 4,500만 달러	• 금강산 관광대금으로 4억 2천만 달러 • 교역대금 4억 7천 6백만 달러 • 현대의 포괄적 사업 대가 4억 5천만 달러
노무현	14억 1,000만 달러	• 관광대금은 1억 2천5백만 달러로 떨어졌지만 개성공단과 이에 따른 남북경협이 활발해지면서 교역대금이 크게 늘어났음

구체적으로 노무현 정부의 평화공영의 대북포용정책의 주요 성과를 남북정상회담 개최, 남북대화의 정례화, 남북회담 회수, 남북교역과 인적 및 물적교류, 남북이산가족과 인도적 분야, 인프라 구축과 제도화 토대 마련 등으로 살펴보면 <표 5>와 같다. 중요한 점은 김대중과 노무현 정부의 이런 형태의 대북지원과 협력비용에 상응한 북한의 태도변화가 있었는지에 대해 회의적이었다. 그동안의 변화에도 불구하고 남북관계가 상호신뢰에 바탕을 둔 '화해협

력'을 구축하는데 성공하지 못했다. 남북관계의 양적 성과 측면에서 기여했지만, 북한의 변화와 북핵문제 해결, 한국 내 남남갈등은 더욱 심화되었다. 질적인 성과 측면도 고려해야한다.

〈표 5〉 노무현 정부의 평화공영정책의 주요 성과

평화공영정책	성 과
남북정상회담 개최	• 분단최초 2000년과 2007년 남북정상회담 개최함. 6.16공동선언과 10.4 정상선언 채택됨: 남북관계 현안에 구체적인 실천사항 합의 및 이행을 통해 남북관계 발전을 지향했음
남북대화 정례화	• 남북총리회담, 남북경제협력공동위원회(부총리급), 남북장관급회담, 남북국방장관회담, 남북군사실무회담, 남북적십자회담 등 정치, 경제, 군사, 사회, 문화, 인도적 차원의 다차원적으로 진행되었음
남북회담 횟수	• 1971에서 1997년 27년 동안 남북회담 총 336회(연평균 12.4회), 1998에서 2007년 10년 동안 총 249회(연평균 24.9회) 열림. 합의서 채택도 1993에서 1997년 6건에서 1988에서 2007년 173건으로 증가했음
남북교역과 인적 · 물적교류	• 개성공단사업: 2005 - 2007년 65개 기업, 생산액 27,342만 달러, 수출액 6,036만 달러, 2007년 말 현재 북측 22,538명. 남측 785명 총 23,323명 근무했음. 남북경협의 법적, 제도적 장치 마련을 위해 투자보장, 이중과세방지, 청산결제, 상사분쟁해결 등 4개 경협합의서 타결됨. 남북인적교류: 1989에서 1997년 2,989명에서 1998에서 2007년 431,683명이었음
남북이산가족 상봉 · 인도적 분야	• 금강산에 이산가족면회소 설치 및 운영: 2008년 완공됨. 정부차원 무상지원: 1995에서 1997년 3,118억 원에서 1998에서 2007년 11,811억 원, 식량차관: 2000에서 2007년 8,872억 원, 민간차원 무상지원: 1995에서 1997년 196억 원, 1998에서 2007년 6,957억 원 등
인프라 구축· 제도화 토대 마련	• 남북철도 및 도로 연결, 해운 협력, 임진강 수해방지, 비무장 지대 일부의 철책 및 지뢰제거와 남북군사실무자간 직통전화 설치 등 군사적 신뢰구축의 계기 마련, 남북교류분야가 문화, 예술, 치육, 종교, 방송 등의 분야로 확대됨

출처: 통일부, 『통일백서』 2008, pp. 311 - 321; 성경륭(2008), pp. 299 - 300.

3.2 평화공영정책의 한계점

<북한체제 변화>

대북정책의 수립과 추진에서 북한체제의 '변화여부'는 기본 사안이다. 노무현 정부의 대북포용정책으로 추진과정에서 드러난 가장 큰 한계점은 북한의 체제와 정권 생존의 불안감과 위기감을 해소시키지 못했다. 1990년대 구소련 및 동유럽의 사회주의 체제 붕괴가 진행되었을 때 북한은 국제사회의 고립화와 결핍경제(economy of shortages)의 심화가 누적됨으로써 대내외적 안보불안과 생존위기가 노출되었다. 대내외적 차원에서 북한주민의 일탈 방지와 통합 및 남한에 대한 군사력 우위 확보 등을 위해 핵개발과 핵실험 강행했다. 이는 북한의 국제적 고립과 경제난을 더 심화시켰고, 대북포용정책의 효과에 대해 대내외적 제약을 초래했다.[14)]

카플란(Kaplan)에 따르면, 북한과 같은 전체주의적 사회주의국가에서는 7단계의 붕괴 과정에 직면한다. 그의 분석에 따르면, "북한은 1990년대 중반 4단계에 도달한 것으로 보였으나 미국의 식량원조와 중국과 남한의 지원으로 지금은 3단계로 회귀했다. 북한은 대북지원정책으로 현재 4단계까지 진행하였다가 3단계로 후퇴했다는 평가다<표 6 참조>.[15)]

따라서 김대중과 노무현 정부의 대북지원과 경협정책은 북한의 개혁개방 유도에 실패했다. 오히려 김정일 정권을 유지하고 북한 주민의 통제를 더 강화하는데 적지 않은 도움이 되었다. 예를 들면 유사한 상황의 중국, 베트남, 구소련 등 다른 사회주의국가들은 경제난이 극히 심했을 때 개혁개방 을 선택했다. 다른 대안이 없었다. 그러나 북한은 남한의 '인도적 지원과 금강산관광 사업 및 개성공단' 등 경협을 통해 개혁개방을 선회하기보다 김정일 정권 유지 및 체제를 지속할 수 있는 적절한 기회가 되었다.[16)]

사회주의 국가인 중국이나 베트남은 개혁개방을 통해 공산당 지도층의 강력한 방침과 결합되어 경제발전에 괄목할만한 발전을 달성했다. 그러나 북한 내 상향식 경제변화는 노무현 정부의 개성공단, 금강산관광, 경협사업에 의존했지만 전적으로 북한 체제의 변화에 기여하지 못했다. 북한이 스스로 경제를 점진적으로 개방하고 체제를 개혁하겠다는 결단과 추진이 선행되어야 남북경협은 중요한 원동력으로 발휘될 수 있었다. 북한의 개혁・개방이 단계적으로 진행되었다면 정부의 대북지원과 경협사업 등은 북한 경제발전과 체제변화라는 시너지 효과로 이어졌을 것이다.[17)]

〈표 6〉 카플란의 북한 붕괴단계

붕괴 단계	주요 내용
1단계	자원의 고갈
2단계	인프라 유지 불가
3단계	지방 당 관료나 군벌이 통제하는 독립적 '봉건 영지'의 등장
4단계	김정일 정권의 진압 시도
5단계	중앙정부에 대한 저항
6단계	정권의 파열
7단계	새로운 지도부 구성

출처: Robert D Kaplan, "When North Korea Fails," Atlantic Monthly, October, 2006 참조.

평화공영정책의 대북포용정책은 한반도의 긴장완화와 남한경제의 새로운 성장동력 확보 등에 기여한 정책이었다. 그러나 정책의 수용자인 북한이 자국체제의 안전을 위해 핵개발과 핵보유국임을 자처함으로써 한반도와 동북아시아 평화에 위협적 요소가 되었다<표 7 참조>. 국내 보수 세력이 대북포용정책의 실행에 강력하게 반발함으로써 남북관계의 '적대적 상호의존'의 메커니즘이 주기적으로 작동되었고, 대북포용정책의 효율성이 제대로 발휘되지 못했다. 실질적인 남북협력의 심화와 군사적 신뢰구축을 바탕으로 한반도의 평화와 안보 불안 요소를 제거하지 못했다.[18)]

〈표 7〉 평화공영정책의 한계점

원 칙	접 근	주요 내용
정경분리와 경협 : 한반도 경제공동체 기반 조성에 기여한 점도 있었지만, 반면 남북경협에 많은 문제점도 노출되었음	• 개성공단과 금강산관광 • 경의선 및 동해선 철도연결	• 이 사업은 북한의 자원과 남한의 자본이 결합된 대표적 인 남북경협 사업으로 알려져 있지만, 북한에 대한 일방적 수혜방식으로 진행되었음
	• 수익성문제	• 2000년 이후 일부 기업들의 북한 진출했으나 북한의 일관성 없는 정책 때문에 수익을 제대로 내지 못했음. 정치적 이유로 계약이 파기가 많아 북한 정치체제에 대한 불신이 남한기업의 적극적 대북사업 을 망설이게 했음
	• 군사전용으로의 의혹 및 핵개발 비용의 논란	• 남북경협은 현금으로 지급되는 사업이었음. 군부가 장악한 남북경협사업은 당이나 행정부로 들어가지 않고 군부수중으로 유입되었고 군사전용 의혹을 초래함[19]
	• 분배투명성 확보문제	• 대북지원 품목들이 적절하게 분배되는 것이 아니라 군사적으로 전용되거나 일부 당과 정부의 고위관료들, 특권층에 우선적으로 배분된다는 의혹이 제기됨
	• 평화비용	• 북한에 제공된 현금을 평화비용으로 설명하는 견해도 있으나, 평화비용은 북한체제의 건설적 변화를 전제로 할 때 가능 한 명분임. 북한에 전달된 현금이 북한의 소수 지배자에게 전달되고, 군사력 증강 에 전용되어 핵개발에 사용된다면 진정한 평화비용이라고 볼 수 없음

출처: 이수석, “남북관계의 새로운 패러다임 구현과 상생공영의 대북정책,” inss.re.kr/app/dn_file_log.act?hash=fd5ea0adb77c2edf9b9cda9f77e... (검색일: 2010. 9. 13) 재정리함; www.unikorea.go.kr(검색일: 2010. 9. 25).

반면 '상생공영의 대북정책'에서는 정경분리보다는 정경연계를 추진했다. 금강산 관광의 전면 중단전까지 경협차원에서 이명박 정부 하에서 약 7억 6천 5백만 달러를 북한에 송금되었다. 관광대금은 1,800만 달러로 다소 급감했지만 개성공단은 이전 정부에 비해 2배 이상 늘었고 교역대금도 증가했다.[20] 완고한 정경연계가 아닌 '유연한 상호의존적 정경연계'의 입장을 취했기 때문이었다. 유연한 정경분리의 입장으로 이것은 비핵화과정에서 북한의 진정성 있는 태도를 보여주었다면, 언제든지 획기적으로 남북경협의 진행될 수 있었음을 보여준 사례였다.

<국제공조와 북한인권 문제 >

노무현 정부는 대북지원을 통해 외부의 발전된 모습을 북한에 인식시킴으로써 북한체제의 변화를 유도하려고 했다. 결과적으로 대북지원은 북한체제의 버팀목이 되었다. 노무현 정부는 남북협력과 국제협력의 병행추진 원칙하에 선순환 구조를 만들어야 한다는 입장이었다. 남북 당사자 원칙에 기초한 국제협력이 대북정책의 추진원칙이었다.[21] 노무현 정부는 한반도 평화체제 구축이 대북정책의 추진전략이었기 때문에 이 과정에서 남북한 당사자원칙의 중요성이 강조되었다.

그러나 이러한 대북포용정책은 국제적 차원에서 한계점이 드러났다. 미국의 부시정권의 네오콘 세력들의 강경한 대북 적대정책으로 인해 대북포용정책의 추진에 큰 부담이 되었다. 또 6자회담에서 제기되어온 일본의 납치문제의 선해결을 요구하는 일본정부와의 국제공조를 약화시켜 대북포용정책의 효과성을 제약하는 요소가 되었다. 뿐만 아니라 국내에서 남남갈등이 지속됨으로써 정치적・사회적 난관에 봉착했다. 보수파의 세력을 수용하지 못한 채 강행된 대북포용정책은 친북좌파정책이라는 비난을 면치 못했다. 소위 색깔론에 봉착해 대북포용정책의 실효성에 한계를 드러냈다.[22]

이처럼 국제협력과 관련해 노무현 정부와 이명박 정부의 차이가 분명하게 드러났다. 노무현 정부는 남북당사자 원칙을 강조되었지만 이명박 정부는 남북당사자 원칙 대신 남북협력과 국제협력을 병렬 관계로 놓고 "국제사회와 협력하면서 남북관계 개선의지"를 중요하게 간주했다.[23] 반면 이명박 정부는 "남북협력과 국제협력의 조화로운 진전"이 대북정책의 주요 추진원칙이었다.[24]

부연하자면 '상생공영의 대북정책'은 단지 한반도 비핵화를 최우선의 목표로 남북한 당사자 원칙에 제한하지 않고 국제협력을 통한 북핵문제의 해결을 강조했다. 북한이 국제사회에 편입되지 않는다면 남북만의 관계는 언제든지 북한의 논리대로 관계가 깨질 수 있기 때문에 북한이 국제사회에 편입되어 다양한 관계 형성이 중요했다. 북한이 국제규범을 지킬 때 남북관계도 정상적인 관계로 발전할 수 있다는 원칙이었다.[25]

북한은 정치범 수용소와 체제 유지를 위해 인권이 유린되고 있다. 노무현 정부의 대북정책은 북한의 인권문제에 대한 올바른 제시를 하지 못했다. 한국에서 북한 인권문제가 본격적으로 대두된 것은 대북포용정책의 효용성에 의문이 제기되었을 때였다. 대북포용정책으로 북한의 개혁개방의 진전되기보다는 대북지원이 '군사전용' 의혹이 불거졌다.

그러나 '상생공영의 대북정책'은 북한인권 개선 및 인도주의적 차원에서 이산가족상봉의 정례화 추진, 국군포로 및 납북자 문제 해결, 북한이탈주민 정착지원 강화, 대북지원의 투명성 등 이전 정부에서는 언급을 회피했던 분야에 주력했다.[26] 대북포용정책은 남북관계의 '특수성'을 유지했기 때문에 인권문제에 대해 국제사회의 원칙과 보편성이 적용되지 못했다. 그러나 '상생공영의 대북정책'에서는 북한의 인권 개선을 위해 북한의 유엔과 유럽연합 등 국제기구와의 협력을 촉구했다. 이명박 정부는 북한의 2차 핵실험과 미사일 실험 이후에 유엔 안보리를 통해 대북 경제제제 조치를 강조했다. 남북관계라는 민족적 특수성을 중심으로 국제사회의 보편적 질서를 실천함과 동시에 남북관계의 발전에 국제사회의 적극적인 협조를 촉구했다.

Ⅳ 상생공영의 비핵 · 개방 · 3000정책과 한계점

4.1 유연한 상호의존과 병렬적 접근

이명박 정부의 상생공영정책은 대북정책의 초점을 북한정권에 맞춘 노무현 정부와 달리 북한주민에 중점을 둔 남북대화와 교류협력을 추진했다. 북한정권을 대화상대로 인정하지만 대북지원과 협력은 북한주민의 고통을 덜어주고 민족의 공동번영에 초점을 두었다. 그 일환으로 지원 물자가 북한주민에게 제대로 전달될 수 있도록 지원품목의 전용방지와 투명한 분배 방법을 모색했다. 북한의 잘못된 행동에 대해서는 시정을 요구하고, 불이익도 줄 수 있는 '당근과 채찍'의 병행전략을 추진했다.[27)]

〈표 8〉 비핵 · 개방 · 3000정책의 배경

주요 목표	주요 내용
북한체제에 대한 편견 해소	• 그동안 이념적 경향 때문에 북한에 대한 미화와 찬양 같은 편향된 흐름이 존재했음. 따라서 있는 그대로의 북한을 알고 편견을 바로잡을 수 있는 대북정책의 필요성이 제기됨
실용주의	• 21세기 한반도를 중심으로 동북아 정세는 급변하고 있음. 중국의 급성장으로 동북아 세력균형의 변화, 일본의 영유권 주장, 북한정세의 불안정성, 국가역량을 강화하기 위한 대북정책의 필요성이 제기됨
비핵화	• 따라서 북한이 비핵화를 통해 정상적인 국제사회의 일원으로 발전해야 함. 북핵은 한반도의 안보를 위협하고 동북아 위기를 초래함. 더욱이 북한의 핵으로 인한 방사능 유출사고도 고려해 봐야함[28)]

이명박 정부의 상생공영정책의 '비핵 · 개방 · 3000' 정책의 주요 특징을 살펴보면 다음과 같다. 우선, 북한의 비핵화, 개방화, 경제발전은 순차적 조건적

개념이 아니며 '병렬적 정책과제'로 간주된다. '비핵 · 개방 · 3000'은 북한의 체제전환이나 정권교체가 목적이 아니고 북한의 국제사회 편입을 통한 북한 발전 전략이었다. 이는 북한의 경제발전뿐만 아니라 우리경제에도 새로운 성장 동력을 제공할 것으로 기대되었다.

둘째, <그림 1>에서 보여주듯이 '비핵 · 개방 · 3000'은 "북핵문제의 진전과 북한의 개혁개방이 진행되는 과정에 한국이 국제사회와 협력하여 북한의 1인당 국민소득을 3,000 달러 수준으로 향상"시키고자하는 궁극적으로 북한경제가 자립할 수 있도록 돕는 일련의 유연한 상호주의적 접근이자 순차적 프로그램이다. 평화공동체, 경제공동체, 사회문화공동체를 만들어 궁극적으로 민족공동체를 이룩함으로써 남북한의 상생공영의 추구한다.

〈그림 1〉 상생공영의 비핵 · 개방 · 3000정책

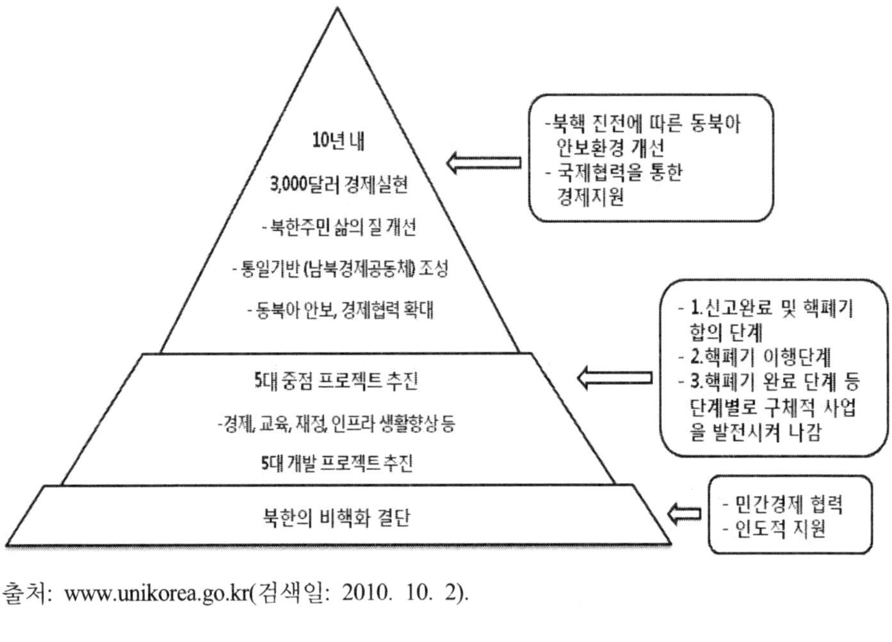

출처: www.unikorea.go.kr(검색일: 2010. 10. 2).

셋째, 북한 '스스로 변화하고 경제발전'을 이룰 수 있는 여건조성을 한국이 지원하는 것이다. 1인당 국민소득 3,000달러는 한 사회에 가전제품들이 보급되고 중산층이 성장하는 단계로서 주민들이 여가를 즐기며 인간답게 사는 생활수준을 의미한다. 1988년 한국의 국민소득 수준을 감안한 수치로서 북한경제가 의식주 문제가 해결되어 일정 정도의 자립경제가 가능한 상황을 의미한다. 북한이 핵을 포기하면 정부는 경제 지원을 보장하며, 그 핵심 내용은 경제, 교육, 재정, 인프라, 복지 분야 등 5대 중점 분야로 분류된다.

넷째, 북한의 비핵화 단계에 대한 인식이 중요하다. 북한 핵문제는 한반도의 안보불안을 초래하고 다른 분야의 남북관계 발전을 가로 막는 가장 큰 걸림돌이다. 북한이 만약 핵을 포기할 의사가 없다면 개혁・개방의 의지가 없다는 것으로 간주된다. 남북관계에서도 신뢰를 쌓을 수 없다는 점을 북한에게 분명하게 전달해야 한다. 남북대화와 교류협력의 전제는 북한의 태도변화이다. 북한이 진정성을 갖고 대화에 나서는 한편, 새로운 국제질서에 적응할 수 있도록 변화해야 한다는 것이 정부의 입장이다. 비핵은 핵문제가 완전하게 해결된 상태(Status)가 아니라 핵문제를 해결해 나가는 일련의 과정(Process)을 의미한다. 비핵화는 대북정책의 전제가 되는 단계론이 아니라 병행논리로 접근 된다. 1단계로 북한의 핵시설 불능화 완료, 2단계로 북한의 핵폐기 이행, 3단계로 핵폐기 완료단계 등에 따라 단계별로 대북지원 사업을 추진한다. 그런데 정부는 1단계 이전상황에서도 인도적 지원과 대화교류 지속 등 남북관계를 안정적으로 관리하려는 전략을 추구하게 된다.[29)]

동시에 북핵 문제 해결을 위해 2009년 정부는 그랜드바겐(Grand Barging)을 북한에 제안했다. 그랜드바겐은 '비핵・개방・3000'에 이은 북핵문제 해결 방안으로 기존의 북핵협상 지연의 원인을 정확히 파악해서 해결해 보자는 일종의 구체적인 해결 방식이었다. 북한은 핵 협상 때마다 식량과 에너지를 비롯한 대가성의 대북지원을 얻어냈다. 만약 협상이 지연되면 다시 원래 상태의 핵개발 수준으로 선회하는 것이 반복되었다. 이런 성과 없는 반복을 통해 북한은 '가역적 상황'으로 항상 이익을 보지만, 다른 참가국의 행동들은 '불가역적 상황'으로 북한에 끌려 다니는 상황을 초래했다. 2003년 8월 6자 회담이 시작된 이후 선보상(경제지원) 후비핵화 진전 없이 북한이 핵개발로 이어졌다.[30)]

따라서 그랜드바겐 제안은 북핵문제의 '불가역적 상황'을 조성하고 데드라인을 설정하고 핵폐기에 대해 북한의 진정성 있는 명확한 입장을 요구하는 것이다. 북한이 수용할 경우 나머지 6자회담 국가들이 북한체제 인정과 대대적인 대북지원을 보장하겠다는 의미였다. 협상은 일괄적으로 한꺼번에 포괄적으로 진행되고 그에 대한 보상 이행은 단계적으로 진행한다는 것을 의미한다. 그랜드바겐은 북한이 핵을 포기하면 안전보장과 국제지원을 본격화하는 일괄타결의 북핵 문제를 근본적으로 해결하는 방안이었다.[31)]

4.2 비핵 · 개방 · 3000정책에 대한 평가와 한계점

최근 학계와 대북전문가들이 지적하는 '비핵 · 개방 · 3000정책'에 대한 평가와한계점을 몇 가지 정리해 보면 다음과 같다. 첫째, 상생공영정책의 '비핵 · 개방 · 3000'은 '선 비핵화(핵폐기)' 실현을 최우선전략을 표명한다. 그러나 가장 큰 걸림돌은 북한의 핵무기 개발을 중단, 포기 및 완전 비핵화시기가 불분명하다는 점이다. 북한의 비핵화 시한이 명확하지 않아서 북한이 핵폐기를 완전하게 실행할 것인가 아닌가는 점점 더 어려워지고 있다. 오히려 계속해서 우리정부와 미국을 포함한 국제사회가 북한에 비핵화를 촉구하고 있으나 북한은 경제난에도 불구하고 3남으로의 정권 승계의 중요한 핵심요소이자 핵보유를 국제사회에 기정사실화했다. 이명박 정부 내 북한의 비핵화 선언과 이행을 기대하기 사실상 어렵다.

둘째, 앞서 살펴본 대로 '비핵 · 개방 · 3000정책'은 '선 안보확보와 핵해결 - 후 남북교류 협력관계 연계'의 유연한 조건부 상호주의'다. 또 선 국제협력 후 남북협력 구도 하에 남북관계관리 전략의 추진은 남북관계 발전을 안보 및 정치와 한미공조와 국제공조에 종속시킨다는 결과를 이끌었다. 독일 통일에서 보여주듯이 남북한 통일도 국제적인 성격과 북해문제 해결의 다자주의적 특성이 고려되어야 한다. 현실적으로 대북정책은 국제협력의 지원 하에 실질적인 성과를 달성 할 수 있다. 그런데 오히려 북미관계의 진전이 없는 상태에서 한미동맹의 지나친 강조와 정경연계인 '선 안보 - 후 경협'의 노선은 자칫 남북관계의 특수성과 이중성을 고려하지 않은 대북정책으로 간주될 수 있다. 남북협력과 국제협력을 병렬 관계로 놓고 본다면 남북관계의 특수성 보다 '선 국제협력'을 통한 남북관계의 개선의지는 남북관계를 더 고착화를 초래할 수 있다.[32]

셋째, 비핵화와 개방과 관련 10년 안에 국제사회 공조와 1인당 북한 국민소득을 3,000 달러 수준까지 올린다는 정책의 달성은 불가능해졌다. 정경유착의 남북경협은 중단된 상태이고 중국이나 베트남의 사회주의 국가들의 경제개방과 개혁 사례에서 보여주듯이 10년 안에 목표달성은 너무 어렵다. 예를 들면 중국이 1인당 GNP가 2007년 2,360 달러에 도달하는 데 29년 정도 걸렸으며, 베트남은 1인당 GNP가 2007년 724달러 달성에 21년 걸렸다. 북한이 2007년 당시 1인당 GNP가 300에서 500 달러 수준이었기 때문에 향후 10년 내에 3,000달러는 달성은 어려운 선거공약으로 간주되었다. 최근 세계경제의 위기 하에 정부를 포함한 미국 및 세계 경제문제를 고려해 볼 때 향후 10년 동안 북한의 국민소득 3,000달러 달성을 지원하겠다는 것은 그 자체가 실효성 없는 방안으로 간주되었다.[33]

V 맺음말

북핵문제를 해결하고 한반도의 긴장상태를 종식하여 남북한이 공동 번영해야 하는 것은 이 시대를 살아가는 우리 모두가 원하는 것이다. 사실상 기존의 6자회담은 북핵문제를 해결하지 못한 측면이 있다. 북한은 북미관계 개선을 위해 6자회담에 참가하였고, 핵개발 검증문제로 결렬되기까지 시간을 끌면서 핵능력을 배가시켰다는 비판에 직면했다. 북핵문제 해결을 위해 지금까지 해오던 방식이외에 대북정책의 경로변환은 필수적인 것은 자명하다.

북핵문제의 근원적 해결은 북한의 체제변화나 체제전환과 밀접한 관련 있다. 북한의 핵개발 포기는 김정은의 개혁개방과 연관된다. 김정은이 개혁개방을 하지 않으면, 핵개발 역시 멈추지 않고 지속될 것이다. 우리에게 주어진 과제는 북한이 체제가 안정적으로 유지되면서 개혁개방을 추진하여 핵개발 포기 유도에 주력해야 한다. 그러나 현실적으로 북한 내 김정은의 체제구축이라든가 경제개혁 실패에 따른 경제난 등 불확실성의 증폭되고 있다. 북한 내부 상황의 변화에 따른 여러 가지 개입변수와 최근 국제정세의 변화, 세계경제위기 중국의 급부상, 천안함 피격사건과 연평도 포격도발 등 한국의 대북정책 환경은 복합적이고 복잡하게 전개되었다.

향후 변화하는 국제정치 환경의 변화를 고려하면서 대북정책의 '적합성과 효과성'을 감안해서 대북정책을 결정하고 추진해야 한다. 동시에 한반도가 처한 지정학적 상황 및 한국사회의 내부 상황 변화가 종합적으로 고려되어야 한다. 이른바 맞춤형 대북정책 수행이 중요한데 정책 추진효과를 극대화하기 위해, 내부적으로 사전 정지작업 중의 하나인 남남 갈등해소를 위해 '초당적' 대북정책제도 및 장치의 마련이 시급하다. 구체적 대안으로 대북정책의 합리적 내지 협력적 거버넌스 메커니즘 형성이 제기된다. 즉 통일부를 주축으로 민주평화통일회의의 개편이라든가 통일관련 진보, 보수 시민단체, 종교계 등의 활용을 통한 대북정책의 거버넌스 메커니즘 구축의 필요성이 제기된다.[34] 동시에 대북정책의 가장 주요한 요소이자 걸림돌이 되고 있는 북한의 비핵화에 대해서는 초당적으로 일관성 있게 추진되어야 한다. 아울러 북한 핵문제가 미해결 변수로 작용하고 있기 때문에 국제공조를 통한 비핵화 조치도 지속되어야 한다.[35]

미 주

1) David Stark, "Introduction," East European Politics and Societies, vol. 6, no. 1, 1992, pp. 1 – 2.
2) 김근식, "대북포용정책의 개념, 평가, 과제; 포용의 진화 관점에서,"「한국과 국제정치」 제24권 1호(봄), 통권 60호, 2008, pp. 18 – 19.
3) Klaus Niesen, Bob Jessop and Jerzy Hausner, "Institutional Change in Post – Socialism," in Strategic Choice and Path – Dependency in Posr – Socialism (Aldershot: Edward Elgar Publishing Company, 1995), pp. 6 – 7.
4) www.unikorea.go.kr(검색일: 2010. 8. 10).
5) 이기동, "노무현 정부와 이명박 정부의 대북 접근방식 비교,"「북한연구학회보」 제12권 제2호, 2008, p. 272.
6) David Stark(1992), p. 1.
7) Robert Keohane, "Reciprocity in International Relations," International Organization, 40, 1986, p. 8.
8) www.unikorea.go.kr(검색일: 2010. 9. 25).
9) 박재민, "김대중 정부 시기 남북한간 상호성에 관한 연구,"「국제정치논총」 제43집 1호, 2003, p. 322.
10) 이기동(2008), pp. 277 – 278
11) 허태회 · 윤영미 · 윤황, "한국정부의 대북정책 변수 분석과 대북정책의 안정성 확보 방안: 김영삼 정부의 출범이후,"「국제정치연구」 제12, 2호, 2009. 12, p. 75.
12) 「KBS 9시 뉴스」 (2010. 10. 5).
13) 한반도 선진화재단 외교안보통일패널, 『21세기 새로운 대북정책 패러다임』 (서울: 한반도 선진화재단, 2007), pp. 13 – 22 참조.
14) 이수석, "남북관계의 새로운 패러다임 구현과 상생공영의 대북정책," inss.re.kr/app/-dn_file_log.act?hash=fd5ea0adb77c2edf9b9cda9f77e...(검색일: 2010. 9. 13).
15) Robert D Kaplan, "When North Korea Fails," Atlantic Monthly, October, 2006 참조.
16) 서재진, "남북상생공영을 위한 비핵개방 3000 정책의 이론적 체계 연구," 통일연구원, 2008, p. 198; 황장엽 전 북한노동당 비서는 "북한이 90년대 중반에 무너질 가능성이 매우 높았으나, 김대중 정부의 햇볕정책으로 북한이 기사회생했으며, 노무현 정부의 대북포용정책은 북한의 자생력을 키우고 체제 유지에 절대적으로 기여했다"고 강조했다. 황장엽, 『개인의 생명보다 귀중한 민족의 생명』(서울: 시대정신, 1999), pp. 330 – 334.
17) 이형욱 역, 『북한의 선택』 (서울: 매일경제, 2007), pp. 345 – 346 참조.
18) 성경륭, "김대중 – 노무현 정부와 이명박 정부의 대북정책 추진전략 비교: 한반도 평화와 공동번영 정책의 전략, 성과, 미래과제,"「한국동북아논총」 제48집, 2008, p. 301.

19) 북한기업 중 많은 기업들이 북한군부 산하 기업들이다. 북한의 무역회사나 대외 활동회사들은 당, 정부, 군부 산하 기업들인 경우가 많다. 이처럼 제2경제(군부) 산하 의 무역회사들이 가장 활발하게 대외경제활동을 하거나 외자유치사업에도 관여했다.

20) 「KBS 뉴스」 2010. 10. 15.

21) www.unikorea.go.kr(검색일: 2010. 9. 10).

22) 성경륭(2008), p. 302.

23) www.unikorea.go.kr(검색일: 2010. 10. 2).

24) www.unikorea.go.kr(r검색일: 2010. 10. 4).

25) 양무진, "천안함 이후 상황에 철저하게 대비해야," 「통일시대」 2010. 6, pp. 32-33; 서재진(2008), p.18.

26) 엄상윤, "이명박 정부의 대북정책 구상과 남북한 관계 전망," 『평화학연구』 제 9권, 1호 2008, p.11.

27) Bruce Klingner, "Lee, Bush affirm strong bilateral partnership," The Heritage Foundation Commentary, April 23, 2008 참조.

28) 1986년 우크라이나의 체르노빌 원자로 사고는 주변국가에 치명적 위협이 된다는 대표적 사례이다. 핵 보유국가가 경제상황의 악화로 핵 관리능력이 없을 경우 그 피해는 일종의 재앙으로 작용한다.

29) inss.re.kr/app/dn_file_log.act?hash=fd5ea0adb77c2edf9b9cda9f77e...(검색일: 2010. 9. 13).

30) 이수석, "남북관계의 새로운 패러다임 구현과 상생공영의 대북정책," inss.re.kr/app/dn_file_log.act?hash=fd5ea0adb77c2edf9b9cda9f77e... (검색일: 2010. 9. 13) 참조.

31) 이명박 대통령 취임 2주년 대북정책 설명자료, 통일부, 2010, p. 14; 냉전시대 미-소 간 협상타결책으로 활용되었던 GRIT(Graduated Reciprocation in Tension-Reduction) 모델을 적극 검토할 필요가 있다. GRIT 모델은 미국 심리학자 Charles Osgood가 제시한 '적대적 관계에서 상호신뢰를 구축하는 단계적 방안'으로 케네디 대통령이 채택했다. 1960년대 미국과 소련 간에 냉전이 고조된 상황에서 핵실험 금지협정(Nuclear Test Ban Treaty)을 체결하는데 기여했다. 6자회담에서 제시된 단계적 패키지 딜과 유사하지만 내용적으로 GRIT 모델이 훨씬 더 인센티브 지향적이며 구체적인 목표를 지향한다. 허태회 · 윤영미 · 윤황(2009), p. 97 참조.

32) 류길재, "이명박 정부의 북핵 정책: 노무현 정부와의 비교적 맥락에서," 「한반도포커스」 제8호 경남대학교 극동문제연구소, 2010. 7-8 참조.

33) 류길재(2010) 참조; 허태회 · 윤영미 · 윤황(2009) 참조; 성경륭(2008), p. 306.

34) "대북정책 추진에 과난 정책건의," 민주평화통일자문회의, 2010, p. 73.

35) 1989년 11월 9일 베를린 장벽 붕괴 이후 동서독은 1990년 10월 3일 통일을 달성했다. 지난 20여 년간 진행된 통일과 통합 과정이 쉽지 않았지만 통독은 '대체로 성공적'이라는 말로 요약된다.

제 3 장

한반도 통일인식과 통일비용 조성방안

Ⅰ. 들어가는 말
Ⅱ. 한반도 통일에 대한 인식
Ⅲ. 독일통일과 통일비용 방안
Ⅳ. 한반도 통일비용 방안
Ⅴ. 맺음말

Ⅰ 들어가는 말

2010년 8·15 광복절 경축사에서 이명박 대통령은 남북관계가 분단 상황의 관리를 넘어 통일관리로 국가정책이 바뀌어야 함을 강조했다. 통일에 대비한 구체적인 방안으로 '통일세' 신설 논의를 정책적으로 제안한 것으로 남북통일은 언젠가는 해결해야 할 문제인데, 현재 확보된 재원도 많지 않고, 통일에 막대한 비용이 소요되기 때문에 통일에 대비하기 위해 현실적인 방안을 준비해야 한다는 취지였다.

독일이 통일 이후 통일세 징수라든가 인프라 구축보다는 소득격차에 막대한 비용이 지출되고 있음을 주지할 필요가 있다. 북한은 통독 당시 동독보다 훨씬 더 경제적으로 식량난과 생활고에 시달리기 때문에 남북통일 과정이나 그 이후 통일비용 중에서 남북한의 생활수준의 차이를 줄이기 위한 비용이 많이 소요될 것이다. 즉 북한지역의 산업발전이나 사회간접자본의 투자에 드는 비용보다 남북한 주민의 생활수준 격차를 줄이기 위한 교육·보건·위생·주택 등 인력과 사회개발에 막대한 비용이 소요될 것으로 간주된다.

통일에 대한 국민적 공감대 형성과 통일세를 포함한 통일비용에 대한 방안 고찰은 더 이상은 남북관계 진전의 조건이 아니라 필수불가결한 전제 조건임을 고려해야 한다. 이런 맥락에서 본 장에서는 한반도 통일에 대한 인식과 국내외 여론을 제고해 보고, 독일통일의 주는 교훈과 통독이후 통일세 신설 의미를 살펴보고, 정부의 통일비용 방안에 대해 고찰해 보고자 한다.

Ⅱ 한반도 통일에 대한 인식

2.1 한반도 통일과 주변국

한반도 통일은 일차적으로 남북한이 해결해야할 민족내부 문제이지만 한반도 주변 4강의 다각적인 역할 관계에 영향을 받는 국제적이라는 이중구조의 양상을 띤다. 국제적 측면에서 한반도를 둘러싼 미국, 중국, 일본, 러시아 주변 4국의 한반도 정책과 역학관계의 변화는 한반도의 통일 환경을 결정짓는 중요한 요인으로 작용한다. 탈냉전이라는 국제질서의 환경변화는 필연적으로 동북아시아 관계에 다양한 변화를 초래했다. 주변 4국은 상호 협력과 견제의 새로운 질서를 모색하면서 한반도에 대한 자국의 영향력 확대에 주력하고 있지만 남북한 통일에 대해 대체로 소극적인 입장이다.

이는 통일된 한국 미래에 대한 불확실성에 대한 우려 때문이다. 통일한국이 장래 각국에 적대적인 세력으로 발전하지 않는다고 해도 국력이 신장되어 동북아시아의 새로운 경제 및 군사강국으로 부상할 가능성이 제기된다. 비록 군사력 측면에서 미·일·중·러의 수준만큼 못 된다 하더라고 남북한이 현재 수준에서 통합된다면 통일한국은 성장의 잠재성이 높기 때문이다. 한반도의 상황 변화가 역내 불안정 요인으로 되어 각 국가의 위협요인으로 작용할 수도 있다. 한반도가 통일될 경우 역내 역학관계의 변동을 우려하지 않을 수 없기 때문에 각 국가는 어떤 형태로든 현상변경 요인의 발생을 억제하려 할 것이다. 주변 4국의 통일에 대한 입장 차이는 다소 드러나지만 남북한 통일을 적극 지지하지 않는다. 이런 점을 감안해 무엇보다도 정부는 북한과의 지속적인 대화를 통해 '한반도 비핵화' 실천을 이끌어 내기위해 이들 국가들의 협조를 계속해서 촉구해야 한다.

즈비그뉴 브레진스키(Z.K. Brzezinski) 전 백악관 국가안보보좌관은「전략적 비전: 미국, 그리고 글로벌 파워의 위기, Strategic Vision: America and the Crisis of Global Power」라는 자신의 저서에서 미국과 중국의 한반도 통일에 대한 역할과 개입에 대해 다음과 같이 대해 피력했다.[1] 우선 브레진스키는 중국이 30년 내에 군사력 부문에서 미국을 추월할 것으로 전망했다. 그런 시기가 도래한다면 한국은 스스로 핵무장을 하는 것과 중국 혹은 러시아의 핵우산으로 들어가는 것 중에 선택한다고 분석했다. 미국의 국력이 약해지면 한국은 남북통일을 위해 '중국의 지원'과 '한미동맹의 축소'를 주고받을 가능성이 높다고 관측했다.[2] 즉 "한반도의 평화적 통일 분위기가 조성되었을 때 중국의 파워는 훨씬 커질 것이고, 남북통일에서도 중국의 역할은 핵심적일 것"이며, "한국은 '중국의 지원을 받는 통일'과 '한・미동맹 축소'를 '주고받기(trade－off)'로 여길 것"이라고 분석했다. 한반도 통일 시기에 한국이 중국의 지원을 얻기 위해 미국과의 안보동맹 수준을 일정 부분 낮추는 결정을 할 것이라는 의견을 제시했다. 그러나 역사상 유일한 '슈퍼파워(superpower)'였던 미국의 쇠퇴와 중국 등 특정 한 국가가 미국의 파워를 이어받는 '대관식'을 할 가능성은 높지 않다고 관측했다. 또 "2025년경 과거 소련이 붕괴한 뒤 미국에 맡겨진 역할을 대신 수행할 준비가 되어 있는 나라는 없을 것"이고, "지역・글로벌 파워들 간에 다소 혼란스러운 힘의 재분배 과정이 벌어질 가능성이 더 크며, 이 과정에서 승자보다는 패자가 훨씬 많이 나올 수 있다"고 지적했다. 그는 통일한국에 있어서의 중국의 역할 확대와 그에 따른 미국의 전략적 선택의 폭은 좁아질 것이라고 분석했다.[3]

하버드대 웨더헤드 국제관계 센터에서 2011년 5월 하버드대학 학부와 대학원, 펠로우 자격의 학생과 학자 500명(한국 국적 학생들 제외)을 대상으로 '한반도 통일전망과 북한에 대한 인식'을 주제로 실시한 설문조사가 실시되었다.[4] 결과를 정리해 보면 다음과 같다. 응답자의 79%가 '한반도 통일에 대해 생각해본 적이 있다'고 답했다. 우선 국적별로는 일본(80%), 미국(80%) 등 한반도 주변 이해 당사국 출신 학생들의 관심도가 높았다. 중국 출신 학생들은 절반 이상(56%)이 '생각해본 적이 없다'는 응답을 해 눈길을 끌었다. '한반도 통일을 누가 주도할 것인지'에 대해서는 응답자의 19%가 한국이라고 답했다. '남북한이 함께'라는 답이 13%, '남한과 미국' 12%, '북한(단독)' 9%, 미국 7%, '남한과 미국과 중국' 5%, 중국 4%, '남북한과 미국과 중국' 4% 순으로 나타났다.

중국 출신 학생들은 통일 과정에서 중국의 역할이 중요하다는 답변이 44%에 달해 남한의 역할(33%)보다 훨씬 크게 보는 경향이 두드러졌다. '통일의 시기'와 관련 전체의 62%가 '50년 내'라고 답했다. 이 가운데 '10년 내'라고 답한 사람은 16%였다. 중국 학생들이 '10년 내'라는 대답을 22%로 가장 많이 선택한 반면, 일본 출신 학생들은 '불가능할 것'이란 답변이 20%로 다른 나라들에 비해 가장 높게 나타났다. '이상적인 통일 시기'에 대해서는 '아무리 오래 걸리더라도 상황이 무르익었을 때'란 답변이 74%로 가장 높았다. '빠를수록 좋다'는 답변도 22%였다. 한반도 통일을 원하지 않는다고 답한 일본인 응답자의 비율이 20%에 달한 것이 특징적이었다. '한반도 통일의 이상적인 시나리오'로는 응답자의 54%가 '남한 주도'를, 46%가 '남북 공동 정부하의 별도 체제(separate regional zones of jurisdiction)'를 꼽았다. 국적별로는 중국 학생들이 후자를 지지하는 경향(71%)이 두드러졌고 미국 학생들은 57%가 남한 주도를 지지한 가운데 후자를 지지한 경향도 43%였다. '한반도에 지금과 같은 상황(status quo)이 얼마나 오래갈지'에 대해서는 41%가 '5~10년'이라고 답했고, 32%가 '10~20년'을 꼽았다. 이는 곧 '통일은 50년 내 가능할 것'이란 답변이 우세하지만 그 안에 상황 변화 가능성이 있다고 보는 것으로 분석된다.[5]

이와 같은 '남북통일, 설문조사'에 따르면 한반도 통일의 당위성에 대해 대체로 수용했다. 한국 주도의 통일과 50년 내 통일이 가능하다고 관측했다. 각 국적별로 남북한 통일에 대한 인식은 차이가 있다. 중국은 남북한 통일에 있어서 자국 역할을 중요시 여기고 있지만 남한 주도의 통일에 대해 다소 부정적인 견해와 일본은 대체로 한국통일에 대해 무관심하고, 미국은 남한 주도의 통일을 지지하고 있는 것으로 분석된다.

2.2 한반도 통일이후 미국의 역할

한반도 통일 이후 미국은 어떤 역할을 주도하고 정책은 어떻게 변모될지 분석해 보면 다음과 같다. 여타 주변국들처럼 미국은 한미동맹 관계를 중시하면서 한국 주도의 자유민주주의 평화적 통일을 지지하고 있다. 미국은 남북한 평화통일을 전제로 향후 주도적으로 군사・안보, 경제・사회, 국제적 영역 등 다양한 부문별로 역할을 수행할 것으로 예상된다. 군사안보, 경제적인 측면에서 미국은 다른 주변국들보다 다소 유리한 입장을 취할 수 있다. 그러나 미국의 역할 증진과 자유민주주의 시장경제체제를 유지하기 위해 국내외적으로 정치적 사회문화적인 측면에서 상당한 비용도 감수해야할 것이다.

우선 군사안보적 측면에서 미국은 한반도 비핵화의 지속적인 추진을 주도 및 미사일방어체제와 핵우산정책의 적극적으로 추진할 것으로 관측된다. 미국은 남북한이 핵무기는 물론 핵 처리시설을 폐기하기 위해 '비핵화정책'을 추진할 것이다. 핵보유국으로부터 핵위협에 대한 한국의 안전 보장을 위해 한국에 핵우산을 제공한다는 확대억지(extended deterrence)정책을 확대할 수 있다. 동시에 핵과 미사일 개발에 따른 '비대칭적 위협'을 줄이기 위해 논의해온 '확장억제정책 위원회'의 활성화 및 대비태세를 강화로 이어질 수 있다.

한미동맹의 새로운 변화 가능성도 예고된다. 동맹의 역할 및 실행 측면에서 주변국이 수용할만한 수준의 한미동맹을 새롭게 제시하고, 한미동맹의 정당성 확보를 위한 조정 및 글로벌 분쟁 지역이나 이슈에 대해 큰 문제없이 주한미군의 전략적 협력 내지 활용성이 증대될 가능성이 제기된다.

주한미군의 전략적 유연성이 더 중요해지고 주한미군 병력은 2006년 이후 유지해온 2만8,500명 수준 병력의 점진적인 축소 수순으로 이어질 것이다. 아태지역 미군을 해공군 위주로 재편이 가속화되고 슬림화, 경량화하면서 지상군 축소 전략이 지속될 것이다. 미국은 국방예산의 삭감 내지 비용 축소를 위해 주한미군의 방위비 분담금을 상당부분 우리정부에 더 요구할 것이다.

주한미군의 병력 규모 축소는 주일미군 배치에도 상당한 영향을 미칠 것이다. 주한미군 및 주일미군의 약화내지 점진적인 미군의 철수는 미국의 아시아 태평양 전략의 근거지가 다소 약화될 소지도 고려해봐야 한다. 미국의 동북아에 대한 영향력 내지 통제력의 약화는 중국에 이어 일본의 재무장 가능성도 제기된다. 한반도 통일에 따른 미국의 한미와 미일동맹 사이의 조화를 유지하기 위해 합리적 선택이 필요하다. 이와 관련 연구 및 지원에 따른 추가적인 비용도 고려해야 한다. 만약 중국 부상에 대해 미국의 동아태지역 전략 중요성이 더 강조된다면 한국과 일본 외에 추가적으로 미군기지 건설 및 병력 유지에 대한 전략적 선택도 고려해봐야 할 것이다.

아울러 한미 FTA로 인해 양국의 지속적인 경제발전의 시너지 효과를 기대해 볼 수 있다. 한미 FTA는 향후 통일한국에서의 미국의 경제적 편익은 증대에 가장 중요한 부문이 될 것이다. 북한지역 내 미국의 투자 및 경제개발활동 선점과 미국의 자본주시장 확대에 대한 주도적인 역할을 수행할 가능성이 크다. 한미 FTA가 미국의 북한지역의 경제회생 및 한반도 불안정성의 해소에 많은 역할을 할 것으로 기대된다. 미국이 균형자로서 현상유지를 유지한다면 그에 따른 추가 비용에 대한 정책도 마련되어야 한다. 북한의 안정화와 북핵 6자회담을 확대한 '동북아다자안보기구' 출범과 그에 따른 미국의 역할이 증진될 때 추가 비용이 예상된다. 미국은 통일 한반도에서 북한 지역에서 자국의 영향력을 유지하고 경제개발과 지원을 확대하기 위해 미국 내 여론주도층을 대상으로 한 이해확산을 촉구하고 각종, 제도적 및 법적 지원에 대한 정책 마련도 고려해봐야 할 것이다.

미국은 북한지역의 재건과 인도주의적 차원을 포함해 사회, 문화, 교육 등 전방위적 차원에서 지원하기 위해 예산 확보가 중요할 것이다. 동시에 각종 식량지원 등 인적・물적 지원, 사회, 문화, 민간봉사활동 지원 관련 영역별 북한 주민과 인사들 대상의 교육, 미국방문 비용, 네트워크 활성화 증진 비용도 추가적으로 마련해야 한다. 아울러 국제적 차원에서 미국은 북한 재건 지원을 위해 중국, 일본과 러시아를 포함해 '한반도특별지원' 정책을 주도하는 것도 중요할 것이다. 국제기구의 적극적인 참여를 통한 비용 마련인데, 한시적으로 UN 및 각종 국제기구의 한반도 평화통일 지지와 경제지원과 안정화 지원을 위해 '공동평화기금 내지 재건비용' 지원을 촉구해야 할 것이다. 미국이 관여하고 있는 국제적 및 지역기구의 적극적인 참여를 주도하고 재정지원 활동과 관련 비용을 촉구할 것으로 간주된다.

2.3 한반도 통일담론

일반적으로 특정정책이 정부의제로 귀속되는 과정은 누가 주도하느냐에 따라 <표 1> 같이 네 가지 유형으로 분류해 볼 수 있다.

〈표 1〉 정부의 정책 유형

유 형	주요 내용
제1유형	• 사회문제가 정부의제로 귀속되는 것으로 정부의 최고 정책결정권자의 의도에 따라 좌우됨
제2유형	• 사회문제가 사회적 쟁점에서 정부의제로서 사회문제가 사회 구성원들의 제기에 따라 정부 의제화 됨
제3유형	• 사회문제가 공중의제가 되어 정부의제로서 사회가 안고 있는 문제를 공중에게 논할 것을 정책결정자가 요구하여 의제화 됨
제4유형	• 사회문제가 사회적 쟁점과 공중의제를 걸쳐 정부의제로 모든 과정을 거친 후 정책으로 결정 되는 단계임

<표 1>과 같은 정부의 정책유형 분석에 의하면 정부의 '통일세' 정책화는 제3유형에 속한다. 우리 사회가 안고 있는 통일 대비 통일세 신설은 사회의 공중의제가 되어 정부의제로서 정책결정자의 요구에 의해 의제화가 된다. 통일소요 자금에 대한 공론이 제기된다.

독일통일 사례처럼 사전에 통일에 필요한 재원 조달 및 확보에 대한 통일

비용 정책 대안과 편익도 고려해야 한다. 통일비용은 언젠가는 더 이상 소요되지 않지만, 통일편익은 통일 이후 지속적으로 발생한다. 통일이 지연될수록 통일비용은 더 커지고, 반면 통일편익을 유용할 시간은 줄어들고 분단비용은 계속 지출되어야 한다.[6)]

〈표 2〉 통일세 인식

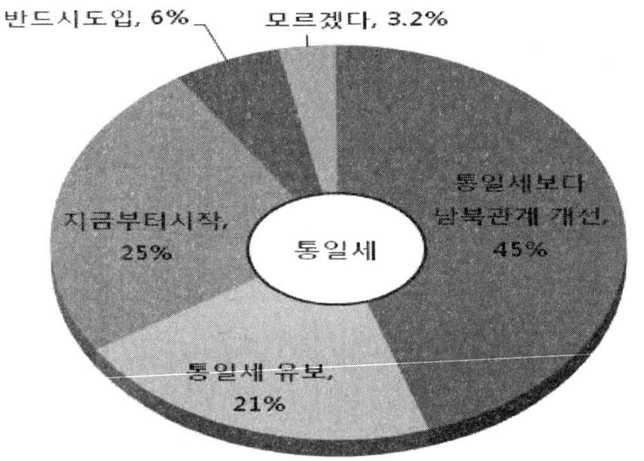

출처: "유쾌한 리서치－통일세 도입 관련 조사," MBC, 2012. 1. 17.

통일담론의 한계점은 크게 두 가지로 살펴볼 수 있다. 첫째, 통일보다는 분단 관리에 초점을 두고 있는 것이다. 역대 정부의 대북 정책은 주로 '법적인 통일'보다는 남북한 상호체제 인정, 평화정착과 교류협력 등을 골자로 한 '사실상의 통일'에 중점을 두었다. 남북한의 경제사회적 교류의 양적 확대는 남북관계 발전의 지표로 인식되었다. 즉 통일에 대한 관심과 의지보다는 교류 및 협력 확대가 더 중요한 대북정책의 목표로 간주되었다.[7)] 그로 인해서 통일비전은 불확실해졌다. 심지어 실현 가능하지 않다는 인식과 바람직하지도 않다는 인식도 크게 작용했다. 막대한 통일비용에 대한 거론이 제기되면 통일 자체가 부정적이고 회피의 대상이 되었다.

둘째, 기존 통일담론의 한계점은 전적으로 북한의 위협적인 상황에 기인한다. 현재 선군정치를 내세운 김정일의 건강 악화와 갑작스런 사망, 화폐 개혁 실패와 3대 김정은 세습체제 구축 등 북한의 정치 · 경제 상황이 점차 어려워지고 있다.[8] 무디스나 S&P 같은 신용평가회사들은 한국의 국가신용등급 평가 시 북한의 급변 가능성을 주요 변수로 고려했다. 이들이 우려하는 점은 북한의 붕괴 자체도 관심 대상이지만 한국의 통일 준비와 통일비용에도 초점을 맞추고 있다. 막대한 통일비용이 소요될 것에 대한 국민들의 부정적인 시각이 팽배하기 때문에 국민의 통일의지는 약화되고 있다. 이것은 국가신인도에도 막대한 영향을 미친다. 북한의 반발은 물론이고 통일과 통일비용 신설에 대한 국민적 합의 부족으로 통일담론은 그동안 소극적이었다.[9]

한국 내 통일과 통일비용에 대한 시각을 아래의 몇 가지 여론 조사 결과를 통해 살펴보면 다음과 같다. 2008년 말 『현대경제연구원』의 '남북관계 현안에 대한 국민여론조사' 결과에 따르면, '통일을 위해 국민 1인당 일정액의 부담을 져야 한다면 1년에 어느 정도의 비용을 기꺼이 지불할 용의가 있는가?' 라는 질문에 대한 응답률 중 '부담하지 않겠다' 것이 30.4%로 가장 높게 나타났다. 2009년 초 『민주평화통일자문회의』에서 실시한 '국민통일여론조사' 에서는 80% 이상이 통일이 중요하다고 대답했다. 하지만 통일에 수반되는 재정비용을 부담할 의사를 묻는 질문에는 50% 정도만이 '의향이 있다'고 답변했다. 2010년 초 『민주평화통일자문회의』에서 전국 만 13 이상 18세 이하의 청소년 1,015명 대상의 설문조사에서, 통일이 자신들에게 도움이 안 될 것이라는 질문에 대한 청소년들의 답변은 52.1%가 넘었다. 통일이 성사될 길 바라는 견해는 청년층(81.3%)보다 청소년층이 70.5% 상대적으로 더 낮았다.[10]

2010년 8월 중순 MBC의 『유쾌한 리서치 - 통일세 도입 관련 조사』에서 전국 20대 조사대상 2926명을 상대로 설문조사가 이뤄졌다. 통일세 도입에 대해 30.3%만이 긍정적인 답변을 했다. 66.5%는 부정적 답변이었다. 이들은 '통일에는 막대한 비용이 필요한 만큼 빠른 시일 내 반드시 도입해야한다' 는 답변과 '통일비용을 체계적으로 마련할 필요가 있으므로 도입을 나중에 하더라도 지금부터 논의를 시작해야한다' 는 점에 대해 다소 긍정적으로 답변했다. 통일시기는 언제인가라는 질문에 대해서는 10－20년 안에 45% 이상이 답변했다. 통일세보다 남북관계 개선에 더 많은 관심을 보였다<표 2 참조>. 전반적으로 통일의 필요성에 대해서는 긍정적이지만, 통일비용에 대한 인식이나 이해에 대해 부정적인 시각도 드러났다.

한반도 통일정세와 관련 이념을 초월하고 초당파적으로 통일비용과 관련실효적인 논의를 위해 다음과 같은 원칙이 전제되어야 한다.

첫째, 분단관리의 대북 정책의 전환과 국민의 공감대가 형성되어야 한다. 그동안 남북관계의 관리와 평화공존의 안정을 추구하는 소극적 '대북정책'에서 탈피해야 한다. 통일을 준비하는 '통일정책'이 적극적으로 추진되어야 한다. 따라서 통일에 대한 공감대 형성인 국민합의(consensus) 노력이 필요하다. 전 국민 대상의 적극적인 통일에 대한 관심과 의지를 회복시키는 일이 급선무다. 전반적인 통일에 대한 부정적 인식을 불식하고 통일이 가져올 미래 비전에 대한 논의가 사회 전반에서 활성화되어야 한다.[11)]

둘째, 점진적이고 단계적인 통일에 대비하기 위해 통일비용에 관한 논의가 더욱 확대되어야 한다. 통일은 많은 비용과 노력이 요구되는 만큼 이런 비용을 상쇄하고도 그에 따른 통일 편익이 존재한다는 측면을 더욱 강조해야 한다. 예를 들면 북한의 유휴 노동력의 활용, 지하자원의 개발, 국토이용의 효율성, 민족정체성 확립 등 '유무형'의 가치는 경제학적 추산을 넘어서는 영역이다. 독일통일 진행 단계에 따라 각기 다른 통일비용을 위한 재원 마련 수단이 사용되었다. 독일의 통일의 교훈을 고려해 봐야한다. 막대한 통일비용과 사회적 갈등 등이 해결할 과제가 산적하다는 것을 인식해야 한다.[12)]

셋째, 주변국 대상의 통일외교를 강화해야 한다. 한반도와 동북아의 안전보장과도 연관된다. 통일과정에서 전쟁이나 그에 준하는 무력분쟁을 사전에 막아야한다. 한반도 통일은 국제사회와의 이해와 협력 하에 고려되어야 주변국가들의 적대감이나 경계심이 증폭되지 않을 것이다. 서독은 통일 전 미국과 구소련을 포함해 프랑스, 영국 등 주변국의 설득을 통해서 외교적 협력과 통일비용의 협조를 얻는데 성공했음을 주지할 필요가 있다. 통일비전과 통일비용 조달의 측면에서 주변국과의 협력과 주변국의 통일에 대한 공유와 지지를 확보하기 위해 통일외교가 더 강화되어야 한다. 동시에 국제사회에 남북통일의 당위성과 통일과정에서 한국의 주도적 역할 수행에 대한 인식을 확산시켜야 한다.[13)]

Ⅲ 독일통일과 통일비용 방안

3.1 통일세 신설

우리의 통일세 방안을 논의하기에 앞서 독일통일 비용을 위한 재원 조달 방안에 대해 살펴볼 필요가 있다. 1989년 11월 베를린 장벽이 붕괴되었고 1990년 동독의 자유 총선거를 거쳐 10월 3일 동서독은 통일되었다. 1990년 5월 18일 동서독은 '화폐·경제 및 사회통합을 위한 조약을 체결했다. 이 조약을 통하여 화폐통합에서 경제통합과 사회통합에서 정치통합 순으로 단계적으로 통일독일이 달성되었다. 이런 통일독일 과정에서 서독이 통일시점을 전후하여 통일재원 마련에 노력했다. 통일 이전 서독은 동독 방문 통행료와 비자 수수료, 폐기물 처리 비용 등의 명목으로 동독을 지원했다. 독일통일 이전 서독은 1951년부터 1989년까지 약 4,000억 마르크(약 300조원)가 대동독 지원에 소요된 것으로 추산되었다.[14)]

1990년 독일 통일 당시 비용 문제에 헬무트 콜 서독 총리는 서독 국민들에게 '통일로 인한 세금 증가는 없을 것'이라고 언급했다. 서독의 튼튼한 재정, 동독 국유재산의 사유화 매각 수익, 유럽연합(EU)의 지원 등으로 더 이상 필요 없게 된 분단유지 비용 등을 활용하면 쉽게 해결될 것으로 간주되었다. 동독 지역에 대한 민간 투자가 진행된다면 통일비용 마련을 위해 국민들이 별도의 부담을 갖지 않을 것으로 간주되었다. 그러나 동서독 통일이후 심각한 경제력 격차를 단시일 내 해소되지 못했다. 통일비용은 급증했고, 뚜렷한 재원조달 방안을 마련하지 못했고 결국 '통일세'를 도입했다. 그 결과 지난 20년 동안 2조 유로(약 3000조원)가 통일세 명목으로 징수됐다.

독일은 2010년까지 매년 1000억 유로(약 150조원) 가량을 구동독 지역에 지원했다. 이 비용은 2010년 우리나라 예산(293조원)의 절반가량이며 독일 연간 국내총생산(GDP)의 4%에 해당되는 것이었다. 베를린 자유대학의 클라우스 슈뢰더 교수(정치학 · 동독연구소장)는 "동독이 통일비용에 의존하는 현상은 20년 이상 더 갈 것"이라고 주장했다. 통일 이후 독일 연방정부는 동독 지역 5개 신설 주에 대하여 매년 GNI의 약 5%에 해당되는 재정을 지원했다. 재원마련은 주로 국채발행, 조세(세금 인상), 서독 주정부와 연방정부의 재정 정책 등 세 가지 방법에 의존하였다.[15)]

독일통일기금은 동독지역을 지원하기 위한 목적으로 '화폐·경제 및 사회통합을 위한 조약'에 의해 조성하기로 동서독 양진영의 합의가 있었다. 1990년 5월부터 1994년까지 운용되었다. 재원마련 방법은 채권 발행 80%, 연방예산 지원은 20%였다. 연대협약으로 통일세로도 불린다. 독일연방정부는 통일기금으로 통일비용을 충당 가능할 것으로 판단했으나 한계에 봉착하자 조세에 의한 수단을 촉구하였다. 독일의 통일연대세(Solidarity Surcharge)는 1991년 7월부터 1년간 한시적으로 시행된 제도였다. 그러나 연장의 필요성이 제기되었다. 폐지됐던 소득세와 법인세에 추가 세율을 붙여 징수하는 '통일세'는 1995년 부활되었다.[16)]

1993년 3월 연방정부와 16개 주정부의 수반, 여야 정당대표 등이 '제1차 연대협약'을 체결했다. 당시 독일 연방정부가 구동독지역까지 포함하는 독일 전 지역을 대상으로 하는 국가재정 운용체제를 구축하기 위해 각 지방정부와 동독지역 재건 프로그램인 '연대협정(Solidarteat)'에 합의하면서 후속조치로 '통일세'는 재도입되었다. 사회연대를 위한 추가부담금 명목으로 통일세는 1991년 7월부터 1992년 6월까지 소득세 · 법인세의 7.5%가 부과됐고, 1998년 세율이 5.5%로 낮춰졌다. 그 후 2001년 6월 '제2차 연대협약'을 맺고 2005년부터 2019년까지 세금을 부과하기로 하였다. 그러나 동독특수가 발생했고 서독 경제의 불황으로 이어졌고 세금은 주로 낙후된 동독지역 개발에 사용됐다.[17)]

3.2 독일통일과 시사점

독일통일의 지난 20여년에 대한 평가는 다양하지만 전반적으로 성공적이었다는 평가다. 2010년 앙겔라 메르켈 총리는 지난 통일 20주년을 맞아 통일을 성공적이라고 자평했다. 통일과정에서의 어려움보다는 통일이후의 혜택이 크다는 통일편익의 중요성을 강조했다. 동서독 통일이후 경제격차 꾸준히 감소되었다. 1990년 통일 당시 소득수준 격차는 동독이 서독의 절반, 생산성은 1/5에 불과했다. 통일 20년은 이를 꾸준히 줄여나간 시기였다. 통일 전 동독의 1인당 GDP는 1991년 9751유로(1만2398달러)에서 2009년 1만9500유로로 2배로 상승했다. 동독지역의 소득수준이 빠른 속도로 개선된 반면 배에 달했던 서독지역의 1인당 GDP는 12% 증가했다. 그러나 종합적인 경제수준, 삶의 질에서는 아직 동독지역이 서독의 3/4 수준에 그치는 것으로 분석되었다. 지난 20여 년간 통일의 75%가 진척된 것으로 분석되었다.[18)]

독일의 통일세(연대세)에 대한 여론조사를 분석해 보면 다음과 같다. 첫째, 통독에 대한 동서독의 인식 차이가 드러난다. 동독지역 주민 중 공산정권 복귀를 바라는 사람은 10%에 불과했다. 반면 서독인 중 절반은 1989년베르린 장벽 붕괴 이전이 더 살기 좋았다고 답했다. 둘째, 구서독 주민의 가장 큰 부담은 통일비용에 대한 것이었다. 통독 이후 20년 동안 동독 지원에 들어간 돈은 대략 2조 유로(3000조원)가 지원되었다. 평균 매년 800억 유로의 세금이 동독에 투자되었는데 이는 연간 국내총생산(GD)의 4% 수준으로 예상했던 비용의 1.5%정도인 2배 정도가 넘는 지용이 지출되었다. 셋째, 비용 산출에 대한 부분이다. 가장 큰 문제는 동독 지원의 대부분이 인프라 건설보다는 공공부조에 소모되었다. 연대협정 하에 동독에 지원되는 자금 중 절반 이상이 동독 주민의 연금이나 실업급여 등 사회보장으로 지출되었다. 경제 개발의 토대가 되는 인프라 투자는 13%에 불과했다. 넷째, 동서독 지역의 큰 소득 격차를 들 수 있다. 2010년 한 독일의 민간 경제연구소의 조사에 따르면 구동독 지역의 소득은 서독의 절반(53%) 수준이었다. 1991년의 35%보단 개선됐지만 동서독의 경제력 편차는 극심했다. 서독을 100으로 기준한 실질소득 지수는

71(2008년) 정도였다. 실업률은 2010년 7월 현재 동독지역(11.5%)이 서독(6.6%)의 2배였다. 통일 이후 동독 인구는 10% 감소했다. 160만 명이 통일 이후 직장을 찾아 서독으로 이주했다. 특히 고급 엘리트 대부분이 서독지역으로의 이주로 동독지역의 인적 자원의 질도 크게 저하됐다. 동구권 주변의 국경지방은 동독 주민들의 대거 이주로 공동화되었다.19)

〈표 3〉 남북한 통합 방식

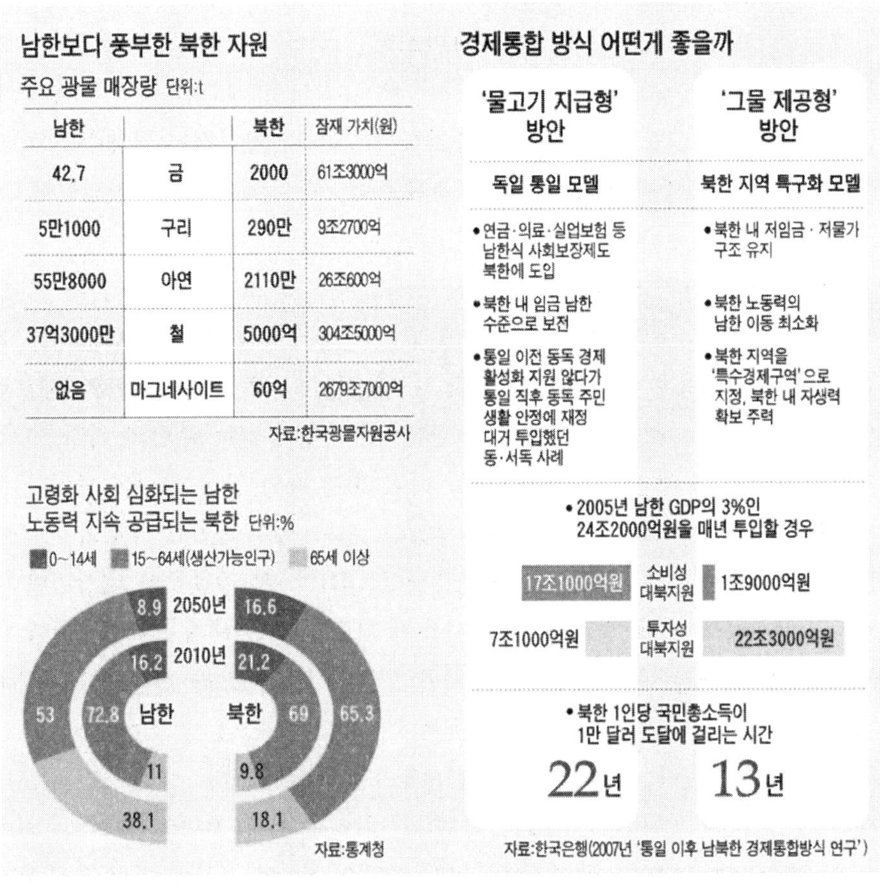

출처: http://article.joinsmsn.com/news/article/article.asp?total_id=4494538(검색 일: 2010. 11. 16).

독일통일이 분단국인 한국에 주는 시사점은 무엇일까. 결론적으로 경제적 통합 없이는 사회적 통합은 오랜 시간이 소요되고 많은 비용이 수반된다는 점이다. 남북한 통일비용에 대한 산출이 사실상 쉽지 않고 기관마다 다르다. 현재 남북한간 경제력 격차는 20여 년 전 동서독 통일 당시보다 훨씬 더 크다. 당시 동서독의 소득수준의 경우 독일은 2배였지만 남북한은 대략 '18배 내지 20배' 정도 차이가 난다. 남북한 소득격차의 차이가 클수록 통일 비용이 더 필요한 것은 자명하다. 가장 우려되는 것은 북한 체제의 급작스런 붕괴의 경우 부담해야 할 통일비용은 기하급수적으로 증가할 것이다. 한국개발연구원의 조사 결과에 의하면, 2011~2040년 30년 동안 점진적 통일이 진행된다면, 연평균 100억 달러의 통일비용이 소요된다. 만약 급진적 통일일 경우에는 7배가 넘는 연간 720억 달러가 들어갈 것으로 각각 추산된다. 한반도 통일비용 추산엔 적게는 수백억 달러에서 많게는 수조달러까지 현격한 차이가 존재한다<표 3 참조>. 단계별 통일비용 중에서 정치, 군사, 경제사회 통합이 가장 많이 차지했고, 이어 위기관리 순으로 조사되었다<표 4 참조>.[20]

〈표 4〉 단계별 추정 통일비용

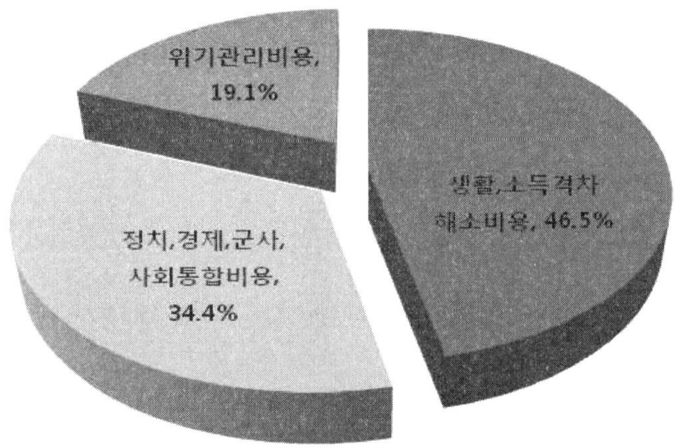

출처: www.newdaily.co.kr/news/article....%3D56392(검색일: 2012. 1. 16).

통일비용 논의와 방안은 어떤 식으로 전개되어야 할까. 궁극적으로 치밀하고 정교한 통일 로드맵 마련이 필요하다. 우선 통일비용에 대한 경제 전문가 대상 여론조사 결과를 살펴보면 <표 5 참조>과 같다. 2010년 8월 19일부터 9월 3일까지 삼성경제연구소, LG경제연구원 등 민간 연구소와 메릴린치, 모건스탠리 등 국내 진출한 외국계 증권사를 포함한 국내증권사, 금융연구원 등을 대상으로 20명의 임원과 팀장급을 대상으로 조사되었다.

〈표 5〉 통일비용에 대한 인식

항 목	응답 결과 주요 분석
통일비용 규모	• 응답자의 63.1%는 남북한 통일비용 규모가 독일이 통일한 이후 20년간 지출한 비용인 3000조원을 넘을 것으로 전망했음. 향후 통일과정에서 많은 경제적 부담이 뒤따를 것이라는 분석임
단계별 추정 통일비용	• 통일과정의 혼란을 극복하기 위한 위기관리비용(19.1%)이나 정치 · 군사 · 경제 · 사회 등의 통합비용(34.4%)보다 통일이후 생활 및 소득 격차를 해소하는데 소요되는 비용(46.5%)이 더 클 것으로 조사되었음. 초기 통일 비용보다 중장기적으로 남북한 간의 격차를 해소하는데 더 많은 비용이 소요될 것으로 조사됨
통일비용의 필요성	• 통일세 등 통일비용 마련의 필요성에 대한 응답(50.0%)과 당장 심도 있게 논의 · 추진해야 한다는 응답(20.0%)이 전체의 70%로 지금부터 통일비용 논의를 시작해야 한다는 의견이 다수를 차지했다. 한편 불필요하다는 응답은 한명도 없었음. 통일비용 논의의 필요성에 대해서는 모두 공감하고 있는 것으로 나타남
통일비요 조성방안	• 통일세 징수와 재정의 일부 적립을 통해 조달할 경우, 양자의 비중에 대해서는 통일세 비중이 커야한다는 의견이 50%로 가장 많았음. 양자가 비슷해야한다는 의견은 30%, 재정의 역할이 커야 한다는 의견이 20%였음. 통일세 비중이 재정을 일부 적립한 금액보다 커야 한다고 생각하는 전문가가 많은 것으로 조사됨
통일세의 과세형태	• 별도로 세목을 신설해 전납세자를 대상으로 징수해야 한다는 응답(55.0%)과 부가가치세 증세 방안이 좋겠다는 응답(30.0%)이 큰 것으로 집계되어, 경제전문가들은 일부계층이 아닌 전 국민 대상의 통일세 징수를 바람직하게 생각하는 것으로 나타남

통일시기	• 5년 이내(0.0%, 응답자 없음)의 단기간에는 어렵겠지만, 향후 한 세대(30년) 이내에 통일이 이루어질 것이라는 응답이 대부분(95.0%)을 차지했음(5~10년 20.0%, 10년~20년 45.0%, 20년~30년 30.0%)
통일 후 남북한 격차	• 통일 이후 북한의 경제 · 사회 수준 등이 남한의 80% 수준까지 따라오는데 걸리는 시간에 대해서는 통일 후 10~20년(40.0%) 또는 통일 후 30년 이후(35.0%)나 가능할 것으로 응답했음. 통일 후 10년 이내(0.0%)라는 응답은 한명도 없어서 물리적 통일 이후에도 경제 · 사회 수준이 유사해지기까지는 상당한 시간이 걸릴 것으로 예상됨
통일과 경제발전	• 통일이 한국경제에 중단기적으로 미칠 영향에 대해 응답자 전원(100.0%)이 단기적으로는 충격이 크겠지만 중장기적으로는 긍정적일 것이라고 답했음

출처 http://article.joinsmsn.com/news/article/article.asp?total_id=4455105(검색 일: 2012. 1.15).

전문가와 기관들에 의해 조사된 통일비용의 추정은 다양하다. 2009년 9월 골드먼 삭스는 '통일한국' 보고서에 따르면, "남한 입장에서 가장 돈이 많이 드는 통일 방식은 동서독 흡수통일 방식이며, 가장 적게 드는 방식은 중국-홍콩형"이라고 했다. 조세연구원 경우, 2011년 초 통일된다고 가정할 경우 10년간 남한 국내총생산(GDP)의 12%를 매년 통일비용으로 지출해야 한다는 보고서를 제출했다. 이런 추산은 2009년 남한(GDP:1063조원)을 기준으로 10년간 1270조원이 소요되었다. 한국은행은 2007년 22~29년간 총 5000억~9000억 달러, 경제적 통합만 할 때는 13~22년간 3000억~5000억 달러가 제기되었다. 대통령직속 미래기획위원회에 따르면 북한이 개방하지 않은 상태에서 급격하게 붕괴될 경우, 2040년까지 2조1400억 달러(약 2525조원)가 필요할 것으로 추산되었다.21)

현재 통일비용은 국내외 연구기관마다 제각각으로 통일 이후 정책목표나 인구증가율, 경제성장률 등 여러 가정에 따라 대략 현격한 차이를 보인다. 찰스 월프(국제경제 전문가, 미국 랜드 연구소)에 따르면, 북한을 남한 수준으로 끌어올리는 통일비용을 1조7000억 달러(약 2006조원)로 추정했다. 북한을 남한과 같은 수준으로 끌어올릴 필요가 없다면 남북한 통일 비용은 620억 달러(약 73조원)로 산출했다.[22] 한국조세연구원은 2011년 남북한의 급속한 통일을 전제로 향후 10년간 남한 국내총생산(GDP)의 12%, 2009년 기준으로 한다면 127조원이 통일비용으로 투입될 것으로 전망했다<표 6 참조>.

〈표 6〉 추정 통일비용

여러 기관이 추정한 통일비용 자료 제공: 제주평화연구원과 각 기관

- 랜드연구소(2005년) 500억~6,700억
- 삼성경제연구소(2005년) 5,460억 달러
- 한국은행(2007년) ①독일식: 22~29년간 총 5,000억~9,000억 달러
  ②경제통합식: 13~22년간 3,000억~5,000억 달러
- 조세연구원(2009년) 1,000억 달러(2009년 기준 한국GDP의 12%)
- 피터 벡 미국 스탠퍼드대 아태센터 연구원(2010년 1월WSJ기고)
  30년간 2조~5조 달러
- 찰스 울프 미국 랜드연구소 선임연구원(2010년 3월 포브스기고)
  1조 7,000억 달러

독일통일비용 조달 어떻게

- 1990년 이후 통일비용(추정) 2조 달러
- 통일연대 부과금(소득세및 법인세에 대해 부과)
  - 1991년 7월 1일부터 1년간: 7.5%
  - 95년 재도입: 7.5%
  - 98년: 5.5%
- 부가가치세 14% → 15%
- 실업보험료 2.5% → 6.5%
- 연금보험료 17.7% → 19.2%

출처: article.joinsmsn.com/news/articl...D4385572(검색일: 2012. 1. 18).

Ⅳ 한반도 통일비용 방안[23)]

<직접세 도입방안>

통일세를 소득세나 법인세와 연동해 걷는 '직접세' 형태로 도입할 경우 연봉 2000만원인 근로자는 연간 1만4400원 정도 세금 부담이 확대될 것으로 분석되었다. 2010년 10월 말 국회 외교통상통일위원회의 통일세법 제정을 위한 공청회의 기조발제에서 <표 7>과 같은 통일세 징수 방식을 발표했다.

〈표 7〉 통일세 방안

징수 방식	주요 내용
내국세의 1%를 배분	• 2010년 예산 기준으로 연간 1조9000억 원을 마련할 수 있음
소득세액의 5%,법인세액의 3%만 직접 걷는 방안	• 소득·법인세에 연동해 직접 통일세를 징수할 경우 연간 3조8000억 원이 마련되며 연간 2000만원 소득을 올리는 근로자는 한 달에 1200원, 연간 1만4400원을 부담하게 됨
부가가치세율에 0.5%포인트 부가	• 연간 2조3000억 원을 적립할 수 있음

출처: 2010년 10월 말 국회 외교통상통일위원회의 통일세법 제정을 위한 공청회의 기조발제를 재정리함.

통일세나 통일비용의 도입은 자칫 통일 기피로 확산될 수도 있다는 우려도 제기된다. 이런 점을 잘 고려해 제도의 신설 확대에 신중해야 한다. 가장 큰 우려는 현 세대에서 다음 세대로 소득 이전이 발생하기 때문에 '조세 저항'이 제기된다. 이런 점을 고려해 본다면 부가가치세 부가 방안도 제기된다. 부가가치세는 모든 국민이 납부하는 세금이기 때문에 경제에 미치는 부정적인 영향이 소득세나 법인세에 비해 훨씬 작다. 통일비용에 대한 과세방법은 2010년 8월 17일 MBC <손에 잡히는 경제>가 『유쾌한 리서치 - 통일세 도입 관련 조사」에 의하면, 전체응답자 중 67%가 소득이나 법인세 등 직접세에 부과해서 재원을 마련에 응답했다. 11%는 잘 모르겠다고 대답했다. 8.2%는 과거 방위세처럼 목적세를 신설도 제기되었다. 8%는 부가가치 세율을 올리는 등 간접세를 선호했다<표 8 참조>.[24]

〈표 8〉 통일세에 대한 여론

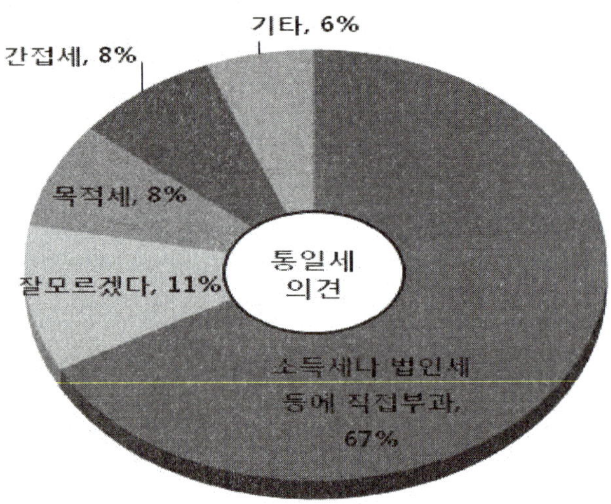

출처: 「유쾌한 리서치－통일세 도입 관련 조사」 MBC, 2012. 2. 17.

<통일기금 조성>

조세나 국채 발행보다는 미집행 예산을 활용하는 것이다. 남북협력기금(연간 1조1000여억 원) 불용액, 세계잉여금(연간 6조~7조원) 등부터 활용하는 방안이다. 가장 큰 문제는 1990년 8월 1일 제정된 남북협력기금법에 의해 1991년 3월 조성된 대북관련 정책자금으로 비용이 충분하지 않다는 것이다. 그러나 남북협력기금의 불용액을 정립하는 것을 시작으로 통일기금에 대한 대비는 중요하다. 통일세 적립, 운용방법과 관련해 현행 남북협력기금(연간 1조

1000여억 원)[25] 내에 새롭게 설치된 통일계정에 적립해 운용 할 수 있다. 중요한 것은 어떤 적립 방안이든 국민의 세금에 의존하기 때문에 국민의 뜻과 합의에 기반을 두어야 한다.

<통일복권 발행>

통일복권은 원리금을 갚을 필요가 없는 자금조달 방안이다. 유리한 점은 강제력을 수반하지 않고 공공재원을 조성할 수 있는 '고통 없는 조세(painless tax)'로 고려된다. 정책결정자 입장에서 보면 국민의 저항 없이 재원을 마련하기 쉽고 원리금을 갚을 필요가 없는 자금조달이다. 그러나 단점은 사행심 조장이라든가 비강제성 특성으로 무한정 복권판매에 따른 수익이 창출되지 않을 것이다.[26]

<국제기구 및 관계국 재건기금>

국제기구를 통한 차관이나 재건기금을 활용하는 방안이다. 예를 들면 이라크 재건을 위해 여러 나라가 공여한 돈으로 조성된 이라크신탁기금처럼 세계은행과 유엔개발그룹(UNDG)의 원조를 받는 것이다.[27] 최근 미얀마의 개혁개방과 아프간의 재건에 국제기구와 미국과 EU 등의 국가들이 경제지원을 단행했다. 중국과 베트남의 개방에 많은 기여를 했던 ODA 기금처럼 북한이 점진적으로 개방개혁을 추구한다면 이 자금 역시 유용하게 활용될 것으로 간주된다.

<통일항아리>

이명박 정부가 적극적으로 추진했던 '통일항아리'는 서독이 통일에 대비해 '연대기금'(Solidarity Fund)을 조성한 것처럼 남북통일 비용을 미리 마련하자는 취지에서 기획한 일종의 국민기금모금 형태로 분류된다. 해외를 포함해 민간단체와의 협력도 포함된다.

통일에 필요한 막대한 비용을 미리 마련하기 위한 측면과 통일에 대한 관심을 증대시키고 통일을 준비하자는 의미를 내포한다. 통일대비 비용을 세금으로 걷는 대신 정부에 통일계정을 만들어 각종 정부기금의 불용액을 쌓아두자는 것이다. 통일항아리의 골자는 약 1조원에 달하는 남북협력기금의 불용액과 민간 출연금 등을 통일계정으로 통일항아리에 적립하자는 것이다. 2011년 류우익 통일부장관 취임이후 기획재정부를 설득해 정부 안을 마련해 통일항아리 정립 목표액을 20년 후 55조원을 제안했다. 이 55조원은 정부 용역으로 통일연구원 등이 2031년 통일을 가정했을 때 통일 첫 해에 소요될 최소비용으로 추산한 금액이다. 통일부는 외부용역결과 20년 후 남북통일이 될 것을 전제로 통일 첫해에만 55조원~277조9천억 원의 통일재원이 필요할 것으로 분석했다. 20년 이후 최소 55조원 모금을 목표로 재정출연과 민감모금 등을 통해 재원을 마련해 나간다는 계획이다.[28] 그러나 통일계정 신설을 골자로 한 남북협력기금법 개정안이 18대와 19대 국회에서 처리되지 않았다.

V 맺음말

독일통일은 통일문제의 체계성과 의외성을 동시에 보여준 사례로 간주된다. 빌리 브란트 전 독일 총리가 1989년 6월 한국 방문에서, “통일되는 것을 보고 죽었으면 좋겠지만, 그러나 독일통일은 주변국의 반대로 빨리 이루어지지 않고 한국이 먼저 통일될 것 같다,”고 말했다. 하지만 그의 언급과 달리 5개월 후 베를린 장벽이 무너졌고, 1년 후 통독이 달성되었다. 이처럼 브란트 전 독일 총리는 집권동안 통일문제에 평생을 바친 정치인으로도 잘 알려져 있었지만 갑작스런 독일통일을 전혀 예측 하지 못했다. 심지어 베를린 세워진 1961년으로 부터 26년이 지난 붕괴 2년 전인 1987년의 서독 국민대상 여론조사에서 통일이 가능성할 것이라고 믿는 질문에 불과 10% 미만이 가능하다고 답변했다.[29]

독일통일처럼 어떤 형태로 어떻게 남북한이 통일이 될지 역시 예측불허다. 지난 수년간의 대북정책과 이명박 대통령의 '비핵 · 개방 · 3000정책'을 포함해 한반도 통일문제는 김정일 정권에서 김정은 3대 세습체제로 이어지면서 더욱 논의조차 어려워지고 있다.[30) 이미 북한은 주변국과 외국 원조에 의존해야만 체제유지가 가능하다. 북한이 현 체제를 고수한다면 독일식 흡수통일 방식과 만약 북한이 점진적인 개혁개방을 택한다면 남북관계의 획기적 개선으로도 가능해질 수 있다.

독일통일 사례에서 가장 중요한 시사점은 막대한 통일비용 조성이다. 재정적 부담을 어떻게 감당하고 충당할 것인가로 축약된다. 한반도 통일의 경우 흡수통일 비용은 대략 30년간 2500조원과 개혁개방식의 경우 수백조원으로 추정된다. 만약 언제 닥칠지 모르는 북한 붕괴에 대한 사전 준비가 없다면 더 많은 비용이 필요할 것이다. 2008년부터 모 일간지에서 '매년 예산 1%를 북한 기금으로 모으자'는 어젠다를 제안하기도 했다. 최근 '적립식 통일기금 만들자'는 기획기사라든가 통일부의 '통일항아리' 등은 북한의 갑작스런 붕괴에 대비한 통일비용 방안이다. 한 여론 조사에 따르면, "비용부담이 있더라도 반드시 통일해야 한다,"는 답변은 21.8%에 불과할 정도로 그다지 높지 않다.

그동안 통일비용 관련과 다자간 또는 국제개발금융기관을 통한 원조나 경협도 제기된다. 6자회담 당사국들의 원조 확대, 세계은행이나 아시아개발은행 등 국제기구에 의한 개발원조, '다자신탁기금'을 설치 등도 검토해 볼 필요가 제기된다. 한국은 원조를 받는 나라에서 주는 나라로 전환되었고, 수많은 개도국의 개발을 위해 국제개발금융기관에 신탁기금도 설치했다. 통일 대상 지역인 북한에 예상되는 통일비용을 줄여 나가기 위해 '특별신탁기금' 설치도 필요하다. 인도적 지원 차원과 현물 신탁기금도 가능하며, 북한을 국제사회로 유도해 국제사회가 협력하여 통일비용을 분담하는 방안도 고려해 볼 수 있다.[31)]

독일통일에서 제기된 정치외교 통합방안도 통일비용 축소에 적절한 방안으로 간주된다. 서독의 콜 전 총리와 집권 기독민주당이 보여준 단호한 결단과 신속한 대응은 적절한 사례로 간주된다. 외교적 측면에서 통일 한반도의 비핵

화 선언은 불가피한 선택이며, 통일 외교협상력을 높이는 노력이 지속되어야 한다.[32)]

통일비전과 통일시대를 더욱 공론화해야 한다. 청소년층 대상의 '맞춤형 신 통일교육'이 더욱 절실하다. 주입식 교육보다는 토론과 시청각 교육 등 당양한 콘텐트 개발에 더욱 주력해야 한다.[33)] 나아가 통일에 대한 의지와 초당적이고 초이념적인 국내 여론 조성이 급선무다. 결국 통일비용이나 통일준비는 미래 성장동력을 준비하는 투자이자 '비용 대 편익'의 이분법적 논쟁을 넘어 민족의 번영과 발전을 위한 미래비전으로 제시되어야 한다. 동시에 통일비용 방안 채택과 통일비용의 추산을 보다 체계적으로 해야 한다. 현재 통일비용에 관한 연구와 기관에 의해서 발표되는 것은 주로 총비용(total cost) 산출이다. 이와 관련 반드시 유의할 점은 정부나 유관 기관에서 총체적인 통일편익에 기초하지 않은 과다한 비용 추정이나 산출은 국민들에게 통일과 통일비용에 대한 부담감을 더 과중시킬 수 있다는 점도 고려되어야 한다.

미 주

1) 「조선일보」 2012. 2. 10; 「중앙일보」 2012. 2. 10.

2) 1995년 조지프 나이가 중심이 되어 작성한 동아시아 전략보고서(흔히 나이 이니셔티브라고 함)에서 이미 중국이 21세기 중반까지 미국과 겨룰만한 초강국으로 성장할 것으로 상정했다.

3) 특히 그는 이집트 · 리비아 등 '중동의 봄'은 통신 발달에 의한 전 세계적인 정치적 각성에서 비롯됐으며, 직접적인 개입 대신 유럽 등의 힘을 빌린 세력 균형정책으로 이 변혁을 이끈 데서 보듯 미국은 더 이상 세계 질서의 유일 조정자가 아니라고 했다. 「조선일보」 2012. 2. 10; 「중앙일보」 2012. 2. 10.

4) http://blog.donga.com/mmkop/archives/814(검색일: 2012. 2. 15).

5) 하버드대 학생들의 한반도에 대한 상식을 알아보기 위해 한반도의 위치를 묻는 항목에서는 80%가 정답인 동북아로 답변을 했고, 대학원생 정답률은 83%로 학부생 78%보다 높았다. 오답자들은 대부분 한반도가 동남아에 있다고 답했다. 또 서남아, 중동, 모른다는 답변도 있었다. 북한의 이미지가 어디에서 비롯되는지를 묻는 항목에는 압도적 다수인 94%가 '체제'라고 답했고, 인도적 지원이나 인권 문제 등과 연관된 북한 주민 또는 국민들에 대한 인지도는 낮은 것으로 나타났다. 또 북한 하면 떠오르는 것에 대한 답변으로는 김정일(당시 사망 전)이 압도적인 다수를 차지했고, 후계자인 김정은에 대해서는 언급이 거의 없었다. 한편, 미국의 대북 우선순위 관련 질문에선 전체의 75%가 핵 문제를 꼽았고 인권 문제는 10%에 달했다.
http://blog.donga.com/mmkop/archives/814(검색일: 2012. 2. 15).

6) http://article.joinsmsn.com/news/article/article.asp?total_id=4396928(검색일: 2012. 1. 16).

7) 더 자세한 논의 다음을 참조. 허태회 · 윤영미 · 윤황, "한국정부의 대북정책 변수분석과 대북정책의 안정성 확보방안: 김영상 정부의 출범이후," 「국제정치연구」 제12, 2호, 2009. 12 참조.

8) 오경섭, "제3차 당대표자회의와 후계체제: 평가와 전망," 「정세와 정책」 2010. 11, pp. 5 – 8.

9) http://sunday.joins.com/article/view.asp?aid=18516(검색일: 2012. 1. 16).

10) 조윤영, "6.25 전쟁의 의미와 안보," 경기지역 대학생 통일문제 대토론회, 민주평통 통일자문회의 경기지역회의, 2010. 4. 27, p. 10.

11) 김정수, "'통일기금' 논의의 실효적 방향," 「Online Series」 CO 10 – 35, 통일연구원, 2010, p. 1.

12) 김정수(2010), p. 2.

13) http://sunday.joins.com/article/view.asp?aid=18516(검색일: 2012. 1. 18).

14) 김정수(2010), p. 2.

15) http://article.joinsmsn.com/news/article/article.asp?total_id=4434876(검색일: 2012. 1. 18).

16) 김정수(2010), p. 2.

17) 양운철, “독일통일 20년에 비추어 본 통일세 논의,” 「정세와 정책」 2010. 11, p. 9.

18) http://article.joinsmsn.com/news/article/article.asp?total_id=4494538(검색일: 2012. 1. 16).

19) http://article.joinsmsn.com/news/article/article.asp?total_id=4489802(검색일: 2012. 1. 16).

20) http://article.joinsmsn.com/news/article/article.asp?total_id=4494538(검색일: 2010. 11. 16).

21) 이는 남한 인구 1인당 5180만을 의미한다.

22) 황상현, “통일세 도입 논란,” 「Brown Bag Seminar」 2010. 10. 17, p. 1.

23) 그동안 학계에서 논의되고 연구된 내용을 중심으로 분석함.

24) 「유쾌한 리서치 - 통일세 도입 관련 조사」 MBC, 2012. 2. 17.

25) 남북한의 상호신뢰와 동질성 회복을 위한 인적교류 및 경제협력을 촉진할 목적으로 설치된 기금이다.

26) 황상현(2010), p. 3.

27) 황상현(2010), p. 5.

28) 「연합뉴스」 2011. 11. 23.

29) 양운철(2010), p. 9.

30) 정주신, “북한의 권력승계와 남북관계 전망,”충청국제정치학회 · 한국동북아학회 공동학술대회 발표논문, 충북대학교 사회과학연구소, 2010년 10월 13일, pp. 96 - 97.

31) 팔레스타인 · 동티모르 등의 국가도 국제개발금융기구의 회원이 되기 전에 외교적 · 정치적 이유로 직접 원조를 받지 못하고 세계은행에 설치된 다자신탁기금을 통해 개발 원조를 받았다. 북한의 개발을 위한 다자신탁기금의 설치는 북한으로 하여금 국제개발금융기구에 가입하려는 의지를 더욱 강하게 할 수 있을 것이다. http://article.joinsmsn.com/news/article/article.asp?total_id=4462754(검색일: 2012. 1. 16).

32) 독일 통일에서의 통일 당사자와 주변 4개국 간의 ‘2+4’ 외교를 잘 고려해야 한다. 통일 국면에서 미국, 러시아, 중국, 일본 등 주변국의 이해를 구해야 한다.

33) 「통일시대」 2010. 6, pp. 22 - 23.

국제협력과 국가안보

제4장 6 · 25전쟁과 국제협력 : 참전국과의 협력 증진방안
제5장 갈등과 협력의 동북아시아 해양안보와 환경변화
제6장 주한미군 재배치와 협력적 거버넌스 구축 방안

2부

GLOBAL

제 4 장

6·25전쟁과 국제협력: 참전국과의 협력 증진방안

Ⅰ. 들어가는 말
Ⅱ. 유엔(UN)군의 참전과 참전국 현황
Ⅲ. 국제사회 기여와 6·25전쟁 기념사업의 의미
Ⅳ. 전투병 참전국들과의 우호협력 방안 모색
Ⅴ. 맺음말

Ⅰ 들어가는 말

> "한국전쟁에 군대를 파견하고 있는 국제연합군 회원국들은 휴정협정을 체결하기 위해 총사령관의 결정을 지지한다. 만약 무력공격이 재발하여 국제연합의 제 원칙에 다시 도전할 경우에는 우리는 세계평화를 위하여 다시 단결하여 즉각적으로 이에 대항할 것임을 확인한다"
>
> -한국 휴전에 관한 16개국 선언(1953. 7. 27) 중에서-

호국보훈은 국가를 수호하기 위해 희생하고 헌신하신 분들에게 보답하는 방법을 모색하고 감사하고 존경받는 사회를 만들기 위한 '기억의 공동체'를 의미한다. "순국선열과 호국영령을 추모하고 나라를 위해 공헌하신 국가유공자들을 존경하고 예우하는 사회를 만드는 것은" 시공간을 초월해 모든 국민의 당연한 도리이자 의무인 것이다. 국가차원과 민간차원에서 전투병 참전국들과의 교류와 협력을 확대하기 위한 다양한 논의와 행사가 진행되고 있다. 호국보훈과 안보의식을 고취하고 또 6·25전쟁에 참전하고 희생한 전투병 참전국들에게 감사하고 세대를 초월해 교류와 우호협력을 증진에 주력해야 한다.

2012년 6월 24일 국가기록원은 6·25전쟁 62주년을 맞아 유엔과 영국과 몽골 국립문서보존소에서 수집한 6·25전쟁 관련 참전비용, 국가 및 부대별 활동 사진 등 희귀 해외기록물을 공개했다. 이번에 공개된 기록물 중에는 영국 국립문서보존소에서 수집한 영국군의 참전비용도 포함되었다. 이 문서에 6·25전쟁 발발 후 1952년 3월까지 영국 육·해·공군의 참전비용은 약 2200만 파운드(약 400억 원)라는 내용이 기록돼 있다. 그동안 6·25전쟁 참전국 참전비용은 지금까지 잘 알려져 있지 않았는데, 영국의 참전비용이 공식문서를 통해 국내에 처음으로 알려진 것이다. 또 몽골에서 수집된 자료에 당시 북한의 우방이었던 몽골이 북한에 말 7378필을 지원했다는 기록물도 공개됐다. 이 문서에는 몽골 정부가 북한에 훈련된 군마를 제공하면서, 검역 이후 전염병이 발생하지 않았다는 내용의 진단서를 첨부한다고 기록도 확인되었다.[1)]

이렇게 6·25전쟁 관련 새로운 기록물들이 공개되어 국가적 사회적 차원에서 중요한 의미를 담고 있다. 분단국가임을 상기하고 6·25전쟁이 아직 완전히 끝나지 않았다는 사실을 잊어서는 안 된다. 국익과 세계평화에도 기여할 수 있고 참전국과의 인사 교류와 참전용사 후손 장학금 지원과 분쟁지역에 대한 유엔평화유지군 파병 등을 통해 '도움을 받는 나라'에서 '도움을 주는 나라'로 성장한 국가 이미지 제고에 힘써야한다. 한반도에 6·25와 같은 비극이 되풀이되지 않도록 안보의식을 더욱 굳건히 하고 튼튼한 국방력을 갖추는데 온 힘을 모아야하며, 참전용사들 헌신과 희생에 감사를 잊지 말아야 한다.

이런 맥락에서 본 장에서는 6·25전쟁 발발과 유엔(UN)군의 참전에 대해 재조명해보고 6·25전쟁 기념사업회와 국가보훈처, 국방부 등을 중심으로 자유와 민주주의를 수호하고 평화로운 세계건설을 위한 협력 네트워크를 구축를 위해 UN 전투병 참전국과의 우호협력 관계를 증진하기 위한 방안을 모색해볼 것이다.

Ⅱ 유엔(UN)군의 참전과 참전국 현황

2.1 한반도 분단과 남북한 정부 탄생

1945년 8월 15일은 지난 36년간의 우리 민족이 일제의 식민통치로부터 억압된 '자유'를 되찾은 역사적인 날이었다. 광복이후 한반도 분단과정을 살펴보면, 우선 소련은 1945년 8월 8일 대일 선전포고를 했다. 이어 불과 6일 만에 만주와 한반도 북부를 점령했다. 당시 미군은 오키나와에서 일본 본토 공격을 준비하고 있었고 소련이 한반도 전역을 점령할 가능성이 커졌다. 따라서 미국은 한반도 전체가 소련군에 점령당하는 것을 원하지 않았다. 일본군의 무장해제를 위해 미군과 소련군 간의 군사분계선으로 38도선을 소련에게 긴급 제안했다. 소련이 이를 수용했고, 미군이 남한에 진주한 것은 소련군보다 늦은 1945년 9월 8일이었다.

당시 북한은 38선을 봉쇄하는 분단정책을 펼쳤고 경원선과 경의선 철도가 차단되는 등 남북 간의 사람과 물자의 왕래와 통신선마저 끊어버렸다. 이런 가운데 유엔(UN)은 1947년 11월 유엔 감시 아래 남북한에서 비밀 투표로 총선거를 실시해 정부를 수립하기로 결의했다. 선거 감시를 위해 유엔한국임시위원단이 서울에 파견되었다. 북한은 사정이 달랐다. 1946년 초부터 북한은 공산주의자들을 중심으로 단독정부를 수립한 소련의 스탈린과 김일성은 유엔한국임시위원단의 선거감시 활동과 총선거를 거부했다. 1948년 4월 김구와 김규식을 중심으로 통일정부 수립을 위해 평양을 방문했지만 결국 실패했다.

남한에서만 제헌국회를 통해 자유민주주의 헌법이 제정 및 공포되었다. 헌법이 정한 합법적 절차와 1948년 5월 10일 유엔한국임시위원단의 감시 하에 남한에서만 선거가 실시되었고, 8월 15일 대한민국 정부가 수립되었다. 대한민국은 민주적 절차에 따라 수립된 자유민주주의와 자본주의 시장경제 체제를 근간으로 주권재민을 원칙으로 하는 민주공화국임을 수립 및 선포했다. 유엔은 동년 12월 "유엔의 선거 감시가 가능했고 한국인의 다수가 살고 있는 지역에 대해 관할권을 갖는 합법 정부가 탄생했다"며 "이 정부를 한반도의 유일한 합법정부로 선언한다"고 결의했다. 이로써 대한민국은 유엔과 국내외에서 승인된 정통성 있는 정부로 탄생되었다.

북한은 1946년 2월 8일 북조선임시인민위원회를 수립했다. 정부조직과 공안기관 설치, 토지개혁, 20개 정강 발표, 중앙은행 설립 및 화폐 발행, 주요산업 국유화 등을 순차적으로 시행했다. 그 해 11월 흑백함 선거를 통해 237명의 대의원을 뽑아 '인민회의'를 구성했다. 1947년 2월 '조선인민위원회'를 발족함으로써 정부 수립 준비를 완료했다. 북한헌법은 1947년 11월부터 작성되어 1948년 2월 완료되었다. 1948년 4월 29일 정식으로 채택되었고 공식적으로 1948년 9월 9일 북한정권이 탄생했다.[2)]

당시 한반도뿐 아니라 전 세계적으로 미소의 냉전의 대립구조는 고착화되었다. 1946년 2월 스탈린은 공산주의와 자본주의는 결코 공존할 수 없다고 선언했다.[3)] 소련군이 점령한 동유럽 국가에서 좌우합작 방식을 거쳐 친소 공산정권으로 전환했다. 그리스, 터키, 이란의 공산화를 시도했다.[4)] 1947년 3월 초 미국의 트루먼 대통령은 '트루먼 독트린'을 통해 터키, 그리스 등 공산세력의 위협을 받고 있는 나라들을 적극적으로 지원할 것을 천명했다. 그해 6월 미국은 유럽부흥을 위한 마셜플랜(marshall plan)과 7월 공산진영에 대한 봉쇄정책(containment policy)을 발표했다. 이에 대해 9월부터 소련은 서부 베를린을 봉쇄했다. 전 세계적으로 미소의의 대립구조가 본격화되면서 한반도 신탁정부 수립 문제를 논의하기 위해 구성된 미소공동위원회는 1946년 3월과 1947년 5월 두 차례 열렸지만 합의에 실패했다.[5)]

2.2 미군과 UN의 참전

1950년 6월 25일 새벽 4시 북한의 전면적인 남침이 시작되었다. 민족상잔의 전쟁이 발생했고 전쟁발발을 알리는 무쵸 대사의 명료한 전보가 미국 현지시간으로 6월 24일 오후 9시 26분에 워싱턴에 수신되었다. 무쵸가 보낸 전문의 주요 내용은 "군사고문단에 의해 부분적으로 확인된 북한이 6시경에 옹진, 춘천, 개성에서 38도선을 돌파하고 강릉 이남의 동해안에서 상륙을 감행했다. 공격의 성격 및 수법으로 보아 그것이 대한민국에 대한 전면적 공격행위인 것이 분명하다"였다. 이러한 무쵸 대사의 전문을 받은 미국은 한반도에서의 전면전을 인식하고 6 · 25전쟁에 개입하기 시작했다.6)

UN군의 6 · 25전쟁 참전 과정을 좀 더 살펴보면 다음과 같다. 우선 한국정부는 전쟁이 발발하자 주미 한국대사 장면과 서기관 한표욱에게 긴급 훈령을 내려 미국 국무부에 사태의 긴급성을 알렸다. 이들은 UN 안전보장이사회 소집을 요청하는 문서와 유엔주재대사인 그로스가 제출할 결의문 초안, UN에서 진행될 연설문 초안을 작성했다. 현지시간으로 6월 25일 일요일 오후 2시 미국이 제의한 안보리가 레이크 석세스에서 소집되었다. 이 회의에서 '북한이 남한에 대해 무력공격을 가했다'고 주장했다. 무력공격은 평화의 파괴행위라고 비난한 다음 북한군이 즉각적으로 적대행위를 중지하고 군사력을 38도선 이북으로 철수시킬 것을 요구했다. 그러나 이러한 안보리의 결의는 북한의 군사행동을 저지하지 못했다.7)

6월 26일 장면대사는 백악관으로 미국 대통령 트루먼을 방문, 미군의 한국 파병을 요청하였다. 미국은 유엔 안보리를 열어 한국 문제를 건의했다. 이에 따라 UN 안전보장이사회는 6월 26일 오전 4시에 소집되었고, 미국의 제안을 받아들여 "조선인민군의 즉각적인 전투 행위 중지와 38도선 이북으로의 철수"를 요청하는 결의안을 9대 0으로 가결하였다(유고슬라비아는 기권). 6월 27일 유엔사무총장 트리그브 리는 결의문 83호에 의거 회원국들에게 집단조치를 위한 필요한 지원을 할 것을 요청하였다. 이에 따라 여러 회원국들은 정치적 지지로부터 군대 및 식량, 의약품 제공 등을 약속하였다. UN 안보리 이사회는 북한에 대해 한국 땅에서의 즉각 철수를 권고하였다. "회원국들에게 군사 공격을 격퇴하고, 그 지역의 국제평화와 안전을 회복하는데 필요한 원조를 대한민국에 제공할 것"을 7대 1(기권2)로 결의했다. 해리 트루먼대통령은 더글러스 맥아더에게 "대한민국에 대한 해공군의 지원을 즉각 개시하라"고 명령했다.8)

당시 뉴욕에서 안보리가 UN 회원국이 한국을 도울 것을 요청하는 결의안을 승인하고 있었다. 6월 28일 북한의 제3, 제4사단 부대가 서울을 장악했다. 서울의 조기함락과 6월 29일 맥아더의 현지사찰은 미국의 개입을 촉진했다. 맥아더는 6월 29일 하네다에서 비행기를 타고 수원에서 한강방어선 지역을 시찰하고 워싱턴에 지상군 투입을 요청하였다. 미군은 6월 30일 트루먼이 맥아더에게 지상군 투입과 38선 이북의 군사 목표를 폭격할 수 있는 권한을 부여했다. 7월 1일 미국 육군 제24사단 21연대가 부산에 상륙했다.9) 또 이날 영국과 프랑스는 "유엔군사령부의 설치와 UN 회원국들의 무력 원조를 미국 정부의 단일 지휘 아래 둔다"는 공동결의안을 안보리에 제출했다. 이 결의안은 7월 7일 7대1(기권3)로 가결되었다. 이로써 미국과 오스트레일리아, 벨기에, 캐나다, 콜롬비아, 프랑스, 그리스, 에티오피아, 룩셈부르크, 네덜란드, 뉴질랜드, 필리핀, 타이, 터키, 영국·남아프리카연방 등 16개국 군대로 유엔군이 편성되었다. 안보리는 당일 결의문 84호를 채택하고, 효과적인 군사작전을 위하여 군사지원의 조정에 대해 언급하였다. 미국에 이어 2주내 전투병 참전국 영국, 오스트레일리아, 뉴질랜드군들이 연합국 지휘 체제 내에서 군사작전에 참여했다. 전쟁에 참여와 지원을 제공하는 국가들과의 연락은 UN 사무총장으로부터 미국으로 전달되었다. 미국은 이들 국가들과 개별적 쌍무협의와 협정을 통하여 참여에 대한 구체적 조치를 결정하였다.10)

7월 10일 맥아더 원수를 통합군 사령관으로 임명하는 공식요청서를 합참에 발송되었다. 이런 결정은 한국문제에 전적으로 개입하겠다는 것을 의미했다. UN군의 파견결정 이전에 미국 지상군의 전면적 파견이 결정된 뒤에 가장 빨리, 가장 솔직하게 한미 양군의 북진에 의한 한국의 군사적 통일을 주장한 것은 미국무성 동북아시아 과장이었던 존 앨리슨이었다. 그는 "단순히 북한군을 38도선 이북으로 격퇴하는 것만으로는 침략 재발의 가능성이 있기 때문에 한국 독립문제의 진정한 해결이 되지 못한다. 북한군의 격퇴 내지 무장해제 뒤에 UN 감시 하에 남북한의 통일 선거가 실시되어야 한다"라고 주장했다. 이런 주장을 트루만 행정부가 받아들임으로써 한반도에 있어서의 전쟁목표는 변경되었다. 9월 1일 트루만은 "한국인은 그들이 원하는 대로 자유롭고 독립되고 통일될 권리를 가지고 있다고 우리는 믿는다. UN의 지시와 지도 아래 그들이 그 권리를 누리는 것을 돕기 위해서 우리는 다른 나라들과 함께 그 책무를 다할 것이다"라고 천명했다. 또 애치슨도 "38도선이 경계로서는 어떠한 정치적인 타당성도 갖지 않는다"라고 언급했다.11)

1950년 9월 15일 실시된 인천 상륙작전은 전쟁을 새로운 전쟁으로 변화시켰다. 미 1해병사단은 월미도를 점령한 후 한강의 도강에 성공했다. 인천상륙 후 낙동강 전선의 북한군은 공세를 유지했다. 전반적으로 후퇴를 개시한 것은 9월 23일이었다. 낙동강 방어선에서부터 북한군을 추격한 제8군 부대와 인천에 상륙한 제10군 부대가 오산부근에서 9월 26일 결합했다. 계속해서 10월 1일 한국군 제1군단이 원산을 향해 동해안을 따라 북상하고 10월 2일 맥아더는 UN군에게 38도선 이북에서의 작전실시를 명령했다.12)

중국의 모택동은 10월 2일 당의 최고 간부에게 보내는 전문에서 참전 결정을 통보했다. 팽덕회가 중공군 부대를 이끌고 전쟁에 중공군 파견을 결정한 것은 10월 4일부터 5일간에 걸친 당중앙 중요회의에서였다. 10월 말 중공군 포로들이 한국군과 미군에 의해 잡혔다. 11월 초 중공군의 공격은 미8군 예하의 부대에 큰 손실을 입혔다. 일시적으로 UN군이 전진을 정지시켰지만 중공군의 개입으로 전쟁의 양상은 전면적으로 변화되었다. 당시 중공과의 주요 적대행위를 회피하려는 미행정부와 압록강까지 밀어붙이려는 맥아더의 생각은 전혀 달랐다. UN군사령부의 최종 공세가 11월 24일 오전 개시되었다. 그러나 중공군에 의해 실패했다. 12월 경 UN군의 상황은 악화되었고 UN군과 한국군의 후퇴가 시작되었다. 따라서 미행정부는 휴전을 고려하기 시작했고 하였다. 전선은 교착되었고, 협상이 진행되었고 1953년 7월 27일 난항을 겪으면서 휴전협정이 체결되었다.13)

2.3 전투병 참전국과 현황

1950년 초까지 14개국과 연말에는 15개국이 전투병 참전국이 되었다. 1951년 초 참전국은 16개국이 되었다. 미국을 포함해 전투병 참전국들은 대부분은 UN 요청에 의해 최소규모인 1개 대대 병력(약1,200명)을 파견하였다. 전체적으로는 미국이 상당 부분을 차지하였다. 1951년 말까지 미군과 다른 연합군의 구성 비율은 육군의 경우 50%와 10%, 해군 86%와 7%, 공군이 94%와 1%였다. 나머지는 한국군이 차지하였다. 60개국 중 약 4분의 1의 국가가 군사작전에 참여했지만 대부분의 군사력과 군사비부담은 미국이 담당했다.

수치는 조금씩 다르지만 3년 1개월간 계속된 전쟁으로 인한 피해는 대략 다음과 같다. 한국군 및 유엔군의 인명 피해는 사망, 부상, 실종 등 피해자가 77만 6천여 명에 이른다<표 1 참조>. 민간인 피해는 사망, 실종 15만 7천, 부상 45만, 포로 8,600이었고, 학도의용군 사망도 약 7천으로 추산되고 있다. 경찰관의 전사, 납치, 실종, 부상이 약 1만 9천여 명에 이른다. 민간인 피해는 사망을 포함해 99만여 명에 이른다.[14] 전쟁동안 한국은 43%의 산업시설과 33%의 주택이 완전히 파괴되었다. 전쟁으로 인한 물질적 피해는 31억 달러로 추산되었다. 이는 당시 한국 국민총생산의 두 배 이상에 달했다. 주택, 학교, 공공건물, 철도 등 기타 공공시설이 대부분 파괴되었다. 평생을 전장에서 보낸 맥아더 장군은 "어떤 나라보다도 한국에서 더 많은 유혈과 재난을 목격했다"고 했고, 중립국 감시위원회도 "이 나라는 죽었다"고 선언할 정도로 전쟁으로 인한 인적 및 물적 피해 규모는 상당했다.[15]

〈표 1〉 6.25전쟁 중 한국군과 유엔군 인명 피해

구 분	계	전 사	부 상	실종 · 포로
계	776,360	178,569	555,022	42,769
한국군	621,479	137,899	450,742	32,838
유엔군	154,881	40,670	104,280	9,931

출처: 국방부 군사편찬연구소, 『알아봅시다! 6.25전쟁사(3권)』, 2005, p. 144 참조.

정전협정 제60조에 의거 1954년 4월 제네바에서 대한민국과 UN 참전 16개국, 북한과 중공 및 소련이 참석한 가운데 한반도 문제의 정치적 해결을 위한 회담이 개최되었다. 한국과 UN 참전국은 UN 감시 하에 남북한 토착인구비례에 의한 자유총선거 실시와 그 결과에 따른 민주적인 통일정부수립을 주장했지만 공산군은 주한 UN군의 철수만을 주장함으로써 합의점을 찾지 못했다. 같은 해 6월 회담은 결렬되고 남북한은 항구적인 평화가 아닌 휴전 상태에서 정전협정 체제 하에 놓이게 되었다.

국방부는 2012년 5월 7일 전쟁 당시 한국을 도운 국가 수가 기존 41개국에서 60여 개국 이상으로 최종 파악됐다. 한국을 지원한 나라는 국방부가 1954년 간행한 『한국전란지』 등에 따라 41개국과 일각에서는 지원국을 54개국 혹은 67개국으로 주장하기도 했다. 그러나 국방부는 군사편찬연구소를 통해 2010년 2월부터 6 · 25전쟁 당시 유엔지원국 수 재정립 프로젝트를 진행했다. 미 국립문서보존소의 비밀해제 문서와 해당 국가의 각종 연구 자료, 직접적 증거 자료 수집 등을 통해 정리됐다. (사)월드피스자유연합이 기네스북에 제출했던 자료를 국방부에 제공함에 따라 짧은 시간 내 결실을 보게 됐다. 국방부와 국사편찬연구소는 연구과정에서 혹시 발생할지 모를 착오와 누락을 방지하기 위해 각국 대사관, 주재국 한국 무관부, 기네스북사의 도움을 받아 미흡한 자료를 지속적으로 보완해 왔고, 두 차례에 걸친 세미나를 통해 분류 기준과 시점에 대한 개념을 재정립했다. 지원 시기는 전쟁 시기 때부터 전후복구기인 1958년까지 해당된다. 국방부는 "당시 세계 93개 독립국 중 65% 이상의 국가가 대한민국을 지원했다"고 밝혔다.[16)]

〈표 2〉 6 · 25전쟁 지원국 현황

참전국 형태	참전국 수
전투병 참전국	16개국
의료지원국	5개국
물자지원국	42개국
전체 참전국	63개국

이런 결과를 토대로 국방부는 용산 국방회관에서 전쟁 당시 대한민국을 지원한 유엔 지원국 수를 재정립하기 위한 '6 · 25전쟁 지원국 현황 연구' 포럼

을 개최했다. 군사, 의료, 물자지원을 한 국가는 최종 63개국으로 발표되었다. 이들 국가들은 미국, 영국 등 16개국, 의료지원국은 스웨덴, 인도 등 5개국, 물자지원국은 과테말라, 도미니카, 독일(서독) 등 42개국으로 파악됐다. 물자지원국 중 브라질, 니카라과, 볼리비아 등 3개국은 수송문제 등으로 지원물품이 도착하지 않았지만 유엔의 요청에 따라 지원의사를 문서 등으로 표명한 사실이 확인돼 국제관례상 전쟁지원국으로 포함됐다<표 2 참조>. 국방부는 포럼에서 도출된 내용을 토대로 공간사(公刊史)와 국방백서, 교과서 개정 등을 추진할 계획이고, 2012년 발간할 『국방백서』와 각종 교과서 등에 수록되었다.[17]

Ⅲ 국제사회 기여와 6·25전쟁 기념사업의 의미

3.1 국가건설과 국제사회 기여

자유민주주의 건설과 토착화는 자본주의 체제 발전은 한국정치 역사에서 가장 중요한 국가정체성의 핵심 요소가 된다.[18] 지난 60여 년 동안 갖가지 도전을 극복하고 국가건설이 진행되었다. 한국 현대사 인식의 가장 근본적인 문제는 분단과 전쟁, 계속된 남북대결 등 국가안보에 대한 위협하는 요소가 내재한다는 것이다. 현대국가의 기본 인프라를 구축하는 요소로 국내외 안보(Security), 경제건설(Economy), 민주주의 정치(Democracy)의 세 가지가 핵심적으로 중요한 요소다. 신생독립국가에 있어서 국내 안보가 보장되지 않는다면 경제발전과 민주주의 발전도 불가능하다. 또 경제건설 없는 튼튼한 안보태세를 갖추기도 어렵고 민주주의 발전도 기대하기 어렵다. 결국 국가안보가 최우선 보장되어야 경제발전으로 중산층이 성장하고 자유민주주의가 발전하게 되는 것이다.[19]

6·25전쟁 이후 미국 등 해외원조가 끝난 것이 1970년대 중반이었다. 전쟁의 상흔을 극복하고 최빈국에서 국제사회의 원조를 받아 왔던 나라가 원조를

주는 나라로 급성장했다. 1996년 경제협력개발기구(OECD)의 회원국이 되었다. 2009년 11월 경제협력개발기구 산하 개발원조위원회(DAC)의 24번째 회원국으로 가입했다. DAC 가입을 계기로 정부는 공적개발원조(ODA)를 크게 증대시켜왔다. 2002년 2억8천8만 달러에 불과하던 공적개발원조 규모는 2009년 8억 달러 이상으로 확대되었다. 2010년 12억 달러, 2011년 13억 2천만 달러 등 지속적으로 증대시켜 왔다. 2015년까지 국민순소득(GNI) 대비 공적개발원조 비율을 0.25%로 증가시켜 연간 30억 달러 규모로 확대할 계획이다. 더욱이 한국은 2010년 '주요 20개국(G20) 정상회의'와 2012년 '핵안보정상회의'를 주최함으로써 '글로벌 코리아'로서의 위상을 한층 더 강화할 수 있게 되었다. 이 양대 회의를 성공적으로 개최함으로써 강대국과 개도국 간의 서로 다른 이해관계를 잘 조율할 수 있는 탁월한 외교능력을 보여줌으로써 국가 위상과 국격 상승의 계기가 되었다.

이렇게 높아진 국가 위상을 바탕으로 세계 곳곳의 분쟁지역에 유엔평화유지군 파병을 통해 국제사회에 기여해야한다. 한국은 1991년 유엔에 가입한 직후, 1993년 소말리아에 공병대(250명, 상록수부대)를 파병한 이래 PKO 활동에 적극 참여해왔다. 앙골라, 동티모르, 서부사하라 등에 부대단위 파병, 조지아 등에 대한 군 옵서버 요원 파병 등이 이루어졌다. 현재 레바논 보병부대 360명(동명부대), 아프가니스탄 재건지원단 지방재건팀(PTR)을 위한(오쉬노부대) 350여명 등, 아이티의 단비부대 240명 등이 파견되었다. 그 밖에도 소말리아 해적소탕을 위한 청해부대 300명이 파병되어 활발한 민사작전을 펼치고 있다. 또 아랍에미리트에 아크부대, 인도, 파키스탄 PKO 활동 등에 군 옵서버 요원 30여명을 파견했다.[20)]

특히 2007년 7월 19일 1진 본대를 시작으로 지난 5년 동안 레바논의 동명부대는 현지에서 완벽한 감시정찰과 민사작전으로 '신이 내린 선물'이라는 칭송을 받을 만큼 현지 재건에 최선을 다해 임해주었다. 아프간의 평화와 재건을 위해 오쉬노(Ashena, 친구라는 뜻의 현지어) 부대가 파병되어 있다. 한국군은 2010년 7월부터 파르완주 바그람 동맹기지에서 활동을 개시했고, 이어 2011년 11월 말부터 독자적인 차리카기지를 건설했다. 350여명의 오쉬노 부대 장병들은 사막 더위와 힘든 여건 속에서도 PRT의 활동을 경호하고 탈레반 테러집단과 같은 적대세력으로부터 공격 예방에 주력해왔다. 기지 내 PRT 역시 구슬땀을 흘리면서 현지인들에게 보건의료, 교육훈련, 경찰훈련 활동을 펼치고 있다.[21)]

세계에서 가장 중요한 에너지 수송로인 호르무즈 해협의 길목에 위치한 아랍에미리트연합(UAE)와 한국은 2006년 11월 군사협력에 관한 협정을 체결한 이후 교류협력을 증진해왔다. 수도 아부다비의 알 아인에 파견된 아크(Akh, 친구라는 뜻의 현지어) 부대는 UAE 특수전 부대와 함께 세계 최고 수준의 전투기량을 쌓아가고 있다. 엄정한 군기 하에 절도 있는 병영생활과 과학적인 병영관리시스템을 높게 평가했다. 바레인에서는 한국의 청해부대가 명성을 떨치고 있다. 청해부대는 선박호송 및 다국적군과 경계 작전을 통해 안전한 선박항해를 지원하고 있다. 한국은 수출의 90% 이상을 해양을 이용하고 있기 때문에 3대 운하 중 하나인 수에즈 운하를 통과하는 무역선박 보호는 국운과 직결되는 중요한 과업이다. 아덴만에서 소말리아 해적 소탕과 2011년 리비아 사태가 발생했을 때 안전한 교민철수를 성공적으로 수행함으로써 높은 평가를 받았다.[22)]

3.2 6 · 25전쟁 기념사업위원회 목적과 활동

그동안 정부는 꾸준히 참전국들의 지원과 그들의 희생에 감사하는 행사와 기록 물 보존 및 다양한 연구가 진행되었다. 6 · 25전쟁과 관련 북침설, 남침유도설 등 수정주의 사관에 대한 변화가 초래되었다. 소련과 북한은 냉전과 전쟁의 책임이 미국의 '제국주의적' 대외정책에 나왔다는 주장을 했다. 미국이 소련보다 우세한 군사력과 경제력으로 세계를 지배했으며 소련이 불가피하게 대응해 냉전이 확대되었다는 것이었다. 미국이 제국주의적 대외 정책을 추구하는 과정에서 남한정부를 조정해서 북침을 했다는 주장이었다. 그러나 1990년대 러시아와 중국에서 비밀자료들이 공개됨에 따라 수정주의 사관은 영향력을 상실하게 되었다. 이에 국방부는 6 · 25 전쟁사에 대한 재조명에 주력했다. 6 · 25전쟁은 냉전 체제 하에 미소의 첨예한 대립국면에서 북한의 김일성이 소련의 스탈린과 중국의 모택동의 지원 아래 기습적으로 38도선을 돌파해 남침한 전쟁이었다.

1998년 9월 국무총리산하에 범정부 차원의 6·25전쟁 50주년 기념사업위원회(위원장 백선엽 예비역대장)가 발족되어 다양한 기념행사가 착수되었다. 우리정부보다 2년 앞서 미국은 1996년 국방부 산하 육군성에 기념사업 전담 기구를 설치했다. 1997년엔 민간 차원의 행사기구까지 만들어 다양한 기념행사를 권장했다. 정부의 50주년 기념사업의 실무작업은 국방부 산하 기구인 6·25전쟁 50주년 기념사업단을 중심으로 이뤄졌다. 기념사업위는 외교통상부, 국방부, 통일부 등 관련부처 차관급 정부위원 13명과 민간위원 123명으로 구성되었다. 기념사업단에선 60여명의 현역 장교 및 군무원들이 활동했다. 기념사업 목적은 다음과 같은 4가지로 축약된다.

첫째, 6·25 전쟁사를 재정립해 역사적 교훈으로 계승한다. 둘째, 국난극복을 위해 헌신한 국내외 참전용사들의 높은 뜻을 기리고 범국민적으로 그분들의 명예를 선양하며 그 가족들에게 감사와 경의를 표하여 자긍심을 고양한다. 셋째, 전후세대들에게 6·25전쟁의 역사적 교훈을 알려주고 마음속에 닿는 교육을 통해 국가관 확립과 안보의식을 고취한다. 넷째, 6·25전쟁 당시 대한민국의 자유를 수호하고 세계 공산화를 저지하는데 공헌한 참전국에 대한 감사표시와 유대 강화로 세계 속의 한국의 위상을 제고한다로 정리된다.

중요한 것은 단편적인 기념행사보다는 6·25전쟁을 모르는 국민들에게 그 역사적 교훈을 되새기고 참전용사의 명예를 높이며 희생자 및 유족에 대해선 감사와 위로를 함으로써 국민화합을 이루는 데 중점을 두고 추진되었다. 3년간 추진된 사업은 모두 52개의 총예산은 452억 원이 소요되었다. 국방부는 자료의 미공개, 관심 소홀 등으로 체계적인 정리 및 연구가 이뤄지지 못한 6·25 당시의 민간 유격대, 전쟁포로, 노무단, 여군 활동 등에 대한 사실을 새롭게 발굴했다. 참전용사들의 증언록도 편찬되었다. 2003년 국방부 산하 국방군사연구소에서 6·25전쟁사 부록을 발간했다.[23]

〈표 3〉 2012년 60주년 기념사업회의 주요 행사

주 제	주요 행사
기억과 계승	• 국내학술회의(1, 2차) • 6 · 25 상기 호국안보주간 시행 • 6 · 25전쟁 바로알기 기획홍보 • 구국의 3대 전투재연 및 전승식 • 참전 단체/부대별 추모전승행사지원 • 영연방 전투 상기 행사/ 지평리 전투 상기 행사 • 6 · 25전쟁 지원현황연구 및 선언 • 만화형 6 · 25전쟁사 구매배포 • 6 · 25전쟁 51~53 公刊사 • 6 · 25 중앙행사 • UN참전국별 참전사 발간
감사와 경의	• 참전국 현지 위로 · 감사행사 • 6 · 25전쟁 전사자 유가족 찾기 • 6 · 25전쟁 전사자 유해 발굴 • 참전유공자 활동 지원 • UN참전용사 재방한 행사 • UN참전용사 후손 장학사업
화합과 협력	• 평화통일 대행진 • 한 · 터키 전승행사 및 군인친선축구 • 군창작 뮤지컬 국내공연/미공연준비 • 6 · 25 참전국 대상 문화교류 행사 • 한 · 미 우정 콘서트 개최 • UN참전국 의료봉사 • UN참전국 청소년 평화캠프 • 부산 『UN평화기념관』 건립 • 낙동강 호국평화공원 조성 • 영천전투 메모리얼파크 조성 • '호국보훈의 불꽃' 조형물 건립

출처: 6·25전쟁 60주년 사업위원회 http:// www.koreanwar60.go.kr/(검색일: 2012. 7. 12).

6 · 25전쟁의 산물인 비무장지대(DMZ)를 관광 상품화한 DMZ 전망대 및 땅굴 답사행사, 세계평화 마라톤 대회, 6 · 25전쟁사에 대한 영문 CD발간도 추진되었다. 2003년 7월 까지 80억 원의 예산으로 전쟁기념관에 50주년 기념 대형 조형물을 건립, 거제 포로수용소, 제주모슬포, 영천대첩 기념비 등 총 224억 원을 들여 27개의 기념조형물을 만들었다.

계속해서 현재 6 · 25전쟁 60주년 기념사업회가 조직되어 국내외적으로 현재 활발한 활동을 펼치고 있다. 국무총리와 이홍구 전 총리를 비롯한 정부위원 15명과 민간위원 25명으로 구성되었다. 전쟁에 대한 회고보다 참전용사에게 감사하고 세계평화에 기여하는 활동에 주력하고 있다. 다음과 같은 세 가지 취지를 목표로 전개된다.

첫째, 자유 민주주의 수호에 중점을 둔다. 전란을 극복하고 정치, 경제 발전을 이룬 자랑스러운 역사를 평화 지향의 선진일류국가 비전으로 승화한다는 원칙하에 한반도 평화정착을 위한 의지 결집과, 전후세대의 올바른 시각정립에 주력한다. 둘째, 보훈외교의 장을 만든다. 참전국과 혈맹관계를 미래지향적 협력관계로 발전시켜 공동번영을 추진하며 한다(UN창설 최초 파병한 전쟁, 21개국 190만 명). 셋째, 10주년 단위 마지막 행사가 된다. 참전용사가 참가 할 수 있는 10주년 단위 마지막 행사가 될 것으로 간주된다. 생존참전용사 현황은 국내 25만 명과 해외 53만 명으로 추산되고 평균연령은 79.4세다.[24)]

이전의 50주년 사입과 비교해 훨씬 더 지속가능한 우호증진 방안과 그 후손들과 연계한 인적 네트워크, 국가위상 증진과 국격 제고와 기억의 공동체 의식이 더 한층 강화되었다. 2011년과 2012년 주요 우호증진 프로그램을 살펴보면 <표 3>과 같다.

3.3 미국과 참전국들의 기념사업

1996년 미국정부는 한국전 50주년 인터넷 사이트를 통해 기념행사의 행목적을 다음과 같이 발표했다. 한국전 참전군인과 그 가족, 유족들의 명예를 선양하고, 미국인들에게 한국전의 교훈과 역사를 분명히 이해시키며, 국가를 노예화로부터 구출하고 평화와 자유, 번영을 유지토록 한 한국전의 역사적인 영향을 모든 세대의 미국인들에게 교육시키도록 한다는 것이었다. 미국은 6·25전쟁 50주년을 맞아 'Freedom Is Not Free'(자유는 거저 주어지는 것이 아니다) 문구가 새겨진 각종 기념 로고, 포스터 등을 제작했다. 대표적인 행사로는 한국전 개전(워싱턴, 6월 25일), 한국전전몰용사 추도식(워싱턴, 7월 27일), 인천상륙작전(노포크, 9월15일), 국가 퍼레이드(뉴욕, 11월 15일)등을 실시했다. 이어 2001년부터 지평리 전투 기념식(필라델피아, 2001년 5월 24일), 피의 능선 전투기념식(워싱턴, 2001년 8월 18일), 단장의 능선 전투 기념식(워싱턴, 2001년 9월 13일), 한미 합동 공중전투 기념식(워싱턴, 2003년 6월 30일) 등을 거행했다. 그 밖에 박물관, 기념비 건립 등의 사업도 추진되었다. 참전군인들은 물론 미국 학생들에게도 한국 역사와 문화에 대한 교육이 진행되었다. 또 오레곤주와 사우스 캐롤라이나 컬럼비아시 등지에 한국전 기념비가 건립되었고 기존의 박물관 등에서 한국전 관련 전시회가 열렸다.

현재 미국이 진행 중인 가장 중요한 사업 중 하나가 유해발굴 사업이다. 미국은 'You are not forgotten'(우리는 여러분을 결코 잊지 않을 것이다)라는 슬로건을 내걸고 미군이 참전한 세계 전역에서 유해발굴 사업을 추진하고 있다. 휴전 직후부터 북미간에 진행된 유해송환은 북한이 1954년 8월 유엔군 전사자 4,023구의 유해를 돌려준 뒤 중단되었다. 1988년 12월 중국 베이징에서 북미 참사관 접촉으로 유해 송환 협상이 재개되어 양국은 93년 8월 '미군 유해에 관한 합의서'를 도출했다. 1996년부터 북미 양국의 공동발굴이 시작되었다. 매년 별도의 협상을 통해 차기년도의 사업규모와 보상액을 결정하는 방식으로 진행되었다. 미국은 1996년부터 33회의 작업을 통해 225구의 미군 유해를 발굴했다.[25)]

2012년 6월에 국내로 송환된 유해도 이 기간에 발굴된 것이다. 지금까지 북한에 지급된 미군 유해발굴작업 비용은 2,800만여 달러에 달한다. 그러나 북미관계가 악화되면서 미국은 북한 내 미군 유해발굴팀의 안전을 이유로 작업을 중단되었다. 양국은 2011년 10월 방콕에서 열린 북미회담에서 유해발굴 작업을 재개하기로 합의했지만, 북한이 2012년 4월 장거리 미사일을 발사하

면서 중단되었다.[26)]

한편 한국의 국군 전사자의 유해발굴사업은 2000년 4월 6 · 25전쟁 50주년 기념사업 일환으로 처음 한시적(3년간)으로 추진되었다. 2003년 7월 호국보훈 관계장관회의에서 사업을 지속적으로 추진하기로 결정했다. 2005년 6월 전사자 유해발굴사업을 영구적으로 추진를 결정했다. 2007년 하와이의 미 합동전쟁포로실종자사령부(JPAC)에 이어 전 세계에서 두 번째로 국방부 유해발굴감식단이 창설되었다. 정부는 국방부 유해발굴사업을 더 체계적으로 추진하기 위해 범정부차원 협력 체제를 구축하고, 미국 JPAC와의 한미 유해발굴 협력을 위한 양해각서(MOU) 체결(2011.8)을 통해 유해발굴을 위한 국제협력을 강화했다.[27)]

이에 따라 2000년부터 고국에 묻혀 있는 6600여 구를 국군 전사자 유해를 발굴하는 성과를 달성했다. 2012년 6월 25일 뜻 깊은 유해봉환식이 거행되었다. 6 · 25전쟁 때 북한에서 전사한 12구의 국군 유해가 1953년 정전협정 이후 처음으로 국내로 귀환되었다. 이들은 지난 2000년에서 2004년 사이 미국에 의해 북한에서 발굴되어, 미 JPAC에서 신원확인 절차를 거쳤다. 신원이 확인된 유해 2구는 62년 만에 가족의 품으로 돌아왔다. 현재 6 · 25전쟁 당시 13만 명의 전사자 중 비무장지대(DMZ)나 북한지역의 미발굴 유해는 약 3,4만 구로 추정된다. 이들의 유해발굴에 더욱 관심을 기울려야 한다.[28)]

한편 2009년 7월 27일 워싱던 D.C 링컨기념관 앞에서는 우리나라 전통민요 '아리랑'이 울려 퍼졌고, 미국 전역에 조기가 게양되었다. 오바마 미국 대통령은 2009년 7월 27일을 "6 · 25전쟁 참전용사 휴전기념일"(National Korean War Veterans Armistice Day)로 선포하였다. 오바마 대통령은 6 · 25전쟁 정전협정이 체결된 지 56년이 지난 시점에서 전쟁 참전용사들의 용기와 희생에 감사를 표시했다. 미국 정부 부처와 관공서, 관련기관과 단체, 또 개인들이 성조기를 조기로 게양함으로써 전쟁에서 사망한 참전용사들에게 조의를 표할 것을 국민들에게 발표했다.[29)]

이와 별도로 미 의회는 "2009 6 · 25전쟁 참전용사 감사법안"을 7월 21일 하원에서 통과시킨 데 이어 24일 상원에서도 만장일치로 통과시켰다. 법안에는 전쟁 참전용사들과 아직 끝나지 않은 전쟁을 기억하고 상기하는 차원에서 7월 27일을 미국의 '국기 게양일'에 포함시켰다. 이로써 매년 7월 27일 미국 전역에서는 미국의 현충일인 전몰장병기념일(5월 마지막 주 월요일)에 이어 두 번째로 조기를 게양하는 날이 되었다.[30)]

2012년 7월 27일 미국에서 한국전 정전협정 59주년 기념식이 열렸다. 리언 패네타 국방장관이 직접 여는 행사에는 한미 두 나라 고위 관계자들 자리를 함께 그 의미를 더했다. 패네타 장관이 오전 9시 알링턴 국립묘지 무명용사탑과 원형극장에서 잇따라 열리는 한국전 정전 기념식에 참석해 기조연설을 통해 한국전 참전용사들의 희생을 기리고, 한미동맹의 중요성을 강조했다. '기억되는 영웅들'(Heroes Remembered)로 명명된 행사에 패네타 장관, 정부, 의회, 군(軍) 고위 관계자들이 대거 참석했다. 국방부 아래 있는 한국전 60주년 기념위원회 관계자는 에릭 신세키 보훈부 장관, 레이 라후드 교통부 장관도 기념식에 참석했다. 현직 장관 3명이 한국전 정전 기념식에 동시에 참석하는 것은 극히 이례적인 일이었다.[31)]

이에 앞서 2012년 7월 12일 미 하원 재향군인위원회는 전체회의를 열어 '한국전 참전용사의 해' 결의안을 만장일치 찬성으로 통과시켰다. 해당 상임위에서 만장일치로 통과된 결의안은 대부분 본회의에서 채택된다. 결의안에는 미 국방부 산하 '한국전 60주년 기념위원회'가 한국전 참전용사들에게 경의를 표하는 국가적인 캠페인을 벌이는 내용을 담았다. 또 미국 국민을 대상으로 관련 교육을 진행하도록 지원하도록 했다.[32)]

미국이외의 참전국들도 이미 수년전부터 행사를 해온 경우가 많다. 예를 들면 벨기에는 6 · 25전쟁 당시 1개 대대 규모, 연인원 3,587명이 참전해 106명 전사했다. 비록 규모가 작은 편이지만 매우 높은 관심을 갖고 다양한 행사를 진행해왔다. 한국과 벨기에, 룩셈부르크 청소년들에게 상대방 국가를 알리는 한국과 벨기에 청소년 교류사업도 추진되었다. 벨기에 참전용사회와 한국 YWCA가 중심으로 추진되었는데, 이 사업은 한국전 때 희생된 벨기에 및 룩셈부르크군 117명에 맞춰 117명의 3개국 청소년들을 1개월씩 상대방 국가에 머물게 하면서 역사와 문화 등을 배우게 했다.

영연방 국가들은 한국전 당시의 연인원 기준으로 영국은 5만 6,000명, 캐나다는 2만 6791명, 호주는 8,407명이 참전, 참전 규모면에서 16개국 중 랭킹 2,3,5위를 각각 차지한다. 영국에선 런던의 전쟁박물관에 한국전쟁실이 개관되었고, 한국전 유물 사진이 전시되었다. 미국을 비롯해 해외 전투병 참전국에서도 6·25전쟁이 「잊혀진 전쟁」에서 「잊혀지지 않은 전쟁」으로 기억되기 위해 기념행사와 다양한 노력이 진행되었다. 「잊혀진 전쟁」이 되지 않기 위해 전투병 참전국들과의 유기적인 관계 모색이 중요하며 정부차원에서는 물론 민간단체 등 범국민적 관심이 요구된다.

Ⅳ 전투병 참전국들과의 우호협력 방안 모색

4.1 FTA 체결을 통한 전략적 협력 증진

세계 주요각국들은 시장 확보와 교역확대를 목적으로 적극적인 자유무역협정(FTA)을 체결한다. 1990년대 이전 FTA는 주로 상품무역 분야에 중점을 둔 교역확대가 주된 목적이었다. 1990년대 후반부터 직접투자유치 및 정치외교적인 관계 증진을 포함해 적극적이고 포괄적인 목표 하에서 추진된다. 최근 FTA의 경향은 WTO로 대표되는 다자무역협정보다는 FTA를 양자협력 증진과 외교안보, 사회문화적 결속관계 강화 등도 중요한 동기가 된다. FTA를 통해 외국인 투자유인 및 대외협상력증가, 개방과 경쟁을 통한 경쟁력 증가 등을 목적으로 체결된다.

한국은 세계 각국들과 FTA 체결을 통해 경제영토를 확대해왔다. 중남미로의 확대되고 에너지·자원 분야 진출의 적절한 활용으로도 적절하게 활용된다. 한국은 칠레와 전 세계 국내총생산(GDP)의 절반 이상을 차지하는 미국과 유럽연합(EU) 등과 FTA를 체결했다. 이번에 전투병 참전국인 콜롬비아와도 FTA를 체결했다. 향후 나머지 참전국 들 중 호주, 뉴질랜드, 필리핀, 남아프리카 공화국 등 전투지원 국가들인 혈맹국을 중심으로 FTA 우선 협사대상국으로 설정해야 할 것이다.

콜롬비아는 라틴아메리카 유엔 회원국 중 유일한 6·25 참전국으로 전투병 참전국 중 마지막 국가였다. 콜롬비아는 혈맹국으로서 경제동맹을 맺게 되었다. 콜롬비아는 1950년 7월 유엔의 군사지원 요청을 받자 9월 18일 1척의 프리깃함 파딜라(ARC Almirante Padilla)호를 우선 파견하겠다고 통보한 데 이어 11월 14일 파견군에 대한 모든 지원을 미국이 제공하는 조건으로 지상군 1개 대대 파병했다. 당시 전투병력 5천 3백여 명과 2천 톤급 프리깃 함을 파견해 213명이 전사했고, 567명이 부상을 입었다. 금성 진격전투, 김화 400고지 전투 등에 참전했다. 참전기간에 전사 163명, 부상 448명, 포로 28명의 병력피해를 입었고, 지상군은 1954년 10월 29일, 해군은 1955년 10월 11일에 철수하였다.[33]

2012년 6월 25일 이명박 대통령이 한국 대통령으로 처음 콜롬비아를 국빈 방문했다. 이번 콜롬비아 방문은 만 59년에 대한민국 국가원수가 6·25전쟁 휴전 이후 전투병 참전국 16개국 모두를 직접 방문하게 되는 계기가 되었다. 수교 50년 만에 이명박 대통령은 콜롬비아의 참전기념탑을 찾아 헌화하고 한국전 참전의 의의를 기렸다.[34] 양국은 보고타에서 FTA 협상 타결을 공식 선언했다. 한국과 콜롬비아 FTA의 전략적인 가치는 2011년 양국 간에 '전략적 협력 동반자 관계'를 맺음으로써 더 강화되었다. 2012년은 수교 50주년이기 때문에 이번 FTA 체결은 양국 간에 경제 통상 관계를 심화·발전시킬 수 있게 되었다.

한국은 중남미 허브 국가에 수출 전진기지를 확보하게 됐다. 한국은 글로벌 소비시장의 핵심인 중남미 시장을 공략할 발판을 마련하게 됐다. 이로써 지난 2009년 12월 시작된 협상이 2년 6개월 만에 마무리됐다. 앞으로 법률 검토와 번역작업, 국무회의 의결과 국회 비준 등의 절차를 거쳐 이르면 2012년 한국과 콜롬비아 FTA가 발효된다. 한국의 경제영토는 전 세계의 62%를 넘었고 FTA 체결 국가는 47국으로 늘었다. 콜롬비아는 중남미 3위 시장으로 공산품을 수출하고 콜롬비아의 원자재·자원을 수입하는 교역구조를 감안할 때, 이상적인 경제 파트너로 간주된다. 중남미 산유국이자 광물자원 부국으로 한국

기업의 에너지 · 자원 분야 진출도 기대된다.[35)]

또 다른 사례로 전투병 참전국인 터키와 FTA가 2012년 8월 초 체결 되었다. 양국 국회 비준을 거쳐 2013년 초 FTA가 발효된다. 양측은 10년 이내 거의 전 품목의 관세를 철폐하기로 합의해, 발효 후 양국 간 교역량은 크게 증가할 것으로 예상된다. 터키는 유럽 내 인구 2위(7370만 명)의 거대한 내수시장을 보유한 국가다.

더 중요한 것은 전쟁 당시 참전한 터키군은 1, 2, 3차로 나누어 15000명 정도 참전했다. 미국과 영국을 제외하면 가장 많이 파병한 국가이며, 전사 721명 부상 2147명 실종 175명, 포로 346명의 인명 손실을 초래했다. 이런 피해 규모는 미국과 영국에 이어 세 번째 규모이고, 전사자 중 462명의 유해는 부산유엔기념공원(UNMCK)에 안장되었다. 터키는 유엔의 한국전 파병요청에 대해 1950년 7월 25일 지상군 파병을 결정했다. 8월 3일 제1여단을 창설했고, 터키 여단은 보병 외에 공병 · 수송 · 의무 · 병기 · 병과 부대를 포괄하는 전투단으로 구성되었다. 독자적인 전투 수행능력을 보유했으며, 미국과 영국을 제외하고 여단규모의 육군을 파견한 나라는 터키와 캐나다뿐이다. 이후 터키 여단은 1개 중대를 남기고 전 부대가 1954년 여름에 철수하였다. 잔류부대와 유엔군사령부의 터키군 의장대 11명도 1971년 6월 27일에 최종 철수하였다.[36)]

터키는 중동 · 북아프리카 시장 진출 교두보 역할을 할 것이다. 2008년 터키 대통령의 제안으로 추진된 한 · 터키 FTA는 2008~2009년 공동연구에 이어 2010년 3월 협상 출범을 선언한 이후 협상을 진행했다. 터키는 EU와 관세동맹을 체결해서 관세 없는 교역을 하고 있다. 한국정부가 EU와 FTA를 발효한 상태여서 관세장벽 해소도 걸림돌이 아니다. 터키는 2010년 기준 OECD 경제성장률 1위를 달성했다. 2011년 세계적인 금융 · 재정위기 속에서도 8%의 높은 성장률을 기록했다. 또한 유럽, 러시아, CIS 등 거대시장과의 인접성, 지정학적 중요성 등 신흥시장으로서의 유리한 조건을 갖춘 포스트 브릭스(post－BRICs) 국가로 부상했다.[37)]

주지하는바 콜롬비아와 터키는 한국전에 전투병을 참전한 혈맹국가로서

FTA 타결은 이들 국가들과 협력의 새로운 시대를 알리는 기틀이 될 것이다. 이들 국가들과의 새로운 투자 시장, 고속도로 · 철도건설사업, 정보통신 육성 사업, 원자력발전 등 한국 기업의 참여 기회가 확대될 것이다. 무엇보다도 혈맹국가들과 보훈외교도 확대되는 기회가 마련되었기 때문에 여타 전투병 참전국들과도 우선 FTA 타결을 통해 전반방위적인 관계로 증진되었으면 한다.

4.2 참전국 후손들과의 평화협력 네트워크 구축

국가보훈처는 1979년부터 매년 참전용사와 가족을 초청해 그들의 헌신과 희생에 감사하는 기념행사를 진행 중이다. 보훈처는 지난 2009년부터 UN참전용사 후손들이 6 · 25전쟁의 의미를 되새기고, 한반도와 세계평화를 위한 노력을 다짐하기 위해 'UN 참전국 청소년 평화캠프' 행사를 개최하고 있다. 2011년까지 600여 명을 초청했다.[38)]

2012년 평화캠프는 지난 7월 8일부터 14일까지 6박 7일간 15개국 147명(국내 대학생 10명 포함) 초청해 개최했다. 2012년 캠프는 4회째로 이전 행사와 차별되게 나라사랑 정신이 깃들어 있는 의미 있는 장소인 국립서울현충원 현충관에서 시작되었다. 9일 오전 9시 30분에 발대식을 시작으로 일정이 진행되었다. 발대식 후 참가자들은 한국의 전사자 묘비를 찾아가 헌화하고 비석을 직접 닦으며 준비해온 추모글도 헌정했다. 10일 DMZ와 제3땅굴을 견학하여 남북간 대치상황을 직접 경험했다. 전쟁기념관을 방문하여 각 국가별 전사자 명각비 앞에서 헌화하며 자신의 할아버지와 함께 싸운 전사자들을 추모했다. 11일 여수세계박람회를 관람하여 한국의 발전상과 높아진 위상을 체험했다. 12일 UN참전용사 후손으로서 부산유엔기념공원(UNMCK)에 안장되어 있는 6 · 25전쟁 전사자들을 추모했다. 13일 오전 특전사분대에서 공수지상훈련(낙하산 훈련)과 레펠훈련(비행모형 훈련) 등 병영체험을 통하여 평화를 수호하려는 대한민국 군인의 훈련 현장을 직접 체험했다. 이후 연세대동문회관에서 해단식을 끝으로 캠프 일정을 모두 마치고 14일 출국했다.[39)]

이런 행사를 통해 UN참전국과의 우호 관계가 미래세대로 이어지는 지속가능한 행사로 이어져야 한다. 전쟁에 참전했던 참전용사 1세대의 한국사랑 정신을 전후세대에 계승시키는 의미가 있다. 이런 행사가 지속될수록 참전용사 3세대 간의 교류도 활성화 시킬 수가 있을 것이다. 국가보훈처는 평화로운 세계건설을 위한 협력 네트워크를 구축하는데 기여토록 노력해야 한다. 향후 참전국과 후손들의 한반도 평화통일을 지지하고 관심을 가질 수 있는 더욱 의미 있는 행사로 발전시켜야 한다.

4.3 부산유엔기념공원(UNMCK)의 ‘세계적인 호국공원화’ 조성

부산유엔기념공원(UNMCK)은 호국영령들의 숭고한 희생을 잘 반영해주는 곳이다. 6・25전쟁이 일어난 이후 1951년 4월 유엔군(United Nations Forces) 사령부가 유엔군 전몰장병들의 유해를 안장하기 위하여 조성한 세계 유일의 유엔군 묘지다. 유엔군 사령부는 묘역이 완공되자 개성, 인천, 대전, 마산 등지에 흩어져 있던 유해를 옮겨 안장했다. 1954년 미국, 프랑스, 인도 등 유엔군 전사자 1만 1,000명의 유해가 안장되었다. 그 이후 벨기에, 콜롬비아, 에티오피아, 그리스, 룩셈부르크, 필리핀, 태국 등 7 개국 용사의 유해 전부와 그 외 참전국의 일부 유해는 전사자들의 조국으로 이장되었다. 2011년 유엔군부대로 참전했다가 전사한 한국군 36명을 포함해 11개 국 2,300구의 6・25 전사자 유해가 안장되었다.[40]

1955년 11월 국회는 이곳의 토지를 UN에 영구히 기증했고, 묘지를 성지로 지정할 것을 결의했다. 동년 12월 15일 국회의 결의사항을 전달받은 유엔은 총회에서 영구적으로 관리한다는 내용의 결의문을 채택했다. 이로써 유엔기념공원은 유엔총회에서 ‘유엔기념묘지’로 지명한 세계 유일의 묘지가 되었다. 세계평화 유지를 위한 국제협력정신의 소중함을 되새기게 하는 상징적 의미가 큰 유적지가 되었다. 1974년 2월 16일 이후 전사자의 유해를 봉안한 11개국으로 구성된 유엔기념공원국제관리위원회가 관리한다. 따라서 UN이 존재하는 한 이곳은 전쟁과 유엔군 전사자가 묻혀 있는 성지로 영원히 기념될 것이다.

공원 내부에 유엔군참전기념탑을 포함해 여러 가지 기념물과 건축물이 있다. 정문은 한국의 전통적 조형성을 추상적으로 표현했다. 추모관은 세계 각국 참전용사들의 다양한 종교관을 고려하여 현대적이고 독특한 방식으로 설계되었다. 무덤마다 고인에 대한 기록을 적은 비석이 놓여 있고, 무덤이 없는 영국연방군 386명의 용사를 추모하는 기념탑도 있다. 이곳은 2007년 10월 24일 등록문화재 제359호로 등록되었다. 이어 국민들에게 친숙한 공간으로 거듭난다는 취지로 2001년 3월 30일 한국어 명칭을 재한유엔기념공원으로 바꿨다.[41] 2012년 6월 26일 부산보훈청 주최로 6・25 기념행사가 열린 가운데 터키와 콜롬비아 참전 용사들이 전사자 묘지를 찾았다.[42] 해마다 6월 이곳에서 열리는 민간 단위의 '유엔 전몰용사 추모 헌화제'가 2012년 50돌을 맞았다. 유엔기념공원이 조성된 1962년부터 시작했다. 이런 행사를 통해 참배객들이 전국은 물론 해외에서도 찾아올 정도로 공원이 유명해졌다.[43]

한편 2012년 7월 12일 오후 아주 특별한 추모행사도 열렸다. '리처드 위트컴(Richard Whitcomb・1894~1982)' 장군의 타계 30주년 기념행사였다. 위트컴 장군은 한국전쟁 시절 부산지역 미군 군수사령관으로 1953년부터 1954년 전역할 때까지 지역 재건복구 책임을 맡아 학교, 병원, 고아원, 도로, 주택 등 도시 기반 시설 190여건을 조성했다. 행사에 위트컴기념사업회(이사장 한묘숙) 관계자와 부산지방보훈청장, 부산시 관계자, 위트컴기념사업회 관계자 등 30여명이 참석해 고인의 넋을 기렸다. 그는 전역 후 다시 한국으로 돌아와 '한미재단'을 만들어 수많은 전쟁고아를 도왔다. 또 북한지역 미송환병사 유해 발굴에 헌신했다. "내가 죽으면 미국이 아닌 한국에 묻어달라"는 유언에 따라 1982년 서울에서 타계한 뒤 미국으로 송환하지 않고 부산의 유엔기념공원에 안장됐다. 그는 유엔기념공원에 안장된 유일한 장군이 되었다. 그의 주요 행적을 살펴보면 다음과 같다:

> 위트컴 장군이 군수사령관으로 있던 1953년 11월 27일. 부산 중구 영주동, 동광동, 부산역(당시 중앙동 소재) 등이 잿더미로 변한 대형 화재가 발생했다. 졸지에 집을 잃은 3만 명의 이재민이 길거리로 나앉았고 배고픔과 추위에 시달려야 했다. 이때 장군은 이

재민에게 군수물자를 풀어 잠잘 천막과 먹을 것을 나눠줬다. 이 때문에 장군은 미 의회 청문회에 불려나가야 했다. 하지만 장군은 "전쟁을 총과 칼로만 하는 것이 아니다. 그 나라 국민을 위하는 것이 진정한 승리"라고 말해 당시 미 의원들로부터 기립박수를 받았다고 한다. 그는 현재의 부산대 캠퍼스를 지을 때 건축자재·공병부대 등을 지원하는 등 부산대 설립에 아주 큰 역할을 했고, 고아 진료를 위해 부산 메리놀병원 등을 짓는 데 주도적으로 나섰다. 당시 그는 부족한 병원 건립 기금을 마련하기 위해 갓을 쓰고 한복을 입은 채 거리 캠페인에 나섰는데 이것이 미국 격주간지 '라이프'(1954년 10월 25일자)에 소개되었다.[44]

이처럼 이곳은 대부분 6 · 25전쟁에 참전해 숨진 젊은 참전용사의 영령들이 영면해 있다. 이국땅에서 그들의 헌신과 희생으로 오늘날 한국이 자유민주주의를 수호하고 경제적으로 번영할 수 있었음을 잊지 말아야 한다. 2013년 정전협정 60주년을 맞는 해를 맞아 더욱 더 참전용사들에 대한 감사하는 마음과 애국심을 고취하는 국민운동이 필요하고, 참전용사와 그 가족들 방문의 해로 지정 감사를 표시하고 안보의식을 고취하는 계기로 삼아야 한다.

4.4 세계군인체육대회를 통해 스포츠 협력 증진

세계군인체육회(CISM)는 '스포츠를 통한 우정'(Friendship through Sport)을 기치로 설립된 종합 스포츠 조직 중 하나다. 4년마다 개최하는 현역 군인들의 올림픽으로 규모가 큰 국제대회이다. 이는 분쟁과 갈등 대신 스포츠를 통하여 우정을 다짐으로써 세계평화에 기여하고자 하는 뜻을 담고 있다. 제2차 세계대전 후 1948년 2월에 창설 됐고 비영리 단체다. 현재 회원국은 133개국으로 한국은 1957년 북한은 1993년 가입했다.[45]

2015 세계군인체육대회는 2011년 5월 서울총회 때 유치가 결정됐다. 이번 대회는 2015년 9월과 10월경 10일간 진행된다. 110여 개국의 8,700여 명이 참가할 것으로 예상된다. 경기종목은 축구, 태권도 등 25개 종목을 놓고 경상북도 문경, 상주 등 7개시에서 시합을 벌인다. 2012년 7월 19일 중앙정부와

지자체 공무원, 체육 · 경제 · 언론계 등 각 분야 전문가들이 조직위원으로 참여하는 2015년 세계군인체육대회 조직위원회가 출범했다.[46)]

조직위는 오는 2015년 문경을 비롯한 경북 지역 7개 시 · 군에서 국방부 주관으로 열리는 제6회 세계군인체육대회가 성공적으로 진행될 수 있도록 체계적으로 준비해 나갈 예정이다. 이용걸 국방차관은 환영사를 통해 "이번 대회에서 자유민주주의의 위대한 승리와 평화의 메시지를 현장감 있게 전달할 수 있을 것"이라며 "한류문화와 첨단 IT 분야를 잘 활용하면 이 대회를 통해 한국의 브랜드 가치를 높일 수 있을 것"이라고 기대감을 표했다. 박성우 조직위원장은 "이번 대회를 통해 스포츠정신과 평화정신을 확산시켜 한반도와 세계 평화에 기여하고, 우리 국민과 세계 군인들이 함께하는 일류명품의 축제가 될 수 있도록 하겠다"고 말했다.[47)]

스포츠 교류를 통한 교류와 협력 증진은 그 취지에 알맞게 전투지원 참전국들의 참전용사들과 그들 후손들을 초청하는 방문 프로그램도 추가되었으면 한다. 이런 특별한 행사를 평화를 염원하고 참전국들과 후손들에 대한 감사와 보훈을 잊지 않는 행사가 되어야 한다.

V 맺음말

북한 김정일 국방위원장 사망과 2012년 4월 미사일 광명성 3호 발사 등 국가 안보를 위협하는 사건이 잇따르면서 국민의 안보의식이 높아진 것으로 나타났다. 행정안전부는 동년 6월 24일 5월 26일부터 6월 6일까지 전국 19세 이상 성인남녀와 중 · 고생 1000명을 대상으로 실시한 '2012년도 국민안보의식 여론조사' 결과를 발표했다.

좀 더 살펴보면 '자신의 안보의식 수준이 어느 정도라고 생각하느냐'는 질문에 성인 63.3%와 청소년 51.1%가 '높다'고 응답했다. 2011년 같은 조사에서 나온 응답보다 성인 8.2%, 청소년 15.3% 증가한 수치였다. 성인 가운데 '안보의식이 높다'고 답한 사람은 여성(50.7%)보다 남성(76.2%)에게 많았으며 세대별로는 30대 미만 46.6%, 30대 59.4%, 40대 65.3%, 50대 이상 76.2%로 나이가 많을수록 높았다. 청소년도 남학생(54.7%)이 여학생(47.2%)보다 다소 높게 나타났다. 이처럼 안보의식이 높아진 이유에 대해 성인 53%, 청소년 34.1%는 북한의 체제 변화와 장거리 미사일 발사, 대남 무력 도발 예고 발언 등이 영향을 주었다고 답했다. 북한의 위협에 대한 우려와 달리 북한 자체에 대한 인식은 2011년보다 다소 우호적으로 변화했다. 북한이 경계하고 적대해야 할 대상이라는 응답은 성인 52.6%, 청소년 46.1%로 지난해(성인 59.9%, 청소년 51.4%)에 비해 다소 낮아졌지만, 협력과 경쟁 대상이란 응답은 성인 41.2%, 청소년 50.1%로 지난해(성인 33.7%, 청소년 44.6%)보다 높게 나타났다.[48)]

안타까운 현실은 이 같은 안보의식에도 불구하고 6·25전쟁 발발연도를 정확히 알고 있는 응답자는 성인 64.6%, 청소년 42.4%였다. 청소년은 10명 중 6명이 6·25전쟁이 언제 발생했는지 몰랐다고 답변했다. 이들 대상이 안보교육이 시급하고 절실한 것으로 분석됐다.[49)]

그렇다면 청소년들 대상으로 "한국 전쟁의 휴전일은 얼마나 알고 있을까" 라는 질문을 한다면 얼마나 답변할 수 있을까. 정전협정이 1953년 7월 27일이라고 답변할 수 있는 청소년들이나 국민들이 얼마나 될까. 정확하게 정전협정일을 기억하는 국민들은 6·25전쟁 발발 일을 기억하는 것보다 훨씬 적을 것이다. 이러한 우리의 현실과 달리 해외 참전국은 6·25전쟁과 정전협정일을 잊지 않으려는 노력이 계속되고 있다. 앞서 언급한 대로 1년 중에 총 19일인 미국의 국가 기념일 중에서 조기게양을 하도록 하는 기념일은 오직 두 개의 기념일뿐이다. 5월 마지막 주 월요일의 참전용사 추모일(Veterans Memorial Day)과 최근 6·25전쟁 정전협정일 7월 27일이다. 영국과 캐나다도 매년 정전협정 기념일에 대규모의 기념행사를 열고 전황을 되새겨 보는 행사를 개최한다.

2013년은 정전협정이 체결 60년 되는 해이다. 6·25전쟁은 많은 전 세계적으로 잊혀진 전쟁이 되지 않는 노력이 이어지고 있음을 상기해 볼 필요가 있다. 우리는 참혹했던 6·25전쟁을 결코 잊어서는 안 된다. 결과적으로 종전이 아니라 정전상태임을 올바르게 인식하고 북한의 위협에 대비해야 한다. 더 이상 6·25전쟁이 '잊혀진 전쟁'으로 남지 않기 위해서 청소년 세대를 중심으로 고령의 참전용사들이 사망하기 전 전쟁의 아픔과 어떻게 전쟁에 대비해야 하는지에 대한 안보교육의 기회를 더 많이 제공해야 한다. 6·25전쟁에 대한 교육을 정규교육 과정에서 더 강화되어야 한다. 보훈의식 함양과 보훈문화 조성은 역사교육, 나라사랑교육과 안보교육을 중심으로 모색되어야 한다. 참전용사와 참전국들의 후손들을 포함해 우리는 세대를 초월해 감사와 보훈정신이 함양되어야 한다.

궁극적으로 2012년 세계 7번째로 20(1인당 국민소득 2만 달러)·50(인구 5000 만 명) 클럽에 가입하는 등 끊임없이 발전하는 대한민국은 순국선열과 참전용사들의 희생에 의한 것이다. 이들에 대한 예우는 국민의 자발적인 참여와 투철한 안보의식에 기초하며 대한민국의 과거, 현재, 미래임을 잊지 말아야 한다. 동시에 6·25전쟁 이후에도 국가안보를 위협하는 수없는 무력남침과 도발을 일으키는 북한군과 북한정권의 심각성을 인식해야 한다. 그 어느 때보다도 우리의 호국보훈과 보훈문화 조성은 국가 안보를 위해 중요하며 국가발전의 초석이며, 북한의 계속되는 위협도발을 방지하고 균형 잡힌 사회발전을 만들어 가는 밑바탕이 되는 것임을 명심해야 할 것이다.

미 주

1) 국가기록원 http://www.archives.go.kr/(검색일: 2012. 7. 12).
2) 김동춘,『전쟁과 사회 우리에게 한국전쟁은 무엇이었나』(서울: 돌베개, 2000) 참조.
3) Robert D. Schulzinger, U.S. Diplomacy Since 1900 (Oxford: Oxford University Press, 1998), p. 205.
4) 영국의 처칠수상은 1946년 3월 5일 '철의 장막'에 대한 연설을 했음.
5) 김태희, "국제전으로서의 한국전쟁과 동서냉전,"「국제정치논총 특집」한국국제정치학회, 1990 참조.
6) 좀 더 자세한 내용은 김성우 외,『한국전쟁사』(서울: 진영사, 2008) 참조.
7) 정명복,『6 · 25 전쟁사(서울: 집문당, 2011) 참조.
8) 이기택,『국제정치사』(서울: 일신사, 2000), pp. 471 - 472.
9) 김창훈,『한국외교 어제와 오늘』(서울: 다락원, 2003), pp. 50 - 51.
10) 정명복(2011) 참조.
11) 이기택(2000) 참조.
12) 정명복(2011) 참조.
13) 주시후 외,『한국전쟁사』(서울: 한국학술정보, 2011)참조; 온창일,『휴전을 둘러싼 한미관계 한국전쟁전후 민족격동기의 재조명』(서울: 한국전쟁연구회, 1987) 참조.
14) 국방군사연구소,『한국전쟁 피해 통계집, 1996』참조.
15) John Woronoff, Korea's Economy: Man made Miracle (Arch Cape, Oregon: Pace International, 1983), p. 18.
16)「한국일보」2012. 5. 10.
17) 국방부 http://www.mnd.go.kr/(검색일: 2012. 7. 18).
18) 안병직 편,『한국 민수수의의 기원과 미래』(서울: 시대정신, 2011), p. 208.
19) 이인호 외 편,『대한민국 건국의 재인식』(서울: 기팔랑 2009), pp. 420 - 431.
20) 윤영미,『21세기 세계정치와 상생의 외교전략』(서울: 두남, 2010), pp. 173 - 193.
21) 필자는 2012년 6월 16일부터 23일까지 국방부 정책자문위원이자 정부합동종합평가단으로 아프간 오쉬노 부대, 바레인 청해부대, 아랍에미리트의 아크부대를 방문했다.
22)「국방일보」2012. 8. 6.
23) 그밖에 9월 15일 인천상륙작전 기념일엔 한미 양국 해군 함정, 수륙양용장갑차 등 각종 군 장비와 해군 수중폭파대(UDT), 미 해군 특수부대(SEAL)등이 동원되어 인천에서 50년 전의 상륙작전이 재현되었다.
24) 6 · 25전쟁 60주년 사업위원회 (www.koreanwar60.go.kr/:검색일: 2012. 7. 12).
25)「연합뉴스」2011. 8. 20.

26) 2012년 6월 6일 오전 서울 동작동 국립현충원에서 열린 현충일 중앙추념식에서 봉환된 유해 12구가 봉환되었다. 북미간의 공동 유해발굴사업에 의해 발굴되어 '미군 전쟁포로 및 실종자 확인 합동사령부'(Joint POW/MIA Accounting Command, JPAC)에서 보관 중이던 유해 가운데 2구가 한국군 전사자로 판명돼 유족과의 DNA 비교조사를 거쳐 신원이 확인됨에 따라 60년 만에 조국으로 돌아올 수 있었다. 「국방일보」 2012. 6. 6.

27) 국방부 유해발굴감식단 http://www.withcountry.mil.kr(검색일: 2012. 7. 15) 참조.

28) 북한지역 내에서 전사자 유해발굴이 어렵기 때문에 전사자 유해가 많을 것으로 추정되는 비무장지대(DMZ)에서부터 공동 유해발굴을 시작하는 것도 좋은 방안이다. 북한지역에 있는 전사자 유해는 북한 당국의 협조 없이는 불가능하기 때문에 유해의 수습을 위해서는 남북의 당국간 협력이 필수적이다. 남・북한은 제2차 남북 정상회담 이후 2007년 11월 평양에서 개최한 제2차 국방장관회담에서 6.25전사자 유해를 남북지역에서 공동으로 조사하고 발굴하자는 내용에 합의했다. 당시 양측은 전사자의 유해를 수습하는 것은 이념차원을 떠나 인도주의적인 문제라는데 공감하고 유해 공동발굴에 합의했다. 그러나 남북관계 악화로 인해 합의내용을 전혀 실행에 옮기지 못했다. 이에 따라 남한지역에서 수습된 북한군 유해도 북쪽으로 송환되지 못했다. http://www.withcountry.mil.kr(검색일: 2012. 7. 15) 참조; 「연합뉴스」 2012. 5. 25.

29) 「연합뉴스」 2009. 7. 27.

30) 미국의 전국 각지에서 기념식도 갖게 되었다. 미국의 국기게양법을 보면 미국에서 조기를 달아 기념하는 날은 그동안 현충일이 유일했으며 개별전쟁을 기리기 위해 조기를 다는 기념일을 지정한 적은 없었다. 성조기를 다는 기념일은 새해 첫날과 대통령 취임식, 독립기념일, 참전용사의 날 등 17개가 있다.

31) 국방TV 「코리아 리포트」 2012. 7. 27.

32) 「연합뉴스」 2012. 7. 12.

33) http://blog.naver.com/3609ksk/130141042121(검색일: 2012. 7. 10).

34) 특히 한국 시간으로 6・25 전쟁 발발 62주기를 하루 앞두고 중남미 국가 중 유일하게 참전한 나라를 직접 찾은 점은 의미가 적지 않았다. 이 대통령이 재임 기간 방문한 6・25 참전국은 13개국이었다. 콜롬비아를 국빈 방문한 이 대통령은 수도 보고타에서 참전기념탑에 헌화한 데 이어 시내 한 호텔로 참전용사와 가족 200여 명을 초청해 만찬을 함께하며 감사의 뜻을 전했다. 「국방일보」 2012. 6. 26.

35) 「국방일보」 2012. 6. 26.

36) http://blog.naver.com/3609ksk/130141042121(검색일: 2012. 7. 10).

37) 「연합뉴스」 2012. 8. 1.

38) 국가보훈처 http://www.mpva.go.kr/(검색일: 2012. 7. 18) 참조.

39) 「연합뉴스」 2012. 7. 14.

40) http://www.unmck.or.kr/kor/index.php(검색일: 2012. 6. 29).

41) 주변에는 2005년 부산에서 개최된 APEC 정상회의를 기념하기 위해 만든 '평화공

원'과 한국전쟁 참전국 21개국의 조각가들이 제작한 작품으로 조성된 '유엔조각공원'이 있다.

42) 「동아일보」 2012. 6. 26.

43) 「부산일보」 2012. 6. 20.

44) 「조선일보」 2012. 7. 12.

45) 한국은 국군체육부대(상무)원들이 참가한다. 체육부대원들은 1회 대회(1995, 이탈리아의 로마)때부터 참가했으며 총 78개(금 26, 은 23, 동 29)의 메달을 획득했다. 「코나스 인터넷신문」 2012. 7. 13.

46) 「국방일보」 2012. 7. 13.

47) 「국방일보」 2012. 7. 14.

48) 행정안전부 http://www.mopas.go.kr/(검색일: 2012. 6. 28).

49) 김정은 체제 이후의 변화에 대한 질문에는 성인 56.4% 청소년 52.7%가 '무력도발의 가능성이 높아졌다'고 답했으며, 북한이 무력도발을 할 경우 대부분의 응답자가 '그에 상응하는 군사력으로 대응해야 한다'(성인 80.5% · 청소년 68.9%)고 답했다. 북한의 핵무기 개발에 대해서도 우리 안보에 심각한 위협이므로 막아야 한다는 응답이 주를 이뤘다. 「국방일보」 2012. 6. 26.

제 5 장

갈등과 협력의 동북아시아 해양안보와 환경변화

Ⅰ. 들어가는 말
Ⅱ. 동아지중해 모델의 이론적 접근과 고찰
Ⅲ. 동북아시아 해양안보 환경의 전략적 중요성
Ⅳ. 동북아시아 해양안보 환경의 갈등과 협력 과제
Ⅴ. 맺음말

Ⅰ 들어가는 말

탈냉전기 정보화 · 지구화시대의 국가안보전략 환경에 영향을 미치는 유형적 및 무형적 요소들의 비중은 과거 냉전시대와는 사뭇 다르나. 국제질서에 많은 변화가 일고 있으며, 정치와 군사를 위주로 하는 '분단의 시대'에서 문화와 경제의 역할이 증대하는 '개방의 시대'로 진입했다. 국가의 영향력에 미치는 주요한 요인으로 강압이나 대가 지불보다는 '매력(attraction)'을 통해 자국이 원하는 것을 얻는 능력인 '연성권력(soft power)'의 중요성이 증대되고 있다.[1] 동북아시아에서도 민간차원에서 교류의 확대 및 중국과 일본에서의 한류 확산과 같은 문화적 상호침투 현상 등의 문화중심의 국가전략은 그러한 양상을 잘 반영하는 것이다.[2]

동북아시아의 역내 주요 정치행위자들(미국, 러시아, 중국, 한국, 일본)도

이와 같은 상호 역학관계의 변화를 경험하고 있지만 경제력, 군사력, 정보력, 과학기술력 등이 이 지역의 지정학적 및 안보전략적 환경과 영향력을 평가하는 데 더 중요한 요소가 된다. 냉전시대와 유사한 강대국 간의 이데올로기적 대립 구도가 여전히 존재하고, 구조적 제약을 대체하는 '순기능적 협력구조'의 형성이 여전히 미흡하다. 비록 경제적 이익을 중심으로 국가간 경제협력이 비교적 활성화되는 양상이지만, 경제협력이 정치협력으로 크게 작용하지 않는다. 또한 '자국 중심의 민족주의' 성향은 역내에서의 다자협력을 방해하는 요인으로 작용한다. 도서영유권 분쟁과 결부되어 국가간 갈등 양상과 군비경쟁은 물론이고 북한의 핵개발 및 미사일 개발과 같은 대량살상무기(WMD) 확산 등 전통적 및 비전통적 안보 등 전략적 요소가 역내 평화와 안보를 위협요소로 내재한다.[3]

이처럼 첨예화한 '불안정성과 불확실성'이 동시에 내재하는 지역에서 지정학 및 전략적 측면을 고려해 볼 때 국가간 결속의 공통분모로서 '해양'을 매개로한 '동아지중해적'(Eastasian mediterranean sea) 접근을 통해 협력을 모색해 볼 수 있다. 한중일 3국은 해양으로 연결되었고 전체를 연결해주는 교역도 오랫동안 바다 길을 통해서 이루어졌기 때문이다. 특히 동북아시아 해양은 지중해적 특성이 강한 '반폐쇄해(semi-enclosed)나 폐쇄해(enclosed)'의 해양안보 환경은 연안국의 지속적이고 긴밀한 협력 없이 해양을 둘러싼 갈등 해결은 쉽지 않다.[4]

이 지역은 육지로만 둘러싸인 국가(landlocked state)가 거의 없는 해양국가들의 공동체(a community of maritime nations)로 불린다. 따라서 해양의 역내 지정학 및 전략적 환경에서 차지하는 비중이 높다. 역내 국가들은 대부분 해양을 통해 서로 연결되고 해양에 의해 국익과 이해관계(maritime interest)가 여타 지역보다 상당히 높다.[5] 현재 해양은 원유와 원자재의 중요 수송로서 해외로의 수출이나 상품의 공급이 지연되거나 봉쇄되는 경우 모든 영역에 심각한 위협이 될 수 있다.[6] 역내 국가들은 해상 수송로를 통한 해외수출 의존도가 매우 높은 경제구조를 유지하고 있고 중동이나 해외로부터 국가경제 발전의 원동력인 에너지 자원의 해양을 통한 수입의존도가 상당히 높다. 한국은 물동량의 99%를 해상교통수단에 의존하고 해상수송 의존에 따른 해상교통로 방어의 필요성은 더욱 급증하고 있기 때문에 해상교역로의 안전 확보는 국가경제 및 생존과 직결된다.[7] 한국은 반도국이자 분단국가라는 특수성을 가진 국가로 해양의 지정학적(geopolitical) 특성이 잘 반영된 안보 패러다임 구축에 주력해야 한다.

최근 산업발달과 에너지 개발, 기상이변으로 심각해지고 있는 해양오염과 어업 문제, 해양영유권 분쟁 등 한중일 협력 모색 없이는 해결 가능성이 낮다. 이런 구조적 제약적 요소는 어느 한 국가에만 국한된 것이 아니라 주변국에게 영향을 미치는 주요 현안 이슈이기 때문에 더욱 협력이 모색되어야 한다. 이런 맥락 하에 본 장에서는 동아지중해(Eastasian mediterranean sea) 모델을 기반으로 탈냉전기 동북아 해양안보의 구조적 제약 요인을 분석해 보고 대안을 제시해 보고자한다.[8]

Ⅱ 동아지중해 모델의 이론적 접근과 고찰

앞서 언급했듯이 일반적으로 해양은 국가의 번영과 생존과 밀접한 관련이 있기 때문에 정도의 차이는 있겠지만 해양을 둘러싼 국익측면에서 주변국가들의 다양한 이해관계가 표출된다. 여타 지역에 비교해 봤을 때 동북아시아 국가들은 비교적 긴 해안을 가지고 있으며 역내 국가들을 연결해 주는 공통적인 경로가 해양이 된다. 지속적인 경제성장으로 해양을 통한 대외무역 의존도가 높으며 해양자원 개발, 해상테러리즘, 행상교통로, 해양영토의 영유권 분쟁 등으로 불확실한 안보위협과 도전에 직면해 있다.

그러나 탈냉전기 역내 국가간 도서영유권 분쟁이나 해양경계획정 등을 둘러싼 갈등의 증폭은 여타 지역과 다름을 알 수 있다. 이른바 해양자원의 중요성 증대와 해양자원 보호와 해양영유권 분쟁, 해양에 대한 영향력 확대에 따른 해군력 증강과 상호 밀접히 연계되어 전통적으로 지역안보의 불안정을 초래하는 '치명적인 3각 관계(a deadly triangle relationship)'을 형성한다. 이들 요소들은 해양의 안정 및 불안정 안보환경 요인이자 이 지역의 지정학적 및 전략적 중요성이 더욱 확대되고 있는 요인이 된다.[9)]

동북아시아의 해양적 특성은 반폐쇄해인 경우가 많기 때문에 그 안에 기점으로 선택할 만한 섬들이 많이 존재하기 때문에 해양경계획정시 중복되는 지역으로 인해 국가간 합의나 협정의 필요성이 제기된다.[10)] 또 역내 국가들은 이런 해양을 통해 상품과 서비스의 주요 운송로이자 해양무역인 국가생존 전략과 경제발전의 절대적인 토대를 구축하고 있다. 자원의 개발, 항해의 중요성, 안보에 미치는 영향 등을 고려해 볼 때 해양은 근접 국가간 경쟁의 대상이 된다. 해양의 특성상 정도의 차이는 있겠지만 국익의 보호와 실현을 위해 주변국들과 다양한 이해관계가 표출됨으로써 국제관계에서 갈등과 협력의 요인이 된다.[11)]

동북아시아 해양의 지정학적 특성을 좀 더 살펴보면 다음과 같다. 중국대륙과 북방으로 연결되는 대륙의 일부와 한반도와 일본 열도로 연결된다. 해양적 질서는 해양을 매개로 영위되는 생활과 문화로써 전파나 경로와 밀접한 관계를 갖고 있다. 북방과 중국과 연결된 대륙적 질서(유목문화, 수렵삼림 문화)와 남방에서 위쪽으로 연결된 해양적 질서가 접한다. 한반도를 중심축으로 한반도와 일본열도 사이에는 동해와 남해가 있고 중국과 한반도 사이에는 황해라는 '내해(inland－sea)'가 있다. 한반도의 남부와 일본열도의 서부, 중국의 남부지역(양자강 이남)은 동중국해를 매개로 연결된다. 이러한 해양적 특성의 자연적 조건으로 인해 내부적으로 또는 대외관계에서 역내국가들의 역사발전에서 해양의 역할이 크게 작용했다. 오랫동안 이 지역의 민족들과 국가들은 해양의 영향을 많이 받고 있는데, 이는 지중해적 형태와 성격을 띠고 있기 때문이다.[12)]

지중해의 특성을 몇 가지 살펴보면 다음과 같다. 지중해는 해양문화의 성격을 구비하고 있는 만큼 이동성(mobility)이 강하다. 각 지역 간의 이동이 비교적 자유롭고, 비조직적이므로 국가의 형성과정이나 정치집단들 간의 관계도 매우 복잡하다. 각 나라들이 내해(inland－sea)를 공유한다. 동아지중해 지역은 정치군사력을 배경으로 힘(power)의 우위 질서 특성도 잘 드러난다. 이런 이유 때문에 해역지배권의 대립을 둘러싸고 국가간의 갈등이 자주 발생한다. 해양력(seapower)이 중요하기 때문에 이와 관련 도서영유권 분쟁과 해양경계 획정이 역내 국가들의 최대 쟁점 요소가 된다.[13]

〈표 1〉 동북아시아의 지중해적 특성

분석단위	주요 특성
민족주의적 요소	• 국가와 국가간의 관계라는 일국사적 및 일국민족적인 관점을 탈피하고 국제적인 관계와 관점을 고려해야 함
지역적 요소	• 지역과 지역간의 관계 또한 단순상호간의 관계가 아닌 '복합적이고 중첩적인 형태'의 관계가 중요함
해양적 요소	• 대륙적 시각을 벗어나 동아시아 전체라는 거시적인 관점과 육지와 해양의 유기적인 관계 속에서 파악해야 함

출처: 윤명철, 『장보고시대의 해양활동과 동아지중해』 (서울: 학연문화사, 2002) 재정리함.

부연하자면 이 지역은 완전한 의미의 지중해는 아니지만 '다국간 지중해'의 형태로서 주변국이 해양으로 연결되고, 또 역사적으로 육지와 해양을 매개로 교섭과 갈등이 끊임없이 반복된다. 이런 동북아 해양의 국제관계를 이해하기 위해 다국간 지중해 특성을 이해하기 위한 과제를 <표 1>과 같이 제시해 본다.[14]

국가간 해양관계를 설정하기 위한 개념으로서 동아지중해 모델이 갖는 국제정치학적 함의를 중심으로 정치경제적 성격을 규명해 보면 다음과 같은 장점이 있다. 첫째, 동북아시아에서 중심부와 주변부를 명확하게 구분할 수 있다. 광범위하고 포괄적인 동북아시아라는 범주 속에서 역동적인 동북아경제권은 중심부인 동아지중해가 된다. 둘째, 정치군사적 영향력과 수직적인 관계가 아니다. 불평등과 차별 관계가 아닌 전체가 중심부가 되어 평등하고 수평적으로 네트워크 관계를 형성한다. 셋째, 그 중심부를 대륙과 반도와 섬, 즉 한중일 3국을 분리해 파악하는 것이 아니라 해양질서와 육지질서로 서로 연결된 하나의 권역을 의미한다.15) 이런 관점에서 제기되고 있는 중요한 해양 갈등은 어업직선기선, 배타적 경제수역, 어선들의 상호영역 침범을 비롯하여 도서영유권 문제 등이 제기된다. 이런 해양 갈등은 역내 '공존과 상생'을 모색하고 도모할 수 있다는 반증으로도 간주된다.

Ⅲ 동북아시아 해양안보 환경의 전략적 중요성

3.1 도서영유권 분쟁과 해양경계획정

동북아시아 역내 국가간 도서영유권 분쟁은 오랫동안 제기되고 있는 경쟁과 갈등적 요소로 존재한다. 세계 여타 지역의 도서분쟁과 마찬가지로 도서영유권 분쟁은 '영유권' 자체에 관련된 분쟁과 영유권과 인접지역의 '해양경계'까지 영향을 준다. 또 도서영유권과 관련국의 영해, 배타적경제수역(Economic Exclusive Zone, EEZ), 대륙붕 등 해양경계의 범위에까지 많은 관련을 갖는다. 최근 도서영유권 분쟁은 민족주의(nationalism)의 영향으로 국제적인 조정이나 사법절차에 의해 해결되기 어려운 갈등적 측면이 제기된다. 대표적 해양분쟁 사례는 러일 남쿠릴 4개 섬 분쟁(일본명 북방영토), 중일 조어도(일본명 센카쿠열도) 분쟁을 포함함 동중국해 분쟁, 중국과 동남아 국가들 사이의 남중국해 분쟁 등을 들 수 있다<그림 1 참조>.16) EEZ 획정, 대륙붕과 해저구획 문제 등의 해양경계 획정문제도 역내 안보 불안정의 주요 요인이 된다. 유엔해양법 협약의 채택에 의해 연안국의 해양관할권이 확대됨에 따라 영해, EEZ, 대륙붕 등을 둘러싼 관할권 주장이 중복되는 사례가 발생한다<표 2 참조>.17) 국제해양법협약은 공해의 자유를 주장한 측과 해양자원에 대한 연안국의 배타적 권한을 요구한 측간의 타협의 결과로 제정되었다.

〈그림 1〉 주요 영토분쟁 지역

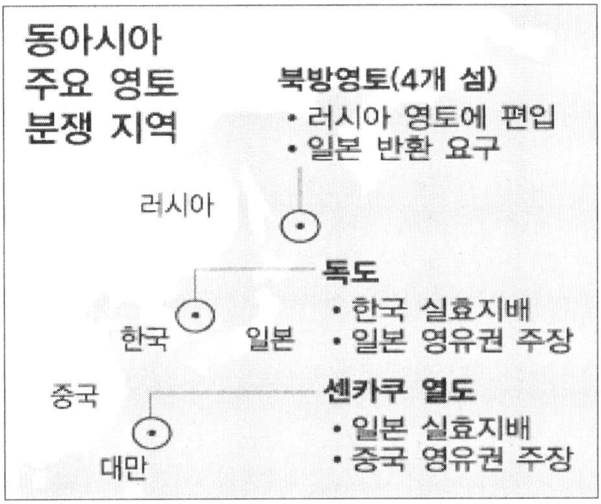

출처: 「경향신문」 2012. 8. 15.

국제적 차원에서 유엔해양법협약이 갖는 의미를 살펴보면 다음과 같다. 첫째, 해양을 수평적 및 수직적 공간범위로 구별하여 연안국 및 해당 수역 이용국의 권리와 의무에 대해 상세하게 규정한다. 둘째, 기능적 규율을 통하여 바다의 이용, 해양환경보호, 과학조사 및 분쟁해결 등을 포괄적으로 규율하고 있는 해양의 「마그나 카르타」로 일컫는다. 셋째, 유엔해양법협약은 포괄적이고 비교적 상세한 규성을 통하여 해양의 레짐을 구축함으로서 해양질서 안정화에 상당한 기여를 한다. 그러나 제기되는 한계점은 광범위한 레짐을 구축하기 위해서 보편성을 달성할 필요가 있다. 원칙에 대해서는 합의가 있어도 구체적인 적용에 있어서 분쟁이 쉽게 발생할 수 있기 때문에 해양을 둘러싼 국익에 의해 국가간 분쟁의 발생소지가 다양하게 잠재한다.[18]

〈표 2〉 동북아시아의 주요 해양을 둘러싼 갈등 양상

도서영유권 분쟁	핵심 갈등
독 도	• 6세기경 신라가 우산국을 정복한 이래 독도는 명백한 우리 영토로 실효적 지배를 하고 있음. 1905년 러일전쟁이후 일본은 독도를 시네마현으로 강제 병합했고 러시아 함대의 이동을 감시하기 위해 관측소를 설하기도 했음. 당시 일본은 독도를 무인도라고 주장했음 • 1945년 일본의 패전이후 미군청이 관리했고 1948년 정부출범으로 한국영토로 귀속되었음. 1952년 이승만대통령이 평화선을 획정한 이후 일본은 독도영유권을 제기하기 시작했음. 일본은 방위백서와 외교청서, 초중등 교과서에서 영유권 주장을 제기하고 있다. 심지어 2011년 자민당의원들의 울릉도 방문을 시도하는 등 끊임없이 분쟁지역화를 시도하고 있음
쿠릴열도	• 1855년 러・일 시모다 화친조약으로 일본의 영토로 귀속됨. 1945년 소련이 제2차 세계대전에 참전하면서 남쿠릴 4개 섬(일본명 북방영토)을 무력으로 점령했음. 그 후 일본이 러시아에게 영유권을 주장하고 있음. 1956년 4개 섬 중 하보마이와 시코단 2개 섬을 반환과 평화조약 체결을 제안했지만 일본의 수용거부로 오늘날까지 미해결로 분쟁지역임 • 1985년 고르바초프의 집권이후 수차례 평화적 영토협상이 진행되었지만 진척이 없이 일본은 4개 섬 일괄반환을 주장하고 있음. 2010년 11월 초 러시아의 메드베데프 대통령은 분쟁 섬 중 하나인 구나시리섬을 전격 방문했음. 러시아는 지속적으로 경제적 및 군사적 실효적 지배를 강화되고 있음
조어도 (댜오위다오)	• 동중국해의 조어도(일본명 센카쿠열도) 분쟁은 중국, 일본, 대만의 영유권 문제임. 1895년 청일전쟁이후 일본 영토 병합됨. 1951년 미일 강화조약에 의해 미국에 이양된 후, 1968년 유엔의 해저 탐사이후 석유 자원 매장 가능성 발표이후 중국과 대만에서 영유권 주장이 제기되었음 • 1971년 다시 미일 오키나와 반환 협정 서명을 일본에 귀속되었음. 1992년 중국은 영해법을 제정해 자국의 영토로 명시했고 그 후 양국은 외교적 또는 민간차원에서 갈등을 빚고 있음. 2010년 양국은 또 다시 영유권 분쟁이 가열되었음

한일 EEZ 문제	• 한일양국은 1974년 한일 대륙붕을 체결했고, 한중일은 1996년 이후 유엔해양법 협약을 비준하고 EEZ을 선포함에 따라 인접국과 경계획정 문제가 야기됨. 양국은 어업협정을 체결했음. 당시 경계획정이 어려운 일부 수역에 대해서는 중간수역 또는 잠정수역제도를 도입했음. 어업문제만을 해결하고 최종적인 해양경계획정은 미루어 놓은 상태임 • 한일은 1998년 신한일어업협정을 체결하면서 잠정적으로 동해 및 남해 일부에 중간수역을 설정했고 중국과는 잠정조치수역 등을 두어 어업문제만을 해결했음. 그러나 최종적인 배타적 경제수역의 경계획정이 언제 이루어질 지는 미지수로 남아 있음. 한중일은 국제법상 배타적 경제수역 및 대륙붕 등 해양관할권에 대하 인접국간의 경계획정 원칙 자체가 모호함 • 동북아지역 해양경계 획정문제는 대부분 도서영유권 분쟁과 불가분 연계되어 있음. 해양경계문제는 연안국이 과도한 관할권을 주장하거나 분쟁해역이 자원개발과 연계될 경우 인접국간 마찰이 더욱 첨예해 질 수 있음[19]

출처: 윤영미, 『동북아시아의 외교와 안보』 (서울: 두남, 2011) pp. 49－60 재정리함.

최근 한국과 관련된 해양관할권 분쟁은 중국이 자국의 관할권이라면서 해양권익을 주장하고 있는 이어도가 대표적인 사례가 된다. 중국은 이어도를 쑤옌자오로 칭하면서 자국의 관할권에 있다며 쟁점화를 시도하고 있다<그림 2 참조>.[20]

양국은 1996년부터 EEZ 경계획정 협상을 전개했지만 결론을 내지 못했다. 사실상 중국과 EEZ 경계획정 협상과는 별개로 이어도 수역 관할권은 우리정부에게 속한다. 2003년 이어도에 36m의 해양과학기지를 설립하고 해양조사 및 연구 활동을 진행하고 있으며 연구원도 상주한다. EEZ는 각국 연안에서 200해리 내의 모든 자원에 대해 독점적 경제권리를 인정하는 유엔해양법상의 수역이지만 한중 양국 사이 바다는 400해리가 안 된다. 중첩되는 부분이 제기되는데, 이와 관련 양국의 입장은 다르다. 한국은 중간선을 경계수역으로 중국은 해안선의 길이, 대륙붕의 연장선 등을 감안해 획정해야 한다고 주장한다. 2012년 3월 초 중국은 이어도 지역이 양국의 EEZ 중첩 지역으로 자국의 관할 해역이므로 감시선과 항공기를 통한 정기 순찰 범위에 포함된다고 주장했다.[21)]

이어도를 포함한 동중국해 일대엔 최대 1000만 배럴의 원유와 72억t의 천연가스가 매장된 것으로 추정된다. 게다가 한국이 해상으로 수입하는 물동량의 90%가 이어도 남쪽 해상을 통과한다. 중국 최초 항공모함 바랴크가 한반도 인근 해역을 누비며 힘을 과시할 태세이고, 일본이나 동남아 국가들과의 영해분쟁도 더 격화되는 추세다. 만일 이어도에서 문제가 발생할 경우 우리 해군이 부산에서 출동하려면 21시간 30분, 중국은 빠르면 18시간이 걸린다. 이런 제약을 해결하기 위해 제주 해군기지가 건설되면 7시간 만에 현지에 도착, 필요한 군사적 조치 등을 취할 수 있게 된다.[22)]

〈그림 2〉 이어도지역

출처: http://blog.naver.com/kjnam99/110035346661(검색일: 2012. 8. 20)

이처럼 이 지역의 해양 갈등은 북서태평양 부분을 제외할 경우 거의 반폐쇄해로 인해 연안국들이 200해리 EEZ 또는 대륙붕을 선포할 경우 불가피하게 중복되기 때문에 원만한 해양경계 획정이 이루어지지 않을 경우 무력충돌을 야기해서 지역 불안요인으로 작용된다. 1980년대 초 EEZ 개념이 도입되면서 해양경계 획정문제가 역내 국가들의 해양협력과 안보의 최대 위협요소이자 자원분쟁과 결합한 도서 영유권 분쟁의 주요 갈등 요소가 된다. 동시에 비국가적 행위자들(non－state actors)에 의해 초래되고 있는 반테러문제, 해양해적, 마약, 인신매매, 불법이민, 불법무기거래, 어업분쟁, 해양환경의 취약 등 비전통적인 포괄적 해양안보 이슈가 새로운 도전으로 부상하고 있다. 또한 미해결 해양 영토분쟁으로 국가간 갈등의 주요 요소가 된다.[23)]

3.2 해상교통로(SLOC)와 초국가적 해상안보 위협

선박의 항해는 국가간 물자수송의 가장 중요한 수단이 된다. 국경을 초월하는 국가간 물동량의 98% 이상은 선박을 이용하여 해상에서 주요 해상교통로를 통해 운반된다.[24)] 앞서 언급했듯이 해양은 물자수송의 중요한 통로이자 해양을 통한 국가간의 교역이 증대되고 있다. 오늘날 어떠한 국가도 해상으로부터 공급되는 물자 없이는 지속적인 경제발전을 이룩할 수 없다. 해상운송을 통해 공급되는 원유 또는 원자재의 공급이 차단될 경우 대부분 국가경제에 막대한 영향을 받게 된다. 따라서 해양에서 물자교류의 주된 통로가 되는 해상교통로(Sea Lines of Communication: SLOC)의 안전은 국가안보의 가장 중요한 요소로 존재한다.[25)]

21세기 역내 및 인근 지역 SLOC와 관련된 주된 위협은 크게 비전통적인(unconventional) 안보위협과 전통적(conventional) 안보위협으로 분류된다. 현재 SLOC에서 주목을 받고 있는 비전통적인 위협은 주로 비국가적인 '불법적인 행위'인 해적행위, 해양테러, 마약운반, 인간 밀매, 해상절도 및 사기, 불법어업 등이 포함된다. 최근 선박의 안전 항해와 해양위협에 주요 위협요인이 되는 해적행위는[26)] 초국가적(transnational) 위협으로 간주된다.[27)]

이런 해양에서의 여러 가지 불법행위 중 해적행위는 오랫동안 심각한 문제가 되고 있다. 1990년대 중반 이후 전 세계적으로 급격히 증가하기 시작했고, 국제적인 공조를 요구하는 초국가적 위협으로 부상했다. 전 세계적으로 해적행위의가 발생하는 주요 지역은 동남아시아, 동중국해, 중동지역 및 아프리카 연안이다. 동남아 해역에서 해적이 빈번히 출현하는 지역은 말라카와 싱가포르 해협인근과 인도네시아 및 필리핀 연근해이다. 홍콩, 루존섬, 하이난 섬의 3각 지대도 해적행위 발생이 가장 많은 지역이다.[28)]

국제상공회의소(ICC)의 통계에 따르면 2000년부터 2009년 3월 말까지 세계 주요 해적사건은 총 3,120건으로 조사되었다. 이중 동남아시아가 1,189건(38%)으로 가장 높았고, 아프리카(29.5%), 인도(14.8%), 중남미(11%) 순이었다. 동남아에서는 인도네시아에서 519건(65%), 말라카해협에서 115건(15%)의 해적사건이 발생했다. 동북아에서는 101건의 해적사건이 발생하여 전체 지역에서 차지하는 비율이 4.5% 정도로 매우 낮았다. 2006년 이후 많이 감소되었다. 인도에서 같은 기간 316건의 해적사건이 발생했으며, 방글라데시(64%)와 인도(33%)가 해적사건의 97%를 차지했다. 특히 동남아는 2000년 전체 해적사건 발생의 절반이 넘는 51.5%를 기록할 만큼 큰 비중을 차지했지만 2005년부터 감소 추세였다(37%). 2008년과 2009년 1/4분기 동안 해적사건의 발생 건수 급감으로 전통적인 최대 해적발생 지역에서 벗어나기 시작했다<표 3 참조>.[29)]

아프리카에서는 2006년까지 전체 해적사건 발생 비율의 15~25%를 유지했지만 2007년부터 비율이 급증하기 시작했다. 해적사건이 감소하는 여타 지역과 달리 해적발생 다발지역으로 부상했다. 해적발생의 중심지가 동남아에서 아프리카로 이동했음을 의미한다. 예를 들면 나이지리아는 2007년과 2008년 해적사건 발생이 급증했지만 2009년 줄어들기 시작했고, 홍해 및 아덴만지역은 신흥 해적발생 다발지역으로 2008년부터 급증했다(49%). 2009년 1/4분기 아프리카에서 발생했던 해적사건의 55%를 차지할 만큼 해적 피해가 가장 많은 위험지역으로 부생했다. 이 지역과 소말리아 근해를 포함하는 북동아프리카해역에서 2009년 1/4분기 중 발생한 해적사건은 61건으로 아프리카의

82%, 전 세계의 60%를 차지했다. 소말리아는 2009년 1/4분기에 20회 정도의 해적사건 발생 건수를 기록했다. 소말리아의 경우 오랜 내전으로 중앙정부가 약화되면서 해적들의 활동이 꾸준히 증가했다.[30)]

〈표 3〉 해역별 해적사건 발생 현황(2000 ~ 2009)

지 역	'00	'01	'02	'03	'04	'05	'06	'07	'08	'09 (1/4 분기)	계
동남아	242	153	153	170	158	102	83	70	53	5	1,189
동북아	20	18	17	19	15	20	5	10	11	4	139
인도지역	93	53	52	87	32	36	53	30	23	4	463
중남미	39	21	65	72	45	25	29	21	14	14	345
아프리카	68	85	78	93	73	80	61	120	189	74	921
기 타[31)]	7	5	5	4	6	13	8	12	2	1	63
계	469	335	370	445	329	276	239	263	292	102	3,120

출처: ICC INTERNATIONAL MARITIME BUREAU, Piracy And Armed Robbery Against Ships Annual Report, 1 January －31 December 2008, pp. 5－6; ICC INTERNATIONAL MARITIME BUREAU, Piracy And Armed Robbery Against Ships Report for the Period, 1 January －31 March 2009, pp. 5－6.

국제적 해적행위는 1990년대 말 동아시아 외환위기에 따른 경제 악화로 2003~2004년까지 최고에 이르렀지만 경제회복 시기인 2005년부터 다소 감소되었다. 2003년 해적행위는 445건으로 최고를 기록했지만 2005년부터는 300건 미만으로 줄었다가 다시 2008년 미국발 금융위기를 전후한 최근 5년 사이 해적행위는 증가 추세다.[32)]

해적활동의 가장 큰 문제는 SLOC가 위협을 받게 되는 점이다. 동북아시아 역내 국가들의 경제성장에 악영향을 미칠 수밖에 없기 때문에 중요한 해양협력의 의제가 된다. 이와 같이 항해와 관련된 SLOC의 안전 확보가 중요성 때문에 역내 국가들은 선박의 항해에 영향을 미치는 다양한 요인들에 대해 높은 관심을 기울여 왔다. 동북아시아 국가들의 선박이 가장 빈번하게 이용하는 남중국해와 동남아시아 해역 일대가 해적행위가 빈번하게 발생한 지역이다. 아시아 해적 사건은 '인명 피해'가 많은 것이 특징이다. 예를 들면, 1998년 중국 산토우 항 인근에서 발생한 파나마 국적 대형 화물선 납치 사건은 대표적인 아시아 해적 사건이었다. 중국 해적 13명은 선원 23명의 몸에 무거운 물건을 매달고 혹심하게 구타한 상태에서 총으로 사살한 후 바다에 던졌다. 2004년 말라카해협 인근에서 발생한 인도네시아 선적 석유제품선 납치 사건도 발생했는데, 당시 선원 4명이 처형됐다.[33]

'아시아형 해적행위'(Asian Piracy)의 특징은 다음과 같다.[34] 아시아형 해적행위의 주요 특징은 다음과 같다. 첫째, 공해뿐만 아니라 영해 내에서의 빈번한 발생, 둘째, 야간에 주로 발생하며 선원이 저항하지 않는 한 가능한 인명살상 및 무기사용 자제, 셋째, 현금 및 선박적재 화물(원유포함) 및 물품을 주로 대상으로 한다. 최근 발생한 지역 내의 일부 해적행위는 군복 착용자에 의한 약탈, 무력사용 및 선박까지 탈취 당하는 사례도 있어 조직화·대형화 추세를 띈다.[35]

유형별 해적행위를 살펴보면 다음과 같다. 2002년부터 2009년 1/4분기까지 해적에 의해 총 2,316회의 선박 피해가 발생했다. 해적들의 승선에 따른 피해가 대부분이었고(64.5%), 시도는 했으나 성공하지 못한 미수 사건(21%), 총기발사(7%), 나포(7%) 등의 순이었다. 앞서 언급했던 전체 발생 건수는 2006년까지 감소했으나 2007년부터 다시 증가하기 시작했다. 2009년 1/4분기 102건을 기록하면서 급증했다. 특히 2008년 발생한 49건의 선박 나포 사건 중 42건이 아덴만과 소말리아 해역에서 발생했다.[36] 2002년부터 2008년까지 해적에 의해 전체 3,841명의 피해 사례에서 살해, 폭행, 협박 등에 비해 납치와 인질사례 비율(77.3%)이 월등히 높았다. 2008년 이후로 선박에 대한 총기발사와 나포 건수가 급증했다. 이는 해적들이 선박의 억류를 통한 보상금 취득으로 해적행위의 주요 목적이 살상보다는 몸값 취득으로 분석된다. 납치와 인질에 의한 인원 피해가 전체의 92%로 이런 양상이 당분간 지속될 것으로 관측

된다.[37)]

해적활동이 국제사회에 끼치는 경제적 손실 규모는 연간 160억 달러(약 18조원)로 추정될 정도로 막대하다. 해적활동은 SLOC의 안전을 위협해 불안요소를 만들고 국제무역에 악영향을 준다. 해적 활동범위가 확대되면서 전 세계적 물자 수송로가 되는 SLOC의 불안정과 이를 통과하는 선박에 대한 운송보험료의 상승에도 많은 영향을 미친다. 최근 국제 해운업계는 아덴만과 소말리아 지역을 통과하는 선박에 대해 추가적인 운송보험료를 부과했고 피랍선박이 늘면서 2008년 한 해 동안 보험료가 10배나 인상되었다.[38)]

3.3 해적퇴치와 국제협력

역내 국가들의 국제적인 해양활동 및 경제적 해양무역의 의존성이 높기 때문에 여타 지역보다 해적행위에 대한 역내 국가들의 적절한 대응과 협력이 요구된다. 역내 국가들은 국제적 차원에서 국익 증진을 위해 무역과 해양활동은 중요한 요건으로 SLOC 자체가 동북아시아 지역을 지나 여타 주요 수로로 확대되고 있다. 세계 해운물동량의 약 33%가 동남아시아 SLOC를 통해 이동한다. 더욱이 원유 수입 경로이자 유럽이나 아프리카로 연결된 해상로 동북아시아 해양협력과 밀접한 연관성을 갖고 있다. 동남아시아의 말라카 해협을 통과하는 동북아시아 국가들의 선박은 매년 50,000여척에 이른다. 해적활동이 2005년 102건에서 2009년 45건으로 50% 이상으로 감소했다. 말라카 해협 및 싱가폴 해협과 인근 지역의 행적행위가 지속적으로 감소 추세에 있다.[39)] 이는 인도네시아 말레이시아 싱가포르 등 동남아시아 국가들을 포함한 동북아시아 국가들의 말라카 해협에서 공동 순찰을 강화하는 등 국제적인 협력과 경제회복에 기인한다. 또 2004년 말 쓰나미가 동남아시아 연안을 강타하면서 대다수 해적 기반시설들이 파괴되어 이 시기에 동남아시아 해적들은 성장세를 멈추고 쇠퇴하기 시작했다.[40)]

2000년 중반까지 주변 국가들이 이에 대해 효율적인 대응을 하지 못했지만 최근 동북아시아 역내 국가들은 동남아시아 지역의 SLOC 안전보장을 위해 적극적으로 개입하고 있다. 2004년 한국, 중국, 일본과 아세안(ASEAN) 국가들이 연계한 '아시아에서 해적행위 및 선박에 대한 무장강도 행위 퇴치에 관한 지역협정'으로 활동하고 있다.[41] 한국의 국방부와 해양경찰과 일본의 해상보안청은 동남아 국가들과 정기적인 해상훈련을 위해 함정과 전문가들을 파견하고 있다. 2004년부터 '지역해양안보구상(Regional Maritime Security Initiative, RMSI)'을 통해 역내 국가들의 참여와 지역의 해상교통로 안정에 기여하고 있다. 미국의 제안으로 시작된 것으로 테러, 해적, 마약밀매, 대량살상무기 확산과 같은 초국가적 위협 요소를 차단하기 위한 것이다. 안전한 SLOC 확보 및 불법적 해상활동을 근절시키기 위해 역내 국가들의 동맹체로서 상황인식 및 정보공유, 위협에 따른 지위통제절차 구축, 해상차단능력 구축, 연안 및 해안 경비체제와 해군력과의 연합체제 구축 등이 주요 협력분야로 부상했다.[42]

아울러 동북아시아 국가들은 동남아시아 지역에서 해양협력 외에 유럽으로 연결되는 요충지인 소말리아와 아덴만 지역을 통과하면서 해적의 공격을 받는 사례가 증가하면서 구축함을 파견하여 국제적 초계활동을 펼치고 있다. 한국은 청해부대의 소말리아에 파견을 통해 우리 선박의 안전항해를 보장하고 국제해양안보 활동에 동참하고 있다.[43] 특히 2011년 1월 중순 삼호주얼리호 구출을 위해 청해부대가 '아덴만 여명작전을 펼쳤다. 국제사회의 공조와 청해부대의 활약으로 선원 21명이 모두 구출된 대표적인 사례가 되었다.[44]

2011년 5월 이후 소말리아 해역에서 해적에 의한 국내 선박 피랍사고가 단 한 건도 발생하지 않았다. 청해부대의 활약이 컸기 때문이다. 2012년 상반기 전 세계적으로 해적공격 건수는 작년 상반보다 38% 줄어든 177(백일흔 일곱)건이었다. 선박피랍도 31% 감소했다. 특히, 소말리아 해역의 해적공격 건수는 작년 상반기보다 58% 감소했다. 국내 선박 역시 2006년부터 2011년 5월까지 소말리아 해적이 피랍된 선박 수가 총 9(아홉)척이지만 2012년 5월부터 2013년 상반기에는 선박 피랍이 단 한 건도 발생하지 않은 것으로 나타났다. 이런 결과는 해적퇴치의 실효성이 가장 높은 해군함정(18개국 43척)을 아덴만에 파견해서, 선박의 안전운항을 강화한 때문으로 분석되었다. 이에 따라 정부는 청해부대의 아덴만 파견을 연장하고 올해 말까지 해적대응 교육용 동

영상과 교재 개발, 선박에서의 효율적인 해적대응 방안 연구 등을 지속 추진해 나간다는 방침이다.[45)]

IV 동북아시아 해양안보 환경의 갈등과 협력 과제

4.1 해양환경과 현황

SLOC의 안전 확보와 더불어 동북아 해양협력의 주요 요소로 해양환경이 점점 더 중요해 지고 있다. 국제사회에서 해양환경 오염에 대한 문제제기는 주로 산업발달에 따른 대형 유조선의 등장, 화학물질의 대량 취급, 폐기물의 해양 투기사례 증가, 원유 유출 등에서 제기되었다. 해양환경을 위협하는 오염원은 선박으로부터의 오염, 투기에 의한 오염, 심해저 활동으로부터의 오염, 육상 및 대기로부터의 오염 등으로 분류된다. 이들 중 중요한 오염원에 대해 국제사회는 여러 가지 규제조치가 시행되었다. 선박으로부터의 오염 및 투기에 의한 오염에 대해서는 국제해사기구(IMO)와 그 전신인 정부간 해사자문기구(IMCO)의 주도 하에 다양한 국제협정이 체결되었다.[46)]

사실상 해양환경 보호를 위해 지역적 차원의 노력이 이뤄지고 있지만 실천적인 측면에서 해양오염과 관련 국가간 갈등의 소지는 비교적 높은 편이다. 우선 육상으로부터 기인되는 오염의 경우, 반폐쇄해나 폐쇄해의 해양환경은 연안국간의 긴밀한 협력 없이는 보호가 어렵다. 현재 해양오염을 방지하고 환경을 보호하기 위한 지역협력이 절실하다. 역내 국가들 중 가장 큰 문제는 중국이 자국의 행위가 지역적 · 국제적 규제의 대상이 되어야 한다는 점을 제대로 수용하지 않는 점이다. 또 역내 국가들의 해양오염 방지나 해양안전(maritime safety)과 관련한 국제협약 비준이 여타지역에 비해 열악한 점도 제기된다. 협약 비준이 있음에도 불구하고 국내적 실행이 신속하게 진행되지 않고 있다. 그 결과 유류 유출, 해난사고, 선박사고에 의한 대규모 해양오염 등 관련국간 주요 마찰의 요인이 된다.[47)]

해양환경에 있어서 한중 양국이 공유하는 황해의 오염문제가 심각한 이슈로 거론된다. 황해는 세계에서 가장 오염이 심각한 지역 중 하나로 분류된다. 중국 황하강으로부터 유입되는 폐수와 발해만 시추현장에서 방류되는 원유 등의 오염원이 중국과 한반도로 둘러싸인 '반폐쇄성인' 지형 및 얕은 수심과 정체된 조류와 같은 환경변수로 인해 해양오염이 가속되었다. 한국의 서해안 역시 대규모 간척공사와 산업시설로 인해 연안의 갯벌이 파괴되고 자정능력이 저하되었다. 또 북한의 황해연안에서 발생하는 오폐수 등도 황해 오염의 주요 요인으로 등장했다.[48] 한중 황해공동조사 결과에 따르면 황해의 중금속 오염과 오일농도가 자연 상태 보다 높고 전반적 오염정도는 중국연안지역에서 훨씬 높았다. 중국연안에 대규모 적조현상이 빈번히 발생하고, 어족감소 등 변화가 보고되었다. 황해유역 연안공간의 개발이 지속적으로 증대되고 있는 상황에서 연안 수질오염은 악화되었다.[49] 반면 남북한, 일본, 러시아극동에 둘러싸여 있는 동해는 비교적 청정해역으로 간주되었다. 그런데 해양투기로 인한 오염가능성이 제기되었다. 수차례에 걸친 연안 국가들의 개별적 또는 공동조사결과를 분석해 보면 동해의 오염도는 낮은 것으로 나타났다. 그러나 원자력 폐기물이나 산업폐기물의 투기에 의한 해양오염의 정도는 예측할 수 없는 실정이다.[50] 이어 2011년 3월 초 일본 동북부 센다이 앞바다에서 규모 9.0의 초대형 지진 발생과 원자력 사고로 인해 심각한 환경오염이 초래되었다. 당시 후쿠시마 원자력발전소의 연쇄 폭발 등으로 일본 내 '방사능 공포'의 확산과 전 세계적으로 원전 안전에 대한 경각심이 확산되었다.[51]

이 사고 이후 한중일은 협력의 해양오염에 대한 중요성을 인식하는 계기가 되었다. 역내 국가들의 공동대응은 해양 재난관리 및 원자력에 의한 해양 생태계 보호에 집중되었다. 관련국간 공동 지침을 도입하여 해양오염 방지에 있어 공동보조를 맞출 필요성도 제기되었다. 연안오염 및 오염물질 유입 방지, 특별오염관리지역 관리 강화, 유류오염방지 및 합동방제체제 구축 등에 대한 논의 및 협의가 더 강화되어야 한다.[52]

또한 동북아시아 해양환경의 협력을 위해 한중일 3국간 어업자원의 이용 및 관리에 대한 공동의 조치가 필요하다. 기본원칙은 지속가능한 어업자원의 관리에 대한 공통인식이 필요하다. 우선 EEZ 체제 하에서 동북아시아 수역의 어업자원이 자국의 주권에 속해하기 때문에 남획을 하게 될 경우, 자국의 어업자원의 고갈과 인접국의 자원에도 영향을 준다는 점을 인식해야 한다. 해양생태적 측면에서의 균형과 어촌사회의 지속적 발전을 유지할 수 있는 조치가 있어야 한다. 동북아시아 수역의 어업환경에 불리한 영향을 미치는 어로형태, 해양환경오염 등에 관하여 3국이 공동으로 조사하고 평가하여 이에 대한 저감 및 방지 대책이 수립되어야 한다<표 4 참조>.[53]

〈표 4〉 한중일 어업자원의 관리 방안

방 안	주요 실천내용
적극적인 자원관리	• 지속가능한 어업자원관리의 원칙에 따라 적극적인 자원관리 노력이 이뤄져야 함. 3국이 동의할 수 있는 어업자원 관리목표, 모니터링체제 등이 구축되어야함
과학적 자료 수집	• 3국 공동의 어업관리 조치는 과학적 자료에 기초하여 이루어져야 함. 동북아 수역의 어업자원에 대한 과학적인 자원조사를 실시해서 자원 추정과 장기적으로 안정적인 이용 가능성에 대한 관리목표와 수단을 설정해야 함
공동이익이 고려	• 3국의 어업관리정책과 조치는 공동이익이 충분히 고려되어야 함. 각국의 어업전통, 조업방식, 조업해역 및 어로대상 등 균형적으로 공동의 조치가 취해질 때 공동의 이익을 얻을 수 있음
과학기술 협력	• 어업자원관리를 목적으로 3국의 과학기술 협력을 위한 조치가 이뤄져야 함. 가장 객관적이고 이해관계가 적은 과학 분야에서 협력이 이뤄져야 함

출처: 정필수 외, "지속가능한 개발을 위한 동북아 해양정책 비교연구,"「해양수산개발원 연구 보고서」 2002. 12, p. 137.

4.2 해양협력과 과제

동북아시아 차원에서 오염원관리와 생태계 보호 및 어업자원 보호를 위한 협력이 강조되어야 한다. 이런 차원에서 해양오염에 대한 공동대응의 제도화를 위해 지역협력 기구가 조성되었다. 양자차원의 대응으로 한중환경협력협정, 한일환경협력협정, 한러환경협력협정 등이 설치되었다. 또 다자협력체제로는 북서태평양보존계획(NOWPAP), 황해 광역 생태계 관리 프로그램(YSLME), 동북아환경협력회의(NEAEC), 동북아환경협력고위급회의(NEASPEC), 한중일 3국 환경장관회의(TEMM), 아시아 · 태평양 환경회의(Eco-Asia), 동아시아지역해 관리 프로그램(PEMSEA) 등이 있다.[54)]

이들 기구 중 NOWPAP은 반폐쇄 해역인 동해와 황해의 오염 방지와 해양환경보전을 목적으로 설립된 유엔환경계획(UNEP)이 주관하는 14개 지역의 다국간 해양환경 프로그램이다. NOWPAP은 황해와 동해의 해양 정보관리, 각국의 해양 환경법제와 정책조사, 역내 해양오염관측, 해양오염사고 등의 비상사태에 대비한 사전준비 및 대응을 주요 사업내용으로 UNEP의 지역해양보존계획에 따라 수립되었다.[55)]

NOWPAP는 1989년 UNEP는 제15차 집행이사회 결정에 의해 추진되었다. 1991년 5월 16차 집행이사회 기간 중 UNEP 주관 하에 한국, 북한, 일본, 중국, 러시아 등 5개국 대표들이 비공식회의를 갖고 공식적인 추진에 합의했다. 한국, 일본, 중국, 러시아 등 4개국은 1991년부터 1994년까지 4차례의 전문가회의를 갖고, UNEP의 지역해 보존 프로그램에 따라 NOWPAP을 위한 행동계획을 논의하였다. 1994년 서울에서 개최된 제1차 정부 간 회의에서 NOWPAP 행동계획이 채택됨에 따라 공식적으로 발족되었다. 3년간 활동계획(지역 환경상태 평가, 해양환경 및 자원관리, 효율적 데이터베이스 구축, 비상사태 시 상호 원조) 및 지역사무국 설치 와 재정확보 등에 대한 결의안이 채택되었다. NOWPAP의 7대 주요사업은 데이터베이스 및 정보관리체제 구축, 해양관련법제도 정비, 지역공동모니터링 사업, 해양오염 축소 및 방지를 위한 지역협력의 효과적 방안 개발, 지역 활동센터 설립, 연안 및 해양환경에

대한 의식고취, 육상기인 오염원에 대한 해양환경보호 및 연안지역관리 등이 포함된다.[56)]

그동안 NOWPAP은 제도적 발전을 모색해왔지만 신탁기금에 대해 참여국 간의 이견이 표출되었다. 한・러 양국은 기업체 등으로부터의 기여금 모금 등의 대안적인 신탁기금확대 방안을 제안했다. 협력사업 수행을 위한 신탁기금이 1997년에 합의되어 기금의 연례목표액을 50만 달러($500,000)로 정했다. 각국이 5%의 의무 분담금과 자발적 기부금으로 충당하기로 결정하였다. 그러나 자발적 기부금 액수에 대해 일본이 모든 참여국이 똑같이 20%씩 분담할 것을 주장했다. 반면 중국은 각국의 경제적 형편에 따른 차등 분담을 주장으로 분담액에 대한 합의가 도출되지 않았다. NOWPAP 사무국 설치에 대한 참여국 간의 합의가 이루어지지 않아 UNEP이 임시로 사무국의 업무를 담당하기로 결정하였다.[57)]

1997년 동해와 접한 일본의 후쿠이지역 연안에서 발생한 러시아 유조선에 의한 기름 유출사고를 계기로 참여국들은 1998년의 3차 회의에서 해양 유류 유출 사고에 대응하는 양해각서의 체결에 대해 논의하였다. 1999년의 제4차 회의에서는 참여국에 지역 활동센터를 수립하는데 합의하였다. NOWPAP은 지역사무국을 2004년 11월 한국의 부산과 일본의 타마야에 설치하는 등 제도화 측면에서 주도적으로 활용되기 시작했다. 동년 11월과 2005년 5월 한중 양국이 NOWPAP 지역 유류오염방제 긴급계획에 관한 양해각서에 서명했다. 향후 황해 유류오염사고 방지를 위한 안전시스템 구축과 사고 발생 시 피해를 최소화 할 수 있는 합동 긴급방제시스템 구축이 중요 과제로 부각되었다. 또 유전 유출오염 문제는 황해 외에 동해 및 남해 지역에서도 발생할 수 있기 때문에 한국, 중국, 일본, 북한, 러시아가 공동으로 참여할 수 있는 대응책에 대한 제도적 장치 마련이 중요한 과제가 되었다.[58)]

참여국들은 각국에 적합한 지역 활동센터를 설치하여 역내 해양오염의 관측과 평가 및 대처 업무를 분할 담당하도록 했다. NOWPAP 회원국들은 지역 해양에서의 유류유출사고 대비 및 처리에 관해 양해각서를 체결했다.[59)] 양해각서를 통해 모든 서명국은 해양오염사고가 발생할 경우 다른 서명국에 즉각적인 도움을 요청할 수 있고, 요청받은 국가들은 최선의 노력을 다해 요청에 응할 것을 명시(제 2조)하고 있다. 양해각서는 제5조항에서 NOWPAP 국가들에게 어떤 법적으로 구속력 있는 의무를 부여하지 않는다는 점을 명기하고 있지만 상당히 진전된 해양협력으로 간주된다. NOWPAP은 2005년부터 해양 쓰레기 처리에 대한 지역 행동계획을 채택하고 2008년부터 신탁기금으로 사업을 시행하고 있고, 2008년 제13차 회의에서 유류 및 유해물질의 해양유출에 대한 긴급 방제계획을 채택하였다.60)

〈표 5〉 해양환경보전과 실천 과제

주요 과제	주요 내용
해양환경관리 협의체의 구성	• 한중일 해양환경 협력을 위해 해양환경 관리 협의체가 필요함. 참여국의 상호이익 실현 및 보장을 위해 실천과제를 선정해야 하며 협의된 사항의 구체적으로 실행되기 위해 참여국에 대한 구속력을 행사할 수 있는 조치가 필요함
재원조달 협의 필요	• 해양환경 협력을 위해 각 국가들 간에 이해관계 조정 및 공통과제의 도출을 위한 환경관리 재원조달이 필요함. 재정조달의 부담을 줄이기 위해 단계적 협의 및 접근이 필요함
해양자원보호 인식	• 3국은 어업자원 개발 및 이용, 환경보전, 자원의 지속적 개발이 가능한 수준의 자원보호 등에 대한 공통 인식과 이를 위해 합리적 조치를 취해야 함

출처: 최재용, "동북아 환경협력의 현재와 미래대외경제정책연구원," 「정책 보고서」 2007. 10, pp. 33－34; 정필수 외(2002) 재인용, pp. 131－132.

이런 참여국들의 환경 협력 노력에도 불구하고 빈번하게 해상 유전의 원유 유출 사고 등으로 오염 사례가 발생했다. 그 단적인 예가 한국 서해에 가까운 중국 보하이만(발해만) 해상유전에서 2011년 6월 4일과 17일 두 차례 원유 유출 사고에 대한 적절한 조치가 이뤄지지 않았다. 이어 7월 초 중국 랴오닝성 해상에 있는 쑤이중 36－1 유전의 중심 플랫폼에서 제어장치 고장으로 원유가 유출돼 인근 해역 1㎢가 오염되고 유전 전체의 생산이 중단됐다. 최초

사고가 발생했을 때 중국은 기름이 번진 '해역은 200㎡밖에 안 되고 유출 기름도 10t 이하'로 축소해서 발표했다. 중국은 해당 유전에서의 석유생산 중단을 명령했다. 그러나 서울시의 7배에 달하는 4240㎢ 면적의 해역이 오염된 심각한 상태 이후였다. 문제는 중국이 사태 발생 이후 계속해서 진상을 축소 은폐하고 있을 뿐 아니라, 한국에 구체 내용을 통보하지 않고 사고를 은폐하고 축소 의혹을 받았다. 관련 정보를 주변국들과 공유하는 노력을 하지 않았다.[61] 이런 중국의 태도에 의해 한중일 3국의 NOWPOP 환경협정을 잘 이행되지 않고 있음을 의미한다. 이 협정에 따르면 자국 내에서 기름오염 사고가 발생할 경우 즉각 다른 3개국에 내용을 통보하고 필요한 경우 서로 방제물자・장비와 전문가를 지원한다. 한국은 2007년 12월 충남 태안에서 유조선 기름유출 사고가 났을 때 중국, 일본과 러시아에 관련 내용을 즉각 통보했다.[62]

급속한 산업화로 인한 오염으로 대기, 하천, 해양오염과 황사 유입 등의 전반적으로 환경피해가 더 극심해지고 있다. 그러나 역내 국가들의 정치·경제·사회적 차이로 인하여 환경협력 사업이 실질적 효과를 얻지 못하고 있는 실정이다. 한중일 해양정책 협력의 기본방향은 개별국가가 해결하기 어려운 해양의 오염문제를 해결하기 위해 오염발생 원인 및 오염물질 이동경로, 오염확산 범위 및 피해정도에 대한 관련 당사국의 공동조사 및 합의가 필수적이다. 한중일 해양환경 협력은 환경문제에 대한 국제적 협력의 강화 추세에 따라 공동대처방안의 모색이 요구된다. 해양환경 분야에서 협력이 촉진될수록 중장기적인 관점에서 3국 모두에게 상호이익이 증대될 가능성이 클 것이다. 특히 중국의 시장, 일본의 자금 및 기술, 한국의 기술 및 경험을 효율적으로 활용하면 해양환경보전과 공동이익을 실현할 잠재적 가능성은 상당히 높다고 할 수 있다.[63] 효율적인 해양협력을 달성하기 위해 한중일은 <표 4>과 같은 몇 가지 실천과제를 고려해야 한다. 해양협력관리의 지속적 유지를 위한 안정적 재원확보와 NOWPAP을 비롯한 다자협력기구와의 공조 강화가 중장기적으로 이루어져야 한다.[64]

V 맺음말

동아지중해의 특성이 잘 드러난 동북아시아 지역은 지정학 및 전략적으로 해양적 특성이 강한 곳으로 해양이 역내 국가의 발전과 안보 등 많은 영역에서 상호영향을 미치고 있다. 전략적으로 해양을 통한 해외수출과 에너지 수입 의존도가 높기 때문에 SLOC의 안전 확보는 중요하다. 따라서 SLOC의 안전 문제는 역내 국가들의 이해관계와 해양안보를 위해 교두보 기능을 하는 핵심 이익(core interest)이 된다. 동시에 해양자원을 적극적으로 개발하고 보호해야 한다. 현재 초국가적 위협으로 인해 SLOC의 안보에 대한 역내 국가들의 협력과 관심이 증가되고 있다. 해적행위와 같은 위협은 특정 한 국가만의 문제가 아니기 때문에 더욱 이해당사국간 다자적 해양협력이 필요하다. 해양 봉쇄 및 해양관할권 분쟁에 따른 원유, 원자재 및 상품의 공급이 지연 또는 중단되면 세계 경제와 국가안보 등은 심각한 위협을 받게 된다.[65]

역내 국가들의 협력 강화를 통해 초국가적인 안보위협에 효과적 대응을 통해 국가간 갈등을 조정할 수 있다. 이러한 협력체제는 해상범죄, 해양오염과 같은 해양환경에도 효율적으로 대응할 수 있고 새로운 해양질서 형성에 기여할 것이다. 동북아시아의 해양자원의 중요성이 갈수록 부각되며 자국 수역을 지키려는 국가간의 갈등과 경쟁도 치열해지고 있다. 갈등을 줄이고 해양을 중심으로 한 '동북아 상생 · 번영과 해양협력'의 기반에 대한 몇 가지 방안 모색이 절실하다. 해양협력을 통해 국가간 긴장 완화와 협력 의제를 모색할 수 있다.

동아지중해 측면에서 한중일 3국으로 둘러싸인 황해, 동중국해, 동해, 오호츠크해 등 수역은 대표적인 반폐쇄 해역의 특성을 잘 활용해야 한다. 반폐쇄 해역은 지리적 특성상 해역 연안국 간의 해양관할권 조정과 해역에서의 합리적인 자원 보존 관리 및 개발, 해양 과학조사, 해양환경 보전 등을 효율적으로 수행하기 위하여 국제협력이 필요하다. 해양법에서는 당사국이 권리 및 의무를 행사할 때 직접 또는 지역기구를 통하여 상호 협력할 것을 규정하고 있

고 연안국의 책임이행이라는 측면에서도 상호협력이 절실히 요구된다.[66)]

무엇보다도 해양환경 협력을 위한 여러 기초자료 및 데이터베이스를 구축하는 것은 여타 프로그램을 효율적으로 수행하기 위한 근간을 이루게 된다. 해양은 인류에게 식량의 중요한 공급원이면서 국가 및 지역 사이의 교역과 교류의 통로였다. 해양은 교류와 협력의 장으로서 평화정착을 위한 새로운 장이 되고, 국가간 갈등을 풀 수 있는 연결고리가 되도록 해야 한다. 이러한 차원에서 해양체제 구축을 위해 다음과 같은 협력이 모색되어야 한다.

첫째, 동북아수산협력의 활성화 방안이 제시된다. 수산업은 중요한 산업 중의 하나로서 대외협력이 필요한 분야이다. 세계 4대 어장이지만 수산자원의 감소 및 어종의 변화문제로 갈등의 소지가 커지고 있다. 지역적 차원에서 독자적인 동북아지역수산협력기구를 설립하는 것이 필요하다. 공적개발원조(ODA)를 조류와 해초양식을 사용한 어족 및 해양 자원 개발 등으로 확대되어야 한다. 둘째, 동북아 물류통합은 재원의 한계 때문에 육로보다는 해상물류를 통한 협력방안의 모색에 집중되어야 한다. 이미 논의되고 있는 한중일 3국 실무자간 협력기구 구성, 공통의 데이터베이스 구축 등이 필요하다.[67)] 해양평화를 위해선 비정치적 협력에서 시작을 해서 정치적인 평화로 접근하는 방안과 다양한 접근법이 모두 중요하다. 셋째, 해양안보를 종합적으로 관리할 수 있는 공동의 해양환경 개선프로그램을 마련하는 것이 시급하다. 심각해지고 있는 해양오염, 어족자원 고갈 등에 대응하여 해양환경에 대한 종합적인 평가와 관리 시스템을 마련하는 것이다. 다양한 교육 및 훈련 프로그램을 도입하고, 이를 공동으로 시행함으로써 해양환경오염의 관리역량을 강화할 수 있을 것이다. 이를 토대로 정기적인 보고서를 발간함으로써 여러 양자 및 다자기구에서 진행하고 있는 해양오염방지 프로젝트들의 성과를 높이고 효율적인 자원의 집행을 기대할 수 있을 것이다.[68)]

미 주

1) Joseph S. Nye, Jr., “Soft Power and American Foreign Policy,” Political Science Quarterly, Vol. 119, No. 2, Summer 2004, p. 256.

2) 김용직 외, 「탈냉전기 동북아시아 국제협력의 쟁점: 영토분쟁과 민족주의 연구보고서」 성신여자대학교 동아시아연구소, 2005. 12, p. 71.

3) 김용직 외 (2005), pp. 75 – 76.

4) 윤명철, 『장보고시대의 해양활동과 동아지중해』 (서울: 학연문화사, 2002) 참고.

5) William Tow, Ramesh Thakur, and In – Taek Hyum, eds., Asia's Emerging Regional Order: Reconciling Transitional and Human Security(Tokyo: Untied Nations Univ. Press, 2000), p. 177.

6) 강석승, “동북아 해양안보환경의 변화와 한국안보,” 「군사논단」 통권 제29호, 2001년 겨울호, p. 18.

7) 역사적으로 해양의 활용이라는 점에서 국제사회는 3단계 규범체계에 따라 발전해왔다. 제1단계는 관습법시대, 제2단계는 제네바 4개 협정시대, 제3단계는 오늘의 해양법의 관한 국제연합협약 시대로 분류된다. 오늘날 해양법협약 시대의 도래는 바다의 이용을 둘러싼 국가간 협상의 결과에 기인한다. 홍지표, “동북아 해양안보,” 「외교통상부 보고서」 2002, p. 311 – 312.

8) 더 자세한 논의는 윤명철(2002) 참고.

9) San Bateman, “Economic Growth, Maritime Resources and Naval Arms in East Asia – A Deadly Triangle?,” Marine Policy 22, No. 4 – 5. 1998, p. 298.

10) Jin – Hyun Paik, “Maritimes Security in East Asia: Major Issues and Regional Responses,” Journal of International and Area Studies, Vol. 12. No. 2, 2005, p. 18.

11) Robyn Lim, The Geopolitics of East Asia(Abingdon: Routledge, 2005), pp. 1 – 2.

12) 윤명철(2002) 참조; http://home.pufs.ac.kr/~medistudy/fbbs/upload/1035434707(검색일: 2011. 7. 15).

13) 일반적으로 지중해는 2 내지 3개의 육지로 둘러싸여 해양으로 독립성을 결여한다. 대륙지중해와 다국간 지중해로 구분된다. 지중해는 유럽아프리카아시아지중해(Afroeurasian mediterranean sea), 북극해지중해(Artic mediterranean sea), 호주아시아 지중해(Ostralo mediterranean sea), 미주지중해(America mediterranean sea), 흑해지중해(Blacksea mediterranean sea) 등이 포함되고 대륙과 대륙에 둘러싸인 대륙지중해(multicontinental mediterranean sea)를 의미한다. 윤명철(2002) 참조; http://home.pufs.ac.kr/~medistudy/fbbs/upload/1035434707(검색일: 2011. 7. 15).

14) 지경학적(geo – economic)으로 경제교류나 교역 등을 통해 상호의존성이 강화될 수 있다. 역내 국가들의 핵심이익인 해양수송로는 상품과 서비스의 주요 운송로이며 해양을 접하고 있는 국가들에게 무역은 국가생존전략이자 경제발전의 절대적인 토대다. 지문화적(geo – cultural)으로도 문화의 공유범위가 넓다. 문화는 정치력의 방향

과 일치하는 않지만 서로가 영향을 주고받는다. 지중해는 '정치·군사적인' 요소도 중요하지만 '교역·문화' 등 구체적인 이해관계를 중시하는 경향이 있다. 개방적이고 여러 가지의 다양한 문화를 전파하고, 수용할 수 있다. 자국문화의 차별성을 강화시키고 경제 형태나 교역방식 다양해 질 수 있다. 해양을 통해서 교류되고 문화의 다양성이라는 지중해 문화의 전형적 특성을 잘 드러낸다. 정착성(stability)문화와 이동성(mobility)문화가 교류되고 상호 보완된다. 더 자세한 논의 다음을 참조. 윤명철(2002) 참조.

15) http://home.pufs.ac.kr/~medistudy/fbbs/upload/1035434707(검색일: 2011. 7. 12).

16) 윤영미, 『현대 러시아정치와 국제관계』 (서울: 두남, 2012).

17) 유엔해양법 협약에 의해 인정되는 연안국의 해양관할권 범위는 영해 12해리, 접속수역 12해리(영해경계선으로부터 기준), 대륙붕 200해리(대륙변계가 잘 발달되어 있을 경우 350 해리까지 연장), 배타적 경제수역 200해리(영해경계선으로부터 기준) 등이다.

18) 홍지표(2002), p. 311.

19) 해양관할권 주장과 관련 문제가 되는 것은 영해를 비롯한 각종 관할권 설정의 기준이 되는 기선(baseline)인데, 이 설정과 관련해 적지 않은 문제가 발생한다. 한중일은 기선을 설정하거나 재조정함에 있어서 직선기선(straight baseline) 제도를 무리하게 적용해서 해양관할권을 확대한다. 이서항, "동북아 해양안보강화 협력방안 연구,"「외교안보연구원 정책연구」 2003. 10, pp. 11 - 12.

20) 수중암초인 이어도는 암초의 정상이 바다 4.6m 아래에 잠겨 있어서 파도가 심할 때만 그 모습을 드러낸다. 이 암초는 제주도 서귀포시 남단 마라도로부터 149㎞ 떨어진 곳에 위치한다. 우리나라 대륙붕의 일부로서 전략적 요충지이자 해양자원이 풍부한 곳이다. 중국 동부 장쑤성 앞바다 가장 동쪽의 퉁다오(童島)로부터는 247㎞ 떨어져 있다. http://blog.naver.com/kjnam99/110035346661(검색일: 2012. 8. 20).

21) 「한국경제」 2012. 3. 13.

22) 「국방일보」 2011. 8. 17.

23) 이서항(2003), p. 15.

24) 주요 SLOC로 북대서양항로(유럽~북아메리카), 북태평양항로(아시아~북아메리카), 지중해·아시아 항로(유럽~아시아·오스트레일리아), 남대서양 항로(유럽~남아메리카), 아프리카 항로(유럽 ~ 아프리카·오세아니아) 등 5개 항로가 있다.

25) SLOC이라는 개념은 군사전략적 차원에서 처음 사용되었다. 작전부대와 작전기지를 연결하여 그 노선을 따라 보급품과 증원군이 이동하는 해상의 통로의 의미로 사용되어 왔다. 그러나 최근 해양을 통한 국가간의 무역이 확대되면서 해상에서 사람과 물자의 원만한 수송을 위한 체계적 연결망과 시설을 포함한 통항과 관련된 포괄적인 의미를 내포한다. Jon M. Van Dyke, Lewis M. Alexander and Joseph R. Morgan, eds., International Navigation: Rocks and Shoals Ahead? (Honolulu: The Law of the Sea Institute, University of Hawaii, 1988), p. 55.

26) ICC INTERNATIONAL MARITIME BUREAU, Piracy And Armed Robbery Against Ships Report for the Period 1 January - 31 March 2009, p. 3.

27) 해적행위는 유엔해양법협약 제101조(1982)에 따르면, "사적인 목적을 위해 민간 선박(또는 항공기)의 승무원 혹은 승객이 공해상이나 어떤 국가의 관할권 밖의 지역에서 다른 선박(또는 항공기), 승선원 또는 재산에 대하여 자행하는 모든 불법적인 폭력, 구금 혹은 약탈행위"로 정의된다. 이서항(2003), p. 16.

28) 이서항(2003), p. 16.

29) 국제상공회의소(ICC) 통계에 따르면 1990년대 말 전 세계 해적행위의 40%가량이 동남아 해역에서 발생했다; ICC INTERNATIONAL MARITIME BUREAU, Piracy And Armed Robbery Against Ships Report for the Period, 1 January – 31 March 2009, pp. 5 – 6.

30) ICC INTERNATIONAL MARITIME BUREAU, Piracy And Armed Robbery Against Ships Report for the Period , 1 January – 31 March 2009, pp. 5 – 6.

31) 아라비아해, 벨기에, 불가리아, 프랑스, 이란, 이라크, 사우디아라비아, UAE, 영국 등이 포함된다.

32) 「매일경제」 2011. 1. 28.

33) 동남아지역의 해적발생 빈도의 증가 요인은 다음과 같이 분석된다. 섬이 많아 해적들이 은거하기 좋고, 말라카해협 등 이용 가능한 항로가 한정돼 있는 지리적 요인이 중요하다. 1990년대 이후 아시아 경제 발전으로 해상 교통량이 증가한 데 비해 탈냉전기 지역 내 강대국 해군의 활동 빈도가 줄어든 것도 간접적 요인이다. 부패가 심한 동남아 일부 국가에서는 해적들이 국가 내 합법적 세력과 연계를 맺고 있다는 분석도 제기된다. 우리나라 인근 해역에선 주로 중국 선적에 의한 어선형 해적활동이 기승한다. 「매일경제」 2011. 1. 28.

34) 영국 로이드 보험사가 2006년 말라카해협을 고위험지역(high risk area)으로 분류했다. ask.nate.com/knote/view.html?num=370027(검색일: 2011. 7. 12).

35) 「매일경제」 2011. 1. 28.

36) 국토해양부 해사안전정책관실, 「2008년 해적사건 발생 동향」 2009, p. 2.

37) 2010년 11월 피랍 216일 만에 유조선 삼호드림호 선원들은 거액의 몸값을 지불하고 풀려났다.

38) 위험지역으로 인식되면서 우회 노선 운항으로 인한 경제적 부담과 손실도 상당했다. 「매일경제」 2011. 1. 28.

39) 박성용(2010), pp. 113 – 117.

40) 말라카 해협 정찰(Malacca Strait Patrol, MSP)과 같은 해양안보 협력 레짐이 강화되었다. Jane Chan, Southeast Asia Maritimes Security 3rd Quarter(Singapore: S. Rajaratnam School of International Studies, Nanyang Teachnological Univ., 2008), p. 2.

41) 박성용(2010), p. 114.

42) http://blog.naver.com/polman17/140016908455(검색일: 2011. 7. 24).

43) 합참과 해군작전사령부가 청해부대의 최영함(4500t급)에 승선한 특수전요원(UDT/SEAL)들을 피랍된 삼호 주얼리호에 투입되었다. 구출작전이 벌어진 해상 지점은 소말리아에서 1314㎞ 떨어진 공해상이었다. 우리나라 선박은 삼호주얼리호까지 포함해 여

덟 번 소말리아 해적에게 납치되었다. 이 가운데 여섯 번은 몸값을 지불하고 풀려났다. 「연합뉴스」 2011. 1. 21.

44) 당시 해적 13명 가운데 8명은 사살하고 5명은 생포했다. 소말리아 해적에 납치됐던 금미호는 2010년 10월 9일 케냐 라무지역에서 18km 떨어진 해역에서 조업 중 소말리아 해적에 납치됐다가 4개월 만인 2011년 2월 9일 풀려났다. 석방을 조건으로 한 몸값 지불은 없었지만 선원들의 식비와 선박 유류비로 5만 달러를 지급했다. 「연합뉴스」 2011. 2. 14.

45) 국방방송 TV 「코리아 리포트」 2012. 8. 10.

46) 예를 들면, MARPOL 협약으로 불리는 「선박으로부터의 오염방지를 위한 국제협약」(1973/1978), 런던협약(London Convention)으로 불리는 「폐기물과 기타 물질의 투기로 인한 해양오염 방지협약」(1972)과 개정의정서(1996) 등이 있다. 이서항(2003), p. 19.

47) 이서항(2003), pp. 19－20.

48) 황해는 남북한과 중국의 연안개발계획, 황해로 유입되는 강과 하천의 오염, 해양쓰레기 투기, 해양 수송량 증가, 유류유출 등으로 인한 오염이 심각하다. 중국의 황하강은 거의 해마다 7.5백만 톤의 중금속 오염물질 및 토사를 황해로 방류했다. 매년 약 2만 1천 톤 가량의 원유가 발해 만에 있는 원유시추 설비들로부터 황해 본류로 유입되고 있다. 『외교통상부 자료』 1998, p. 230.

49) 최재용(2007), p. 32.

50) 1990년대 초 구소련과 러시아 해군은 1992년까지 러시아 근해 10개 지역에서 다량의 핵폐기물 액체와 고체 폐기물을 폐기했다. 투기지역 가운데 5곳은 한반도 동해와 가까운 블라디보스토크 근해에 집중돼 있었다. 그러나 해류의 흐름으로 우려했던 큰 피해가 없었다.

51) 「강원일보」 2011. 4. 6.

52) 인류 역사상 네 번째로 큰 지진이자 일본 역사상 가장 강력한 규모의 지진으로 15m 높이의 쓰나미로 사망 및 실종자수가 2만8천 명을 넘었다.
http://www.yonhapnews.co.kr/bulletin/2011/03/16/0200000000AKR20110316151300004.HTML (검색일: 2011. 7. 29).

53) 정필수 외, “지속가능한 개발을 위한 동북아 해양정책 비교연구,” 「해양수산개발원 연구 보고서」 2002. 12, p. 136.

54) 최재용, “동북아 환경협력의 현재와 미래대외경제정책연구원,” 「정책보고서」 2007. 10, p. 32.

55) http://blog.kor야.re.kr/900952652236(검색일: 2011. 8. 20).

56) 정필수 외(2002), p. 162.

57) 제9차(2004)와 제10차(2005) 정부 간 회의에서 UNEP사무국은 보다 실효성 있는 해양보존계획의 수립과 이행을 위해 신탁기금을 백만 불로 증액할 것과 의무 분담금 설정 비율조정 및 자발적기금의 합리적인 분담에 관해 협의할 것을 참여국에 제안되었다. 그러나 참여국의 동등한 기여를 주장하는 일본과 경제력에 따른 차등 기여를 강조하는 중국과의 이견으로 합의에 이르지 못했다. UNEP/NOWPAP IG. 10/10,

Report of the Tenth Intergovernmental Meeting on the NOWPAP, Toyama, Japan, 24－26 November 2005, pp. 15－16.

58) 최재용(2007), p. 34.

59) http://blog.kor야.re.kr/900952652236(검색일: 2011. 8. 13).

60) UNEP/NOWPAP IG. 13/9, Report of the Thirteenth Intergovernmental Meeting on the NOWPAP, Jeju, Korea, 20－21 October 2008.

61) http://radiation－ages.blogspot.com/(검색일: 2011. 8. 13).

62) www.hani.co.kr/arti/international/china/487240.html(검색일: 2011. 8. 12).

63) 정필수 외(2002), p. 131.

64) 최재용(2007), p. 35.

65) 박성용(2010), p. 133; 예를 들면 서해안은 북한 모래가 남한으로 들어오는 경제협력의 길목이며 꽃게 등 풍부한 수산자원의 보고로서 공동어로 등 남북수산협력이 필요한 곳이다. 또 북한의 지속적인 무력도발과 위협으로 인해 긴장감이 높은 지역이다. 남북은 2004년 8월 남북해운합의서 체결했다. 2005년 7월 제1차 남북수산협력실무협의회에서 서해 공동어로 추진 등 6개항을 합의했다. 2007년 10·4 제2차 남북정상회담에서 서해평화협력특별지대에 대한 설치가 합의되었다. 그러나 남북의 NLL 문제와 2010년 천안함 피격사건과 연평도 포격도발로 인해 북한의 군사적 위협으로 남북긴장이 더 고조되었다.

66) 정필수 외(2002), p. 130.

67) 「한겨레」 2011. 11. 19.

68) 황진회, “남북의 상생과 번영을 위한 해양 협력,” 「북한 해양수산 리뷰」 2010. 1. 31, p. 2.

제 6 장

주한미군 재배치와 협력적 거버넌스 구축 방안

Ⅰ. 들어가는 말
Ⅱ. 한미동맹과 주한미군 재조정
Ⅲ. 주한미군 평택재배치 현황
Ⅳ. 주한미군 평택재배치와 협력적 거버넌스 구축
Ⅴ. 맺음말

Ⅰ 들어가는 말

탈냉전기 한미동맹은 전통적인 동맹인 한반도의 전쟁방지 및 북한의 도발 억지와 동북아시아 주변의 안보환경 변화와 한국의 정치경제 발전과 민주화 등을 고려해 이념보다는 양국의 이익에 부합하는 전략적 동맹을 추구하고 있다. 특히 전략적 한미동맹은 동맹국의 이익 극대화와 우호관계 유지, 지역 및 글로벌 갈등요소의 해결에 대한 협력적 동맹을 의미한다. 한미 양국의 대등한 관계 속에서 이와 같은 공통의 이익을 공유하며 세계 평화와 북핵 문제 해결을 통한 한반도 평화 유지 및 통일을 지원함을 의미한다.

또한 한미동맹은 2001년 9/11 테러이후 미국의 해외주둔군 재배치계획(Global Defense Posture Review, GPR)과 미국의 지역안보 태세와 범세계적인 요인에 의해 고려되었다. GPR은 냉전시기 미군의 해외주둔군 배치 태세로는 테러와 국지적 지역분쟁과 같은 새로운 형태의 안보 위협에 효율적이고 신속하게 대처하기 어렵기 때문에 출발했다.[1)]

주한미군 평택재배치는 한국에 주둔하고 있는 미군기지를 전반적으로 재조정하는 것으로 용산미군기지 이전(YRP), 연합토지관리계획(Land Partnership Plan, LPP)을 중심으로 용산의 미군과 동두천 및 의정부의 미2사단 재배치를 주요 내용으로 한다. 주한미군 재배치는 양국의 오랜 협상 하에 점진적으로 진행되어 왔다. 이는 유엔군사령부의 책임권한 조정 등의 진행 과정으로 간주된다. 또 한국정부의 국익과 주한미군을 한반도 전쟁억제에 주력하는 '붙박이군'에서 분쟁지역에 신속하게 개입할 수 있는 '기동군'으로 전환하는 미국의 GPR 계획과 부합된다. 한국 내에서 주한미군 재배치 정책은 더 이상 중앙정부의 배타적 권한이 아니다. 전략적 한미동맹의 재조정과 주한미군 평택재배치를 위해 지역사회의 의견이 충분히 수렴되어왔다. 이런 맥락에서 본 장에서는 중장기적 차원에서 주둔 지역사회와 발전과 직접적인 연관성을 가진 주한미군 재배치의 효용성과 협력적 거버넌스 구축 방안에 대해 고찰해볼 것이다.

Ⅱ 한미동맹과 주한미군 재조정

2.1 한미동맹과 주한미군의 역할

동맹이란 무엇인가. 월트(Stephen Walt)는 동맹을 "둘 또는 그 이상의 주권국가들 사이에 안보협력을 위해 맺은 공식적 또는 비공식적 합의"로 정리했다.[2)] 또 프리더먼(J.R Friedman)은 동맹은 "실제적이든 잠재적이든 하나 또는 그 이상의 적대국의 존재, 군사적 개입의 고려와 전쟁의 위험성, 영토, 인구, 전략지원 등에 대한 현상유지 또는 확대에 대한 상호관심"이라고 했다.[3)] 동맹은 두 개 이상의 국가들이 유사시 공동의 적에 대해 군사적으로 대응하기 위해 상호 군사지원을 위해 맺은 조약으로 국가간의 중요한 결합을 의미한다. 또 국가간 동맹의 실효성을 유지하기 위해 상호 보완적인 국가이익을 보호 및 유지해야 한다. 동맹의 특성상 안보 환경과 전략적 상황의 변화에 끊임없이 관리를 해야 한다. 동맹은 한 나라의 생존이자 국가이익을 최대화하기 위해 내적으로 군사력을 극대화하고 외적으로 동맹을 적절히 활용해야 한다.[4)]

동맹은 목적이 아니라 정치적 수단이며 영구히 고정되는 것이 아니라 끊임없이 변화한다. 따라서 국내 및 주변 안보환경의 변화에 따라 위협요소와 국가이익을 포함해 상대국의 국력 및 전력 변환에 의해서 동맹의 재조정은 불가피하다. 동맹의 결집은 동맹국간 위협에 대한 인식의 공유, 국익과 가치의 상호 인식 및 보안성, 군사협력의 제도화, 동맹국 국민들의 정치적 사회적 지지도와 효율성에 따라 변화되고 결정된다.[5)] 동맹은 유사한 힘을 보유한 국가들 간에 기초한 '대칭적 동맹'과 이득과 손실간의 차이가 불균등적이며, 의무감과 기대감에 있어서 '비대칭적 동맹'으로 분류된다. 비대칭적 동맹이라 할지라도 동맹의 규모에 있어서 쌍무적인지 다자주의적인지에 따라 강대국의 영향력과 통제수단에 상당한 차이가 드러난다. 예를 들면 북대서양조약기구(NATO)는 비대칭적 동맹이지만 동맹의 규모에 있어서 다자주의적이었기 때문에 실제적으로 동맹의 구조는 정치・군사적 구조로 이원화되어 있고 또한 정치구조가 군사구조를 통제한다.

1953년 10월 1일 정식 조인된 한미상호방위조약에 근거한 한미동맹은 쌍무적 관계의 비대칭적 동맹으로 다자주의적 비대칭적 동맹과는 달리 '군사적' 차원의 동맹이 그 핵심을 이룬다. 한미동맹은 한반도와 지역안보(regional security)를 포함해 반테러리즘(counter-terrorism) 공조 확대, 국제평화유지활동(PKO) 등 국제적 차원에서의 신안보(new security agenda) 또는 전략적 동맹으로 전환되어왔다. 또 군사적 이슈 외에 비전통적인 안보 또는 하위정치(low politics) 이슈인 국익증진의 '포괄적 안보(comprehensive security)등이 중요해지고 있다.[6)] 한미양국은 주한미군 감축 이슈, 주한미군 재배치 이전사업 등을 통해 동맹을 유지 및 발전시켜왔다. 미래 한미동맹의 평등성 제고 방안의 일환으로 전시작적통제권(전작권) 전환과 같은 동맹 지휘체계에 대한 논의도 꾸준히 진행되고 있다.

주한미군은 미8군사, 주한미해군사, 주한미해병대사, 주한미특전사, 주한미공군사로 구성된 주한미군사령부의 지휘를 받고 있다. 서울에 주한미군사령부가 서울에 위치한다. 경기북부지역에 지상군 전투병력을 평택과 군산에 공군병력을, 대구, 부산, 왜관 등지에 병참 및 후방지원 등의 지원병력이 주둔해 있다. 경기도는 주한미군의 주력부대인 미8군 소속 제2사단 사령부 및 예하 병력과 미7공군 사령부가 위치한 핵심적인 미군주둔 지역이다. 이 지역에 25개의 주요 육군기지와 2개의 공군기지를 포함하여 주한미군의 병력과 화력의 과반수이상이 주둔한다. 동두천시, 파주시, 의정부시, 평택시에 경기도내 주한미군병력의 대다수가 집결해 있고, 하남시에 소규모 미군부대가 있다. 포천군에는 미 제2사단의 사격 및 전차훈련장이 위치해 있다.

한미동맹 재조정의 핵심 과제 중 하나는 주한미군의 감축 이슈다. 주한미군은 한국전쟁 직후 수십만 명에 달했지만 1970년대 이후 지속적으로 감축되었다. 지난 1990년대부터 일정수준인 35,000~37,000명을 유지했다. 2001년 9/11 테러이후 미국이 추진해온 GPR을 본격적으로 추진되면서 주한미군 감축과 재배치 계획이 구체화되었다. 미국의 GPR 계획에 따라 주한미군의 감축 조치는 휴전선 인근에 전진 배치된 미 지상군을 평택 및 오산 등 후방으로 재배치가 전개되었다. 2004년 6월 미국은 2005년까지 주한미군을 1만2,500명의 감축안을 한국에 제안했다.[7)]

이에 한국은 주한미군의 상징성, 국민의 안보불안, 한국군의 전력증강, 북한의 핵위협 등을 고려해 감축시기 및 규모조정에 대한 미국과 협상을 진행했다. 양국은 감축 시기를 3년 연장해 2008년 말까지 미 2사단을 중심으로 3단계 미군감축 계획에 최종적으로 합의했다. 그러나 2008년 4월 한반도 안보 상황과 주한미군 감축에 따른 전력공백과 전작권 전환에 따른 연합방위력을 고려해 1만2,500명의 주한미군을 감축 계획을 중단했다. 대신 양국은 2만 8,500명을 유지하기로 잠정 합의했다.[8)]

주한미군의 주둔으로 인한 주요 파급효과를 간략하게 살펴보면 다음과 같다. 우선 안보비용과 국방비 절감 효과와 외자유치 등 경제발전과 사회 안정망 구축에 효과가 크다. 현재 한국이 독자적인 외부의 위협으로 방어하거나 전쟁을 수행할 능력을 구비하는 데는 많은 비용이 소요되기 때문에 주한미군과의 협력은 중요하다. 국가안보와 민족의 생존권 보장 측면에서 주한미군에 대한 한국군의 의존도가 가장 높은 부문은 군사정보능력이다. 현대전에서 군사정보능력의 중요성을 고려해 볼 때, 한국군은 상당부분의 전략정보와 전술정보를 주한미군으로부터 제공받고 있다. 또한 북한의 기습공격에 대한 초기대응능력 부문에서 주한미군의 주둔은 예기치 못한 북한의 무력도발 억제 및 인계철선(trip wire)의 효과도 있다. 주둔지역의 경제적 파급효과와 고용창출과 다른 국가나 해외투자자들에게 한국이 보다 안정된 국가로 간주된다. 전략적으로 동북아시아의 세력균형과 군비경쟁을 억지하는 효과도 있다, 한미 양국의 국익 차원을 고려해 볼 때, 남북한 통일과정이나 이후에 중국, 일본, 러시아 등 주변국의 한반도 군사 개입을 억제 내지 견제할 수 있다.

2.2 주한미군 평택재배치 협상

한국에서 주한미군의 재배치 이슈가 처음 제기된 것은 1987년 말이었다. 당시 노태우 대통령후보가 용산미군기지 이전을 대선공약으로 제시했다. 한미 양국은 주한미군 이전은 1990년 6월부터 1996년까지 완료하고 비용은 한국이 부담한다는 한미 기본합의서와 양해각서(MOU)를 체결했다. 그러나 당시 남북이 첨예하게 대치하는 안보불안 상황이 지속되었기 때문에 주한미군 재배치는 지연되었다. 미2사단이 북한의 남침을 억제하는 인계철선 역할과 과다한 이전 비용 문제도 제기되었다.

그 후 주한미군 재배치 협상은 다음과 같은 몇 가지 배경 하에 꾸준히 추진되었다. 첫째, 전국에 산재한 미군기지의 통폐합이 제기되었다. 주한미군의 대규모 군병력 주둔지와 훈련장이 수도권에 집중되었고, 휴전선과 서울 및 수도권 편중에 따른 민원 제기가 잇따랐다. 전국에 산재한 주한미군 기지와 훈련장의 통폐합 및 공여지 반환이 제기되었다. 이를 통해 미군의 효율적인 부대 운용 및 관리를 도모하고 인근 주민들의 민원을 수용하는 갈등 해결방안이 모색되었다. 둘째, 한국내의 대미인식 변화가 제기되었다. 2002년 여중생 사망사건을 계기로 대규모 촛불시위로 이어진 이른바 '반미정서'(anti-American sentiment)가 확산되었다. 한국사회의 대미인식 변화와 탈냉전기 미국의 세계 전략 변화를 고려해야 했다. 셋째, 한국의 민주화와 경제발전에 따른 미군기지의 효율적 재편이 중요해졌다. 도시화에 따른 서울도심 거주 미군에 대한 거부감을 줄이고 민족적 자존심을 회복하기 위함이었다. 주한미군 기지와 주변지역의 마찰 소지를 줄이고 안정적인 주둔 여건을 확보하고, 국가안보를 공고화하기 위해 주한미군 재배치 계획이 추진되었다<표 1 참조>.[9)]

〈표 1〉 주한미군 재배치 주요 배경

주요 내용
• 외국군대의 서울에서 철수: 민족적 자긍심을 고취함 • 미군기지의 통폐합: 주한미군의 안정적 주둔여건 보장함 • 국가균형발전 도모: 전국의 반환부지의 효율적인 개발 및 활용함 • 전략적 미래 한미동맹 강화: 주한미군 재배치를 통해 안보동맹과 국가 안보를 공고화함

전국에 산재한 미군 기지들을 주요기지로 통폐합하기 위해 2001년 11월 LPP가 한미 국방장관에 의해 만들어졌다. 2002년 10월 국회비준 동의를 받아 추진되었다. 2003년 4월 제1차 미래한미동맹구상(FOTA, Future of the ROK-US Alliance Policy Initiatives)에서 미국은 한강 이북의 미군을 이남으로 재배치하겠다고 밝혔다. 이로써 용산기지 이전 및 미2사단 재배치 등 주한미군 재조정이 본격적으로 시작되었다. 동년 5월 한미정상회담에서 용산기지는 조기 이전하며 미2사단의 후방 재배치는 한국의 현실을 감안해 좀 더 신중하게 이전하기로 합의했다.[10)]

지난 수년간 지연 및 논의 끝에 제10차 및 제11차 FOTA를 거쳐 2004년 10월 한미는 미군기지의 평택재배치에 최종적으로 합의했다. 2007년 11월부터 평택기지 건설 공사가 시작되었다. 한미연합사를 비롯해 유엔사, 용산기지에 있던 주한미군사령부, 미 2사단사령부가 주둔 중인 동두천 인디언 헤드를 비롯해 동두천 캠프 님블 등 2사단의 평택 재배치가 진행 중이다. 2011년 2월 초 미군의 평택재배치는 용산기지를 2015년과 의정부와 동두천의 미2사단은 2016년 상반기 이전으로 재조정되었다.

2.3 주한미군 재배치와 비용

주한미군의 재배치 비용은 이전을 요구한 주체가 비용을 부담한다는 원칙에 의해 진행된다. 2003년 3월 용산기지 이전 협상이 제기되면서 주한미군의 용산기지 이전 비용은 한국이 부담하며, 동두천·의정부의 미 2사단 이전비용은 미국이 이전 비용을 부담하기로 합의했다. 2004년 12월 국회에서 통과된 '용산기지 이전 협상(YRP)과 연합토지관리계획(LPP)'은 '원인제공자 비용부담' 원칙을 규정했다. 이전사업은 한미가 공동작성한 「시설종합계획(Master Plan)」에 의해 미국이 제시한 설계기본요구서를 토대로 소요비용이 책정되었다. 2016년 한국은 평택재배치 이전비용을 8조8,940억 원으로 발표했다. 그런데 2004년 12월 국회 비준 당시 정부가 추산한 건설비와 부지매입비 5조5,900억 원과 비교해 지난 6년 동안 예산이 60%가 증가되었다. 2004년 비용추산에서 제외되었던 주민지원보상금과 이자비용 등의 사업지원비가 추가되었다.[11)]

〈표 2〉 주한미군 평택 재배치 비용(2011년 현재)

항 목	이전 비용	비 고
건설비	5조 341억 원	2004년 4조4,470억 원
사업지원비	3조8,600억 원	
총사업비	8조8,940억 원	

출처: http://news.hankooki.com/lpage/society/201103/h2011032918253421950.htm(검색일: 2011. 5. 13).

이전비용에 추가된 내역을 살펴보면 다음과 같다. 건설비 비용은 2004년 4조4,470억 원에서 5조341억 원으로 5,871억 원(13%)으로 증가했다. 건설비

증가액 중 물가인상(3% 이내)에 따른 비용이 4,187억 원이었고 나머지는 양국이 협의한 예비비 등이 반영되었다. 사업지원비는 건설 외비용으로, 2006년 평택시지원특별법이 제정되는 등 인근주민에 대한 보상문제가 발생했다. 반환미군기지의 환경오염정화사업을 비롯해 이전에 따른 각종 비용이 추가로 되면서 점진적으로 급증했다.[12] 한국이 부담하는 용산기지 이전사업의 세부적인 사업지원비는 평택시 지원금 1조1,000억 원, 환경오염정화사업 3,000억 원, 시설철거 2500억 원, 이주단지 조성 1,000억 원, 이사비 1000억 원, 금융비용 · 관리비 8,900여억 원 등이 배정되었다. 사업지원비 3조8,600억 원 중 1조6,531억 원(43%)이 이미 집행되었다. 약 6000억 원 가량이 늘었다 이는 사업지원비 차입에 따른 이자 4900억 원 등이 주요 요인으로 분석되었다<표 2 참조>.[13]

Ⅲ 주한미군 평택재배치 현황

2004년 7월 23일 제10차 FOTA를 통해 확정된 용산미군 기지 이전과 LPP 개정협상에 따르면 현재 전국적으로 2억4198만㎡(7319만 평)의 미군기지가 3분의 1 수준인 7666만㎡(2319만 평)으로 축소 및 조정되었다. 이로써 주한미군에게 제공하는 공여지는 과거에 비해 66%가 감소되고 주한미군기지의 숫자도 현재의 47개로 축소되었다<그림 1참조>.

주한미군 기지는 오산 · 평택권과 대구 · 부산권 등 2개의 중심기지(hubs)와 핵심시설이 잔류한 용산기지, 한강이북의 연합훈련센터, 오산공군기지 등 3개 기지 체계로 운영된다. 연합훈련센터는 한강 이북에 설치된다. 이것은 주한미군이 한강 이북에 주둔하는 것과 유사한 효과를 위해 것이다.[14] 오산 · 평택 지역은 주한미군의 허브(hub)로 상정한 주작전기지(Main Operating Base : MOB) 기능을 수행하게 된다. 대규모의 미군 병력이 장기적으로 주둔하는 상설기지이자 독자적인 군사작전 임무를 수행하게 된다.[15]

〈그림 1〉 주한미군 재배치 계획

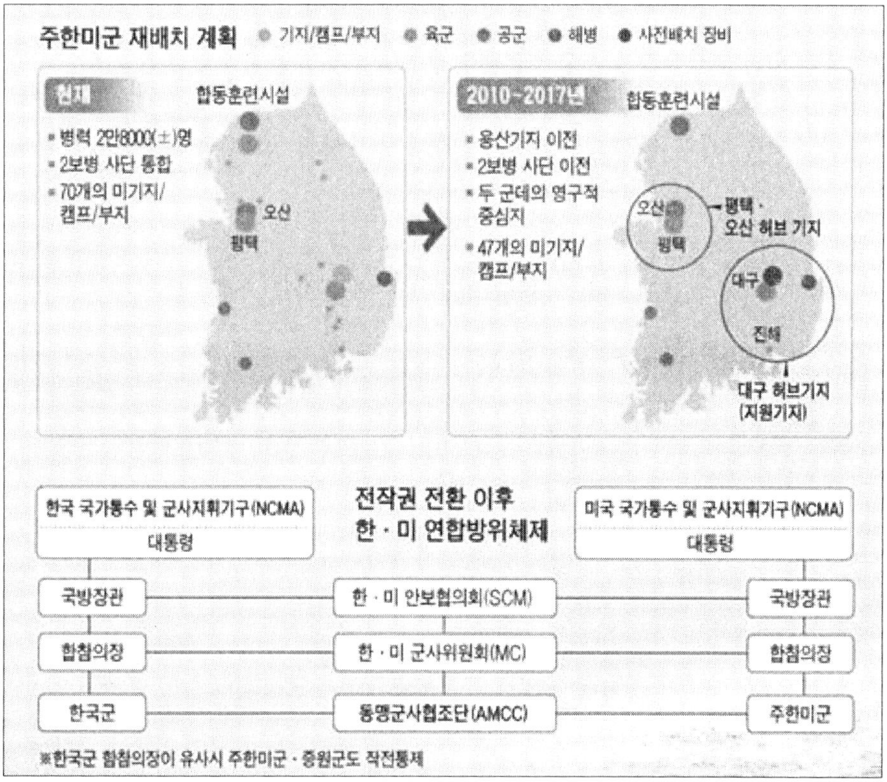

출처: 「중앙일보」 2010. 6. 28.

2006년 1월 주한미군 재배치 지역 부지의 소유권이 국방부로 이전되었다. 정부는 2006년 중 MP을 작성했으며 이전부지에 대한 환경영향 평가와 문화재 지표조사를 실시했다. 대상지역 주민 이주지원 및 이주단지 조성 등 이주대책을 완료한 후 2007년부터는 기반 공사에 착수했다.[16] 평택에는 K－55 공군기지(송탄)와 K－6 육군기지(Camp Humphreys, 팽성)을 중심으로 2개의 주요 미군기지가 주둔해 있다.[17] 2004년 말 확정된 계획에 의하면 K－55(오산 공군기지)에 64만평, 기존의 험프리 기지 K－6(평택 팽성기지)에 285만평으로 총 349만평이 추가로 확대되었다. 그 후 공여지가 약간 더 추가되어

2011년 미군기지의 규모는 기존의 K－6기지의 498만㎡(151만 평)에 신규 966만㎡(292만 평)을 추가해 총 1464만㎡(443만 평) 규모로 건설된다. 향후 평택기지는 전체 기지의 약 86% 정도가 미2사단이 사용하고, 나머지는 용산 미군기지가 사용하게 된다. 2010년 6월 주한미군은 주한미군사령부(USFK)를 '미한국사령부(US KORCOM)'로 체계로 변경하고, 2012년 4월부터 시작되는 이전에 따른 세부계획을 구체적으로 작성했다[18]

〈그림 2〉 평택 미군기지 이전 사업 계획

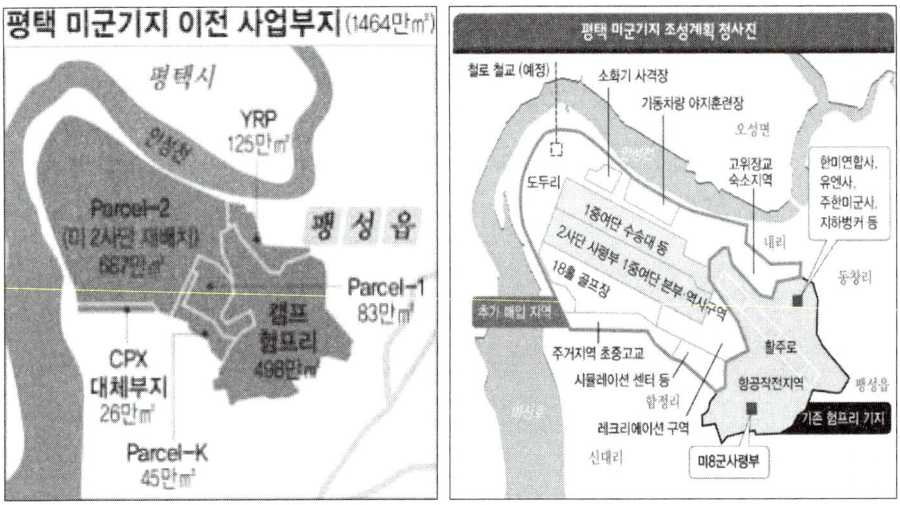

출처: www.segye.com/Articles/News/Arti...26cid%3;blog.naver.com/PostView.nhn%3Fbl...l%3Dtrue (검색일: 2011. 5. 6).

이전사업 부지공사는 Parcel #1(1구역 · 83만㎡ · 2007년 3월 주한미군 발주 · 서희건설 착공), Parcel #2(2구역 · 812만㎡ · 국방부 발주), Parcel #K(K구역 · 45만㎡ · 국방부 발주 · 2007년 11월 한진중공업 착공) 등 3개 구획으로 나눠 시설공사가 진행된다.[19] 2009년 7월 착공된 부지조성 공사에서 총 5개 권역(한국 3곳, 미군 2곳)으로 한국측이 3개 지역을 담당하고, 미국측이 2개 지역을 담당했다.[20] 2011년 3월 말 부지조성 공사의 38%, 철도와 도로 등 기반시설공사는 41%가 각각 진행되었는데, 2013년에 완료된다.[21] 반환기지

에 대한 환경오염정화사업은 2010년 말부터 시작되었다<그림 2 참조>.[22)]

가장 규모가 큰 2구역(파슬 2)의 공사 진행은 미국이 45%를 한국이 55%로 분담해서 진행하기로 합의했다.[23)] 2015년까지 모든 시설 공사가 완료되면 2016년 본격적으로 군사기지로서의 기능을 발휘하게 된다. 2016년까지 부대 이주가 완료될 경우 예상인원은 미군 및 군무원과 그 가족, 카츄사, 한국 인원 등 4만 4370명 정도가 된다<표 3 참조>.[24)]

〈표 3〉 평택 미군기지 이전 인원(단위: 명)

대 상	인 원
전체인원	4만4370
미군	1만7030
미 공무원 등	4720
미군·공무원 가족	1만3670
카투사	2110
한국인원	6840

출처: blog.naver.com/PostView.nhn%3Fbl...type%3D0(검색일: 2011. 5. 14).

시설물은 총 513동이 된다. 이중에서 한국이 담당하는(YRP)은 226동을 맡고, 미2사단을 담당하는 LPP은 287동을 건설하게 된다. 주요시설은 본부/행정실 85동(14만2000평), 교육훈련시설 9개동(1만6000평), 정비시설과 보급저장시설 각 33개(4만7000평). 63개동(2만5000동), 병원 5개동(1만4000평) 등이다. 주요 생활시설은 독신자 숙소, 식당 96개동(27만4000평), 가족주택 82개동(24만5000평), 커뮤니티시설 89개동(8만5000평) 등이 조성된다. 18홀 규모의 골프장도 건설된다.[25)]

2011년 3월 말부터 건물공사를 시작하기 전 기반시설 공사가 진행되었다. 미군기지 부지 내에서는 현재의 높이보다 1~2m가량 표준 고도를 높이는 성토작업이다. 부지를 높이는 성토공사는 주로 농경지였던 저지대 부지에 대한 홍수 피해를 예방하기 위해 지반을 높이는 공사다. 기지공사를 위한 시공업체 선정 방식은 공개경쟁을 원칙으로 하며 공사의 규모와 성격에 따라 제한경쟁 입찰 방식을 적용한다. 기지예정지에 서식하고 있는 멸종위기 보호대상인 금개구리와 천연기념물 솔부엉이를 보호하는 대책도 마련되었다. 군수물자 등 이동에 사용되는 철도는 2013년 12월에 완공하기로 협의되었다.[26)]

IV 주한미군 평택재배치와 협력적 거버넌스 구축

4.1 지역발전 방안과 주한미군에 대한 인식

정부는 주한미군기지 평택재배치의 원활한 추진과 이전지역의 발전과 주민 이주대책을 지원하기 위해 「주한미군기지이전관련 특별법」을 제정했다. 2004년 2월말 국회를 통과해 2014년 12월 31일까지 한시적으로 효력을 발생하는 「주한미군기지이전에따른평택시등의지원등에관한특별법(이하, 평택지원특별법)」이 2005년 4월 1일부터 시행되었다.[27)]

「평택지원특별법」에 따르면 팽성읍 안정리 캠프 험프리스, 서탄면 일대를 포함한 미군기지 확장공사는 오는 2014년까지 약 1조1000억 원이 투입된다.[28)] 또 61개 첨단업종에 대한 신증설이 허용되었다. 평택지역에 범정부적 차원의 개발지원으로 2020년까지 농업, 제조업, 도시정비, 교통물량, 관광 등 9개 분야 89개 사업에 18조8000억 원을 투자한다고 발표했다. 주변상권 활성화로 지역경제 발전, 대규모 고용 창출이 기대된다<표 4 참조>.[29)]

주한미군 재배치에 따른 중장기적 대책을 수립하기 위해 직간접으로 정책에 영향을 미치는 주민인식 조사가 선행될 필요가 제기됨에 따라 시행되었다.[30)] 주민인식 조사의 목적은 공여지 대상 주민에 대한 보상수준과 지역발전에 대한 주민욕구에 대한 조사였다. 이를 통해 지역사회 행위주체로서의 주민의 특성과 의식수준을 인지하고 미군 이전에 대한 대응책의 우선순위를 정책에 반영하기 위한 것이었다. 또 지역개발계획 수립 및 추진에 도움을 주는 것으로 판단되었다.

〈표 4〉 평택지역 지원 프로그램

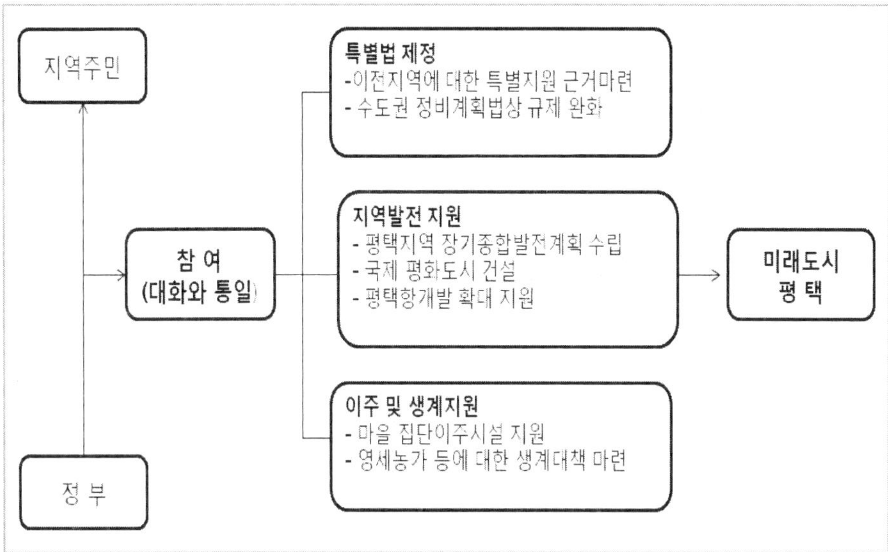

출처: www.mnd.mil.kr/USFKrelocation_new/main/index.jsp(검색일: 2011. 5. 12).

그럼에도 불구하고 제기되는 개인안보와 국가안보 사이의 딜레마의 사례를 살펴보면 다음과 같다. <표 5>에서 처럼 2001년 동누전, 파주, 의정부, 평택지역 주민들을 대상으로 실시한 설문조사 결과는 주한미군의 주둔에 대한 주민들이 직면하고 있는 딜레마를 상징적으로 보여주었다.[31]

<표 5>의 결과에서 보여주듯이 미군이 국가 및 지역의 안보에 미치는 영향에 대해 과반수의 이상의 주민들이 긍정적으로 평가했다. 그러나 이들이 지역사회에 미치는 영향에 대해 유보적이거나 부정적인 입장이 다수를 차지했다. 국가안보를 위해 주한미군의 주둔이 필요하지만 자신들의 이해관계와 직접적으로 연관될 경우 다른 입장을 보였다.[32]

〈표 5 〉 주한미군 주둔이 지역사회에 미치는 영향(이익)에 대한 전반적인 의견

구 분	전체		동두천		파주		의정부		평택	
	빈도	비율	빈도	비율	빈도	비율	빈도	비율	빈도	비율
매우 좋은 영향을 미침	28	2.3	10	3.2	5	1.7	2	0.7	11	3.7
어느 정도 좋은 영향을 미침	214	17.8	60	19.5	44	14.8	35	11.7	75	25.5
별다른 영향을 미치지 않음	501	41.8	120	39.0	135	45.3	117	39.0	129	43.9
어느 정도 나쁜 영향을 미침	315	26.3	81	26.3	67	22.5	109	36.3	58	19.7
매우 나쁜 영향을 미침	134	11.2	34	11.0	42	14.1	37	12.3	21	7.1
무응답	8	0.7	3	1.0	5	1.7	-	-	-	-
계	1200	100.0	308	100.0	298	100.0	300	100.0	294	100.0

출처: 경기개발연구원, 『주한미군과 지역사회 통합에 관한 연구』 (서울: 경 기개발연구원, 2001), p. 116.

2006년 3월 경기도민을 대상으로 한 '경기도민 의식조사'에서는 경기도민들의 과반수(51.7%)는 한미동맹이 과거에 비해 약화되었다고 인식했다. 한미동맹의 변화에 대해 바람직하지 않다는 의견이 과반수가 넘는 52.1%에 달했다. 2005년 통일연구원의 국민통일여론 분석에 따르는 경기도민들의 반미정서는 전국 평균(50.30%)보다 다소 높게(56.00%) 조사되었다. 그러나 경기도의 반미정서는 광주, 전북, 경남, 대구, 울산, 충남보다 낮은 수준이었다. 미군주둔이 실질적으로 경기도민들의 반미의식에 크게 영향을 주고 있지 않음을 알 수 있는 결과로 간주되었다.[33]

4.2 재배치 정책의 효용성에 대한 인식

주한미군 평택재배치에 대한 갈등이 고조되었던 2006년 4월의 여론조사 결과를 분석해보면 다음과 같다. 주한미군이 평택지역에 가장 해로운 분야에 대해 '청소년 교육환경분야: 미군 상대 기지촌 및 미국의 저속문화 유입으로 인한 교육환경 저해'(30.2%), '치안분야: 미군범죄'(23.1%), '환경분야: 군사훈련으로 인한 소음, 공해, 토양 · 수질오염' (23.1%), '토지 이용 및 도시계획분야: 재산권 행사 제한 및 도시개발 왜곡' (14.8%), '지역사회의 이미지 훼손' (6.5%) 순으로 응답하였다<표 6 참조>.

〈표 6〉 주한미군의 주둔에 대한 부정적인 인식

구 분	전 체		팽성지역		시청지역		신장 및 송탄지역	
	빈도	비율	빈도	비율	빈도	비율	빈도	비율
청소년교육환경 분야: 미군상대 기지촌 및 미국의 저속문화유입 등으로 인한 교육환경의 저해	255	30.2	76	30.0	92	29.0	87	31.6
치안분야: 미군에 의한 폭행, 강간, 강도, 살인 등 각종 범죄	195	23.1	56	22.1	71	22.4	68	24.7
환경분야: 미군기지 및 미군의 군사훈련으로 인한 소음, 공해, 토양/수질오염 등	195	23.1	63	24.9	72	22.7	60	21.8
토지이용 및 도시계획분야: 미군기지로 인한 재산권행사 제한 및 도시개발 왜곡	125	14.8	32	12.6	54	17.0	39	14.8
지역사회의 대외적 이미지 훼손	55	6.5	22	8.7	16	5.0	17	6.2
기 타	15	1.8	4	1.6	5.0	17	6.2	1.5
전 체	845	100.0	253	100.0	317	100.0	275	100.0

출처: 경기개발연구원, 『미군기지 평택이전에 따른 주한미군과 지역사회간 갈등관리 및 협력제고 방안 연구』 (서울: 경기개발연구원, 2006), p. 70.

이전의 여론조사에서 나타난, '토지이용 및 재산권 행사 제한'에 대한 불만이 줄어든 반면, '사회문화환경' 부문에 대한 부정적 인식이 다소 증가했다. 평택지역은 동두천, 의정부, 파주 등 여타 지역보다 미군범죄 발생율이 낮은 지역으로 간주되었다. '귀하는 본인을 포함하여 가족, 귀하의 가까운 이웃이나 주변에서 주한미군으로 인해 크던 작던 피해를 입은 적이 있는가?'에 대한 질문에 설문 응답자의 11.1%만이 '있다'고 답하였다. '주한미군이 평택에 계속 주둔해야 하는가' 라는 질문에 대해 찬성의견(43.3%)이 반대의견(34.5%)보다 높았다. 또 가장 갈등이 치열했던 팽성지역 주민들의 경우 반대의견(42.9%)이 찬성의견(33.9%)보다 높았지만 그 차이가 압도적이지 않았다.[34)]

2006년 9월 초 「평택지원특별법」 제정과 이전정책의 결정되고 집행이 개시된 직후 평택지역의 주민 300명 대상의 주한미군 재배치에 대한 여론조사가 실시되었다.[35)] 이 조사에서는 주한미군 이전에 대한 찬반여부 등 총 20개 항목과 인구통계학적 문항 6개에 대해 인구비례에 의한 지역별 · 성별 · 연령별 무작위 할당방법으로 추출된 표본에 대해 조사되었다(표본오차는 95% 신뢰수준에 5.7%임). 2003년 10월 16일~20일 동안 평택시민을 대상으로 설문조사가 진행되었다. 결과적으로 주한미군의 이전(용산미군기지 및 미2사단 이전)에 대해 평택시민의 53.0%가 반대하고 37.8%가 찬성했다. 2006년 한 조사결과에 따르면 55.5%가 찬성했고, 37.6%는 반대했다<표 7 참조>.[36)]

〈표 7〉 미군기지 이전에 대한 찬반 비교(평택)

항목	2006		2003
	사례수	비율(%)	비율(%)
찬성한다	167	55.5	37.8
반대한다	113	37.6	53.0
잘 모르겠다	20	6.9	
계	300	100.0	

평택지원특별법 제정이 평택지역 주민들의 기지이전 찬성 지지율에 긍정적인 영향을 미치고 잘 알 수 있는 대목이다. 특별법이 발표되면서 지역경제 및 발전에 대한 보상과 기대감이 컸던 것이다. 반면 환경문제 악화, 교육문제, 각종 범죄 등의 증가에 대해 반대의견은 여전히 높았다. 중요한 것은 이런 설문조사에도 불구하고 주한미군 이전이 지역사회의 갈등과 분열의 주요 요인이기 때문에 이를 해소하고 지역통합에 기여할 수 있는 정책 및 제도적 장치가 계속해서 마련되어야 한다.37)

특히 정부의 의사소통과 홍보의 측정지표로서 특별법 제정에 대한 인지도 저사에 대해 중요한 점이 분석되었다. 평택시민의 66% 정도가 특별법 제정 사실을 모른다고 답변했다. 특별법 제정 직후에도 이에 대한 인지도가 상당히 낮았던 것으로 판단되었다. 이것은 정부의 지역주민에 대한 정책 의사전달(policy communication)의 유형이나 방법에 문제가 있는 것을 시사해 주는 것이었다. 중앙정부와 지방정부 차원에서 정책목표 달성에 부작용과 정책에 대한 신뢰성에 대한 문제도 제기된다.38)

〈표 8〉 현재 거주지 평택시의 낙후원인

항　　목	평택시(%)
산업기반의 미약	23.0
미군기지 등 군사시설 입지	23.4
수도권정비계획법 등 개발 제한 규제	16.5
의료 및 문화시설 부족	4.3
중 · 고, 대학 등 중등 및 고등교육시설 부족	11.6
산악지역 등의 거주환경 열악 (평택은 농업 중심)	14.1
기타 및 잘 모르겠다	7.1
계	100.0

〈표 9〉 미군 주둔 및 이전의 정책효과에 대한 응답결과의 비교

측정지표	항 목	평 택
		비율(%)
지역경제 활성화에 미치는 영향 (경제 활성화)	영향 있음	73.6
	영향 없음	24.5
	잘 모름	1.9
	계	100.0
교육문화환경에 미치는 영향 (교육문화)	긍정적	42.0
	부정적	52.4
	잘 모름	5.6
	계	100.0
지역 이미지에 미치는 영향 (지역이미지)	좋은 영향	42.3
	나쁜 영향	55.0
	잘 모름	2.7
	계	100.0
삶의 질 및 지역발전에 미치는 영향 (삶의 질)	좋은 영향	53.0
	나쁜 영향	43.0
	잘 모름	4.0
	계	100.0

<표 8>와 <표 9>의 결과를 분석해보면, 주한미군 주둔과 재배치에 따른 가장 큰 기대는 지역경제 활성화에 미치는 영향으로 간주되었다. 대신 교육문화환경에 미치는 영향과 지역 이미지에 미치는 영향은 다소 부정적인 것으로 조사되었다. 따라서 교육문화 환경에 대한 긍정적인 영향을 줄 수 있는 정책과 의견 수렴이 잘 반영되어야 한다. 미군 주둔에 따른 도시 이미지에 대한 부정적인 이미지를 해소하기 위한 방안으로 '국제평화' 신도시에 대한 구축에 더욱 주력해야 한다.[39]

4.3 협력적 거버넌스 구축 모색

한미동맹과 국책사업의 일환으로 진행되고 있는 주한미군 평택재배치는 가장 직접적으로 영향을 받게 되는 지역주민의 권익을 보호하고 인프라 구축에 주력해야 한다.[40] 아울러 이런 몇 차례 주민인식 조사를 통해 무엇보다 주한미군의 주둔에 대해 대다수 지역주민들이 일방적으로 반대 의견이 아니라는 점이다. 많은 평택주민들은 주한미군 재배치에 대체로 찬성하며, 지역발전에 대해 긍정적인 인식을 갖고 있다. 그러나 국가안보와 지역발전 측면에서 실제로 피해 발생과 발전에 저해되는 문제점에 대한 부정적인 인식도 정책수립에 잘 반영되어야 한다. 주로 특별법에 기초한 충분한 재정지원에 대한 지원에 대한 불안감, 재배치 종료 이후 정부가 제시한 발전방안의 집행여부에 대한 불신감, 중앙정부 주도의 발전전략과 외부자원 의존형 개발전략에 따른 토지 가격의 급상승, 그에 따른 지역 주체들간의 불평등 심화 등의 문제가 제기된다<표 10 참조>.[41]

주한미군 재배치와 그에 따른 제기되는 제반 문제를 어떻게 인식할 것인가와 제기된 갈등을 어떻게 수용하고 정책을 효율적으로 집행 할 것인가는 중요한 과제다<표 11 참조>. 지역발전의 SWOT 분석처럼 긍정적인 기회 요인인 국제적 평화안보 이미지를 강화하고 경기남부에서 외국인 관광객과 비즈니스맨의 활동 중심지로서 성장할 수 있는 기회로 활용해야 한다. 정부의 수도권 규제 정책을 다소 완화할 수 있는 계기로 삼아 각종 지원을 받는 것에 주력해야 한다.[42] 이미 2006년 공여지 매입과 보상에서 경험했듯이 지역공동체의 분열과 갈등이 심화 내지 고착화를 줄일 수 있는 방안도 모색되어야 한다. 군사지역 보호구역 등 인근 주거지역에 대한 개발의 제약에 대한 규제 완화도 꾸준히 논의해야 한다. 지역주민들의 불만이 상존해 기지촌의 이미지가 강화될 우려를 해소하기 위해 다양한 위협요인을 해결하고 최소화 시켜나가는 정책이 수행되어야 한다.[43]

〈표 10〉 미군 이전 정책에 대한 불응 가능성

제정확보의 불확실성	정책의 일관성 및 지속성
• 막대한 재정지원을 내용으로 하는 계획은 주민들로 하여금 미군이전에 대한 순응의 동기를 부여함으로써 정책 집행에 대한 높은 기대감을 유발함 • 그 비용을 어떻게 충당할지에 대해서는 정부 및 지자체에 대한 능력 및 자원 확보에 대한 불신으로 말미암아 정책불응을 초래할 수 있음. 실질적으로 평택지역 주민들이 가장 우려하고 있는 부분임	• 정부가 특별법 및 지역개발계획의 내용을 주한미군 재배치 종료 이후와 정권이 교체이후에도 지원정책을 실행에 옮길 것인가에 대한 불안감 내지 의구심이 지역사회에 팽배해 있음 • 특별법이 미군 이전사업을 용이하게 추진하기 위한 단기적인 일종의 전시용 '당근'책이 아닐까하는 신뢰의 문제가 제기됨
정책집행의 수단 및 효과의 적절성	**지방정부 및 주민참여의 역할 축소**
• 중앙정부 주도의 물량적이고 외부자원 의존형 개발전략은 지역 내 토지가격의 급상승을 부추기며, 지역공동체 내의 행위주체들 간에 대립과 갈등을 심화시킬 수 있다는 우려가 있음 • 단기적 이익추구 행위(자원의 다른 지역 이동)를 통해 지역의 핵심자원을 고갈시키지 않을까 하는 점 등이 정책불응을 초래할 수 있음	• 중앙정부 중심의 정책 추진으로 인해 지방자치 시대에 자칫 중앙집권적 및 주도적 개발전략에 의하여 지방자치단체 및 지역 행위주체(주민, 시민단체, 기업 등 포함)의 역할이 축소될 수 있다는 우려가 제기됨 • 정책의 결정 및 집행과정에서 중앙의 독단, 주민과의 의사소통의 왜곡, 주민참여의 축소 등에서 오는 정책불응을 초래할 수 있음

출처: 윤영미, 『동북아시아의 외교와 안보』 (서울: 두남, 2011), pp. 294-295 재정리함.

〈표 11〉 미군기지 이전에 따른 지역발전의 SWOT 분석

Strengths (강점)

- 수도권 남부에 위치하여 개발압력이 높음
- 생산성 있는 잠재시장과 인접해 있음
- 기업, 기술, 인력이 집중된 지역과 인접해있음
- 평택항을 갖고 있어 물류중심지의 역할을 할 수 있음
- 항만 배후지의 확보가 용이함
- 교통이 편리하고 접근성이 용이함
- 특별법 제정으로 인한 규제완화 및 중앙정부의 지원 증대

Weaknesses (약점)

- 수도권 위치하여 수도권 규제로 인한 개발억제
- 도농 통합도시로 지역간의 통합에 어려움이 있음
- 지역의 인지도가 낮음
- 산업구조가 취약함
- 지역에 미군부대가 위치하고 있어 개발에 제한요인이 되고 있음

SWAT

Opportunities (기회)

- 서해안 시대의 잠재성
- 중국시장의 확대로 인한 교류증대
- 미군 이전으로 인한 수도권 규제완화 가능성 및 중앙정부의 지원증대 및 요청 가능성
- 평택항 개발로 인한 물동량 증대
- 관광수요의 증대로 인한 관광개발 가능성

Threats (위협)

- 무계획적 난개발의 가능성
- 미군 이전으로 인한 군사도시화
- 평택항 공유수면매립지 분쟁 패소로 인한 평택항 주도권 상실
- 미군 이전 등으로 인한 피해 및 지역내 갈등 확대
- 지속적인 수도권 규제
- 환경규제로 인한 기업규제

출처: 경기개발연구원, 「국방개혁 2020에 따른 군 구조 개편이 경기도에 미치는 영향 연구」 2009, p. 85 재정리함.

V 맺음말

주한미군 평택재배치에 따른 경제적 파급효과로 토지수용, 미군기지 건설, 기지운영, 미군에 의한 소비, 주택, 각종임대, 고용 등 다양한 부문에서 긍정적인 결과가 직간접적으로 나타나고 있다. 미군기지 건설에 따른 지역경제 활성화는 단기적으로 가시화될 것이며, 기지가 완성되면 기지운영에 따른 지출비, 미군 및 가족을 포함해 고용자들에 의한 소비, 주택 및 임대사업 등에서 효과가 발생했다. 이런 관점에서 다음과 같은 몇 가지 과제를 제시해 본다.

첫째, 가장 기대가 큰 지역경제 활성화 방안을 통한 고용창출, 인구 유입과 도시 발전의 원동력으로 삼아야 할 것이다. 특별법에 명시된 재정의 지속적인 지원책이 진행되어야 한다. 미군 이전을 통하여 향후 지역의 고용창출과 주변 상가 활성화(평택시)을 통하여 지역경제 향상에 도움이 되어야 할 것이다. 따라서 미군부대 주변지역 정비 및 공여지 활용을 포함하는 도시개발정책과 미군 이전으로 인한 고용창출 정책을 포함하여 경제 활성화 정책이 우선적으로 고려되어야 한다. 또한 미군 이전 정책에 대한 지역 주민의 순응을 높이기 위해서는 주민생활에 1차적인 영향을 미치는 소득, 교육, 주거문화 환경에 대한 증진 정책을 통하여 지역주민의 만족도를 향상시켜야 한다.[44]

둘째, 미군 주둔과 재배치에 따른 교육문화환경 조성에 대한 실질적인 혜택이 지역주민들에게 혜택으로 주어져야 한다. 예를 들면 경기도는 추가로 신설되는 13개교의 설립 비용 중 일부를 도가 투자 방식으로 부담하는 대신 신설학교에 경기지역 학생들을 일정 비율 입학하도록 하는 방안을 관계 기관과 추진 중이다. 투자된 도비는 미군학교가 받는 도내 학생들의 등록금 및 수업료와 상쇄하는 방식으로 환수한다는 구상이다. 학생 선발권은 도교육청에 위임할 계획으로 도는 미군학교에 도내 학생들이 입학할 경우 부모와 함께 거주하며 등・하교가 가능해 외국 유학에 버금가는 효과가 있을 것이다.[45]

셋째, 주한미군관련 사업 및 단체 활동을 통해 직업창출과 지역경제의 활성화와 해양관광산업단지 조성 및 발전에 지대한 영향을 줄 것이다. 향후 서해안벨트 및 해양산업 육성, 해양 주한미군 휴양지 관광산업의 발전을 통해 지역주민의 소득향상 및 인구유입의 기회가 될 것이다. 기존의 주변 평택호와 주변 서해안과 관광명소 연계한 실질적으로 국제적인 복합적 스포츠관광명소 지역화를 촉발할 수 있다. 평택의 문화공간화와 안보도시의 긍정적인 이미지 확충을 위해 글로벌 국제어학원 설립 내지 가족친화형 레저타운 형성, 안보의 허브기지로서 '안보박물관' 건립 등을 고려해 볼 수 있다.[46]

넷째, 중앙정부 차원에서의 법적 제도적으로 군 주둔지역으로의 민군협력 시스템 강화가 계속 요구된다. 미군 이전 문제는 국가안보와 지역주민의 생존권이라는 서로 대립되는 차원에서 갈등관계를 유발하기 때문에 중앙과 지방정부간의 협력은 지역발전에 중요한 영향을 초래할 것이다.[47] 따라서 지방정부는 지방의 특성과 주민의 의견을 적극적으로 수렴하여 중앙에 전달하고 또한 중앙의 의지를 지역에 전달해야 한다. 미군 주둔 주변 지역의 군사시설, 주둔지 등이 군사시설보호구역이 현재 유휴지라 하더라도 장래의 작전 소요를 예상하여 군사시설보호구역으로 개발이 제한될 수 있다. 군부대가 물자와 서비스에 대한 수요자로서 인력과 장비의 공급자로서 해당 지역사회에 긍정적인 영향을 미칠 수 있는 점을 잘 활용해야 할 것이다.[48] 군 작전상 필요하다고 하더라도 이에 대한 주민들의 이해가 없으면 불만이 발생할 수 있다는 점을 고려하여, 주한미군을 포함한 민군간의 이해 부족으로 인한 문제를 해결할 수 있는 효율적이고 실질적인 협의체 구성이 긴요하다. 지역사회가 군의 수요를 충족시킬 수 있을 만큼의 역량을 갖추는 노력도 동시에 요구된다.[49]

다섯째, 가족동반형 미군기지의 활용 방안을 활용해야 한다. 한국 근무기간 연장 및 근무 기피요인 해소 방안이 될 것이다. 미국은 미군들의 전투준비력을 강화하기 위해 군인과 그 가족들을 위한 관련 복지서비스를 제공하고 있고, ‘Good Neighbor Program’, ‘같이 갑시다’ 등의 프로그램을 통해 한국을 이해하고 국민들과 교류에 주력하고 있다. 현재 1년 단위로 미 본토나 다른 해외기지로 순환 배치되는 주한미군에 대해 새로운 계획이 발표되었다. 미국은 2008년 12월 주한미군가족동반 근무기간 3년 연장을 승인했다. 월터 샤프 전 한미연합사령관은 “주한미군의 안정적 주둔을 위해 모든 장병들이 가족을 동반하는 경우에는 3년, 가족을 동반하지 않거나 부양가족이 없는 경우에는 2년 동안 한국에서 근무하도록 하겠다”고 밝혔다. 재배치 사업이 완료되는 2016년 이후 주한미군과 그 가족의 수는 현재 2만8천여 명보다 대폭 늘어난 7만 명에서 많게는 10만 명까지 늘어날 전망이다. 동시에 “독신 군인지역(Single Soldier Post)”에서 “군인가족지역사회(Army Family Community)”로 변화될 것이다.[50]

계속해서 주한미군의 재배치 정책은 국가안보와 미군기지의 효과적인 재배치와 지역 발전이라는 상호 복합적인 목적 하에 활발하게 추진되어야 한다. 앞서 평택지역 주민의식 조사 결과를 분석에서 드러났듯이 주한미군 평택재배치는 중앙정부의 일방적인 정책결정만으로는 지역발전 및 갈등요소 해결에 한계가 있음에 주목해야 한다. 향후 미군 재배치에 따른 장기발전 정책의 수립과정에서 상당한 갈등이 노출될 수 있기 때문에 중앙과 지방정부 양자의 정책시각의 정합성(congruence)이 요구된다. 주한미군 재배치의 성공적이고 원만한 진행을 지역주민의 의견을 수렴하고 지역공동체의 참여에 의한 협력적인 민군관계 구축에도 주력해야 한다.[51)]

미 주

1) 미국의 새로운 동맹정책은 대규모 주둔기지를 바탕으로 통합된 전략을 추구하는 전통적인 체제에서 여러 동맹국들과 소규모 기지 체계에 바탕을 둔 협력 체제를 유지하면서 테러와 WMD 확산방지, 인도적 사태 발생시 신속 대응하는 '신군사전략 즉 신동맹체제'를 구체화해 나가는 데 역점을 둔다. 김일영 · 조성렬, 『주한미군: 역사 · 쟁점 · 전망』(서울: 한울, 2003), pp. 153 – 154.

2) Walt Stephen M., The Origins of Alliances(Ithaca, N.Y: Cornell University Press, 1987) p. 12.

3) Friedman Julian R., Alliance in International Policies(Boston Massachusetts: Allyn and Bacom Inc., 1970), pp. 4 – 5.

4) Bruno Tertrais, "The Changing Nature of Military Alliances," The Washington Quarterly, Vol. 27, No. 2 (Spring, 2004), pp. 135 – 137.

5) 윤영미, "한미동맹과 신안보: 주한미군 재배치 현황과 전망을 중심으로," 「현상과 인식」 한국인문사회과학학회, 제31권 제1/2호, 2007, pp. 127 – 128.

6) 더 자세한 논의는 윤영미(2007), pp. 127 – 128; 권재상 역, Robert Mandel, 『The changing Face of National Security, 국가안보의 변모: 개념적 분석』(서울: 간디서원, 2003), pp. 39 – 45.최강, "한반도 군비통제와 주한미군의 장래: 병존과 가능성의 한계," 「전략연구」 한국전략문제연구소, 통권 제27호, 2003. 3, pp. 82 – 108.

7) 김일수, "민주화 이후 안보문제 정치화 사례연구: 한미관계," 2007년도 한국국제정치학회 안보학술세미나 발표 논문 2007. 9. 13, p. 114; 더 자세한 주한미군 감축 논의는 윤영미, 『동북아시아의 외교와 안보』(서울: 두 남, 2011), p. 239 참조.

8) 김영호 외, "주한미군의 재조정과 21세기 동북아 군사안보질서," 『국회국방위원회 정책보고서』 2005. 9 참조.

9) 더 자세한 한미 양국의 협상과정은 다음을 참조. 윤영미(2011), pp. 239 – 240; 윤영미, "전략적 미래한미동맹과 주한미군 평택재배치의 함의," 「한국동북아논총」 한국동북아학회, 13(4), 2008 참조.

10) 더 자세한 재배치 협상 과정은 다음을 참조. 윤영미(2011), pp. 239 – 243.

11) www.mnd.mil.kr/USFKrelocation_new/main/index.jsp(검색일: 2011. 5. 12).

12) www.mnd.mil.kr/USFKrelocation_new/main/index.jsp(검색일: 2011. 5. 13).

13) http://news.hankooki.com/lpage/society/201103/h2011032918253421950.htm(검색일: 2011. 5. 13).

14) 「외교안보연구원 정책 보고서」 2003. 10. 17.

15) 더 자세한 논의 윤영미(2011), pp. 244 – 245 참조.

16) 「국방백서」 국방부, 2006, pp. 86-87.

17) 미군의 K-55기지 주둔은 1952년 3월부터 시작되었다. 현재 미7공군의 사령부가 있다. K-55는 미7공군 사령부가 위치하며 주한미공군의 중추적인 역할을 수행한다. 이곳에 주한미군 및 그 가족들의 출입국이 이루어진다. K-6 기지는 미 육군부대로

팽성읍 안정리에 위치한다. 청일전쟁(1894-1895) 당시 일본군의 주둔지였고 6·25 전쟁 이후 미군이 주둔하고 있는 곳이다. 향후 K-6 기지에 주한미군사령부, 유엔사령부(UNC), 한미연합사령부(CFC)가 추가로 주둔하게 된다. 용산미군 기지와 미2사단이(가변적 상황에 의하여 인원수 미정)재배치되면 수만 명의 미군과 미군가족, 미국국적의 군무원들이 거주하게 된다. 「평택시 장기종합발전계획」 2005. 5, p. 101; 윤영미(2011), pp. 246-247.

18) 윤영미(2011), pp. 268－270.

19) 「국방일보」 2007. 9. 11.

20) 「연합뉴스」 2010. 10. 21.

21) 「한국일보」 2011. 3. 29.

22) 「국방일보」 2010. 12. 24.

23) 「세계일보」 2008. 5. 21.

24) 협의가 완료된 설계기본요구서는 미국이 기본설계(30%)를 실시하고 한국이 실시설계(70%)를 한 뒤 시설공사를 실시하고 최종적으로 미국이 검증 후 시설물이 인계된다. 「NewsDaily」 2011. 3. 29.

25) 「국방일보」 2011. 3. 30.

26) 홍수로 자주 넘치는 안성천으로 인해 표준 고도를 높여 달라는 미군의 요청으로 시작되었다. 성토공사 비용은 3천억~4천억 원 규모로 한국은 K구역의 성토공사를 맡았다. 「서울신문」 2011. 3. 30; 2010년 12월 주한미군기지이전사업단은 기지내로 진입하는 철도 건설을 위해 기공식을 진행했다. 국토해양부가 2010년 12월 초 착공한 평택역～포승철도 구간(30.3km) 가운데 안성천을 횡단, 평택 미군기지내로 진입하는 철도교량(1.5k) 공사가 포함된다. 한미동맹을 상징하는 철도교량(가칭 '교포교')은 관광유람선이 안성천을 다닐 수 있도록 아치형으로 건축된다. 공사완공 후에는 훈련을 위해 전방지역으로 이동하는 모든 인원 및 물자가 이 철도를 이용하게 되며, 부대 이동으로 인한 소음 등 각종 주민피해 예방에도 크게 기여할 것으로 기대된다. 「아주경제」 2010. 12. 17.

27) 법률 제7271호(공포 2004/12/31, 시행일 2005/4/1). 일부개정(2005/8/4, 법률 7678호).

28) 미군 이전 시설사업 지원 범위와 의무, 미군기지 이전특별회계설치, 평택시 장기종합발전계획 수립을 위한 지 원 대책 및 개발에 장애가 되는 각종 규제의 철폐 또는 완화, 기지주변지역의 지원 사항 등이 포함되었다. 강휘원 · 윤영미, "주한미군의 평택이전과 정책순 : 판별분석에 의한 순응요인의 탐색," 「지방정부연구」 한국지방정부학회, 11(2), 2007 참조.

29) www.mnd.mil.kr/USFKrelocation_new/main/index.jsp(검색일: 2011. 5. 12).

30) 부잔(Barry Buzan)은 국가안보에 대해, "국가는 개인에 대해 어느 정도의 안보를 제공하기도 하지만 그 대가는 반드시 위협의 제기라는 형태로 나타난다,"고 지적했다. 이 말은 직접적이든 간접적이든, 혹은 의도적이든 그렇지 않든 안보의 위협 요소는 개인의 안보를 지배하기에 충분하며 때론 개인안보와 국가안보 사이의 갈등은 불가피함을 피력한다. Barry Buzan, people, States & Fear: An Agenda for

International Security Studies in the Post-Cold War Era (Boulder, Colorado: Lynne Rienner Publishers, 1991), p. 50.

31) 최용환, "지역사회의 입장에서 본 주한미군 재배치 문제: 평택 사례를 중심으로," 제13권 제1호 (통권 제24호), 「국제관계연구」 2008년 봄호, p. 59.

32) 경기개발연구원, 『주한미군과 지역사회 통합에 관한 연구』 (서울: 경기개발연구원, 2001), p. 116.

33) 경기개발연구원, 『남북문제 관련 경기도민 의식조사』 2006년 3월에 실시했다. 이 조사는 2006년 3월 16~17 경기도 거주 19세 이상 남녀 2,000명을 대상으로 실시되었다. 최용환(2008), pp. 69-70.

34) 경기개발연구원, 『미군기지 평택이전에 따른 주한미군과 지역사회의 갈등관리 및 협력제고 방안 연구』 (수원: 경기개발연구원, 2006), p. 65.

35) 평택에 거주하는 19세 이상의 성인 남녀 300명을 대상으로 2006년 9월 6일부터 9일까지 여론조사 기관인 한길리서치에 의뢰하여 구조화된 설문지를 이용한 전화설문 여론조사를 실시했다. 윤영미 · 강휘원, "미군 주둔 지역주민의 인식 비교 및 정책적 함의 -동두천 및 평택 지역주민을 대상으로-," 『2006년 국방정책 연구보고서』 국방부 정책과제.

36) 「평택시민신문」 2003. 10. 23.

37) 윤영미(2011), p. 305.

38) 윤영미(2011), p. 306.

39) 윤영미(2011), pp. 307-308.

40) 강휘원, "주한미군 이전에 따른 평택지역의 외부 의존적 발전전략의 한계와 대안의 모색," 「한국정책연구」 5(2), 2005, pp. 1-2.

41) 윤영미(2011), pp. 294-295.

42) 윤영미(2011), pp. 311-313.

43) 경기개발연구원, 「국방개혁 2020에 따른 군 구조 개편이 경기도에 미치는 영향 연구」 2009, pp. 84-85.

44) 경기개발연구원(2009), pp. 110-112.

45) 2008년 4월 말 경기도와 교육과학기술부 · 평택시 등에 따르면 주한미군은 전국 곳곳의 미군기지를 통합 이전할 평택기지 안에 2020년까지 18개 초중고교를 설립하기로 했다. 주한미군은 당초 기존 1개교 외에 4개의 초중고를 설립할 예정이었으나 장병들의 근무 기간이 1년에서 2~3년으로 연장되면서 장병 가족들이 1만4000여 명까지 늘어날 것으로 예상됨에 따라 건립 학교 수를 대폭 확대했다. 「연합뉴스」 2009. 4. 27.

46) 경기개발연구원(2009), pp. 112-113.

47) 민군관계에 대한 자세한 논의는 다음을 참조. 윤영미, "탈냉전기 미군주둔 지역의 합리적 재조정과 협력적 민군관계 방안에 대한 고찰," 「한국동북아논총」 한국동북아학회, 3(56), 2010.

48) 강한구 외, 『군 주둔과 지역경제』 (서울: KIDA Press, 2005), p. 13.

49) 최용환, "군사시설 관련 실태와 개선방안 보고서," 경기개발연구원 보고서, 2008. 12. 19; 김동성 외, 「군사시설로 인한 피해실태 및 민군관계 재정립 방안 연구」 경기개발연구원 보고서, 2008 참조.

50) 독일 주둔 미군의 가족 동반율은 약 87%이며 일본은 약 55%에 달한다. 반면 한국은 약 17%정도로 독일과 일본에 비해 현전이 낮다. 2011년 12월 초 샤프 전 한미연합사령관은, "주한미군의 체류기간 연장과 가족 동반률 증가는 안정적 주둔으로 이어져 전력 증강은 물론 한·미 연합동맹 강화와 동북아 안정에도 중요한 역할을 할 것으로 기대한다,"며 "재정 문제를 포함해 주한미군기지 이전사업이 예정대로 진행될 수 있도록 국회 차원에서의 지원 노력을 지속해 나갈 것,"이라고 강조했다. http://www.kyeongin.com/news/articleView.html?idxno=565529(검색일: 2011. 5. 1).

51) 주한미군 재배치의 지원 행위자이자 주체로서 중앙정부와 주한미군의 역할 및 지역사회의 문제해결 및 갈등 관리자로서 지방정부의 역할이 무엇보다도 필요하다. 지역주민의 의견 수렴과 NGO 단체, 언론 매체 등의 다양한 견해와 여론을 시기적절하게 수렴하는 노력이 지속적으로 수반되어야 할 것이다. 윤영미(2011), pp. 314-316.

한국사회와 글로벌 의제

제7장 에너지외교의 다변화와 과제: 우즈베키스탄과의 협력 모색

제8장 저탄소 · 녹색성장의 환경정책: 특성과 과제

제9장 한국적 다문화정책의 양상과 대안모색

3부

GLOBAL

제 7 장

에너지외교의 다변화와 과제: 우즈베키스탄과의 협력모색을 중심으로

Ⅰ. 들어가는 말

Ⅱ. 우즈베키스탄의 지정학적 특성

Ⅲ. 한국의 에너지외교의 다변화 : 우즈베키스탄과의 협력 확대

Ⅳ. 맺음말

Ⅰ 들어가는 말

한 국가의 발전과 외교관계 형성에는 '조건과 영향요인'이 상호작용한다. 조건이 중장기적으로 불변하는 영향요인으로서 상수에 해당된다면 영향요인이 변수로 간주된다. 탈냉전기 정보화 및 지구화시대의 국가발전 및 안보전략 환경에 영향을 미치는 유형적, 무형적요소들의 비중은 과거 냉전시대와 다르게 형성된다. 국가건설과 발전에 있어서 대외정책은 국익을 달성과 국가의 중요한 정치적 방향과 목적과 일치한다.[1] 한 국가의 대외정책의 주요 조건은 역사적, 문화적 배경, 기술수준과 부존자원과 같은 경제적 및 에너지자원 등이 포함된다. 영향요인에는 체제전환, 내전, 경제위기 등이 해당된다. 예를 들면 여타 중앙아시아(Central Asia)의[2] 신생독립국가들처럼 우즈베키스탄의 부존자원은 중요한 요인으로 대외정책의 중요한 조건으로 결정적인 요소로 작

용한다.[3] 우즈베키스탄은 대외적으로 국가안보와 에너지 및 경제관계, 대외정책 측면에서 러시아와 미국, 중국 등의 주변국가의 정치적 압력과 개입, 서구의 경제적 영향 등이 중요한 요인으로 작용한다.[4] 한국의 대우즈베키스탄의 외교정책은 에너지외교로 집중된다. 한국과 우즈베키스탄과의 협력 증진은 중앙아시아 지역에 대한 '공간적 범위'의 확장과 에너지안보 강화 측면에서 중요한 사례가 된다. 또 양국의 전략적 협력동반자 관계를 토대로 상호보완적인 교역과 투자 확대 등 전방위적인 관계 증진은 중요한 대외정책의 영향요인이 된다.

이런 맥락에서 본 장에서는 탈냉전기 우즈베키스탄의 국가발전과 대외정책에 중요한 영향을 미치는 국내 및 국제적 지정학적(Geopolitical factor) 특성을 살펴보고, 한국의 대우즈베키스탄의 에너지외교 다변화 정책의 중요한 영향요인과 과제에 대해 검토해 보고자 한다.[5]

Ⅱ 우즈베키스탄의 지정학적 특성

2.1 국내적 요소와 양상

우즈베키스탄의 지정학 특성을 국내적 및 국제적 요소로 살펴보면 다음과 같다. 우선 국내적 요소는 통치구조와 권력기관, 정당 및 사회단체와 정치적 활동, 언론 및 출판의 자유 등이 포함된다. 이들 중 정치적 구성요소는 한 국가의 정치적 의사결정 관련 기구 및 사회적 동의나 분쟁 등과 공간적 작용을 수반하는 다양한 문제가 포함된다.

우즈베키스탄은 1991년 구소련에서 독립한 중앙아시아 국가들처럼 국가건설에서 민주주의와 자본주의 시장경제의 체제 전환을 통해 비교적 안정적인 정치체제를 유지하고 있다. 정치개혁을 주도할 수 있는 정치세력의 미비로 인해 엘리트 주도의 점진적인 개혁과 전형적인 기능주의적 관료제의 특징, 지지기반이 약한 정당구조 등이 드러난다. 구소련 시기 중앙아시아의 중심 국가이자 농업대국으로 면화생산을 대량을 했으며 비교적 산업이나 인프라 구축이 잘 발전되었다. 반면 1990년대 정부의 급진적 개혁보다는 국가 주도의 과도한 통제와 열악한 투자환경 등의 폐쇄정책으로 여타 중앙아시아 국가들에 비해 국제적 고립을 겪으면서 부진한 경제 성장을 경험했다.[6)]

1990년 중반 이슬람 카리모프(Islam A. Karimov) 대통령은 '시장경제주의' 정책을 수립했다. 1997년 카리모프 대통령은 그의 저서 『21세기의 문턱에선 우즈베키스탄』에서 정치경제적 대외정책의 기본 원칙을 국가간 상호이익의 전제를 바탕으로 국익 최우선주의, 국가간 상호평등, 호혜, 내정불간섭의 원칙, 이념을 초월한 보편적 가치, 평화안보에 바탕을 둔 대외협력, 국제법 우선주의 원칙, 양자 및 다자협정에 기초한 대외관계 증진으로 정리했다.[7)]

카리모프 대통령은 정치적으로 혼란, 테러, 빈곤, 혁명, 내전 등을 방지하기 위해 권력의 정통성 유지 및 엘리트와 관료제 구축 등을 중심으로 장기집권 통치를 유지해 오고 있다.[8)] 이런 점에서 비록 제한적이지만 펄뮤터(A. Perlnutter)가 지적했던 현대 권위주의(authoritarianism)의 특징인 정치 엘리트, 대중적 지지, 정치적 동원에 기반을 둔 정치구조와 제도를 유지하고, 민주주의와 자본주의 시장경제에 의한 성과 달성보다 '체제 안정'을 더 우선시 하는 정치체제를 유지한다.

우즈베키스탄의 권위주의 정치체제를 좀 더 살펴보면 다음과 같다. 1991년 이후 집권한 카리모프 대통령은 2002년 자신의 임기를 5년에서 7년으로 연장했다. 그 후 2007년 국민투표에서 7년 임기의 재선에 당선되었다. 대통령 중심의 권력구조를 유지하기 위해 최고 입법기구로서 올리 마즐리스(Oliy Majlis, 최고회의)가 존재한다. 이 기구는 상원(100명)과 하원(120)으로 구성되며 각각의 임기는 5년이다. 상원 중 84명은 14개 선거구(지방의회)에서 선출되고 나머지 16명은 실무 경험, 예술, 문학 기타 정부 및 공공사업 분야에서 두각을 보인 저명인사 중에서 대통령이 임명한다. 하원은 지역별 다당제를 기반으로 직접선거에 의해 선출된다.[9)]

권력구조의 주요 특징은 대통령과 의회가 대부분 실권을 장악하는 이원적 형태를 띤다. 그러나 의회의 비중은 형식적이고 대부분의 권력은 대통령 에게 집중된다. 여당인 인민민주당(Popular Democratic Party: PDP)과 자유민주당(UzLiDeP)이 권력을 장악하고 있고, 우즈베키스탄국가민주당(UNPU) 등이 의석을 차지하지만 PDP가 다수당으로 주요 정치적 기능을 담당한다.[10] 여당이 주요 언론을 장악하고 민족주의 및 이슬람 세력정당 등 야당의 영향력이나 정치활동은 미비한 편이다.[11]

2000년대 주변 국가들의 이른바 색깔혁명이 시민혁명으로 이어지면서 조지아, 우크라이나와 키르기스스탄 등에서 정권교체가 이뤄졌다. 우즈베키스탄에서는 이와 유사한 색깔혁명이 발생하지 않았다. 카리모프 대통령은 정치안정의 명분하에 2005년 5월 초 동부의 안디잔에서 발생한 대규모 반정부 시위를 정부군을 동원해 무력으로 진압했다. 반정부 시위의 주요 요인은 종교적 이유와 열악한 경제상황이 직접적인 원인이 되었다. 1991년 집권 이후 15년 동안 권력을 유지해 오고 있는 카리모프 대통령에 대한 국민적 반감도 반영되었다.[12]

일시적으로 대규모 유혈사태로 이어졌지만 약한 야당 세력과 대중의 정치참여 의식이나 시민사회가 충분하지 성숙하지 못한 상태에서 정권교체로 이어지지 못했다. 인권탄압과 비민주화, 빈곤 등의 약한 국가의 증후군이 표출되었다. 그러나 시민혁명으로 확산되거나 강력한 정부군에 대항할 세력이 부재했다. 미국과 서방의 정책에 배치되는 안디잔 반정부 사태이후 정부군의 진압에 의해 700여명이 사상자를 속출했다. 이 때문에 미국과 서방과의 관계가 악화되었고 대테러전쟁 명분으로 주둔했던 미군기지는 철수되었다.[13] 이번 사태에 대해 국제사회의 지원이나 미국과 서방의 인도적 개입은 제대로 이뤄지지 않았고 오히려 러시아의 영향력이 확대되는 계기가 되었다. 우즈베키스탄에서 발생 가능한 분쟁에 대해 국제사회의 지원이나 개입은 차단되었다. 국민의 생명과 재산을 지켜주고 체제의 안정을 추구하는 점진적인 개혁을 추구하면서 강한 국가건설의 사회적 합의와 정치적 연대가 모색되는 정치적 환경 요소가 더 강조되었다.

우즈베키스탄의 지정학적인 환경 요소 중에서 가장 중요한 경제적 구조의 장점은 풍부한 부존자원과 연계된다. 미첼(B.Mitchell)에 따르면 자원에 대한 접근은 다음의 네 가지로 정리된다. 첫째, 천연자원 그 자체에 관한 연구(자원의 수요 및 공급 분석, 자원의 특성 및 속성 분석), 둘째, 자원의 (공간적, 시간적, 기능적)배분에 관한 연구, 셋째, 자원배분을 규정하는 (자연적, 기술적, 경제적, 사회적, 정치적, 제도적, 법적)요인에 관한 연구, 넷째, 자원배분의 영향에 관한 연구 등이다. 자원문제에 대한 지정학적 접근은 전략적 자원 및 확보, 자원의 유통 주도권 장악 등을 둘러싼 국제관계의 관리가 포함된다. 주요 자원은 공간의 지정학적 의미를 진단할 수 있는 토대가 된다. 각종 자원의 소유 유무에 따라, 공간의 의미와 가치도 변화된다.14)

〈그림 1〉 중앙아시아 국가와 자원 현황

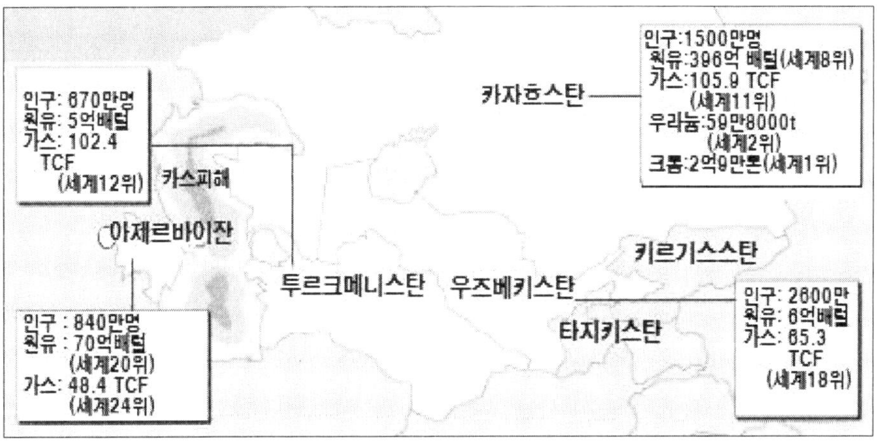

출처: http://news.mk.co.kr/newsRead.php?year=2008&no=305573(검색일: 2011. 4. 10).

우즈베키스탄은 풍부한 에너지자원과 안정적인 정치 환경에도 불구하고 1991년 구소련으로부터 독립 이후 부진한 투자유치로 에너지자원 생산량의 감소를 경험했다. 그러나 2000년대 이후 안정적인 에너지원의 생산 증대에 대한 필요성을 절감하고 세율인하, 면세 등의 투자 장려 대책을 포함한 적극적인 외국인투자유치 정책을 추진했다. 러시아, 중국, 일본 등의 국가들의 자원개발 투자가 진행 중이고, 한국도 아랄해 육해상 광구, 나망간·츄스트 육상광구, 우준쿠이 육상광구 등을 포함해 자원협력 및 개발에 참여하고 있다.15)

우즈베키스탄은 2/3가 스텝과 사막 평원으로 중부와 북부 지역을 중심으로 금, 구리를 포함한 다양한 광물자원과 천연가스, 석유의 매장지로 유명한 키질쿰 사막이 있다. 금과 은의 추정 매장량만 5000 t (세계 5위 수준)이다. 특히 천연가스 생산량이 독립국가연합(CIS) 중 러시아, 투르크메니스탄에 이어 연 3조㎥로 중앙아시아에서는 2위, 전 세계적으로 10위권 국가다. 세계 천연가스 매장량의 1%를 보유하고 있어 개발 잠재력이 높다<그림 1 참조>. 이런 천연가스는 부하라에서 우랄산맥까지 뻗은 파이프라인을 통해 수출된다.[16] 채굴 가능성이 있는 지역은 전 국토의 60% 이상을 차지한다. 현재 202곳 이상의 유전 및 가스 매장지가 발굴되었다. 이중 50% 이상이 개발 중이고 35%는 개발 준비 단계에 있다. 확인된 원유 매장량이 약 6억 배럴에 달하며 기대 매장량은 석유가 8억 5천만t, 유전 지대의 미탐사 지역이 2/3이나 된다. 국영에너지기업인 우즈벡네프트가즈(UNG)는 2006년 Dehjanabad, Tandyrcha, Shimoliy, Yumay 유전, Taylak 및 Dali 가스전 등 5개 신규 석유 가스전을 발견하기도 했다.[17]

지정학적 요소 중에서 문화지리적 요소에는 인구, 언어, 민족, 종교 등이 중요한 변수로 제기된다.[18] 민족 구성과 언어, 종교는 해당 국가와 그 지역이 갖는 지정학적 성격을 변화시킨다. 우즈베키스탄은 백여 개의 다민족으로 구성된 국가로 70% 이상이 우즈베키스탄인들이다. 슬라브계 러시아인 9%, 카자흐인 4% 이외에 타타르인, 유대인 등이 주요 민족이다. 1937년 스탈린의 강제 이주정책의 일환으로 연해주에서 중앙아시아 일대에 정착하게 된 우즈베키스탄의 거주 고려인들도 거의 1%를 차지하며 대략 20여만 명에 이른다.[19] 우즈베키스탄의 인구는 2,800만 명으로 여타 중앙아시아 국가들보다 상대적으로 지속적인 인구성장으로 그에 따른 시장규모와 잠재력이 큰 편이다. 인구규모와 인적자원이 국력에 미치는 영향을 고려해 볼 때 우수한 인적자원의 보유 가능성과 시장규모가 안정적임을 의미한다.[20]

2.2 국제적 요소와 양상

한 국가의 국제적 차원에서의 지정학적 특성은 국가의 독립성과 같은 국가 지위, 여타 국가와의 긴밀한 상호관계, 국제협정(조약) 및 타 국가와 미해결된 문제의 존재 여부, 국경 등이 포함된다. 국제정치 주체들은 안보 및 민족과 국가이익 증진에 치중한다. 국가 영토의 보존 없이 정치경제적 독립은 있을 수 없다. 따라서 국가 이익의 보존을 위해서, 국가 상호간 다양한 외교정책을 추진하게 된다.[21]

중앙아시아 지역은[22] 구소련의 붕괴 이후 러시아의 영향력이 급격히 축소되면서 '권력의 공백'(power vacuum)과 정치 · 경제적 혼란을 경험했다. 에너지 안보의 중요성 증대, 반테러리즘 공조 강화, 신흥 공업국인 BRICs 경제성장 배후지, 전통적 · 비전통적 안보이슈의 상존, 러시아 및 미국의 영향력 확대 등으로 인해 전략적 요충지로 부상했다.[23]

체제전환 과정에서 국내적 요소 외에 새로운 국제환경 변화의 수용과 세계자본주의 체제경제로의 편입은 중요하다. 경제발전의 중요한 축으로 작용하기 때문에 필수적인 요소로 간주된다. 국가의 위상 강화를 위해 다양한 국제기구의 가입과 역할은 중요한 국제적 요소가 작용한다. 우즈베키스탄은 1992년 3월 UN 가입을 시작으로 유럽안보협력기구(CSCE), 국제통화기금(IMF), 세계은행(World Bank) 등 다양한 국제기구에 가입했다. 1996년 7월 EU와 '협력적 동반자관계'에 대한 협성에 서명을 통해 유럽국가들과 외교관계를 확대했다. 중요한 중앙아시아의 지역 기구인 CIS와 상하이협력기구(SCO)[24]와 집단안보조약기구(Collective Security Treaty Organization, CSTO)'[25] 등 역내 국가들과의 다자안보협력국으로 역할이 확대되고 있다. SCO는 지역간 기구이자 정부간 기구로, 최고결정기구는 해마다 한 번씩 열리는 정상회담이다. 1996년 4월 중국과 러시아, 중앙아시아의 카자흐스탄, 키르기스스탄, 타지키스탄이 국경지역의 안정을 위해 '군사 부문 신뢰에 관한 협정'을 체결한 '상하이-5개국' 회의를 모태로 한다. 2000년 우즈베키스탄이 가입이후 2001년 6월 15일 상하이에서 SCO로 정식 출범했다. 초기 연례 정상회담을 통해 역내 안보 및 정치 문제에 초점을 맞추었다. 총리급 회담의 정례화를 통해 경제 무역 및 문화, 에너지, 교육 등 전반적인 교류 협력으로 범위가 확대되었다. 외무장관협의회와 국가 간 이사회 조직도 구성되었다. 현재 6개의 정 회원국 외에 몽골, 이란, 인도, 파키스탄 등 4개의 옵서버 국가와 벨라루스와 스리랑카도 대화동반자로 참여한다. 우즈베키스탄은 SCO의 창설 당시 가입국가로 러시아와 중국과의 협력관계를 유지하면서 국경안정, 테러, 마약, 지역안보 등 중요한 역할을 수행한다.

2002년 10월 7일 창설된 구소련 공화국 7개국의 군사 방위 조직인 CSTO의 위상 강화에도 주력한다. CSTO의 본부는 모스크바에 있으며, 이 조약은 1994년 4월 20일에 효력이 발생했다.[26] 2002년 10월 7일 구소련 공화국 6개국(러시아, 벨라루스, 아르메니아, 카자흐스탄, 타지키스탄, 키르기스스탄)이 몰도바 키시너우에서 집단안보조약 기구의 창설에 관한 조약에 서명했다. 2003년 9월 중순 이 조약의 효력이 발생했다. 우즈베키스탄은 2006년 6월 말에 가입했다. 2009년 2월 초 러시아 모스크바에서 열린 집단안보조약 기구 가입국 정상회담에서 지역 내의 군사적 위협이나 국제 테러, 조직적 범죄, 마약 밀거래, 비상사태 등에 대해 공동적인 행동을 취할 수 있는 신속 대응군을 창설하기로 합의했다. 신속대응군은 러시아가 주도하는 CSTO 후원 하에 운영된다. CSTO 신속대응군은 역내 테러와 극단주의, 마약거래, 자연재해 등 비상사태에 대응하기 위해 창설되었다. 이 같은 움직임은 미국이 중앙아시아에서 영향력을 축소하고 견제하기 위한 것으로 간주된다.[27]

III 에너지외교의 다변화: 우즈베키스탄과의 협력 확대

3.1 상호 호혜적 파트너십 구축

한국은 여타 중앙아시아의 국가들보다는 비교적 정치적으로 안정적인 우즈베키스탄과 1992년 수교를 맺었다. 그 후 '정상회담' 통해 비교적 활발하게 양국의 외교관계가 유지되고 있다. 2006년 3월 카리모프 대통령의 방한을 계기로 우즈베키스탄과 '전략적 동반자' 관계로 격상되었다. 한국은 우즈베키스탄의 가장 중요한 에너지 · 자원의 개발과 수입을 중심으로 대통령, 총리 등 고위급 인사방문을 통해 경제협력 관계에 주력해 왔다.[28] 노무현 대통령에 이어 2008년 2월 출범한 이명박 대통령도 에너지외교 강화를 선언했다. 한승수 국무총리가 주축이 되어 2008년 5월 에너지 · 자원 부국인 중앙아시아 3개국인 카자흐스탄, 우즈베키스탄, 투르크메니스탄과 아제르바이잔을 방문했다. 한 총리의 중앙아시아 방문을 통해 노무현 정부에서 체결했던 에너지 · 자원 분야 협력 MOU를 구체화했고 새로운 협력 사업을 추진할 수 있는 기반을 확립했다. 한 총리의 전방위적 쌍방향 자원외교는 자원개발을 해당국의 인프라, 산업 발전, 경제협력 등과 연계한 패키지형 진출 전략에 주력했다. 주로 민관조사관 파견, 정부와 민간의 동반 진출, 공적개발원조(ODA) 지원, 인적 네트워크 구축 등의 교류가 병행되었다<표 1 참조>.[29]

카리모프 대통령은 2008년 2월 이명박 대통령 취임식 때 방한했고, 8월 베이징 올림픽에서 양국 정상회담을 개최했다. 양국 정상은 전략적 동반자 관계가 내실을 기하지 못했음을 인정하고 향후 관계의 내실화를 꾀하기 위해 정부, 의회, 경제, 민간 차원에서 협력을 추진하기로 결정했다.[30]

〈표 1〉 한국의 우즈베키스탄의 발전 전략

항목	기본 방향
1	정상외교로 다져진 양자간 협력관계를 적극 활용함
2	국가특성을 고려한 차별화된 접근 정책 추진함
3	연관 산업 시너지 강화 및 비교우위 산업 진출의 적극 추진함
4	법적 · 제도적 기반 강화 및 협력 인프라 확충함
5	궁극적으로 경제개발 경험 공유를 통해 성장 잠재력이 큰 중앙아시아와의 전략적 개발 파트너십 구축함

출처 http://www.president.go.kr(검색일: 2011. 2. 13).

이것은 정부가 2009년 3월 추진했던 '신아시아 외교 구상(New Asia Initiative)'[31]의 '공간적 범위'를 확장과 안보위협 요소에 공동 대응할 수 있는 잠재적인 외연의 확대의 적절한 사례로 간주된다.[32] 동년 5월 이명박 대통령은 우즈베키스탄을 방문해 제반분야에서 실질적인 협력을 달성했다.[33] 경제협력 증진 및 신성장동력 발굴에 주력했다.[34] 이와 관련 이 대통령은 '한·우즈벡 동반성장 포럼'의 기조연설에서 "중앙아시아 무역루트 교두보인 우즈베키스탄의 지리적 이점을 활용한 물류분야와 한국이 세계적으로 가장 우수한 기술을 보유한 IT·디지털 분야를 기반으로 한 '21세기 신실크로드' 구축"을 제안했다.[35]

현재 한국의 대중앙아시아 무역규모는 1992년 수교이후 수출이 564만 달러, 수입 976만 달러로 전체 교역규모가 1,540만 달러에서 2008년 16억9,789만 달러, 수입 6억 1,925만 달러로 총 교역규모는 무려 150배가 증가한 23억 1,714억 달러였다. 1990년대 후반과 2000년대 초와 달리 글로벌 금융위기가 한국의 대중앙아시아 교역에 큰 영향을 주지 않았다. 2010년 수출과 수입이 전년도를 초과한 상태로 한국의 중앙아시아 교역수지는 흑자상태를 유지했다. 그러나 150배에 달하는 급격한 교역증가에도 불구하고, 한국의 대외교역에서 중앙아시아가 차지하는 비중은 여전히 미약한 실정이다. 교역규모가 사상 최대치였던 2008년을 기준으로 살펴보면, 중앙아시아 수출은 한국의 전체 수출의 0.4%와 수입은 전체 수입의 0.14%로 수출입 1% 이하를 기록했다. 상대적으로 이들 국가들의 대외교역에서 한국과의 교역이 차지하는 비중은 점차로 향상되고 있는 추세다.[36] 우즈베키스탄은 한국의 대중앙아시아 교역관계에서 가장 중요한 교역 상대국이다. 2008년 수출에서 우즈베키스탄은 66%를 차지했고, 수입에서는 우즈베키스탄이 42%였다.[37] 2010년 교역량은 약 16억 달러를 기록해 우즈베키스탄의 4번째 교역국으로 부상했다. 한국기업은 자동차 부품, 방적, 에너지, 통신, 금융, 건설, 물류 등의 부문에서 약 151건 12억 달러 등을 투자했다.[38]

한국의 대우즈베키스탄 외교정책은 정경분리의 외교전략을 지속적으로 구사해야 한다. 우즈베키스탄의 정치적 특성상 정상외교를 통해 신뢰를 강화하고 양국관계의 격상을 적극적으로 추진해야 한다. 우즈베키스탄은 제국에서,

부족사회, 봉건사회, 공산주의 사회와 민주주의 국가체제로 전환되었지만 특정 부족이나 지역에 대한 '정체성과 충절'이 중요한 사회적 구심점이 된다. 이런 점을 감안해서 문화와 교육 등 비정치적인 분야의 협력 증진을 도모하고 고위급 인사교류 활성화에도 주력해야 한다. 대통령과 군 엘리트의 결속이 강한 정치적 특성을 고려해 양국 국방장관을 중심으로 방산협력도 확대되어야 한다. 군 고위급 인사들의 교류와 방문의 정례화도 지속되어야 한다.[39)]

에너지 · 자원의 자원 수입외교에서 한국의 IT, 건설, 교통, 물류 등의 기술과 성장 경험을 전수해주는 '쌍방향 자원교환' 외교전략이 제기된다. 한국은 지식공유사업(KSP), KOICA 사업 등을 통해 우즈베키스탄의 현대화와 산업발전을 적극적으로 지원해왔다. KSP은 2004년, 2007년, 2009년 각각 제조업 육성과 수출촉진 방안 마련, 경제특구 설립에 대한 타당성 조사, '나보이 자유경제산업특구(FIEZ) 개발 사업'을 위한 정책자문 등으로 한국의 발전 노하우를 전수했다.[40)] 한국은 2010년에서 2012년까지 우즈베키스탄을 KSP 중점 지원국가로 선정해 지식공유사업을 실시했다. 물류부문에서 나보이 FIEZ 사업은 대표적인 사례로 대한항공과 우즈베키스탄 정부가 공동으로 수행하고 있는 공항 현대화 사업이다. 2008년 5월 대한항공과 우즈베키스탄 항공이 국제 항공화물 운송 협력 계약을 체결했다. 나보이 국제공항에 국제물류센터를 조성하기로 협의를 했다. 연간 10만 톤 규모의 화물터미널, B747 5대 동시 주기가 가능한 주기장 등이 완공되었다. 나보이 공항을 통해 주 40회 가량 델리, 밀라노 등으로 화물기가 운항된다.[41)]

문화적 측면에서 양국은 교육, 과학, 문화적 유대도 꾸준히 추진할 필요가 제기된다. 1992년 타슈켄트에 한글교육원이 개설되었다. 1999년 한 · 우즈베키스탄 친선협회도 결성되었다. 우즈베키스탄 내의 고려인에 대한 지원과 한류 네트워크 확대는 이 같은 목적 하에 추진된다. 양국의 협력 의제가 양자 차원에서 지역 및 세계 차원으로 다양화되고 협력 범위도 경제 · 문화 영역에서 정치, 외교, 군사안보 분야 등의 분야로 확대시킬 수 있는 토대를 마련해야 한다.[42)] 특히 한국의 압축성장 개발 경험을 전수하고 공적개발원조(ODA) 지원 및 인적네트워크 구축도 중요하다. 우즈베키스탄은 한국의 ODA

중점협력대상 국가로 지정되었다. 2008년 5월 2008년에서 2011년까지 경제협력개발기금 1억 2천만 달러를 장기 연화차관(soft loan)으로 제공한다는 정부 간 기본협정이 체결되었다. KOICA는 1992년부터 2010년 약 4,690만 달러를 지원하여 각종 프로젝트 사업, 공무원 등 초청연수, 봉사단 파견 등을 성공적으로 수행했다. 2011년 1,050만 달러를 지원했다. 전자도서관 및 건축(GIS) 기술센터 건립했다. 한국은 ODA 사업을 통해 우즈베키스탄의 경제발전을 적극적으로 지원한다는 계획을 세웠다.[43]

국제적 측면에서 한-우즈베키스탄 의회는 다방면에 호혜적 관계를 유지해야 한다. 양국은 글로벌 이슈에서 상당히 우호적이다. 우즈베키스탄은 2006년 UN 사무총장 선거 준비과정에서 최초로 반기문 후보를 공개적으로 지지했다. 2007년 여수세계박람회 유치에 적극 지지했다. 2008년 7월 제15차 비동맹 각료회의에서 한반도 조항 문제관련 지지 발언도 했다.[44] 2010년 11월 서울 G20 정상회의 의장단으로서의 한국의 국제금융위기 해결을 위한 역할과 노력을 높이 평가했다. 한국은 우즈베키스탄의 WTO 가입과 국제경제체제로의 편입을 지지했다. 국제금융위기, 국제테러리즘, 종교적 극단주의, 마약밀매, 조직범죄, 핵확산 등 지역 및 국제적 위협에 공동의 이해를 추구한다. 한반도 안보 관련 6자회담을 통한 평화적 북핵문제 해결을 지지해왔다.[45]

3.2 에너지협력 방안과 시사점

한국은 에너지 수입국가로 대외적 민감성이 매우 큰 나라다. 석유 공급국가들의 자원수급의 불안정에 따른 국제시장 교란 및 고유가에 항상 대비해야한다. 최근 전 세계는 북아프리카의 리비아의 내전과 일부 중동국가들의 시민혁명으로 '신고유가' 시대에 직면했다. 우즈베키스탄은 전략적으로 한국의 에너지외교의 주요 대상국으로 부상했다.[46] 한국의 자본과 기술, 우즈베키스탄의 자원과 노동력을 활용한 맞춤형 자원발전 전략을 구사해야 한다.

2003년 2월 노무현 대통령과 총리 등의 방문을 통해 에너지·자원 협력을 모색했다. 대우(Daewoo)가 진출한 이후 지속적으로 우호적인 협력관계를 발전해 왔다. '수르길 석유화학단지' 건설이 대표적인 사례다. 한국은 동년 10월 우즈베키스탄에 자원협력단을 파견해 진행 중인 프로젝트의 후속조치는 물론 새로운 협력 사업을 위한 실무점검을 실시했다.[47]

〈표 2〉 수르길 가스전-가스화학단지 연계사업

협력분야	주요내용
컨소시엄	• 한국가스공사 등의 한국컨소시엄과 우즈벡 국영석유사 우즈벡네프트가즈(Uzbekneftegaz)간 합작투자회사 설립함[48] • 한국컨소시엄과 Uzbekneftegaz사간 지분은 각 50%씩 보유하게 됨. 한국컨소시엄: 가스공사 17.5%, 롯데대산유화 17.5%, LG상사 5%, STX에너지 5% , SK가스 5%임
투자액	• 약 9천6백만톤(LNG 환산시)의 매장량이 확인된 수르길 가스전의 개발/생산 및 가스화학플랜트 건설/운영을 통합한 사업으로 투자비는 총 18억 달러규모로 예상됨
생산량	• 12년 가스화학플랜트의 상업 운영시 천연가스 연간 약 28억㎥(LNG 환산시 2백만t)와 HDPE 연간 36만t, PP 연간 8만t을 생산하며, 생산된 제품은 우즈벡 국내 및 서유럽, CIS지역, 중국 등으로 판매될 계획임

출처: http://www.mocie.go.kr(검색일: 2011. 4. 10).

알마릭 광업공사의 미탐사 광구개발에 참여하기 위해 우선 참여권 확보, 나망간·추스트 석유광구 기본 합의서 체결, 우준쿠이 가스전 탐사계약 체결, 신규 탐사광구 독점 평가 및 협상 MOU 체결, 우라늄 장기도입 계약 체결 등을 달성했다. 일종의 현지의 '한류'를 활용하고 섬유와 IT 등 핵심육성사업과 자원개발을 주고받는 패키지형 협력을 강화했다. 석유 및 가스를 합쳐 8건의 합의, 4억 배럴 규모의 석유 광구 탐사권과 1500만t 규모의 가스전 탐사광구 확보, 2개의 유망광구 독점 조사권과 연간 소요량의 20%에 달하는 5740t의 우라늄 확보 등의 좋은 성과를 달성했다. 아사카뱅크와 한국 수출입은행과 같은 금융기관도 협력 MOU를 체결했다.[49]

2008년 2월 카리모프 대통령의 서울 방문을 계기로 2년 동안 논의되었던 수르길 대형 가스전(LNG 환산시 우리나라 약 3.7년 치 소비량) 개발과 석유화학 건설 사업을 연계한 패키지형 동반진출 사업의 추진이 합의되었다. 신규 유망 탐사광구 2개를 확보하는 성과도 달성했다. 한국가스공사를 비롯한 한국컨소시엄이 참여하고 있는 '수르길 가스전－가스화학단지' 건설 연계사업의 합작투자회사 설립<표 2 참조>과 대우인터내셔널의 35과 36 육상광구 탐사계약도 성사되었다.[50] 수르길 가스전－가스화학단지 연계사업은 중앙아시아의 첫 패키지형 동반진출 사업이다. 자원개발사업과 석유화학 인프라 건설을 연계함으로써 '한국형 동반진출 프로젝트' 진출 가능성을 확인하는 계기가 되었다. 한국가스공사는 미얀마, 동티모르 등에 이어 우즈베키스탄을 거점으로 중앙아시아 에너지·자원개발사업 진출의 교두보를 마련하게 되었다.[51]

〈그림 2〉 35과 36 육상광구 탐사

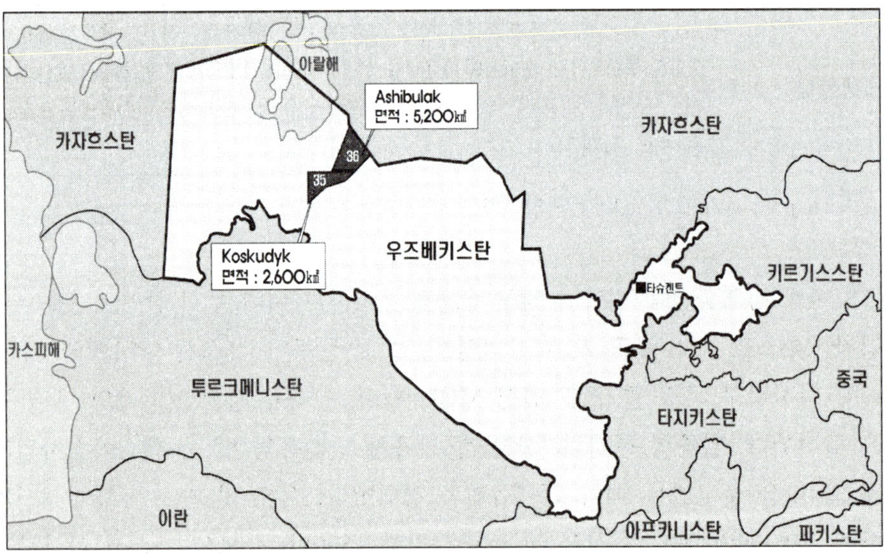

출처: http://www.mocie.go.kr(검색일: 2011. 4. 10).

대우인터내셔널과 Uzbekneftegaz(우즈벡네프트가즈)간 우즈베키스탄의 35과 36 육상광구 탐사계약이 체결을 통해 2개 광구의 지분 100%를 확보의 성과를 달성했다. 광구 운영권자로 향후 5년간 탐사활동이 전개된다<그림 2 참조>. 이 육상광구는 러시아 및 중국 등의 탐사활동이 매우 활발히 진행 중인 '우스트리트' 지역에 위치한다. 대우인터내셔널은 아제르바이잔 이남광구 참여에 이어 중앙아시아 지역 에너지 · 자원 개발사업 확대의 기반을 마련했다. 우즈베키스탄의 유전 개발사업에 민간기업이 단독으로 진출한 첫 사업이었다.[52]

2008년 11월 한국석유공사(KNOC)는 우즈베키스탄의 Uzbekneftegaz와 채굴 탐사 계약을 2건 체결했다. 지분은 KNOC와 한국 컨소시엄이 100% 보유하며, KNOC는 가스매장량의 최고 1050만t, 원유 매장량이 9조 2천억t으로 추산되는 나망간 - 테르가치와 추스트 - 파프 유전 2곳을 탐사하게 되었다. 탐사기간은 5년이다. KNOC는 Uzbekneftegaz, 페트로나스(말레이시아), 루코일(러시아), CNPC(중국) 등을 포함하는 아랄해 국제 컨소시엄에 대한 지분을 20% 확보했다. 또 한국수력원자력은 2010년부터 2016년까지 4억 달러의 우라늄 2,600t을 수입한다는 계약을 체결했다. 우라늄의 공급량은 한국의 연간 우라늄 소비량 9%의 규모다.[53]

2009년 5월 양국 정상회담 후 채택된 공동성명 제3항을 통해 "수르길 가스전 개발 및 가스화학 공장 건설, 나망간 · 추스트 유전 개발 등 추진 중인 에너지 · 자원 협력 사업, 신규 광구 탐사 및 개발도 합의했다. 우라늄 광산 개발을 포함해 기존의 광물자원 협력사업 이외에도 유망광산 발굴, 탐사 및 개발 협력을 확대하기로 했다. 우즈베키스탄과 체결한 16건의 양해각서 및 계약 중 5건은 에너지 · 자원 분야의 협력이었다.[54]

2010년 2월 양국은 30억 달러(약 3조 5000억 원) 규모의 가스전 개발과 가스 · 화학 플랜트 건설이 결합된 '수르길 프로젝트'의 공동 추진에 합의했다.[55] 2010년 6월 초 한국 기업이 참여하고 있는 우즈베키스탄의 아랄해 탐사광구에서 가스가 발견되었다. 지난 2006년 우즈베키스탄 유전개발 사업에 진출한 이후 최초의 가시적 성과를 달성했다. 2009년 11월부터 진행한 아랄해 탐사광구의 1차 탐사정 시추(1공, 심도 3300m)에 대한 산출시험 결과였다.

천연가스를 일일 기준 50만㎥(원유 환산 시 약 3100배럴) 규모로 시험 산출하는데 성공했다<그림 3 참조>.[56] 한국은 석유공사와 포스코가 각각 지분 10.2%와 9.8%를 보유하고 있다. 2010년 8월말부터 1차 탐사정에서 약 50km 떨어진 지점에서 2차 탐사정 시추를 시작했다. 2차 탐사정 시추가 성공하면 본격적인 평가작업을 통해 발견잠재자원량(탐사단계에서 매장량 대신 사용하는 용어)을 확인하게 된다.[57]

〈그림 3〉 아랄해 지역 개발

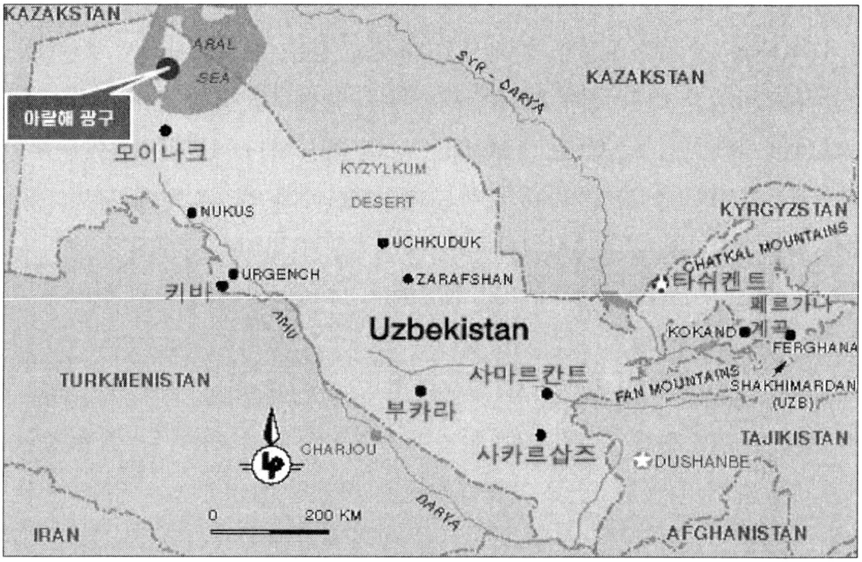

출처:http://uzb.mofat.go.kr/kor/eu/uzb/economy/both/index.jsp (검색일: 2011. 4. 3).

양국의 대표적 경협사업이자 우즈베키스탄의 역사상 가장 큰 프로젝트인인 수르길 가스전 개발 및 석유화학플랜트 사업도 긴밀한 협조를 재차 확인했다. 수르길 가스전사업은 2010년 말까지 준비를 완료해 2011년부터 본격적인 사업을 추진하기로 합의했다. 또 한국은 우즈베키스탄 정부로부터 가스형태로 매장된 한국이 20~30년간 소모할 수 있는 매장량인 '우라늄'에 대해 기술적 연구를 하자는 제안을 받았고 팀을 구성해 하기로 했다.[58] 아울러 국영

우즈베키스탄 석유가스 기업은 가스 장비 생산을 위해 한국 기업들과 2개의 합작회사를 설립할 예정이다.[59)]

양국의 에너지·자원 협력을 정리하자면 한국의 석유공사, 가스공사, 대우인터내셔널 등이 우스트리트 지역 등을 중심으로 유전가스전 탐사, 가스화학 분야 사업을 활발하게 추진 중이다. 양국의 에너지 경제협력의 대표적 사업은 수르길 가스전 개발 & 가스화학 공장 건설 프로젝트다. 우즈베키스탄의 풍부한 천연가스와 한국의 가스화학 기술을 결합하여 연간 폴리에틸렌(HDPE) 38만t과 폴리프로필렌(PP) 8만 t을 생산하는 약 40억 달러 규모로 최대 규모의 단일 사업으로 간주된다. 2011년 하반기 가스화학 공장 건설이 착공되어 2015년부터 가동될 것이다. 이 사업이 성공한다면 향후 양국의 경제협력이 한 단계 도약되는 계기가 될 것이다.[60)]

Ⅳ 맺음말

한국과 우즈베키스탄의 협력은 정상회담과 에너지·자원 협력 등을 통해 긍정적이 측면이 고찰된다. 2006년 3월 전략적 동반자 관계 격상이후 매년 4~5만 명의 양국 상호방문이 이뤄지고 있다. 우즈베키스탄은 300억 달러 규모의 2011~2015년 유전가스, 전력, 섬유, 자동차산업 등에 대한 종합적인 산업발전을 도모하고 70억 달러 규모의 교통, 통신, 상수도 등 인프라 구축에 대한 중장기개발계획을 발표했다. 한국은 우즈베키스탄 정부의 산업현대화, 인프라 구축 등을 적극적으로 지원할 것이다. 양국이 지향하고 있는 쌍방향 상호보완적 경제구조 구축을 위해 협력적 호혜관계를 유지하면서 최적의 협력 파트너로 발전해야 한다. 한국은 경제와 개발이라는 논리로서만 접근하기 보다는 총체적인 중장기적 전략을 제시하면서 전방위적인 관계 유지에 총력을 기울려야 한다. 우즈베키스탄의 국내 및 국제적 지정학적 요소를 고려해 유라시아적 문명을 수용하고 연구하며 '공동정체성'을 재발견하고 형성하고

자 노력해야 한다.[61] 구체적으로 양국은 전략적 동반자 관계의 내실화를 위해 다음과 같은 몇 가지를 제시해 본다.

첫째, 정부는 외교의 '공간적 확대' 목표 하에 우즈베키스탄을 중심으로 중앙아시아 지역의 전략적 중요성울 인식해야 한다. 지정학적 환경 등을 고려해 볼 때 우즈베키스탄은 카자흐스탄에 이어 중앙아시아의 중심 국가이자 발전 잠재력이 가장 높은 국가다. 중국을 넘어 대륙시장의 구축과 대안시장으로 우즈베키스탄을 교두보로 삼아야한다. 지정학적으로 우즈베키스탄은 러시아 및 CIS 지역과의 수출 및 협력 증진의 전초기지로서 중요하다. 아제르바이잔 등 남코카서스 3개국(아제르바이잔, 조지야, 아르메니아)들을 포함한 여타 유라시아 국가들과 협력할 수 있는 계기로 활용해야 한다. 에너지·자원 및 민간교류 협력 증진을 더 확대하고 여타 중앙아시아 국가들과의 협력을 도모해야 한다. 이미 한국은 2008년 말 중앙아시아 5개국에 대한 공관 개설했다. 2009년 정부는 우즈베키스탄과 카자흐스탄을 중심으로 포괄적 협력 증진을 구축했다. 이를 토대로 투르크메니스탄, 키르기스스탄, 타지키스탄과의 교류 협력도 점진적으로 확대 중이다.[62]

둘째, 2006년부터 시작된 '중앙아시아 진출 종합대책'이 차질 없이 잘 추진되어야 한다. 중앙아시아는 막대한 에너지 및 광물자원 부존과 자원개발에 대한 외국인 투자 증대, 역내 경제통합 움직임, 중앙아시아를 관통하는 철도·도로 교통망 건설과 물류 등 새로운 상품 수출시장으로 부상했다. 2015년 교역액 100억불, 연간 건설 수주 50억불 달성을 목표로 한다.[63] 현재 추진 중인 중앙아시아 진출 종합대책을 부처간 협조 및 감독을 통해 차질 없이 추진해야 한다.[64]

셋째, 중앙아시아 지역의 지정학적 특성상 외교전략은 단일화는 할 수 없다. 각각의 독특한 정치문화, 영토, 인구, 부존자원, 산업구조, 민주주의 정도나 경제 구조 및 성장 속도, 시민사회의 성숙도, 국가발전 정향 등이 다르다. 따라서 국가별로 특성을 고려한 '차별화된 맞춤형' 진출 전략이 지속적으로 필요하다. 우즈베키스탄과 카자흐스탄에 비해 투르크메니스탄, 타지키스탄, 키르기스스탄은 상대적으로 경제규모가 작고, 한국과의 교역과 투자 규모가 크지 않기 때문에 우호적인 분위기를 조성해야 한다. 상대국의 관련정보를 축적하고, 교육, 문화 교류 등을 활성화하면서 인적네트워크의 범위를 확대해가는 것도 필요하다.[65]

넷째, 내실 있는 전략적 동반자 관계의 증진을 위해 정상회담에서 합의된 협력 사업이 적극적으로 추진되어야 한다. 우즈베키스탄과 5개 신규 석유·가스전 탐사에 참가하기로 하는 등 에너지·자원 및 IT인프라 협력 관련 26건의 양해각서 및 협정이 이미 체결되었다. 그런데 그동안 수많은 국가들과 양해각서 및 협약서 등이 채택되었음에도 불구하고 잘 이행되지 않은 사례가 많았음을 감안해봐야 한다. 정부와 비정부 차원의 다각적 지원과 감독을 철저히 해야 한다. 특히 2007년 외교통상부 주도로 출범한 정례 협의체인 한·중앙아 협력포럼을 통해 경제, 사회, 문화 등 전반에 걸친 포괄적 협력관계를 증진하고, 정부·기업·학계 간 협력 네트워크도 잘 유지되어야 한다.[66]

다섯째, 우즈베키스탄의 정치체제의 특성을 고려해 정치엘리트들과의 인적네트워크를 확대 및 교류가 강화되어야 한다. 정례적인 정상회담, 총리회담, 장관급 회담 등 고위급 회담을 개최를 통해 협력 사업에 대한 점검이 필요하다. 특히 고려인들의 활약이 두드러진 우즈베키스탄을 중심으로 내실 있는 관계를 발전시키면서 여타 국가들과도 정상급, 총리급, 장관급 등 고위인사 교류를 확대해야 한다. 동시에 학술적인 자료 및 연구 축척도 요구된다. 중앙아시아 및 주변의 CIS 지역연구의 활성화를 통해 관련 학술교류 협력도 강화되어야 한다.[67]

마지막으로 변화하는 중앙아시아 지역의 전략적 환경을 고려해 우즈베키스탄을 중심으로 상호 '윈·윈 협력전략'을 통한 에너지·자원 확보와 산업 다변화 정책 지원 등 맞춤형 협력외교를 구사해야 한다. 수르길 프로젝트나 나보이 공항 및 FIEZ 사업과 같은 에너지·자원 협력과 물류기지로서의 공항과 경제특구를 상호 결합시킬 수 있는 대형 프로젝트를 지속해 나가야 한다.[68] 이처럼 양국은 상호 호혜적인 관점에서 상대국의 '전략적 이해관계'를 충족시키는 경협사업의 발굴에도 주력해야 할 것이다.

미 주

1) 윤영미, 『21세기 세계정치와 상생의 외교전략』 (서울: 두남, 2010), pp. 90－91.

2) 중앙아시아 지역은 지리적으로 카스피해 동쪽에 위치한 우즈베키스탄, 카자흐스탄, 투르크메니스탄, 타지키스탄, 키르기스스탄을 포함해 5개국이 포함된다. 중앙아시아 최대의 자원대국인 카자흐스탄은 원유 확인 매장량만 396억 배럴에 달하는 세계 8위고 천연가스는 약 3조㎥, 우라늄과 크롬의 보유량은 세계 2위를 차지한다. 타지키스탄은 알루미늄, 금, 은, 석탄 등이 풍부하다. 윤영미, "탈냉전기 카스피해 유전을 둘러싼 국제 갈등체제의 쟁점," 「사회과학연구(서강대)」 제13호, 2005, pp. 349－350.

3) 우즈베키스탄은 1991년 구소련으로 독립한 국가로 비교적 짧은 기간에 '자유민주주의와 자본주의 체제' 전환을 경험했다. 역사적으로 우즈베키스탄의 국가 형성에 중요한 조건으로는 유라시아 대륙의 '심장지대'이자 '실크로드'의 동서양을 연결해 주는 교량적 역할을 언급할 수 있다. 더 자세한 논의는 다음을 참조. 박상남, 『현대 중앙아시아』 (서울: 한신대학교출판부, 2010).

4) Anna Grzymala－Busse and Luong Pauline Jones, "Reconceptualizing the State: Lessons from Post－Communism," Politics and Society, Vol. 30, No. 4, 2002, p. 530.

5) 필자가 2011년 4월 15일에서 22일 우즈베키스탄의 현지방문을 통해 실시된 전문가 인터뷰 자료가 활용되었다.

6) Tom Everett－Heath, Central Asia: Aspects of Transition (London: Routledge, 2003), pp. 249－250.

7) Islam Karimov, Uzbekistan: On the Threshold of the Twenty First Century, Tashkent, 1997, p. 254.

8) 이장규 · 이석호(2006), p. 185; 권위주의 체제는 민주적이지 못한 정치 · 사회체제를 두루 일컫는 데 사용된다. 현대 권위주의는 비록 제한적이고 억압적이긴 하지만 정치 엘리트, 대중적 지지, 정치적 동원과 전문화된 정치구조와 제도에 의존한다. 국가에 의해 통제되고 집중화된 위계적인 관료제를 수반한다. 어떤 자율적인 정치, 경제, 사회, 문화, 또는 이데올로기적 조직들도 국가를 떠나서는 존재할 수 없는 특성으로 분류된다. 자세한 논의 다음을 참조. 아모스 펄뮤터, 김문조 · 임현진 역, 『현대국가와 권위주의』 (서울: 정음사, 1986), pp.13－15.

9) 김형건 외, "한－우즈베키스탄 자원개발 협력방안 연구," 「에너지경제연구원 정책보고서」 2008. 12, pp. 8－9.

10) S. T. Hunter, Central Asia Since Independence (Westport: Praeger, 1996), pp. 51－52.

11) 장병옥, 『중앙아시아 국제정치의 이해』 (서울: 한국외국어대학교 출판부, 2001), p. 111; Islam Karimov, Uzbekistan: On the Threshold of the Twenty First Century, Tashkent, 1997, p. 254.

12) 당시 우즈베키스탄 정부는 안디잔 사태를 이슬람 극단주의 반군의 난동으로 규정하고 강경진압에 나섰다. 시민 수 천 명이 종교탄압 중단을 요구하며 반정부 시위를

벌였다. 무장세력들이 이슬람 사업가 등이 수감돼 있는 안디잔 교도소를 습격했고, 재소자 수천 명이 탈출하면서 폭발했다.

13) 더 자세한 논의 다음을 참조. Boris Rumer, Central Asia at the End of the Transition (New York: M.E. Sharpe, 2005), pp. 267－296.

14) B. Mitchell, Geography and Resource Analysis (London, 1979), p. 3.

15) 장병옥(2001), p. 108.

16) Ahmed Rashid, The Resurgence of Central Asia (Karachi: Oxford University Press, 1994), pp. 93－94.

17) 김형건 외, "한－우즈베키스탄 자원개발 협력방안 연구,"「에너지경제연구원 정책보고서」 2008. 12, p. 2; 중국의 CNPC는 우즈벡네프트가즈와 50대 50의 합작회사를 세워 3개의 광구를 개발 중으로 최대 외국인 투자기업이다. 우즈벡네프트가즈는 우즈베키스탄의 최대 국영 에너지의 업체로 97% 정도를 공급한다. 직원이 8만 명이 넘으며 190개의 자회사와 관련회사 등이 있다. 이장규 · 이석호,『카스피해 에너지 전쟁』(서울: 올림, 2006), pp. 183－185.

18) Russell H. Fifield and G. Etzel Pearcy, Geopolitics in Principle and Practice (Boston: Ginn and Company, 1944), pp. 35－37. 좀 더 자세한 문화적 특성은 다음을 참조. 이영형,『지정학』(서울: 엠애드, 2006), pp. 95－100.

19) 필자는 2011년 4월 16일 Prof. Saidmukhtar Saidkasimov(MBD Academy of Uzbekistan, The Former Deputy Prime Minister of Uzbekistan, The Former Foreign Ministers of Uzbekistan)와 인터뷰했음.

20) 에너지 부국인 카자흐스탄의 인구는 1,500만 명 정도다.

21) Nicholas J. Spykman, America`s strategy in World Politics. The United States and the balance of power (New York, 1942), p. 256.

22) 1904년 맥킨더(H.J. Mackinder)은 "중앙아시아는 매우 중요한 지역이며, 누구든지 중앙아시아를 통제하면 유라시아를 통제하고, 유라시아를 통제하는 자는 전 세계를 통제하게 될 것이다"라고 했다. 이미 브레진스키(Z.K. Brzezinski)는 그의 저서『거대한 체스판』에서 유라시아는 향후 세계의 패권을 둘러싼 싸움이 전개되는 체스판이 될 것이라 언급했다. 윤영미(2010), p. 134.

23) 성원용, "新아시아시대 한국의 對중앙아시아 진출 전략," 제2차 중앙아시아 국내학술대회 세미나 발표논문, 한양대학교, 2010, 12. 1, p. 430; 더 자세한 논의 다음을 참조. Rollie Lal, Central Asia and Its Asian Neighbors Un Abridged: Security and Commerce at the Crossroads (Santa Monica: RAND Corporation, 2006), pp. 16－18; 구소련 시기 오랫동안 세계화 흐름에서 제외되었지만 독립이후 지정학적으로 유라시아 경제의 중요한 연결고리로 부상했다. 국제적인 지정학적 가치가 부각되었고 아시아개발은행(ADB), 이슬람개발은행(ISDB), 세계은행(WB) 등의 세계화를 주도하는 은행들이 이 지역을 동서로 연결하는 철도, 도로 건설 프로젝트에도 적극적으로 참여했다.「Russia－CIS Focus」 2011. 6. 27. 117호, p. 1.

24) 상하이협력기구에 대한 좀 더 자세한 설명은 다음을 참조. 윤영미,『현대 러시아정치와 국제관계』(서울: 두남, 2011).

25) 1992년 5월 15일 구소련 공화국 6개국(러시아, 아르메니아, 카자흐스탄, 우즈베키스탄, 타지키스탄, 키르기스스탄)이 우즈베키스탄 타슈켄트에서 체결한 CIS 집단안보조약이다. 아제르바이잔(1993년 9월 24일)과 그루지야(1993년 12월 9일), 벨라루스(1993년 12월 31일)는 1993년에 서명했다. http://blog.daum.net/kazakhstan2030/6807691 (검색일: 2011. 5. 3).

26) 조약의 유효 기간은 효력이 발생한 날로부터 5년으로 정했다.

27) Lydia M. Buyers (edt.), Central Asia in Focus: Political and Economic Issues, (New York: Nova Science Pub Inc, 2003), pp. 1 – 8.

28) 2006년 이명박 대통령은 서울시장 재직 때에 방한한 카리모프 대통령에게 '명예 서울시민증'을 수여하는 등 개인적인 친분관계를 유지해왔다. 당시 카자흐스탄의 나자르바예프 대통령에게도 명예 서울시민증을 수여했다.

29) 윤영미(2011), p. 196.

30) 이명박 대통령은 2009년 5월 한·카자흐스탄 관계를 "제반 분야에서 포괄적 협력을 확대하는 '전략적 동반자'(strategic partnership)관계"로 격상에 합의했다.

31) http://www.president.go.kr(검색일: 2011. 4. 10); 더 자세한 논의 다음을 참조 이재현, "2010년 신아시아 외교의 방향과 과제," IFANS FOCUS. IF2010-06K, 2010. 2. 18.

32) 신아시아 외교구상의 핵심은 한국의 아시아 외교지평을 전아시아 지역과 남태평양 지역으로 확대하고 경제중심의 협력 네트워크도 안보, 문화 분야까지 포함하는 전방위적 협력으로 확대한다는 것이다. '범세계 이슈 해결 주도,' '이슈별 협력체(아시안 코커스)구성 추진' 등과 같은 액션플랜을 추진되었다. 금융위기, 기후변화, 반테러 등 글로벌 이슈를 해결에 적극 기여와 역할에 중점을 둔다. 또 아시아에 대한 한국의 기여와 역할을 확대하고 체계적인 개발협력 정책의 확대를 의미한다. 여기에 공적개발원조(ODA) 규모가 포함된다. 아시아 내 개발도상국들을 대상으로 유무상 원조를 확대함으로써 한국의 '소프트파워'의 증진에 주력한다. 2009년 한국은 ODA 전체의 33%를 아시아 지역에 할당했다. 한국은 2010년 OECD 개발원조위원회(DAC)에 가입해 개도국 원조공동정책 마련에 참여하고 있다. 중요한 점은 국가별 특성에 맞춘 실질적 경제협력 관계를 강화를 통해 한국의 미래 신성장동력 창출에 있다. 더 자세한 논의 다음을 참조. 이대우, "이명박 정부 신아시아 외교구상," 「정세와 정책」 2009. 4, pp. 13-15.

33) 고재남, "이명박 대통령의 대중앙아 2개국 정상회교의 성과 및 과제," 외교안보연구원, 2009. 6. 3.

34) http://blog.naver.com/ilovemofat/140077209285(검색일: 2011. 4. 3); 정부는 2005년 12월부터 정부·민간 기관을 대표하는 20여명 인사를 중심으로 '중앙아시아 진출 종합대책'을 마련했고 2006년 11월 초부터 시행 중이다. http://www.president.go.kr (검색일: 2011. 2. 13).

35) 당시 카리모프 대통령은 직접 공항까지 나와 영접했고 자신의 고향인 사마르칸트를 방문할 때는 직접 안내를 했다.

36) 성원용(2010), pp. 431 – 432.

37) 2008년 수출에서 카자흐스탄은 21%를 차지했고, 수입은 57%를 차지했다. 성원용(2010), p. 432.

38) 「Russia - CIS Focus,」 2011. 6. 27. 117호, p. 2.

39) 김재두 외, 『왜 에너지 안보인가』 (서울: KIDA Press, 2007), p. 217; 더 자세한 논의 다음을 참조. 김대성, 『중앙아시아 사회의 이해』 (서울: 외국어대학교 출판부, 2009), pp. 56 - 57.

40) 나보이 자유산업경제특구는 향후 연장 가능성 조건하에서 30년 동안 운영된다. 이 기간 동안 특별관세법, 외화결제기능 및 세금 정책이 시행된다. 자유산업경제특구 외국인 출입국 관련 철자 및 우즈베키스탄 법무부 장관의 외국인인력 고용허가 발급 관련 철자 등이 간소화된다. 나보이 자유산업경제특구는 단계별로 국제물류센터 및 공업 지대 조성 위주로 개발된다. 나보이 지역은 금속, 건축 자재(대리석, 화강암, 현무암, 석영 모래, 석고, 석회석) 등 풍부한 천연 자원을 보유하고 있고, 나보이 자유산업경제특구에서 2000km 반경에서 세계 11개국의 수도 및 중앙아시아, 중동, 인도와 중국의 40개 이상의 주요도시가 위치한다. http://blog.naver.com/uzsher/110066317066 (검색일: 2011. 4. 8).

41) 「Russia - CIS Focus,」 2011. 6. 27. 117호, p. 2.

42) 김형건(2008), pp. 5 - 6.

43) 「Russia - CIS Focus」 2011. 6. 27. 117호, pp. 2 - 3.

44) 한국은 카자흐스탄의 나자르바예프 대통령의 주도로 1992년 창설된 '아시아 교류 및 신뢰구축회의'(CICA)에 1993년부터 옵서버로 참여했고 2006년 6월 정회원으로 가입했다. 동년 11월 자발적 기여금 5만 달러를 납부했다.

45) 「The Moscow News」 2010. 2. 11.

46) 한국의 에너지 수입 의존도는 97% 정도다. 대략 하루 280만 배럴을 수입하는 석유 소비량은 세계 7위, 석유 수입은 세계 4위, 에너지 소비량은 세계 10위다.

47) 성원용(2010), p. 436.

48) 동 사업은 2006년 3월 카리모프 대통령의 방한 때 한국가스공사와 Uzbekneftegaz 간 양해각서를 체결한 대표적인 한 - 우즈벡 에너지 · 자원분야 협력 사업이다.

49) 카자흐스탄에서는 잠빌 해상광구 지분 양수에 대한 계약, 우라늄 장기도입 계약 체결, 몰리브덴 광산 공동개발 협력 MOU 등이 체결되었다. 투르크메니스탄에서 해상광구 및 육상 가스전에 대한 한국기업의 참여 가능성을 협의했다. 투르크멘바쉬 항만 현대화사업에 참여할 수 있는 기회까지 확보되었다. 윤영미, "고유가 시대 에너지위기 대응 대안과 과제," 「군사저널」, No. 42, 2008, pp. 86 - 87.

50) http://www.mocie.go.kr(검색일: 2011. 4. 10).

51) http://www.mocie.go.kr(검색일: 2011. 4. 10).

52) http://www.mocie.go.kr(검색일: 2011. 4. 10).

53) 김형건(2008), pp. 6 - 7.

54) 윤영미(2011), p. 199.

55) 양국은 이 대통령이 우즈벡을 방문했던 2008년 5월에 공동추진된 양해각서(MOU)를 체결했고, 카리모프 대통령의 방한에 맞춰 투자협정서를 맺었다. 「The Moscow News」 2010. 2. 12.

56) 아랄해 탐사광구는 2006년 8월 우즈베키스탄 정부와 한국, 러시아, 중국, 말레이시아 등 5개국이 각각 지분율 20%로 설립한 컨소시엄이다. 탐사정 시추 작업이 진행 중이다

57) http://uzb.mofat.go.kr/kor/eu/uzb/economy/both/index.jsp(검색일: 2011. 4. 3).

58) 「The Moscow News」 2010. 6. 9.

59) 2007년 초 우즈베키스탄은 2012년 말까지 자동차 운수 기관의 가스 발동 연료로의 단계적인 이전 프로그램을 승인했다. 6년 이내 국내 모든 지역에 총 저장설비가 76억 8백만 ㎥에 달하는 130개의 압축형 가스 주유소와 액체화 가스 총용량이 47만 6천t에 달하는 952개의 주유소 건설을 계획했다. http://uzb.mofat.go.kr/kor/eu/uzb/economy/both/index.jsp (검색일: 2011. 4. 3).

60) 「Russia－CIS Focus」 2011. 6. 27, 117호, pp. 3－4.

61) 유라시아 정체성에 대한 논의는 다음을 참조. 김명섭, “코리아, 러시아, 유라시아: 거대변동과 장기지속의 지정학,” 「한국과 국제정치」 제26권 제1호, 2010년(봄); 「연합뉴스」 2010. 2. 12.

62) 이재영・신현준, “한국의 주요국별 ・ 지역별 중장기통상전략: 중앙아시아,” KIEP, 2007, pp. 203－219; 이재영・박상남, “중앙아시아의 부상과 한국의 대응전략,” KIEP, 2007, pp. 195－200; 윤성학 외 “글로벌 금융위기 이후 한국의 대중앙아시아 진출전략,” KIEP, 2009, pp. 245－252.

63) http://www.president.go.kr(검색일: 2011. 2. 13).

64) 필자는 2011년 4월 16일 Prof. Saidmukhtar Saidkasimov(MBD Academy of Uzbekistan, The Former Deputy Prime Minister of Uzbekistan, The Former Foreign Ministers of Uzbekistan)와 인터뷰를 했다; 외교통상부의 지원 하에 한국의 대중앙아시아 진출 전략을 정치・외교, 에너지・자원, 경제, 인적・문화 등 4개 분야로 설정하고 구체적인 협력방안을 제시했다. 부처별 조치 사항 및 국가별 실행 계획도 제시되었다. 국가별 실행계획은 개별 국가의 특수 상황, 경제발전 전략 및 한국과의 협력 희망 분야 등을 중점적으로 고려해 3단계로 2006년, 2007~2010년, 2010년 이후로 분류했다. 현재 정부 관련부처 및 민간 기업에서는 실행 로드맵에 따라서 각 단계별 협력 사업들을 추진 중이다.

65) 더 자세한 논의 다음을 참조. 윤영미(2010), pp. 196－199; 한－중앙아 협력포럼은 양측 간 경제, 사회, 문화 등 전반에 걸친 포괄적 협력관계를 증진하고, 정부・기업・학계 간 협력 네트워크를 구축하기 위해 2007년 외교통상부 주도로 출범한 정례 협의체다.

66) 2007년 11월 제1차 서울 포럼을 시작으로 정기적으로 추진되고 있는 ‘한・중앙아 협력포럼’을 통해 중앙아시아와 최초의 다자대화체가 창설되었다. 우리기업의 대중앙아시아 진출을 확대시킬 수 있는 계기를 마련했다. 에너지・자원 협력을 확대시킬 수 있는 기반을 조성했다. 또 한・중앙아간 인적네트워크 및 민・관 신뢰구축에 기여

했다, 차관급 양자협의회 개최 등 외교협력 강화도 달성했다. http://www.president.go.kr (검색일: 2011. 2. 13).

67) 2011년 4월 16일 필자는 Prof. Mirzokhid Rakhimov (The Head of the Department of the Contemporary History of Uzbekistan and International Relations, Institute of History, Uzbekistan Academy of Sciences) 와 인터뷰를 실시했음.

68) 이성규, "중앙아시아 자원개발 협력 현황과 과제," 「중앙아시아경제」 제1권 1호, 2010. 6, p. 117.

제 8 장

저탄소·녹색성장의 환경정책: 특성과 과제

Ⅰ. 들어가는 말
Ⅱ. 지속가능한 발전과 녹색성장에 대한 개념
Ⅲ. 녹색성장과 에너지체제 구축
Ⅳ. 저탄소 · 녹색성장의 구축과 과제
Ⅴ. 맺음말

Ⅰ 들어가는 말

전 세계는 기후변화로 상징되는 환경위기와 고유가로 대표되는 에너지 · 자원 위기에 직면해 있다. 계속되는 유럽발 경제위기, 신흥 개발도상국의 경제개발과 세계인구의 지속적인 증가, 중동지역의 정세 불안 등으로 에너지 · 자원 부족 현상으로 국제유가의 가격상승이 지속되고 있다. 현재와 같은 화석연료에 의존한 '에너지 다소비 체제'가 지속될 경우 경제적 손실이 매년 세계 GDP의 5~20%에 달할 것이란 전망도 제기된다.

한국은 세계 10대 에너지 소비국이자 에너지의 97%를 해외수입에 의존한다. 한국의 개인당 에너지 소비량은 세계 25위, 전체 에너지 소비량은 세계 10위이다. 특히 석유 수입은 미국, 일본, 중국에 이어 세계 4위이고 석유 소비량은 세계 7위다. 화석에너지 의존에 대한 증가 추세는 지속될 것으로 여겨진다. 우리나라 온실가스 배출증가율 역시 꾸준히 증가 추세로 현재 OECD 평균보다 6배 높은 98.7%로 세계 1위를 기록했다.

그 대안으로 정부주도의 환경과 녹색성장 정책이 실행 중이고 학계를 중심으로 다양한 연구가 진행되고 있다. 2012년 8월 초 정부는 녹색성장기획관실에 기후환경비서관실이 신설되었다. 2011년 9월 녹색성장비서관을 기획관으로 승격이후 비서관실까지 신설한 것은 녹색성장 정책을 더욱 강화하겠다는 의미로 파악된다. 이번 기후환경비서관 신설은 정부가 주도한 녹색성장 전략이 각종 국제회의에서 핵심 의제로 채택되는 등 전 세계적 관심이 고조되고 있기 때문에 더 발전시키겠다는 의지로 표출된 것이다. 이런 맥락에서 본 장에서는 지속가능한 발전과 저탄소·녹색성장의 개념을 분석하고, 저탄소·녹색성장의 주요 특성과 정책 대안을 고찰해보고자 한다.

Ⅱ 지속가능한 발전과 녹색성장에 대한 개념

2.1 환경이론의 다변화

환경은 넓은 의미에서 사회정의 혹은 일반적 의미에서 분배적 정의를 모두 포함하는 개념이다. 환경을 정의한 학자들의 다양한 개념을 살펴보면 다음과 같다. 우선 박재목(2004)은 환경을 "인종, 소득, 문화 또는 사회계급과 무관하게 환경적 위험과 건강 위험으로부터 모든 사람들이 평등하게 보호받으며 모든 사회구성원이 환경오염과 건강위험을 균형 있게 부담하는 것"으로 정의했다.[1] 호프만(Hoffman, 2004)은 "편익의 발생에 따른 비용이나 부담의 배분문제에 관심"에 초점을 두었다. 편익과 부담의 일치 여부와 편익의 이용자와 비용의 부담자가 일치 여부가 환경의 주요 기준이 된다는 주장이다.[2]

그러나 환경을 편익의 발생에 따른 비용이나 부담의 분배문제로만 제한하는 것은 환경문제를 단편적으로 간주하는 시각이라는 지적도 있다. 환경을 고려할 때 문제를 해결하는 논의과정 자체에 이해당사자들이 얼마나 적극적이고 실질적으로 참여할 수 있는지 또는 정책결정 과정 자체가 개방적인가도 중요한 기준이 되어야 한다.[3] 이는 환경문제의 해결은 다차원적인 접근이 필요하다는 것이다. 왜냐하면 환경문제는 한 민족국가 내에서 사회집단 간에 이루어지는 문제이자 선진국과 후진국 간에 문제이면서 그 대상은 현 세대와 미래 세대 간의 관계로 이어지기 때문이다.[4]

이런 관점에서 울리히 벡(Urlich Beck)은 환경은 전지구적 차원에서 국가·인종·민족·계급을 넘어 인류 보편의 문제로 간주했다.[5] 사회엘리트에 의해 주도되는 환경파괴의 피해가 저소득층, 노동자, 소수민족, 여성 등 사회적 약자나 소수자들에게는 구조적 불평등에 의해 직접적인 피해자가 될 수 있다는 주장도 제기되었다. 이런 현상을 최소화하기 위해 환경보전이 필요한데 이는 권위주의적이고 관료주의적인 환경보전 정책이 아니라 참여민주주의에 입각한 환경보호와 사회정의를 동시에 달성하려는 노력이 수반되어야 한다.[6]

자본주의 체제 하에서 환경은 상품으로 전락되고 있다는 비판도 일고 있다. 높은 구매력을 갖춘 상층계급이 고가의 명품을 구매하는 것과 마찬가지로 현대 자본주의 시장경제질서의 상층에 속한 계급계층의 사람들은 높은 지불능력을 바탕으로 양질의 환경에 살 수 있는 특권을 누리게 된다. 이런 점에서 환경자원의 분배도 부의 분배라는 기존의 '불평등 구조'의 연장선상에서 진행되고 있다.[7] 따라서 성장과 분배 또는 개발과 환경이라는 전통적인 이분법적 시각에서 벗어나 경제개발, 사회정의, 환경보존을 하나의 통합된 시각에서 접근하는 노력도 필요할 것이다.

2.2 지속가능한(Sustainable Development) 발전과 녹색성장(Green Development) 개념 비교

환경에 대한 패러다임의 변화 중 가장 중요한 개념은 지속가능한 발전에 대한 접근이다. 이 개념은 전 지구적인 공업화 및 도시화를 통해 나타난 경제성장의 부작용으로 나타난 환경문제의 대안으로 만들어졌다.[8] 구체적으로 이 용어는 국제자연보호연맹(International Union for the Conservation of Nature and Natural Resources, IUCN)에서 1980년 발표한 세계보호전략보고서(World Conservation Strategy Report)에서 처음으로 사용되었다. 그 후 지속가능한 발전의 개념이 UN차원에서 체계화되어 세계적으로 널리 사용되기 시작한 것은 환경과 개발에 관한 세계위원회(World Commission on Environment and Development, WCED)가 1987년 '우리공동의 미래(Our Common Future)'라는 브룬트란트보고서가 발표되면서 세계 각국으로 확산되었다. 이 때문에 WCED는 지속가능한 발전의 개념을 '미래세대가 그들의 필요를 충족시킬 능력을 저해하지 않으면서 현 세대의 필요를 충족시키는 것'으로" 정의했다. 이어 유엔환경계획(UNEP)은 지속가능한 발전이란 "생태적 회복능력과 경제성장을 지탱하는 자연자원의 기반을 유지하고, 이를 합리적으로 활용 및 증가시키며 국가적 형평성과 국제적 형평성을 지향하는 진보"로 정의했다. 세계은행(World Bank)은 세계발전보고서(World Development Report)를 통해 성장의 질과 공평한 분배가 지속가능성의 궁극적인 척도라고도 강조했다.[9)]

탈냉전기 지속가능한 발전은 1992년 유엔환경개발회의(UN Conference on Environmental Development: UNCED)의 주요 의제로 채택되었다. 지속가능한 발전은 일상적이고 공식적인 용어가 되었다. 이 회의를 통해 '환경적으로 건전하고 지속가능한 개발'이라는 주제 하에 기후변화협약, 생물 다양성 협약, 산림원칙 성명이 채택되었다. 특히 글로벌 차원에서 '의제 21(Agenda 21)'을 비롯하여 환경과 개발에 대한 리우선언(the Rio Declaration on Environment and Development)과 산림의 지속가능한 관리를 위한 원칙에 관한 성명(the Statement of principles for Sustainable Management of Forests)이 세계 178개 국가들의 참여 속에 채택되었다. 이로써 글로벌 차원에서의 "지속가능한 발전"에 대한 실천의 시작되었다. 의제 21을 통해 전지구적(globally), 국가적(nationally), 지방적(locally) 차원에서의 모든 단위들에 의한 지속가능한 발전 개념의 구현을 강조함으로써 지방정부의 역할을 강조하고 '지방의제21(Local Agenda 21)'의 수립 및 실천을 권고했다. 이는 각국 지방정부가 지속가능한 지방발전과 지역공동체 실현을 위한 행동계획으로 지방의제21을 지역주민과의 협의과정을 통해 작성할 것을 공식적으로 요구한 최초의 회의였다.[10)]

리우회의를 통해 천명된 의제 21이 완전한 형태의 ‘지방의제 21’로 형태를 갖춘 것은 2002년 남아프리카 요하네스버스에서 개최된 ‘지속가능한 발전을 위한 세계정상회의’(World Summit of Sustainable Development, WSSD)에서 였다. 이 회의를 통해 국제사회는 ‘좀 더 안정적이고, 형평성이 있는 지속가능한 개발(environmentally sound and sustainable development)’를 위해 ‘정치적 선언과 정치적 실행, 실천계획’을 통과시키기로 결정했다. 이는 글로벌 거버넌스 차원에서 논의된 결정들이 적절한 도덕적 구속력을 갖고 하위의 거버넌스 체계에 실질적으로 작동하게 되는 체계화된 거버넌스의 성공 사례로 간주되었다. WSSD는 지속가능발전의 개념이 보다 구체화된 형태로 드러날 수 있도록 경제성장과 환경보호, 사회개발의 세 가지 축(triple bottom line)으로 집중되었다<표 1 참조>.[11]

〈표 1〉 지속가능한 발전의 개념

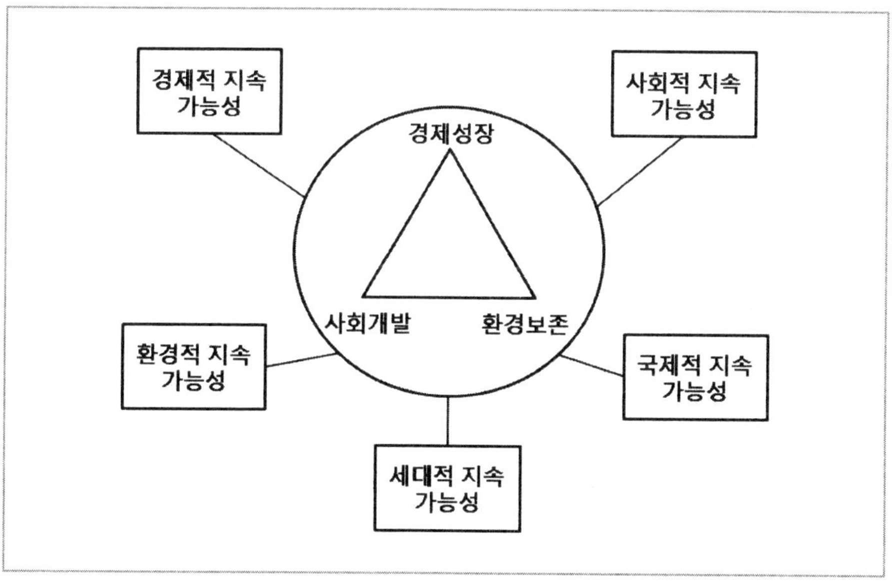

출처: S. Cnnelly, “Mapping Sustaninable Development as a Contested Concept,” Local Enviornment 12－3 (2007), p.270; 임성진, “이명박 정부의 녹색성장정책의 한계와 대안,” 에너지시민회의 출범 워크샵, 2009. 3. 17, p. 4 재인용.

이상과 같이 지속가능한 발전의 핵심은 환경과 경제, 사회의 조화이며 국내와 국제적 영역과 현세대와 미래세대를 포괄한다. 지속가능한 에너지는 단순한 환경오염의 방지 혹은 제한이라는 틀을 넘어서 '경제성장과 환경보전, 사회통합'이라는 세 가지 측면 에서 인류의 삶을 향상시키고 사회복지를 극대화 하는데 목적으로 그 효과가 클 것으로 기대되었다.[12] 지속가능한 발전이 추구하는 방향은 '환경적으로 지속가능한 경제성장'으로 한국에서는 '저탄소·녹색성장'에 도입되었다.[13]

어떤 의미에서는 지속가능한 발전은 '미래 세대가 그들의 필요를 충족시킬 능력을 저해하지 않으면서 현 세대의 필요를 충족시키는 발전'을 의미한다. 많은 선진국들이 새로운 차원의 미래기술 혁신과 정치경제 사회시스템의 전환을 위해 총력을 기울이고 있다. 새로운 에너지체제는 양적 성장에 근거한 시장과 기술이 '환경친화적'으로 조성된 녹색시장과 혁신적 미래기술로 바뀌어야 한다. 따라서 가장 우선적으로 지속가능한 사회로의 전환에 가장 먼저 반응을 것은 시장 메커니즘이다. 미래사회에서는 지속가능성을 확대해가는 녹색산업이 '시장의 중심축'으로 작용하기 때문이다. 여기서 중요한 것은 시장의 기능에만 전적으로 의존해서는 지속가능한 발전을 추구할 수 없다는 점이다. 시장의 무분별성과 팽창을 억제하고 시장경쟁이 지속가능한 사회와 조화를 이룰 수 있는 방향으로 전환해갈 수 있도록 정부가 시장메커니즘을 유도해야 한다.[14]

녹색성장은 '환경'과 '성장'의 가치를 모두 포괄한다. 녹색성장은 온실가스와 환경오염을 줄이는 지속가능한 성장이며, 녹색기술과 청정에너지로 신성장 동력과 일자리를 창출하는 국가발전의 패러다임을 의미한다. 녹색성장은 빈곤탈출에 필요한 경제성장을 추구하면서도 '생태적 효율성'을 제고하여 환경에 주는 부담은 최소화하는 일종의 경제성장 방식이다. 이 개념은 2000년 1월 29일 이코노미스트의 기사에서 신흥시장(emerging market)에서의 경제활동의 환경적절성을 나타내는 자료로 사용되었다. 저개발국의 빈곤 퇴치를 위해 조직된 유엔 아태평양경제사회위원회(ESCAP)를 중심으로 발전했다.[15]

좀 더 구체적으로 녹색성장은 2005년 서울에서 개회된 아태경제사회이사회

(UNESCAP: Eonomic and Social Commission for Asia and Pacific)의 제5차 환경과 개발에 관한 아・태지역 장관회의(The Fifth Ministerial Conference on Environment and Development in Asia and Pacific)에서 처음으로 공식화 시킨 용어다. 2009년 녹색성장의 개념이 구체화된 것은 아태경제사회이사회(UNESCAP, 2009)를 통해서 였다. UNESCAP는 녹색성장을 “소비 및 생산방식의 근본적인 변화의 촉진을 통해 환경적 지속가능성과 경제성장의 두 가지 명제의 조화를 도모하는 전략 및 접근의 틀”로 정의되었다. 또 한국의 녹색성장의 이념적 토대를 제공한 것으로 추정되는 대통령직속 미래기획위원회는 UNESCAP의 이런 개념정의를 바탕으로 녹색성장을 “신재생에너지 기술, 에너지・자원 효율화 기술, 환경오염 저감기술과 관련 융합기술의 양식을 저탄소・친환경으로 전화하여 전반적인 삶의 질을 향상시키는 국가발전전략”으로 규정했다.[16)]

녹색성장은 경제적으로는 녹색기술과 녹색산업을 통해 성장동력과 일자리를 창출하고, 환경적으로는 지구 온난화와 에너지 위기에 대응하는 구체적 행동을 전제로 한다. 이는 녹색성장은 환경과 경제성장 간의 선순환 관계를 추구하는 경제정책에서 출발했기 때문이다. 국토환경 변화와 생활혁명을 통해 보이지 않는 곳에서부터 삶의 근본을 녹색으로 바꾸는 포괄적 개념으로 그 적용 범위가 매우 넓다. 따라서 환경문제해결의 사후처리 단계부터 생태적 현대화에 이르는 모든 발전단계가 녹색성장 대상에 포함된다. 녹색성장은 온실가스를 줄이는 저탄소 경제발전 패러다임이다. 주요 핵심은 경제성장을 추구하면서 자원이용과 환경오염을 최소화하고 이를 경제성장의 동력으로 활용하는 ‘선순환 구조’를 의미한다. ‘친환경적 성장모델’로 전환함으로써 자원이용의 효율성은 최대화하고 환경오염을 최소화할 수 있는 것이다. 정부가 추진하고 있는 ‘녹색성장’은 환경과 경제성장의 시너지를 극대화하는 것으로 정부와 국민, 기업과 시민사회가 공유된 비전을 바탕으로 창의적으로 발전시켜 나가야하는 주요 과제로 간주된다.[17)]

〈표 2〉 지속가능한 발전과 녹색성장의 차이점

	지속가능한 발전	녹색성장
기 원	• 1992년 UNEP라는 유엔 산하의 전문적인 환경관련 국제기구가 세계적 차원의 환경회의를 조직해 나가는 과정에서 도출했음	• 2005년 서울에서 개최된 아 · 태 경제사회이사회라는 지역단위 국제기구의 환경장관회의에서 시작됨
관련 행위자 (범위)	• 전 세계 국가의 정부와 기업, 시민사회의 환경 관련 그룹이 참여함	• 아시아 · 태평양지역의 정부행위자가 주축이 됨
목 적	• 전 세계의 급속한 경제성장으로 인해 발생한 환경오염에 대해 사후적 처리 주로 오염의 수준을 낮추기 위해 노력함. 경제성장보다는 환경보호에 더 주력함	• 신흥시장으로 도약해 가고 있는 아시아 · 태평양지역의 후진국 및 개발도상국들 중심으로 경제성장 과정에서 예상되는 환경오염을 줄이기 위해 노력함. 환경보호보다는 경제성장에 더 주력함
정책 참여도	• 이해당사자들이 폭넓은 참여를 통해 환경보호와 관련된 의사결정과정이 개방적으로 운용되고 하부 집행단위의 풀뿌리 조직을 주체로 함.	• 개념 도출 과정과 이후의 정책 결정 및 집행 과정이 주로 정부행위자를 중심으로 전개됨. '위로부터의' 하양식으로 운영으로 시민사회행위자들의 광범한 자발적 참여가 부족함

출처: 차재권, "지속가능발전에서 녹색성장으로: 환경담론의 한국적 진화 혹은 퇴화?" 한국정치학회 추계학술회의 발표논문, 전북대학교 사회과학대학, 2011. 11. 4, pp. 25−27 재정리함.

지속가능발전과 녹색성장의 차이점을 살펴보면 다음과 같다. 지속가능한 발전의 주요 요소는 코넬리(2007)가 제시한 바와 같이, '경제성장, 환경보호, 사회정의'의 세 가지 차원이다. 반면 녹색성장에서는 '경제성장과 환경보호'의 가치에 중점을 주고 있기 때문에 사회정의의 차원이 다소 미흡하다.[18] 녹색성장이 지속가능한 발전을 계승한 개념처럼 보이지만 사실상 환경 개념에서 가장 중요한 요소 중 하나인 넓은 의미에서의 사회정의에 대한 고려가 약화되었다는 것이다. 따라서 녹색성장은 지속가능발전과 동일시할 수 없기 때문에 이런 점을 감안해 향후 녹색성장은 사회정의 실현 즉 편익의 공유 부분에 주력해야 한다. 또 두 개념은 환경에 대한 인식에서 차이가 드러난다<표 2 참조>. 지속가능한 발전은 인간중심적 환경을 보존 대상으로 간주되는 환경과 경제의 조화에 중점을 둔 것이다. 반면 녹색성장은 비록 인간중심적 환경을 중시하지만 내부경제로 바꾸어 환경 자체를 적극적인 시장가치로 간주된다.[19]

III 녹색성장과 에너지체제 구축

3.1 지속가능한 에너지 체제

지속가능한 에너지체제의[20] 실현은 무엇보다 화석연료의 소비가 전 세계적으로 급격하게 감소하고 있다. 전 세계적으로 지속가능한 미래발전이 지속되기 위해서는 이산화탄소 배출량을 세계적으로는 절반으로 줄이고 선진국에서는 80% 이상이 줄어들어야 한다. 한국과 같은 신흥공업국도 에너지소비의 증가를 크게 억제하고 온실가스 배출을 줄일 수 있는 새로운 에너지원의 공급을 대폭적으로 확대시켜야만 한다. 에너지 공급이 원활하지 못하여 가격이 상승한다. 에너지소비 과정에서 기후변화와 같은 심한 환경문제가 발생한다. 에너지 생산과 소비가 사회적 형평성을 저해하고 집단간, 지역간, 세대간에 갈등을 초래한다.[21]

이런 에너지체제 전환을 위한 전략으로 네가와트혁명과 에너지절약, 에너지효율의 향상, 신재생에너지로의 전환이 제시된다. 현재 가장 주목을 받고 있는 것은 신재생에너지 분야다.[22] 신재생에너지의 중요한 특징은 지역 내에서 지속적으로 생산할 수 있기 때문에 다른 에너지자원보다 고갈 가능성이나 국제에너지 시장의 변동으로부터 자유롭다.[23] 신재생에너지는 근본적으로 화석연료 사용에 의한 이산화탄소 발생이 거의 없는 친환경적 에너지다. 자연에너지를 활용하여 재생 가능한 비고갈성 에너지다. 또 현 세대의 이용으로 미래 세대의 선택이 제한되지 않는다. 환경에 미치는 부정적인 영향은 거의 없고 소규모 분산적인 방식으로 이용할 수 있다. 이런 점은 에너지 이용을 둘러싼 지역간 환경갈등이나 불평등 문제가 제기될 가능성이 거의 없다. 기존의 화석연료와 원자력을 바탕으로 한 거대 자본과 중앙집중화된 기술로 구성되는 공급 위주의 에너지 이용방식을 탈피할 수 있다. 즉 '소규모, 분산적, 분권적 구조'로 변화될 수 있는 장점이 있다. 신재생에너지는 세계 각국에 비교적 고르게 분포하여 화석연료에 비하여 자원이 편재되어 있지 않다. 연구개발과 기술발전에 의해 확보가 무한정 가능한 기술주도형 에너지원으로 장기적인 선행투자와 정부지원이 필요한 공공성이 강한 미래 에너지원이다.[24)]

아울러 에너지자원의 수급 차원에서만 접근해서는 안 된다. 사회구조적으로 지속가능성을 실현할 수 있는 방식으로 되어 있는지 또 지속가능성을 실현하기 위해 구체적으로 어떠한 '구조적 변화'가 필요한 것인지에 대안 모색이 필요하다. 이와 관련 다음과 같은 몇 가지가 전제되어야 한다. 첫째, 에너지자원의 고갈 가능성으로부터 자유롭고 공급의 지속가능성이 보장되어야 한다. 온실가스의 주범인 이산화탄소의 배출이 적어 친환경적일 때 가능하다. 둘째, 에너지 이용의 편익과 비용이 세대 간이나 세대 내에서 형평성 있게 배분되어서 사회적 갈등이 감소하고 국가간 갈등도 완화될 수 있어야 한다. 셋째, 사회구성원들이 에너지정책 결정 과정에 참여가 가능하고 토론과 합의가 이루어질 수 있도록 하는 민주적인 의사 결정구조도 중요하다. 넷째, 에너지체제는 에너지 효율성 향상과 에너지절약을[25)] 통해 에너지 수요 자체를 줄이고 재생가능한 에너지 이용을 확대하면서 소규모 분산적인 에너지 수급구조를 유지하면서 민주적인 의사결정 구조를 갖추어야 한다.[26)]

에너지절약과 관련하여 에너지 서비스인 네가와트개념(NEGA－Watt)은 중요한 의미를 내포한다. 이 개념의 기본논리는 소비자가 대가를 지불하는 대상이 공급되는 에너지 자체가 아니라 적당한 조명이나 난방 및 온수 등의 사용에너지에 초점을 둔다. 이것은 사업자가 에너지를 공급하는 대신 소비부문에 존재하는 '절약 잠재량'을 파악하여 개발함으로써 이윤을 추구하는 새로운 에너지공급 개념이다. 메가와트(MEGA – Watt)에서 네가와트로의 전환은 지속성장 가능한 시장을 개척해 환경을 대가로 이루어진 전통적인 에너지사업을 신재생에너지원으로의 교체와 '에너지절약을 위한 투자'는 반드시 새로운 방향으로 전환되어야 한다.[27]

이는 현대 산업사회의 낭비적 구조를 근원적으로 바꾸기 위한 시스템의 전환을 의미한다. 에너지절약의 가장 긍정적인 측면은 에너지 소비비용과 공급조절, 새로운 에너지원을 개발에 드는 비용보다 저렴하다는 점이다. 특히 에너지절약은 소비자들의 적극적인 참여를 통해 단기간에 달성할 수 있는 에너지혁명의 효율적인 수단이다. 현재의 기술 수준으로도 절약을 통해 에너지소비량을 절반가량 줄일 수 있다.[28]

3.2 저탄소 · 녹색성장의 에너지체제

2008년 7월 일본 도야코의 G8 정상회담에서 이명박 대통령은 2050년까지 온실 가스 배출량을 절반으로 줄이는 범세계적인 장기 목표에 적극적으로 동참 하겠다고 발표했다. 이것을 시작으로 동년 8 · 15 경축사에서 이 대통령은 청정에너지와 녹색 기술로 신성장 동력과 일자리 창출을 재차 강조했다.[29] '저탄소 · 녹색성장'이 새로운 국가발전 비전의 축으로 제시되었다. 녹색성장은 미래 신성장 동력으로 한국 경제가 고유가와 고물가, 일자리 부족에 직면한 상황에서 미래에 대한 새로운 국가발전의 패러다임이 되었다.[30]

구체적으로 정부는 중장기적으로 녹색성장 구현을 위한 에너지 마스터플랜인 제1차 국가에너지기본계획을 수립하고, 고유가와 기후변화에 대응하기 위해 저탄소 · 경제사회체제로의 전환을 추진했다. 「제1차 국가에너지기본계획(2008~2030)」, 「제4차 기후변화대응 종합기본계획(2008~2012)」, 「제3차 신재생에너지 기술개발 및 이용 · 보급 기본계획(2009~2030)」 등 다양한 국가 단위 종합계획과 「그린에너지산업발전전략」, 「녹색뉴딜방안」 등 다양한 국가전략이 발표되었다.

2008년 작성된 「제1차 국가에너지 기본계획: 2008 – 2030」은 저탄소 · 녹색성장을 구현하고 녹색기술과 청정에너지로 신성장동력 및 일자리 창출에 주력했다. 지속적인 경제성장을 뒷받침하고 미래세대의 수요를 고려한 에너지안보, 에너지 효율 및 친환경 에너지 정책의 추진에 중점을 두었다. 2030년까지 에너지 공급의 안정성을 제고, 에너지 자립사회, 클린에너지 사회로 도약을 목표를 설정했다. 첫째, 석유·석탄 등 화석에너지 의존도를 낮추고, 석유·가스 자주개발율 40%, 원자력·신재생에너지 보급률 등 클린에너지 비중을 대폭 확대한다. 총에너지에서 석유 비중을 33%, 신재생에너지 비중을 11%, 원자력 비중을 41%까지 확대한다. 둘째, 신재생에너지의 보급 확대와 기술 및 장비의 국산화, R&D 지원확대 등을 통해 신성장동력으로 육성한다. 셋째, 고유가 및 기후변화에 대비하여 지속가능한 성장이 가능하도록 에너지 저소비형·저탄소형 경제·사회 구조로의 전환을 의미한다. 넷째, 2030년까지 에너지원단위를 연평균 2.6% 개선을 통해 에너지원단위를 47% 향상시켜 국가에너지 효율화 실현을 목표로 한다. 결국 녹색성장을 법제도적으로 뒷받침하기 위해 2009년 1월부터 국무총리실 녹색성장위원회 설립의 준비팀 주도로 「녹색성장기본법」을 강력히 추진했다. 동년 2월 저탄소·녹색성장을 효율적이고 체계적으로 추진하기 위해 '저탄소·녹색성장 기본법(안)'을 국회에 제출했다.[31)]

한국의 미래 에너지정책은 지속가능한 녹색성장의 에너지체제 구축의 방안에 주력해야 한다. 국가에너지 기본계획에 따르면 석유의 비중은 2030년에 1차 에너지 수요의 36.4%로 2006년 43.6%에 비해 낮아질 것으로 전망된다.[32)] 그런데 다음과 같은 몇 가지 노력을 지속해야 한다. 첫째, 신재생에너지 기술수준이 선진국의 60%정도 수준이다. 재생에너지 비중의 확대와 선진국 수준으로 발전할 수 있는가에 대한 심각한 고려가 제기된다. 이와 관련 분산적 소규모의 재생에너지 확대에 주력해야 한다. 둘째, 현재 원자력의 이용 확대 및 클린에너지로 발전한다는 계획이다. 안전한 원자력 에너지 생산체제를 어떻게 확보할 것인가를 제고해야 한다. 셋째, 한국의 에너지 대외의존도는 96.8%로 대부분의 에너지 해외수입 의존도가 상당히 높다. 에너지수입 다변화에 따른 공급안정성이 취약한 점을 고려해 정부는 중동지역 외에 러시아, 중앙아시아, 중남미 등의 지역 대상으로 수입다변화 정책을 적극 추진해야 한다. 또 최근 아랍에미리트연합과 공동 유전개발 참여처럼 해외유전 개발 및 공동 참여도 증진시켜야 한다.[33)]

선진국들은 이미 자원의 효율적·친환경적 이용에 국력을 집중하고 있다. ‘녹색산업’과 ‘녹색기술’이 새로운 성장엔진 축으로 발전되고 있다. 미국, 일본, 유럽연합(EU) 등 선진국가들은 녹색기술 육성과 환경규제를 통해 관련 산업의 성장을 이끌어내고 새로운 시장을 선점하고 일자리 창출에 주력한다. 현재 많은 선진국들은 분산적, 소규모의 재생가능에너지 생산을 장려하고 있고 사용을 확대하고 있다. 에너지 소비 7위인 독일은 15%를 재생에너지로 충당한다. 2025년까지 비중을 45%로 확대하기로 했다. 또 신재생에너지 소액투자자들에게 20년 동안 투자금 회수를 보장해주고 있다. 태양광 산업은 연매출 1조원이며 8만개의 일자리를 제공했다. 풍력의 경우 58개 발전단지에서 45만 가구에 전기를 공급한다. 땅 부족의 대안으로서 바다 풍력단지를 건설하고 있으며 100% 전기를 자급자족하는 마을이 상당한 수를 차지했다.[34)]

독일은 재생에너지 분야에서 세계시장을 선도하고 있다. 오염물질 감축과 대규모의 신규고용을 창출함으로써 녹색성장을 구체적으로 실현하고 있는 대표적인 국가 중 하나다. 독일의 녹색성장 전략은 신재생에너지 개발 및 보급에 중점을 두고 있다. 독일은 제도 개선과 보조금 지급 등을 통해 신재생에너지 보급과 확산에 주력한다. 2009년부터 도입한 ‘재생열법’을 적용해 오래된 건물에 대해 에너지 효율을 높이는 리모델링을 할 수 있도록 정부가 별도의 융자프로그램을 지원해주고 있다.[35)]

2000년 「신재생에너지법(EEG)」을[36)] 제정해 10년 간격으로 재생에너지 시장 확대의 목표량을 제시했다. 정부 청사 건물의 난방·전력을 모두 신재생에너지로 충당토록 했다. 풍력과 태양광, 바이오매스 등을 활용해 전기를 생산하면 해당지역 전력회사들이 2024년까지 의무적으로 전기를 매입토록 했다. 독일 국민들은 신재생에너지 시설을 설치할 경우 설비금액의 전액을 연 2~4%의 저리로 융자받을 수 있다. 2004년 이후 독일의 재생에너지 시장이 급속히 늘어나면서 2005년 태양광 발전 분야에서 일본을 추월하게 되었다.

독일은 단기간에 세계 최대 규모의 풍력과 태양광 설비용량에서 성공적인 혁신효과를 달성했다. 독일의 녹색산업은 전통적인 기계산업과 자동차산업보다 훨씬 더 높은 8%의 실질성장률을 달성하기도 했다. 독일은 녹색산업이 차지하는 비중은 2005년 4%에서 2030년 16%로 확대할 계획이다. 독일은 지구온난화의 악화를 막기 위해 선진국들이 제시한 2050년까지 80%의 이산화탄소 배출량 감축목표 달성 가능성을 제시했다.[37)]

아울러 2002년 영국 런던 남쪽 서튼 자치구에 건설된 베드제드는 석유와 석탄 등 화석에너지를 전혀 사용하지 않는 친환경주거단지로 잘 알려져 있다. 100여 가구와 10개의 사무실 등 모든 건물을 남향으로 지어 낮에 전등을 따로 켜지 않아도 된다. 디자인을 강조해 인공조명이 필요한 도시 건물들과 달리 자연 채광을 이용한다. 또 벽 두께가 30㎝ 이상, 창은 모두 삼중창으로 설비하는 등 단열을 철저히 해 겨울철 난방비를 줄였다. 태양광으로 전기수요 일부를 충당하고 나머지 전력수요는 인근 마을에서 수집한 목재를 분쇄해 가스화시켜 연료로 사용한다. 그 밖에 베드제드의 교통정책도 중요하다. 도시에서 가장 많이 쓰는 수송부문 에너지를 줄이기 위해 주민 35명이 3대의 차량을 함께 사용하는 '카 쉐어링 제도'를 도입했다. 베드제드의 실험은 영국 주택의 에너지혁명의 중요한 사례로 간주된다. 향후 영국은 2016년부터 신규주택을 탄소무배출 건물로 설계토록 하고 지키지 않을 경우 개발업자에게 환경부담금을 물리는 정책을 발표했다. 영국정부는 2020년까지 베드제드와 같은 에코타운을 10개 더 건설할 계획을 발표했다.[38)]

Ⅳ 저탄소 · 녹색성장의 구축과 과제

전 세계적으로 많은 국가들이 경제적, 사회적, 환경적으로 지속가능한 에너지체제 구축에 주력하고 있다. 현재 화석에너지 의존을 줄이고 대체에너지인 신재생에너지 개발이 주요 관심사이다. 정부가 추진하고 있는 저탄소 · 녹색성장의 가장 중요한 핵심은 신재생에너지의 이용확대로 집중된다. 2030년까지 40조원을 투자해 신재생에너지 비중을 11%까지 확대, 세계 5대 신재생에너지 강국으로의 성장을 목표로 한다. 지식경제부에 따르면 전체 매출액은 2007년 1조2,537억 원에서 2010년 8조1,282억 원으로 6.5배 급증했다. 같은 기간 수출액과 민간투자 역시 각각 7.3배, 5.1배 늘었다. 그러나 실질적인 신재생에너지 보급 수준은 늘지 않았다. 녹색성장위원회와 지경부의 자료를 보면 2008년 보급 목표였던 2.48%에 불과 0.05% 부족한 2.43%를 달성했다. 2009년과 2010년에는 목표치 미달률이 각각 0.30%, 0.44%로 더 커졌다. 폐기물 기반 전기생산량을 포함시키지 않는 경제협력개발기구(OECD) 기준으로 따지면 2009년 보급 수준은 1.6%에 불과하다.[39]

정부는 전력생산의 2.4%를 담당하고 있는 태양광발전을 통한 전력생산 규모를 2030년 현재 대비 약 40배 정도로 확대한다는 계획이다. 에너지 저소비 사회, 녹색사회로의 전환을 위해 그린카 및 경차 보급 확대, 자동차 연비향상 등을 추진해 국가에너지 효율을 2030년까지 2006년 대비 47%까지 향상한다는 계획이다. 또 에너지 자립 및 화석에너지 의존도를 낮추고 자주개발률을 제고하고 신재생에너지와 원자력의 비중을 지속적으로 확대할 방침이다.[40]

대체에너지로 주목받고 있는 태양에너지나 풍력에너지는 현재 기술력으로는 전력 1kwh를 생산하는데 태양광은 700원이고 풍력은 100원 이상의 경비가 소요된다. 신재생에너지 중 태양광발전과 풍력발전은 가장 실용화된 분야다. 설비 원자재의 수입의존도도 태양광이 75%, 풍력이 99% 정도로 외국기술에 대한 의존도가 높은 편이다. 태양광 발전의 핵심 장치인 태양전지의 경우 미국과 일본이 발달되었고, 풍력에너지 발전장치는 독일이 세계적인 기술력으로 세계시장을 점유하고 있다. 한국은 신재생에너지 설비의 수입의존도가 75%이고 풍력은 99.6%에 달한다.[41]

신재생에너지 개발과 관련 다음과 같은 한계점에 직면한다. 우선 재생에너지는 일기변화에 영향을 받기 때문에 공급이 간헐적일 수 있다. 재생에너지 생산과 활용까지는 원자력에 비해 훨씬 많은 생산부지가 필요하다. 비용적 측면에서 많은 자본이 투자되어야 한다. 현재 기술수준에서 신재생에너지의 보급 확대는 오히려 국토의 훼손이라는 부작용도 초래할 수도 있다. 신재생에너지 개발이 석유를 대체할 만한 실용적 단계가 아직 아니기 때문에 기술적으로 안정성 문제도 발생할 수 있다.[42] 아울러 신재생에너지 생산 노력은 에너지절약과 병행하여 진행되어야 한다. 스마트 그리드에 대한 적극적인 추진도 중요하다. 지능형 계량기, 태양광 전기, 풍력, 전기자동차, 스마트 전자제품(IHD: 전자제품 스스로 전기 및 전기요금을 절약), 쌍방향 전기시스템 등을 통합한 전력시스템을 구축해야 한다.[43]

녹색성장의 에너지체제의 구축을 위해 신재생에너지 개발과 원자력에너지 비중 확대가 포함된다. 원자력에너지의 가장 큰 특징은 기후변화에 대응하고 증가하는 전력수요를 충족하기 위해 중요한 에너지원이다. 원자력은 연료비 비중이 낮고 기술 확보도가 높기 때문에 국산에너지로써 경제성이 높다. 원자력은 세계 에너지 소비의 6.5%에 불과하다. 그러나 이산화탄소 배출량이 적고 효율성이 높기 때문에 선진국들의 주요 에너지원으로 부상했다. 주요 선진국들은 원자력에너지 비중이 높고 비중을 확대하는 추세다. 미국은 2007년 기준 전체소비 전력의 약 20%를 원자력으로 공급했다. 오바마 대통령은 1979년 스리마일섬 방사능 누출사고 이후 30여년 만에 원자력발전소 건설 계획을 발표했다. 프랑스의 원자력발전소 시설용량은 세계 2위 수준이다. 총 발전전력량에 대한 원자력발전의 점유율이 약 3/4를 차지한다. 일본은 53기의 원자로를 운영하는 세계 3위의 원자력 의존도가 높다. 일본 전체 전력의 34.5%를 원자력으로 공급했는데, 2011년 3월 후쿠시마 원전 사고 이후 의존도를 줄이고 있다.[44] 독일의 경우는 다소 예외다. 독일 통일 이후 원자력의 비중이 약 12.4%를 차지했다. 그러나 일본 원전사태 이후 원전사용 중단을 선언했고, 신재생에너지 의존을 더 높이는 방안을 추진하기로 했다.

한국의 원자력 의존도를 살펴보면 다음과 같다. 원전시설용량으로 세계 6위, 전력생산량 중 원전발전의 비중이 세계 4위를 차지한다. 원전 시설용량측면에서 좁은 국토로 인해 원전 밀집도가 높은 국가에 해당된다. 한국의 경우 1ha 당 9.93kw의 시설을 갖추고 있다. 일본은 밀집도가 세계 2위로 시설용량에서 우리의 3배가량 되지만 ha당 1.73kw의 원전시설을 갖추고 있다. 밀집도

측면에서 한국은 일본에 비해 5.7배가 높은 편이다. 국내 원전은 5개의 지역(고리, 월성, 울진, 영광, 신고리)에 21기의 원자로가 집중적으로 가동 중이다. 밀집도가 상당히 높은 편이다. 현재 7기가 건설 중이고 4기가 건설 준비 중인. 역시 원전 밀집도는 더 높아질 수 있다. 이런 점을 고려해 원전건설이나 방사성 폐기물 처분을 위한 공간 확보를 적극적으로 고려해 봐야한다.[45)]

에너지기본계획의 핵심 추진사항으로 원전 확충이 중요한 사업 중 하나다. 국제유가의 상승 추세를 감안할 때 장기적으로 원전 중심의 에너지 구조의 구축을 통해 에너지 수급 위기에 대처할 수 있다. 원전은 1KW당 발전단가가 100원을 초과하는 석유 에너지원에 비해 40원 정도로 저렴하고 상대적으로 적은 설비로 많은 발전량을 생산해 낼 수 있다. 풍력, 조력, 태양열 등 다른 신재생에너지 개발이 늘리고 시간이 걸리는 만큼 원전이용 확대는 비용대비 효율성을 고려해 보면 효과가 큰 편이다.[46)]

그러나 동시에 원자력 이용의 비중 확대에 대한 반대의 목소리도 간과할 수 없다. 환경적인 측면에서 원자력 비중은 지속가능성을 저해한다. 전 세계적으로 사용 후 핵연료를 안전하게 처분할 수 있는 기술이 아직 확보되지 못했다. 후쿠시마 사태에서 나타났듯이 원전의 운전과정이나 방사성 폐기물의 처분과정에서 발생 가능성이 높은 방사능 누출은 기후변화 못지않게 그 피해는 치명적일 수밖에 없다. 값싼 전기를 안정적으로 공급할 수 있지만 원전의 안정성 확보와 방사성 폐기물처리장 부지 확보를 둘러싼 사회적 갈등과 그에 따른 부작용에 대한 방안 마련에도 고려되어야 한다.[47)]

V 맺음말

한국에서는 지속가능한 발전과 녹색성장이 개념적으로 큰 구별 없이 혼재되어 사용되고 있다. 지속가능발전 개념이 더 경제적, 사회적, 환경적 지속가능성을 균형 있게 발전시킬 것을 목표로 하고 있는 반면에 녹색성장은 점차로 환경보다는 경제에 비중을 두는 방향으로 전개되면서 마치 '경제를 위한 환경'의 이념으로 전락했다는 비판도 제기된다. 지속가능한 발전의 개념과 다르게 녹색성장의 개념은 미래세대에 대한 고려가 취약하다는 지적이 일고 있다. 즉 '세대간 형평'이라는 환경정의에 대한 고려를 간과해서는 안 된다. 이런 점을 고려하지 않는다면 지역간 혹은 계층간의 형평성 문제가 얼마든지 제기될 수 있다. 녹색성장에 기반 한 저탄소·녹색성장기본법이 사회적 정의가 고려되지 않았다는 비판에 직면하게 된다.[48)]

앞서 지적했듯이 지속가능한 발전과 녹색성장의 또 다른 차이점은 규범성의 문제가 거론된다. 지속가능한 발전은 '환경'에만 집중하지 않고 일반적인 정책의 영역인 경제, 환경 및 사회를 포함한다는 점에서 규범적인 기능을 담고 있다. 정책적인 측면에서의 기술적인 측면에 치중하고 있는 녹색성장과는 달리 지속가능한 발전은 "근원적으로 가치와 세계관(the sort of world in which we wish to live)에 관한 정치적 결정"을 포함한다. 비록 지속가능한 발전의 규범적 특성이 수사적 차원에 머물러있지만 다양한 사회적 목표를 조정하는 기능적 틀(framework)로서 활용될 수 있을 것이다.[49)]

따라서 한국적 저탄소·녹색성장의 한계점을 보완하고 친환경적 산업과 사회정의 실현을 위해 다음 몇 가지 과제를 제시해 본다.

첫째, 정부와 기업 및 학계를 중심으로 환경과 녹색성장 발전에 대한 인식 제고가 요구된다. 성장에만 집중하지 않고 일반적인 정책의 영역인 경제, 환경 및 사회를 포함하는 규범적인 측면도 강화되어야 한다.

둘째, 실천적인 측면에서 정부는 시장지향형 녹색산업과 신성장동력으로서 기업과 학계와 국민을 대상으로 녹색기술 연구개발 투자를 확대해야 한다. 온실가스 감축의무국이 개도국에 친환경 프로젝트를 실시하는 청정개발체제(CDM) 사업에 대한 홍보와 신재생에너지의 중요성, 탄소배출권거래제 등 환경친화적 산업 육성에 좀 더 주력해야 한다.

셋째, 전략적 측면에서 핵심 신재생 녹색기술을 선점한 선진국들과 격차를 줄여야 한다. 녹색시장 선점을 위해 IT, BT 기술 등을 활용한 융·복합 녹색기술 개발과 상용화를 육성해야 한다. 녹색산업을 시장지향형 산업으로 적극 추진할 필요가 있다.

넷째, 세제 혜택 측면을 고려해야 한다. 정부차원에서 녹색기술 및 제품 을 개발하는 기업 대상으로 다양한 법인세 감면과 저리 금융 등 금융·세제 지원이 요구된다.

다섯째, '그린인력양성과 일자리 창출'에 주력해야 한다. 녹색산업의 기초 R&D 지원을 위해 전문인력 양성사업을 추진해야 한다. 관련 사업에 대한 신규 전공분야 개설을 통해 고급인력 양성을 추진해야 한다. 일자리 창출에 기여할 것이다.

여섯째, 국민들의 적극적인 참여와 인식제고를 위해 NGO와 연계된 녹색소비 패턴 및 교육·환경정책에 대한 변화를 추구해야 한다. 그린에너지 녹색산업전문 전시회를 개최 등 제품에 대한 홍보를 강화해야 한다.

마지막으로 에너지절약을 중요시해야 한다. 국민 대상의 환경교육 및 에너지절약을 운동을 전개해야 한다. 소비자 스스로가 녹색제품에 대해 관심을 가지도록 홍보도 중요하다. 궁극적으로 녹색기술 개발과 녹색산업 육성을 위해 자체 기술개발도 중요하지만 선진국과의 기술협력을 통한 원천기술 확보 전략도 중요하다. 고비용이나 단기간 내 기술개발이 어려운 분야는 미국, 유럽연합(EU) 등 선진국들과 국제협력을 증진해야 한다.

이런 다양한 정책적 측면을 고려해 볼 때, 정부는 '그린 코리아' 브랜드 마케팅을 중심으로 국가 이미지 제고에 주력해야한다. 기후변화에 대응하기 위해 중장기적으로 한국의 그린 리더십 제고 방안을 고려해야 한다. 환경관련 국제회의 참여 및 국내 유치, 다양한 환경관련 국제기구의 참여와 활동도 권장되어야 한다. 아울러 중동, 중앙아시아, 중남미 지역의 국가들의 자원부국들과의 환경협력 증진 및 관련 사업에 대한 MOU 체결 등 적극적인 친환경 외교를 제안해 본다.

미 주

1) 더 자세한 논의는 다음을 참조. 박재목, 『우리 눈으로 보는 환경사회학』 (서울: 창비, 2004).
2) Steven Hoffman, "Negotiating Eternity: Energy Policy, Environmental Justice and the Politics of Nuclear Waste," http://www.me3.org/issues/nuclear/hoffman.pdf(검색일: 2012. 1. 26).
3) 윤순진 · 장미진, "자동차 배기가스 오염, 환경정의 관점에서 바라보기: 문제의 구성과 해부, 대안의 탐색." ECO 2005년 하반기 9호, 2005, pp. 7 – 43.
4) 정수복, "환경정의와 녹색 민주주의," 「환경과 생명」 통권 14호, 1997, pp. 70 – 81.
5) 더 자세한 논의는 다음을 참조, Urlich Beck, Risk Society: Towards a New Modernity (London: Sage, 1992).
6) 차재권, "지속가능발전에서 녹색성장으로: 환경담론의 한국적 진화 혹은 퇴화? 2011 한국정치학회 추계학술회의 발표논문, 전북대학교 사회과학대학, 2011. 11. 4, pp. 16 – 17.
7) 고재경, "해외 환경정의 운동의 전개과정과 그 의미," 「환경과 생명」 통권 4호, 1997, p. 57.
8) 임성진, "이명박 정부의 녹색성장정책의 한계와 대안," 에너지시민회의 출범 워크샵, 2009. 3. 17, pp. 3 – 4.
9) 차재권(2011), p. 18.
10) UNCED의 'Agenda 21'의 제28장은 지속가능한 발전을 위해 "지방정부는 경제, 사회, 환경의 조직을 구성 · 운영 · 유지하고, 지역 환경정책과 규제방안을 수립하며, 국가적, 광역적 환경정책의 수행을 돕고, 지속가능한 발전을 촉진하기 위해 주민을 교육시키고 동원하며 책임을 지우는 역할을 수행해야 한다"는 원칙을 적시했다. 차재권(2011), p. 18.
11) www.theuntoday.com/542(검색일: 2012. 3. 20).
12) 오진규, "지속가능발전을 위한 에너지부문 전략 연구 – 제조업부문 에너지소비 요인분해 연구," 에너지경제연구원, 2003 참조.
13) 더 자세한 논의는 다음을 참조. 윤순진, "지속가능한 발전과 21세기 에너지정책: 에너지체제 전환의 필요성과 에너지정책의 바람직한 전환방향," 「한국행정학보」 Vol. 36 No. 3, 2002, pp. 147 – 166.
14) 임성진(2009), p. 5.
15) 차재권(2011) 참조.
16) 더 자세한 논의 다음을 참조, 미래기획위원회, 『녹색성장의 길』 (서울: 중앙 Books, 2009).
17) 미래기획위원회(2009) 참조.

18) S. Connelly, "Mapping Sustainable Development as a Contested Concept," Local Environment 12-3, 2007, pp. 259-278.

19) 차재권(2011), p. 26.

20) 더 자세한 논의는 다음을 참조. 윤순진, "한국의 에너지체제와 지속가능성: 지속불가능성의 지속에 대한 분석을 중심으로" 「경제와 사회」 79호, 2008.

21) 김유은, "통일시대 에너지 정책 비전," 통일시대 국가이념 및 비전연구 세미나 발표논문, 2011. 10. 7, p. 79.

22) 임성진(2009), p. 10.

23) 김유정, "신재생에너지 정책동향 및 지속가능성 분석," 「과학기술정책지」 2005 참조.

24) 일반적으로 국제 원유 가격이 배럴당 70달러이상 유지되어야 신재생에너지의 경제성이나 효율성이 화석에너지와 경쟁력이 있다. 김유은(2011), pp. 79-80.

25) 에너지 효율성 향상은 동일한 에너지 서비스를 얻기 위해 에너지 투입을 줄이는 것이고, 에너지절약은 불필요한 에너지 낭비를 막거나 에너지 서비스 수준을 낮추고 감내해야 한다.

26) 윤순진, "지속가능한 에너지체제로의 전환을 위한 에너지정책 개선방향 : 재생가능에너지관련 법· 제도에 대한 비판적 검토를 바탕으로," 「한국 사회와 행정연구」 14권 1호, 2003, pp. 269-299.

27) 임성진(2009), p. 12.

28) 김유은(2011), pp. 79-80.

29) 이명박 대통령 2008년 8 · 15경축사 (http://www.korea.kr: 검색일: 2011. 10. 13).

30) k.daum.net/qna/view.html%3Fqid%3D459Ms(검색일: 2011. 10. 15).

31) 차재권(2011), pp. 20-21.

32) 현재 5% 수준의 에너지 자주개발률을 2012년까지 50%이상 끌어올린다는 계획이다. 윤영미, 『21세기 세계정치와 상생의 외교전략』 (서울: 두남, 2010), p. 158.

33) 최근 세계 6위 산유국인 아랍에미리트연합(UAE)의 3개 유전에서 우리나라가 공동으로 2014년부터 원유를 생산하게 된다. 2012년 3월 7일 한국석유공사는 UAE에서 아부다비석유공사와 미개발 유전들에 대한 본계약을 체결했다. 매장 추정량 5억 7천만 배럴의 3개 유전은 2개 육상 광구와 1개 해상 광구로 이뤄져 있다. 한국석유공사와 GS에너지 등이 40%의 지분으로 참여해 30년 동안 원유를 생산하게 된다. 석유공사는 2014년부터 3개 유전에서 하루 4만 3천 배럴의 원유를 생산하고, 이중 40%인 만 7천 배럴을 도입하게 된다. 또 비상시에는 생산 원유 전체를 들여오게 된다. 지식경제부에 따르면 이렇게 향후 UAE에서 원유를 생산하게 되면 현재 13.7%의 석유 및 가스 자주개발률을 1.3% 상승시키는 효과를 기대할 수 있다. 동시에 원전 건설 등 UAE와 에너지 협력을 통해 현재 진행 중인 10억 배럴 이상의 대형 생산유전 우선참여협상도 가속화된다. 「한국경제」 2012. 5. 13.

34) 김유은(2011), pp. 79-83.

35) 「한국일보」 2011. 4. 21.

36) 독일은 재생 가능한 에너지일수록 높은 가격에 매입한다는 제도다.

37) http://naretis.energy.or.kr/AttachFile/nNotice/201202/N1152/20120207152012679.hwp(검색일: 2012. 2. 25).

38) 「한국일보」 2011. 4. 21.

39) 「한국일보」 2011. 10. 21.

40) 윤영미(2010), p. 144.

41) '저탄소' 측면에서 IAEA 분석에 따르면 전력 1 ㎾h 생산으로 배출되는 온실가스는 원자력 10g, 태양광 57g, 풍력 14g이다. 에너지 밀도가 높아 에너지비축 효과가 크다. 원전연료인 우라늄 1g은 양질의 석탄 3t을 태웠을 때 나오는 열량과 같다. 김유은(2011), pp. 79-83.

42) http://www.gasnews.com/news/articleView.html?(검색일: 2012. 2. 23).

43) 전기자동차의 보급도 중요하다. 2007년 미국은 전기차 보급을 국가과제로 선정했다. 2009년 충전소 확충 등 전기차 기반시설을 크게 확충하기로 했다. 독일, 프랑스, 영국 등 선진국들은 전기차 보급에 적극적이다. 김유은(2011), pp. 89-90.

44) http://blog.daum.net/jsw0622/59(검색일: 2011. 10. 23).

45) http://wacid.kins.re.kr/SNF/snf10.aspx(검색일: 2012. 2. 20).

46) http://geozoonee.tistory.com/611(검색일: 2011. 10. 23).

47) http://geozoonee.tistory.com/611(검색일: 2011. 10. 23).

48) 전재경, "지속가능발전과 녹색성장," 「서강법학」 제11집 2호, 2009, pp.25-41.

49) 차재권(2011), p. 27.

제 9 장

한국적 다문화정책의 양상과 대안모색

Ⅰ. 들어가는 말
Ⅱ. 한국적 다문화정책과 양상
Ⅲ. 사회통합적 이주민정책
Ⅳ. 맺음말

Ⅰ 들어가는 말

법무부 통계에 따르면 1980년대 말부터 한국에 온 외국인 이주노동자는 꾸준히 증가되어 1994년 95,778명에서 2007년 12월말 약 45만(전체 국내 체류 외국인은 100만)을 차지했다. 전체 이주민의 40% 이상을 차지하는 이주노동자 중 불법 이주노동자 수도 약 22만을 상회했다. 외국인 이주노동자, 결혼이민자, 다문화가족 자녀, 재외동포, 북한이주민(공식명칭은 북한이탈주민), 여행객, 연수자 등이 포함된 것이다. 이들 중 장기체류 외국인(등록 외국인)은 출신국 40여 개국이 넘는다. 국적별로 살펴보면 2007년 말 기준 중국인이 44만 1,334명(44%)으로 가장 많았고, 미국인은 11만 7,938명(12%)과 베트남인 6만 4,464명(6%)을 차지했으며, 중국인 중에는 15만 명 이상의 중국 동포가 포함되었다. 2011년 말 외국인 거주 인구 120만 명을 넘었다.

외국인 120만 명이라는 수치는 우리나라 전체 인구의 약 2%가 넘는 것이다. 이런 급증 추세라면 2020년 5%, 2050년 9.2%로 증가될 것으로 예상된다. 이렇게 되면 이민사회로 분류되는 외국인 10%가 곧 도래할 것으로 간주된다.[1] 이는 통상 이민자 사회로 분류되는 프랑스, 독일, 영국 등 OECD 국가들의 이민자 비율이 10%가 넘는 것에 근거한 것이다.[2]

이미 유엔 산하 인종차별철폐위원회(CERD)는 "한국이 단일민족 즉 순혈주의를 강조하는 것은 국제적인 기준으로 볼 때 인종차별에 해당된다. 한국 정부는 다른 국가 출신, 다른 인종에 대한 차별을 없애기 위해 앞장서야 한다"고 권고했다. 한국은 증가하는 외국인 인구의 급증으로 더 이상 단일민족국가가 아닌 이들과 더불어 살아야하는 다인종, 다문화사회, 다문화주의, 다문화정책에 대한 관심이 확대되어야 한다.[3]

급증하는 외국인의 대부분은 외국인 노동자와 결혼이주여성들이 차지한다. 주로 저출산과 3D 업종의 노동력 부족을 해소하기 위한 것으로 증가 추세에 있다. 2001년 유엔 보고서에 따르면 한국이 현재의 경제수준을 유지하기 위해 2030~2050년 기간 동안 총 150만 명의 외국인 노동자 도입이 필요하다고 지적했다. 국제결혼 수치도 급증하여 1990년부터 2005년까지 한국남성과 결혼한 외국인 여성은 159,942명이고, 2006년 한국의 혼인신고 건수의 13% 가량이 국제결혼이다. 주로 농촌 지역에서는 그 비율이 증가 추세로 33%에 달한다. 다문화가족 자녀는 2006월 4월 30,727명이고 학교 재학생은 7천 명에 달한다.[4] 다문화정책의 주요 이슈는 외국인 이주노동자에 대한 적정한 법적 대우 및 인권침해 문제, 결혼이주여성들의 의사소통, 가족관계, 경제 사회문화적 적응 문제로 제기되면서 외국인 처우와 사회통합에 대한 필요성과 이들에 대한 다양한 정책과 지원은 정부, 지자체, 다양한 시민단체가[5] 중심이 되어 시행 중이다.

이런 맥락에서 본 장에서는 한국적 다문화정책의 특징과 수혜대상의 유형범주에 따른 한계점과 향후 과제에 대해 고찰해 보고자 한다. 이를 분석하기 위해 다문화주의에 대한 개념적 분석과 한국적 다문화사회에 대한 인식과 통합적 다문화정책에 대해 재조명해 볼 것이다.

Ⅱ 한국적 다문화정책과 양상

2.1 다문화주의(Multiculturalism)의 개념적 접근

일반적으로 문화(culture)는 인류가 창조해낸 모든 정신 활동의 소산을 지칭한다. 국제사회는 시대별, 국가별, 인종별, 성별, 집단별 등 각각의 다양한 문화유형을 만들고 축적해왔다. 이런 문화의 다양성은 한 사회에 여러 문화가 공존하며 그 독특성을 인정해야함을 의미한다. 문화적 다양성은 다양한 민족 집단이 자기 고유의 문화적 정체성을 보유하면서 사회와 공존하는 것이다. 동시에 사회구성원이 공유하는 문화를 보전하면서 다양한 민족 집단의 상호작용을 표방하는 것이다.[6] 여러 가지 이질적인 문화와 주변문화를 제도권 안으로 수용하자는 입장에서 출발하는 것으로 통일성이나 일관성으로 지향하는 동화주의와는 다른 속성을 나타낸다.[7]

그렇기 때문에 다문화주의는 이념적으로 지배문화와 피지배문화, 중심문화와 주변문화의 서열을 없애고 다양한 문화의 차이와 다양성에 대한 이해와 존중과 동등한 공존을 주장한다. 마르티니엘로(2002)는 다문화주의는 '일반적으로 인구학적이고 문화적인 다양성을 설명하기 위해 사용한다'고 정의했다. 이처럼 다문화주의는 한 사회에 공존하는 다양한 문화에 대한 수용에서부터 출발하는 것이다.[8]

사전적 정의에 따르면, 다문화주의는 1957년 스위스를 기술할 때 사용되었지만 1960년대 후반기 캐나다에서 대중화되었다. 그 후 영어권에서 빠르게 확산되었는데, 이는 다민족 사회에서 문화적인 다양성을 관리하는 정책으로 공식적으로 상호 존중과 문화적 차이에 대한 '똘레랑스'를 중시하게 되었다.[9] 다문화주의 개념은 1970년대를 전후해 본격적으로 사용되었다. 다문화주의를 수용하는 집단과 집단의 목표가 다양한 만큼 이에 대한 정의 또한 매우 가변적이다. 다문화주의는 단순히 문화가 아니라는 점이다. 한 사회의 정치, 경제, 사회의 여러 분야에서 인종, 계급, 젠더 차이에 의해 야기되는 복합적이고 중층적인 양상을 띤다. 또한 다문화주의는 '문화 다원주의'를 표방하기 때문에 국가가 시행하는 정책, 국민통합의 이데올로기, 혹은 시민운동의 목표로 지칭된다.[10)]

이처럼 다문화주의란 폭넓고 다양한 가치들을 반영하는 이념으로 한 사회 내 다양한 인종이나 민족의 문화를 단일한 문화로 동화시키지 않고 서로 인정하고 존중하면서 공존하는 일종의 이념체계를 의미한다. 이런 관점에서 한 국가의 정치적 입장이나 정책시행 방식에 따라 여러 유형으로 구분된다. 기본적으로 한 사회 내의 다양한 인종과 민족집단이 문화적 차이에 상관없이 동등한 권리를 가지고 정치와 공동생활에 참여할 수 있도록 노력한다는 특성이 있다. 다문화주의 한 사회의 다양한 문화나 언어를 단일의 문화나 언어로 동화시키지 않고 공존하게 하여 서로 승인 내지 존중하는 것을 목적으로 하는 사상, 운동, 정책이다.[11)]

그렇다면 1960년대부터 1980년대에 걸쳐 선진국을 중심으로 다문화주의가 출현하게 된 배경은 무엇인가. 유럽, 캐나다, 미국, 호주 등의 선진자본주의 국가들은 저출산 고임금으로 인한 노동력 부족문제를 해결하기 위한 방편이었다. 이들 국가들은 국가정책 차원에서 아프리카, 동남아시아, 라틴 아메리카의 개발도상국들로부터 미숙련 저임금 노동이민자들의 유입을 허용했다. 그러나 급증하는 노동이민자들의 유입으로 인해 대부분 선진국들은 인구학적 측면에서 경제, 정치, 사회, 문화 전반에 이르는 국가의 정체성에까지 영향을 미치는 문제에 직면하게 되었다. 이를 극복하기 위해 1990년대 이후 선진국들은 다문화주의라는 이념을 통해 이들 노동이민자들을 기존의 사회구조에 통합시키고는 정책을 채택했다. 공통적인 다문화주의의 특성은 전 세계적으로 인권운동이 확산됨으로써 내국인과 소수인종집단의 권리의식의 고양, 다수집단의 인종편견과 차별로 인한 소수인종집단의 사회부적응, 다수-소수 인종집단간의 사회갈등과 분열의 사회적 문제 등이 다문화주의라는 이념과 정책을 통해 해결되기 시작했다.[12)]

유네스코가 지적한 다문화주의 중요성에 대해서는 세계문화다양성선언(2001)의 다음과 같은 제2조를 참고해 볼 수 있다. "점점 다양해지는 우리 사회에서는 함께 살려는 의지와 다원적이고 다양하며 역동적인 문화 정체성을 지닌 사람들과 집단의 조화로운 상호작용을 반드시 보장해야 한다. 문화다원주의는 문화다양성을 실현하려는 명백한 정책 표현이다." 또한 문화적 표현의 다양성 보호와 증진 협약(2005) 채택을 통해 "소수민족의 문화 및 약소국의 문화 보호와 다양성 확보를 위한 노력 경주"할 것이 강조되었다.[13] 다문화정책은 인종, 민족, 문화적으로 다원화된 인구학적 현상, 사회문화적 다양성을 '긍정적'으로 인식해야 한다. 사회문화적 다양성을 인정하고 보호하고 인종, 민족, 국적에 따른 차별과 배제 없이 모든 개인이 '공평한' 기회에 접할 수 있도록 보장하는 정부의 정책과 프로그램으로 간주된다.[14]

2.2 한국적 다문화주의 특성과 정책

한국적 다문화정책의 특성에 대한 담론이 점차로 학계, 시민단체, 인권운동가들을 중심으로 더욱 확산되었다. 정부의 정책적 지원에 의해 다문화 연구, 세미나, 다문화센터 운영을 통한 다문화에 대한 관심과 지원이 증가했다. 한국적 다문화주의와 정책의 출현 배경은 무엇인가? 1980년대 말 이후 급증하기 시작한 이주노동자들의 이주는 노동력 부족과 3D 업종의 기피 현상을 채워주는 저임금의 열악한 환경 속에서 산업역군으로 경제적 활동영역에 지대한 영향을 미치게 되었다. 이런 맥락에서 한국 사회의 미래에 이주노동자들이 현실적으로 어떤 역할을 수행하고 어떠한 사회적 함의를 갖고 있는가에 대한 논의가 속출했다. 당시 정부의 대표적인 이주민 정책은 이주노동자를 대상으로 하는 '노동력관리 정책'이었다. 이주노동자의 한국에의 정착을 허용하지 않는 교체순환정책으로 '통제와 관리'가 핵심이었다. 노동력 관리나 '불법체류' 노동자의 단속과 같은 출입국 관리에 집중되었다.[15]

정부와 시민단체를 중심으로 이들 이주민에 대한 정책을 표명하게 된 것은 이주노동자의 규모가 확대되고, 비자, 인권, 임금체불 등 관리문제가 중요한 사회적 이슈로 제기된 이후였다. 정부의 이주정책이 부재한 상황에서 이주노동자들이 고용주나 업체로부터 심각한 임금, 노동시간 초과, 열악한 처우와 대우 등 차별과 인권침해를 받게 되었다. 새로운 사회운동의 영역으로 이주민 고용안정에 대한 문제가 끊임없이 제기되었다. 이주노동자들에 대한 인권문제에 대한 관심이 고조되면서 이들의 인권침해 사례를 상담하고 문제를 해결해 주는 시민단체들의 활동이 전개되었다. 이중 일부분은 일시적인 미봉책에 불과했다. 결국 정부는 1993년 이주노동자 정책으로 산업연수생 제도를 도입했다. 산업연수생 제도는 노동자 신분이 아닌 연수생 신분으로 이주노동자를 수용하는 것이다. 이주노동자의 노동권을 보장하지 않는 문제를 내포했다. 이처럼 산업연수생 제도는 이주노동자들의 사회적 존재 유형을 규정하게 되었지만, 미등록 노동자의 양산이라는 또 다른 사회적 문제를 초래했다.[16)]

2000년대 정부와 시민단체에서 이주민에 대한 정책과 인식이 근본적으로 변모하게 된 이유는 무엇인가. 결론적으로 국제결혼의 증가로 인한 결혼이주여성들의 급증에 따른 것이다. 결혼이주여성들이 다문화정책의 고려 대상의 핵심으로 부상하게 되었다. 이주노동자들을 포함한 결혼이주여성들이 급증하면서 장기체류 외국인들의 실태를 정부차원에서 조사하고 정책 방안이 심각하게 검토되었다.[17)] 특히 결혼이주여성들은 국제결혼을 통해 한국 남성들과의 결혼을 통해 영주하는 것을 전제로 했다. 한국 국적을 취득하면 한국인으로서의 권리와 의무를 갖게 되는 점 때문에 주요 정책적 고려 대상이 되었다. 예컨대 정부나 시민단체가 결혼이주여성의 문제를 본질적인 문제로 인식하게 된 것은 한국적 '부계혈통중심'의 혈연적 민족주의 이데올로기에 기인한 것으로 분석된다.[18)]

부연하자면 결혼이주여성들은 결혼이라는 제도적 차원에서 우리사회의 '타자가 아닌 함께 살아야 할 사회의 주체'로서 인식되었다. 이런 점이 한국의 다인종·다민족에 따른 '다문화사회'의 형성 및 '다문화정책'이 서구의 고전적 이민정책과 그에 따른 다민족사회의 형성과는 근본적으로 다른 점이다, 한 사회의 다문화현상은 주체에 따라 다르게 해석되는 것임을 알 수 있다. 아울러 다문화사회 이행 과정에서 나타나는 정책의 '수혜 대상'에 차이가 드러나는 것이다. 이런 특성은 한국의 다문화현상을 복합적이고 중층적 성격이라고 설명하는 것이다.[19)] 이주노동자들과 그들의 가족, 폭넓게 외국여성과 결혼한 한국인 남성, 불법체류자들의 문제, 한국적 제노포비아[20] 현상 등도 고려해봐야한다. 즉 다문화정책의 수혜대상에 대한 점진적인 수용 및 확대는 한국적 다문화주의를 정립하고 발전에 중요한 현실적인 과제인 것이다.

초창기 이주노동자들을 포함한 국내 체류 외국인정책의 주요 핵심은 출입국 차원에서 국익우선 및 '통제와 관리'가 중요한 근거가 되었다. 노동인력과 인재유치, 인권보장의 균형, 국가안전시스템 구축에 치중되었다. 따라서 '상호이해와 공존'이라는 '사회통합'의 새로운 패러다임의 전환도 중요하게 간주되었다<표 1 참조>.

〈표 1 〉 정부의 국내 체류 외국인정책의 패러다임 변화

구 분	이 전	2006년 5월 외국인정책 기본방향 및 추진체계 발표
정책 기조	• 국익우선의 원칙	• 국익과 인권보장의 조화
외국인 처우	• 통제 · 관리 중심	• 상호 이해와 존중
추진 체계	• 개별부처 추진체계	• 총괄 추진체계
정책 평가	• 단편적 · 비체계적(개별평가)	• 정책품질관리(종합평가)

출처: 이혜경, "이민 정책과 다문화주의: 정부의 다문화 정책 평가 자료," 동북아시대위원회, 2007, p. 234.

<표 2>는 2006년 4월 결혼이민자가족의 사회통합 지원 대책을 시작으로 정부가 시행한 다문화정책의 주요 내용이다. 외국인정책의 변화된 주요 정책은 동년 12월 정부(법무부)가 발의한 [재한외국인 처우 기본법안]이 2007년 4월 국회를 통과해서 동년 7월부터 효력을 발휘하게 되었다. 이 법안의 주요 내용은 국가 및 지방자치단체의 책무와 외국인정책의 수립 및 추진체계를 포함했다. 또 재한외국인 등의 처우를 위해 인권옹호와 사회적응에 대해 지원하고, 전문 외국인력의 유입을 촉진하고, 국내 다문화 환경을 조성하고, 외국인전담 직원의 지명 · 교육 및 외국인 종합안내센터의 설치 등이 포함되었다.

다문화 정책은 외국인 관리 주관부처의 확정과 '일관적인' 정책 추진으로 전환되었다. 향후 외국인정책의 수립 · 추진체계는 5년마다 외국인정책에 관한 기본계획을 수립하고, 이를 외국인 정책위원회의 심의를 거쳐 확정하도록 했다.[21)]

〈표 2〉 정부주도의 다문화 정책 주요내용

주요 정책	정책대상	비전	정책목표	정책과제
2006.4.26 [결혼이민자가족의 사회통합 지원대책]	(외국인 여성 + 한국인 남성)가족과 그 자녀	여성결혼이민자의 사회통합과 열린 다문화사회 실현	차별과 복지 사각지대 해소	1) 탈법적인 결혼중개 방지 및 당사자 보호 2) 안정적인 체류지원 3) 조기적응 · 정착지원 4) 아동의 학교생활 적응지원 5) 안정적인 생활환경 조성 6) 사회적 인식개선 및 업무책임자 교육 7) 추진체계 구축
2006.4.26 [혼혈인 및 이주자 지원방안]	1) 국내혼혈인 2) 국외혼혈인 3) 국내외국인	아시아를 선도하는 다문화 인권국가 구현	사회통합을 넘어 미래한국사회의 문화 · 외교 · 경제 인력 양성	1) 법 · 제도적 기반 구축 2) 사회적 인식 개선 3) 국내혼혈인: 생활안정대책 4) 국외혼혈인: 국적취득 지원 및 국가이미지 제고 5) 국내외국인: 아동 · 모성보호 우선보장
2006.5.26 [외국인 정책 기본방향 및 추진체계]	1) 외국적동포 2) 결혼이민자, 외국인여성, 외국인의 자녀 3) 난민	외국인과 더불어 사는 열린사회 구현	1) 외국인 인권 존중, 사회통합 2) 우수외국인력 유치지원	1) 외국적 동포 포용 2) 자녀 권익향상 3) 난민 실질적 지원 4) 외국인근로자 처우 개선 5) 불법체류외국인

	4) 외국인근로자 5) 불체외국인 6) 국민			인권보호 6) 다문화사회로의 통합기반 구축
2006.12.5 발의, 2007년 4월 국회통과, 7월 시행 [재한외국인 처우 기본법]	합법체류 외국인	1) 국익 제고 2) 사회 통합 실현	1) 다문화포용, 사회통합 2) 경쟁력강화 3) 인권보장 4) 정책수립 체계	1) 국가 및 지자체 책무 2) 외국인정책 수립 및 추진 체계 법무부 → 외국인 정책위원회 3) 재한외국인 처우 4) 더불어 살아가는 환경조성 5) 외국인전담직원/ 종합안내 센터

출처: 이혜경(2007), p. 233.

[재한외국인 처우 기본법안]의 주요 목적은 국내 체류외국인에 대한 처우 등에 관한 기본적인 사항을 결정함으로써 이들의 한국사회에 적응하여 개인의 능력을 충분히 발휘할 수 있도록 하는 것이었다. 한국국민과 이들 간의 서로를 이해하고 존중하는 사회문화 환경을 만들어 국익증진과 사회통합이 목적이었다. 여기서 '국내 체류외국인'은 대한민국의 국적을 소유하지 아니한 자로서 대한민국에 거주할 목적을 가지고 '합법적'으로 체류하고 있는 자를 대상으로 정의했다. 이것은 다문화정책의 적용 수혜대상을 합법 외국인과 불법 외국인으로 분류하여 관리통제하며 정책의 대상을 합법체류 외국인에 한정하는 것이었다.22)

이 법의 적용 대상을 합법적 외국인에게 제한했고, 불법체류 외국인들은 법의 적용 대상에서 배제되었다. 다문화정책의 적법한 대상에 대한 논란의 여지를 제공했다. 사회정의라는 실천적 측면에서의 국내 외국인 이주노동자의 상당수를 차지하는 '미등록' 이주노동자들은 불법체류자들로서 법을 지키지 않는 법적 보호 대상자에서 제외되었다. 이들의 수가 한국남성과 결혼해서 가족을 유지하는 결혼이민자의 수보다 많았지만 법적으로 귀환은 실질적으로 불가능했다. 이들이 다문화정책의 수혜자에서 제외되면서 다양한 사회적 갈등과 문제에서 보호받지 못하는 인권의 사각지대에 놓이게 되었다<표 3 참조>.[23)]

〈표 3〉 외국인 관리의 메커니즘

대상	세부 구분	법적 지위	관리 기제	한국사회 통합여부
국제결혼	국제결혼여성	합법	다문화주의	통합 대상
	국제결혼남성	합법	–	–
아동	국제결혼가정아동	한국인	다문화주의	통합 대상
	이주노동자 자녀	불법	최소 인권	귀환 대상
이주 노동자	등록 이주노동자	합법	고용허가제	귀환 대상
	미등록 이주노동자	불법	단속, 강제추방, 의도적 묵인	귀환 대상
재외동포 (중국)	–	합법 불법	동포취업제	통합 – 귀환 대상

출처: 오경석 외, 『한국에서의 다문화주의 – 현실과 쟁점』 (서울: 한울아카데미, 2007), pp. 76–89.

III 사회통합적 이주민정책

3.1 결혼이주여성과 지원정책

한국적 다문화정책의 합법적 수혜대상인 결혼이주여성의 현황과 정부의 정책에 대해 살펴보면 다음과 같다. 2006년 4월 26일 정부가 발표한 결혼이민자 종합대책은 정부가 주도하는 이른바 '관주도 다문화주의(state–sponsored multiculturalism)'의 시작이었다. 정부는 급증하는 이주노동자들에 대한 지원과 정책보다는 한국사회의 '저출산과 고령화' 문제의 해법으로서 국제결혼을 지원했다. 결혼이주여성과 다문화자녀의 사회통합의 문제를 해결하기 위해 다문화정책을 시행하게 되었다.[24)]

〈표 4〉 정부차원의 결혼이주자 3단계 주요 지원 대책 현황

시기	단계	주요내용
2005년 8월 16일	1단계: 국내 체류안정화 대책	• 안정적 체류지원, 생활정보제공, 한국어 · 한국문화 이해 교육, 가족관계 증진 및 가정폭력피해자 지원, 기초생활보장, 취업을 위한 교육 · 훈련 및 일자리 연계지원 등이 핵심 내용임 • 9월 '출입국관리법 시행령'을 개정, 거주(F-2) 체류자격을 가진 결혼이민자의 영주권 취득요건을 완화했고, 별도의 허가 절차 없이 취업도 자유롭게 할 수 있도록 제도를 개선함
2005년 11월 25일	2단계: 생활안정대책	• 결혼이민자 가족의 사회적응 지원체계 구축, 자녀양육 지원 등 생활안정대책을 발표함
2006년 4월 26일	3단계: 사회통합 지원대책	• '혼혈인 및 이주자의 사회통합 기본방향'과 '여성결혼이민자 가족의 사회통합 지원대책'을 확정 · 발표함 • 7가지 정책과제를 세분한 26개 단위과제를 발표함(도표 참조). 이에 대해 주무 부처인 여성가족부를 비롯하여 보건복지부 · 법무부 · 농림부 · 교육인적자원부 · 행정자치부 · 문화관광부 등 관련 부처가 결혼에서부터 생활적응, 자녀 출산 · 보육 · 교육 전반에 걸쳐 결혼이민자와 그 가족 · 이웃들의 '사회통합' 과정에 중점을 둔 정책 체계를 구축함

출처: 대통령자문 빈부격차 차별시정위원회 자료(2006).

1990년대 이후 국제결혼이민자 수가 꾸준히 증가했다. 1990년 전체 결혼 건수에서 국제결혼이 차지하는 비율이 1.2%에 불과했으나 1995년 3.4%, 2000년 3.7%, 2001년 4.8%, 2002년 5.2%, 2003년 8.4%, 2004년 11.4%, 2005년 13.6%를 차지했다. 몇 년 동안 꾸준히 증가 추세다. 또 2000년 1천 8백여 명에 불과했던 국적취득자 수도 2005년 1만 7천여 명으로 9.5배나 급증했다. 2005년 전체 결혼의 13.6%와 농촌지역 결혼의 34%를 차지했다. 2006년 국제결혼건수가 다소 감소했는데, 방문취업제 시행으로 해외동포의 국내 입국 기회가 확대되고, 사기결혼 등 국제결혼에 대한 부정적 여론 확산으로 분석되었다.[25]

한국사회에서 국제결혼의 성별분포를 살펴보면 다음과 같다. 2005년도 국내체류 결혼이민자 중 여성 결혼이민자는 88.8%였고, 남성 결혼 이민자는 11.2%였다.[26] 성별분포에서 나타는 주요 특성은 한국남성과 외국여성이 결혼한 경우 대부분 가족이 한국에 체류하면서 국적 취득이 증가했다. 반면 한국여성과 외국 남성이 결혼한 경우 대부분 한국에 체류하지 않았다. 또 한국여성과 외국남성과의 결혼도 꾸준히 증가 추세였지만 결혼이민자에 관하여 논의할 때 한국남성과 외국여성과의 결혼이 중심이 되는 주된 이유였다. 이들 출신국 분포를 살펴보면, 2005년 중국인(재중동포 포함)이 가장 많고, 베트남인, 일본인, 필리핀인, 태국 등의 순으로 나타났다. 전체 결혼이주여성의 절반 이상은 한국문화에 대한 지식과 한국어 구사능력이 없는 상태에서 결혼생활을 시작하게 되었다. 국제결혼이 대중화되면서 한국어와 한국문화에 대한 충분한 교육 없기 때문에 사회적응, 신혼생활, 고부 갈등, 가정 폭력, 자녀양육의 어려움 등 복합적인 문제에 직면했다.[27]

한국남성과 결혼한 이주여성자의 국별 분포는 중국과 동남아인의 비율이 증가 추세였다. 2005년 여성가족부 자료에 따르면, 2004년도 농림어업 종사자 중 한국 남성과 결혼한 외국여성의 국적은 중국 48.5%, 베트남 30.9%, 필리핀 10.7% 순이고, 그 외의 국적 출신여성 비율은 10%에 불과했다. 이 중 2005년에는 베트남 여성의 비율이 53.2%로 가장 높고, 중국이 34.1%, 필리핀 6.9%였다.[28] 이처럼 한국남성과 결혼하는 외국여성의 대부분은 베트남, 중국, 필리핀 여성들이었다. 이들은 대부분 귀화를 신청했다. 이런 배경 하에 정부가 주도하고 지자체와 시민단체들에 의해서 결혼이주여성에 대한 다양한 다문화정책이 확산되었다. 정부로부터 위탁사업 형태로 지원을 받을 수 있는 결혼이주여성과 다문화자녀를 위한 프로그램으로 전환되었다. 기존 활동에 새로운 사업이 추가되면서 다문화주의가 민간영역에서도 확산되는 계기가 되었다<표 4 참조>.[29]

가족학자들과 사회복지학자들을 중심으로 정부의 지원을 받아 2006년 당시 전국에 21여개 지역에 다문화연구센터 및 건강가족지원센터를 설립했다. 결혼이민자에 대한 차별을 해소하고 다문화 사회구현의 정착에 필요한 연구 및 사업 영역이 확대되었다. 이런 센터를 중심으로 결혼이주자와 가족들의 한국 정착을 도모 프로그램인 한국어·문화 교육과 상담, '결혼이주자가족 여름캠프', '결혼이민자 남편들의 모임', 등 2006년 12월까지 약 9만여 명의 결혼이주자와 가족들이 참여했다.[30]

<표 4>는 정부의 결혼이주자 지원 대책을 세 단계에 시행했음을 보여준다. 정부차원에서 지자체 및 시민단체 등을 중심으로 다양한 정책이 시행되었다. 그런데 정부주도와 시민단체 중심의 다문화정책에서 나타나는 차이점은 다문화정책의 '목표와 수혜대상' 유형범주에 있었다. 시민단체는 그 목표를 내국인과 이주자들 전체를 대상으로 정체성을 공유하며 공동체적으로 더불어 살아감(다문화공생)과 수혜대상을 합법적 외국인 및 불법체류 외국인까지 포괄했다<표 5 참조>.[31]

정부는 제도의 보완 및 수정을 위해 2006년 12월 국무조정실 주도로 결혼이민자가족지원에 관한 8개 항목으로 중심으로 대책을 마련했다. 2007년 4월 「재한외국인 처우 기본법」을 제정했다. 정부, 지자체 및 시민단체, 언론 등은 결혼이주여성들의 한국사회 정착을 도모하고자 이주문제 자체를 '사회문제'로 의식했다. 타자가 아닌 함께 더불어 살아가야할 중요한 사회적 주체로 수용했다. 이들의 문화적·교육적 차원을 강조했다. 결국 정부는 다문화정책과 관련한 일련의 법제정, 제도화에 주력했다.[32] 이런 점을 감안해 계속해서 시민단체나 현장에서 다문화 봉사에 참여하는 많은 사람의 의견을 수렴하는 제도의 집행, 미비한 제도에 대한 수정 및 보안에 대해 더 집중해야 한다.

당시 결혼이주여성과 그들 가족에 대한 지원정책은 주류문화에 소수문화를 '섞어서 흔들기(add and stir)' 방식으로 사회통합을 이루는 경향을 보인다는 비판도 있었다. 결혼이주여성에게 제공되는 대부분의 다양한 교육 및 훈련 중심의 다문화정책이 기존의 한국인의 삶의 방식과 한국어 교육에 집중되었다. 이들은 교육 대상로 자신들의 고유한 문화를 토대로 한 문화적 주체로 제대로 인정받지 못했다. 자신의 가정에서 조차 열등한 문화적 주체로 인식되었다. 이것은 지역사회뿐만 아니라 한국사회에서 독립된 문화적 주체로 존중받기가 쉽지 않았음을 의미한다.[33)]

〈표 5〉 국가주도 다문화주의와 시민주도 다문화주의 비교

	국가주도 다문화주의	시민주도 다문화주의
목표	• 외국인과 더불어 사는 열린사회 구현(다양한 국익을 고려하여 외국인 이주를 관리하되, 체류외국인의 인권보호 및 사회통합을 강화하여 사회갈등 및 비용을 최소화하고, 외국인과 국민 간 상호문화를 이해 · 존중하는 사회 환경을 조성하여 열린사회 구현함	• 내국인과 이주자들이 주민으로서의 정체성을 공유하며 공동체적으로 더불어 살아감(다문화공생)
행위 주체	• 중앙정부 및 지방자치단체	• 시민단체 및 종교단체
정책목표 대상	• 외국적 동포, 결혼이민자 · 외국인 여성 · 외국인 자녀, 난민, 외국인 근로자, 불법체류 외국인, 국민 (재한외국인 처우 기본법안에 따르면 법의 주요 적용 대상은 합법적 외국인임(합법적 단기체류 외국인, 국제결혼이민여성, 다문화가족 자녀, 귀화외국인, 난민 등)	• 합법적 외국인 및 불법체류 외국인
주요 추진 방향	• 외국인 인권 존중과 사회통합 우수외국인력 유치 지원함	• 외국인의 인권 보장, 문화적 다양성과 관용성 증진 및 결혼이민가족의 역량이 강화됨

주요 다문화 프로그램	• 한국어와 한국문화 교육	• 한국어 교육 다문화 축제, 권익증진, 인권보호, 역량강화 프로그램 증진
문제점	• 전체 외국인의 1/4 가량을 차지하는 불법체류 외국인 배제됨 • 표준화되고 획일적인 정책으로 소수집단의 다양한 욕구와 상황에 대처하기 어려움 • 정부기관간 중복투자와 단기적 지원함 • 순혈주의, 민족주의 이데올로기에서 자유롭지 못함	• 재정, 인력, 시설의 부족으로 내실 있는 지속적인 활동을 하기 어려움 • 정부를 감시하고 견제해야 하는 NGO로서의 위상과 역할수행에 어려움이 있을 수 있음 • 수용하기 어려운 진보적인 주장(불법체류자의 전면적 합법화)으로 국민적 동의 얻기 어려울 수 있음

출처: 외국인정책위원회, "외국인정책 기본방향 및 추진체계," 제1회 외국인정책회 의 보고서, 2006. 5. 26; 윤인진(2007), p. 285.

3.2 외국인 유형과 포괄적 지원정책

점차로 이주결혼여성들에 대한 국민들의 인식의 전환과 지원 프로그램은 다양해졌다. 일시적인 체류형태인 상용방문, 무역상담, 기술 상담 유형에서 최근에는 장기체류가 증가했다. 즉 국제결혼의 증가, 대학들의 외국인유학생 유치, 고용허가제 도입, 방문취업제도 도입, 재한외국인처우기본법 제정 등에 따른 외국인근로자 유입 및 입국동포의 수가 지속적으로 증가했다. 동시에 특정지역을 중심으로 외국인 정주화 현상도 뚜렷해졌다. 예를 들면 서울 서초구의 프랑스인들이 거주하는 서래마을과 인천 중구의 차이나타운, 안성과 일부 지방자치단체 지역의 중국, 인도 및 파키스탄 노동자들과 같은 특정 외국인의 거주지역이 형성되었다. 그동안 정부가 분류한 외국인 정책의 대상별 유형은 사회통합차원에서 외국국적동포, 정주외국인과 이민자 2세, 국민으로 분류되었다. 국가경쟁력제고 측면에서 전문인력, 단순노무인력, 외국인유학생으로 분류되며, 인권측면에서 난민과 불법체류외국인으로 분류된다. 현재 체류외국인들의 다양한 및 정주화 현상이 뚜렷해지고 있음에 불구하고 정부가 고려하는 다문화 정책의 주요 대상 범주(수혜자)는 결혼이민자와 그 가족들에 한정되었다.34)

<표 6> 외국인정책의 변화

시기	주요 내용	시행 의미
93. 11	산업연수생 제도 도입	• 외국 인력의 본격적인 도시기임
99. 9	재외동포 법 제정	• 국민에 준하는 경제활동자유 보장함으로써 구주 · 미주지역 동포 귀국 촉진의 계기가 됨
02. 4	영주자격제도 신설	• 영주자격제도의 최초 도입으로 우수외국인력 유치 계기가 됨
02. 12	취업관리제도 시행	• 중국 · 구소련 동포에 대한 입국문호 완화됨
04. 8	고용허가제도 시행	• 단순노무 외국 인력을 근로자로서 본격 도입으로 산업연수제 관련 인권침해 논란 상당부분 해소됨
06. 5	제1회 외국인정책회의 개최	• 종합적 외국인정책 본격추진으로 외국인정책의 기본방향 및 추진체계 확립함
07. 3	방문취업제도 시행	• 중국 · 구소련지역 동포들이 쉽게 고국을 방문하여 취업할 수 있는 기회 제공으로 동포간의 차별을 획기적으로 해소함
07. 5	재한외국인처우기본법 제정	• 외국인정책 수립 · 추진의 법적근거 마련 및 총괄추진체계 정립의 계기가 됨

출처: 김남일, "열린 사회 구현을 위한 외국인정책 방향," 동북아시대위원회, 2007, p. 152.

정부가 시행하고 있는 이주노동자에 대한 제도 및 지원을 살펴보면 다음과 같다. 가장 큰 변화는 2007년 1월 산업연수제가 전면 폐지와 고용허가제로의 전환이었다<표 6 참조>. 또 법무부가 주관하여 2005년 상반기부터 외교통상부, 노동부 등 관계부처와 협의를 거쳐 '방문취업제도'가 추진되었다. 동년 3월 초 중국 및 구소련 지역 등에 거주하는 동포 대상의 방문취업제도가 확대 시행되면서 중국동포들의 비율이 증가했다. 이 제도의 실시로 인해 특례 대상자인 한국계 중국인(54.3%)이 전체 외국 동포 중 과반수 이상을 차지하며, 불법체류자 수도 가장 많이 차지했다. 고용허가제를 통해 MOU를 체결한 인도네시아, 베트남, 태국, 필리핀, 싱가포르, 몽골 등의 국가들로부터 외국인력 도입을 다변화하고 있으나, 이처럼 한국계 중국인 수의 증가는 과거 외국인력 정책에서 '재외동포법'에 의해 제외되었던 재중동포와 구소련 지역의 동포들에 대한 시혜적인 차원에서 실시되었기 때문이었다. 이들의 주요한 근무처는 30인 이하의 소규모 사업체가 전체의 80% 이상을 차지했다. 주로 서울 및 경기 수도권을 중심으로 증가하고 있다.35)

〈표 7〉 방문취업제 및 특례고용허가제 비교

대 상	방문취업제	특례 고용허가제
동포 (법무부)	• 국내 친족 · 호적이 있는 자, 국가(독립)유공자 가족 등은 취업쿼터 폐지함. 기타 동포는 쿼터를 정해 취업 허용함. 2007년 취업 쿼터, 3만 명 허용함	• 국내 친족 · 호적이 있는 자(연고동포)에 한정하여 연간 쿼터를 정하여 취업 허용함. 무연고동포는 배제됨
	• 가정용품 도매업 등 32개 업종으로 확대 실시함	• 건설업, 제조업 등 20개 분야 취업 허용함
	• 취업 및 근무처 변경 시 신고	• 취업 및 근무처 변경 시 허가
	• 5년 유효 복수사증 발급, 3년 체류 후 출국, 재입국시 사증 불필요함	• 단수 사증 발급함. 3년 체류 후 출국, 재입국 시 사증 필요함
사용자 (노동부)	• 사용자에게 3년 유효 "특례고용가능확인서" 일괄 발급함	• 고용시 고용허가서 발급 함. 고용허가서 1회 유효함

출처: 김남일(2007), p. 154.

방문취업제도는 동포에 대해 취업을 허용하여 왔던 특례고용허가제(구 취업관리제)의 허용업종 제한 및 복잡한 취업절차 등 중국 및 구소련 거주동포 등이 고국을 방문하거나 취업하고자 하는 경우 불편을 개선하기 위한 제도였다. 이를 통해 국내 호적 · 친족이 없는 무연고 동포까지 입국 · 취업을 허용 및 2007년 5월 국적 신청 동포에 대해 국적취득 전까지 취업이 허용되었다 <표 7 참조>.[36]

〈표 8〉 불법체류자 연도별 현황

연 도	체류외국인		국내 체류 외국인 범죄 현황
	총 체류자	불법체류자	
2000	491,324	205,205	5,134
2004	750,873	209,841	12,821
2005	747,467	204,254	13,584
2006	910,149	211,988	17,379
2007	1,066,291	223,464	20,947

출처: 법무부 인구통계자료, 2007.

성별 분포를 살펴보면, 남성 비율이 전반적으로 높은 비율을 차지했다. 특히 일반 이주노동자(88%)의 경우에 특례고용허가제인 방문취업제 동포들(62%)에 비해 남성 비율이 여성 비율보다 훨씬 높았다. 연령별로는 일반이 평균 30세, 특례의 경우는 평균연령 45세로 특례 대상자들의 체류허가가 방문취업제에서 5년 단수 비자이지만, 1회 연장이 가능했다. 이런 점에서 평균 연령 55세까지 국내 장기 체류를 목적으로 입국하는 동포들이 점차 증가 추세다. 2007년 통계자료를 보면, 일반 이주노동자의 경우 제조업이 대다수(96.9%)를 차지했다. 특례는 건설, 서비스, 제조업 순이었다. 30인 미만의 소규모 업체 비율이 일반은 78.6%, 특례는 91.0%로, 내국인이 취업을 꺼려하는 3D 직종의 저임금 비숙련 직종에 집중되었다. 임금을 살펴보면, 일반 이주노동자는 70만원(2004)에서 77만원(2007)으로 10% 증가한 반면, 특례

자는 123만원(2004)에서 91만원(2007)으로 약 26%가 감소되었다. 건설, 서비스업종에서의 취업난이 가중되면서 임금수준이 낮은 제조업 취업으로 전환하면서 발생한 현상이었다.[37)]

정부의 불법체류외국인 감소 정책이 추진됨에도 불구하고 불법체류외국인 수가 매년 지속적으로 증가했다<표 8 참조>. 불법체류자들의 수는 외국인 체류자 5명 중 1명으로 22만 명이 넘었다. 주요정책으로 2002년 자진출국 준비기간부여, 2003년 합법화 조치 등 유화정책 시행, 전국 출입국관리사무소별로 고충 상담관 지정 등이 추진되었다. 법무부에서는 2006년 1월 외국인 인권보호 및 권익증진 협의회를 법무부와 전국 각 출입국관리사무소에 설치하여 외국인근로자의 임금체불 등 권리침해구제와 결혼이민자 등 외국여성의 권익 보호에 주력했다. 이들의 고충사례 처리 건 수는 2006년 11,810건으로 2002년(2,611건)도 대비 352%가 증가했다. 특히 인권침해 이슈와 가장 밀접한 관련이 있는 불법체류자의 자녀에 대해 교육의 기회와 의료 혜택의 부여에 대한 정책 실시되었다. 부분적으로 자진 신고한 불법체류외국인에 대해 그 자녀와 부모에 대해 한시적인 특별체류를 허가했다. 불법체류자의 자녀가 공부하는 학기 중에 부모가 단속된 경우에도 학기를 마치고 나서 출국할 수 있도록 보호일시해제를 부여했다.[38)]

따라서 정부는 불법체류외국인에 대해서는 인권침해 방지와 동시에 불법체류외국인의 감소 정책도 추진했다. 2003년 고용허가제의 시행 기반을 구축하기 위해 국내체류기간이 4년 미만인 불법체류자 중에서 자진신고자 18만4천명에 대한 합법화 조치를 감행했다. 또 2004년 7월 불법체류자의 증가로 인한 사회적 폐해를 방지하고 고용허가제의 조기 정착을 위해 관계기관과 합동단속 및 계도활동 등 “불법체류자 종합감소방안”이 마련되었다. 2005년과 2006년 두 차례에 걸쳐 불법체류동포에 대한 자진귀국 프로그램을 실시했다. 불법체류 단속으로 인한 동포사회와의 마찰을 최소화했다. 특히 성매매를 강요당하거나 상습폭행 · 학대를 포함해 심각한 범죄피해 등을 당한 외국인에 대해 구제절차 종료 시까지 한시적으로 취업을 허용함으로써 범죄피해를

당한 외국인들도 권익을 보호받을 수 있는 제도가 시행되었다.[39)]

이처럼 불법체류외국인을 위한 권익처리를 통한 다양한 정책이 진행이지만, 여전히 고용주들의 이들에 대한 임금 체불, 부당해고, 인권탄압, 의료 혜택 대상 제외를 포함해 인권탄압에 대한 사례가 신고 되지 않거나 처리 대상에서 제외되었다. 특히 2007년 1월부터 11월까지 국내에서 발생한 외국인 범죄도 급증했다. 2007년 2만947건, 2002년 8046건 보대 2배 이상 증가한 수치다. 전반적인 외국인 범죄 수의 급증으로 불법체류자들에 대한 부정적인 시각도 확산되었다.[40)] 외국인근로자의 취업 교육 시 인권교육 실시 및 근로감독관 등의 인권 실태 점검을 강화하고 보호외국인의 체불임금 해결을 위한 지원 강화 및 보호시설 개선책이 시급해졌다. 2008년부터 숙련 외국기능인력 장기 고용할 수 있는 제도적 보완을 통해 불법체류 동기를 감소시키는 정책이 시행되었다. 이런 측면에서 불법체류자들을 양성화하는 불법 입국알선, 허위초청 등 불법체류 유발 사범에 대한 기획조사가 더 강화되어야 한다. 장기 불법체류자들을 줄어 들 수 있는 예방책으로 외국인 고용 노동시장 확대 정책에 대한 제도 보완이 필요하다. [41)]

Ⅳ 맺음말

결혼이주여성과 다문화자녀의 사회통합문제를 해결하기 위해 2006년 4월 결혼이민자 종합대책이 발표되었다. 이를 계기로 정부는 다문화정책을 본격적으로 시행하게 되었다. 현재 정부주도의 다문화정책은 정책 수혜의 대상을 합법적 체류 외국인에 한정하고, 사회통합과 국익 증진에 중점을 둔 것으로 개별 외국인의 인권과 특수 상황보다 우선시 되는 정책이다.[42)]

이처럼 한국적 다문화정책은 서구의 다인종 또는 다문화사회 정착과 다른 특성을 내포한다. 세계화가 진행되는 상황에서 순수혈통주의 및 단일민족주의를 넘어서 문화의 다양성과 상대성의 인식을 제고해야하는 과제를 안고 있다. 좀 더 포괄적으로 계층적 차원에서 한국 다문화사회의 중요한 양상이 되고 있는 결혼이주여성과 이주노동자, 새터민, 중국동포, 미등록 불법체류자들의 구제 정책 등 '이주민' 자체에 대한 정책이 고려해야 한다.[43)]

한국적 다문화사회의 발전을 위해 다음과 같은 몇 가지 정책을 제시해 보고자 한다. 첫째, 다양한 문화를 수용하는 인식과 외국인 현황 파악이 요구된다. 다문화 연구학자들의 일관된 주장이자 다양한 다문화에 대한 국민적 인식 확산 노력이 절실히 필요하다. 다문화사회 발전을 위해 차별적·동화주의적 정책은 지양되어야 한다. 이를 위해 전국적으로 확산되어 거주하는 이주자들의 현황과 적절한 지원책이 지자체별로 지역 단위별로 더욱 활성화되어야 한다. 정부, 지자체, 시민단체를 중심으로 정주화되고 있는 외국인 지원책 확대, 현황과 특성 파악에 주력해야 한다.[44)]

둘째, 체계적인 행정서비스와 다문화 교육 구축 및 인력양성이 필요하다. 언어교육, 문화교류, 쉼터운영을 통한 고충 상담까지 소통채널 구축 기반 조성에 대한 제도화 및 지속적인 지원책이 마련되어야 한다. 지자체별로 맞춤형 정책지원이 급선무다. 특정 외국인 정주화 현상을 고려해야 하며, 적극적인 개방적인 행정서비스 제공 및 다문화 교육정책에 대한 지원이 필요하다. 초등학교에서 대학교를 포함해 지자체까지 외국인 전담지원 행정서비스와 전문인력 양성팀이 구성되어야한다. 또 정책수행을 위해 체계적인 다문화 담당과목 개설 및 교육과정, 다문화 학습과 프로그램 개발, 다문화 상담자 및 인력 양성 지원책이 확대되어야한다.

셋째, 이주민 중심의 장기적 정책입안과 서비스가 필요하다. 문화, 정치, 경제적 다양성을 논할 만큼의 다문화 주체들이 활성화되지 못한 것이 현실이다. 외국인 지원조례를 각 지자체가 제정했지만 법률적 내용이 사회통합적인 관점보다 점진적으로 수혜적이고 당사자 중심으로 전환되어야한다. 이주민 관련 위원회 구성이나 행사에서 이들의 참여할 수 있는 구조적 인식 변화와 내용이 선행되어야 한다.[45)]

넷째, 부처간 업무 중복과 비효율성을 극복하기 위해 장기적 차원에서 다문화정책을 효율적으로 전담할 수 있는 정부부처 신설이 추진되어야한다. 다양한 부처가 다양한 외국인 관련 정책 또는 다문화 정책을 추진 중이다. 부처간 업무중복과 통합서비스 체계 부재로 정책효율성 저하 및 정부 예산의 비효율적 지출 등을 고려해야 한다.[46)]

중장기적으로 국내체류 외국인에 대한 효율적이고 통합적으로 관리 및 감독, 다문화정책을 수행하기 이를 전담하는 '이민청' 내지 '다문화정책청 신설'이 필요하다. 출입국관리국은 2007년 5월 출입국 및 외국인 정책본부로써 기존의 '출입국' 관련 업무 이외에 '외국인에 대한 사회통합' 문제까지 관련 업무를 담당한다.[47)] 국내 유입 외국인뿐만 아니라 해외에 거주하고 있는 동포 및 취업, 학업, 이민 등 해외에 이주하는 한국인까지 포함한 통합적 관리 및 정책을 수행할 수 있는 전담기관 신설이 요구된다.

아울러 이미 캐나다, 미국, 호주, 영국 등의 다문화 국가로 잘 알려진 선진국에서 실시되는 체계적인 다민족·다인종 지원 정책을 벤치마킹도 필요하다. 이들 국가들의 경험을 통해 시행착오를 줄이고 다양한 정책을 비교 및 검토해서 한국적 다문화 수용 및 정책을 시행해야 한다. 중앙정부, 지방정부, 시민단체의 지원과 이주자 자신들의 노력을 통합해서 복합적인 다문화정책을 구축해나가야 한다. 정부가 직면한 가장 중요한 과제는 한국적 다문화정책이 비록 한국 실정에 맞는 수혜 대상별 및 단계별로 추진되고 있지만, 국내 체류 외국인과 이들의 정주화에 대한 적극적인 정책과 수혜 대상자에 대한 올바른 인식제고도 중요하다. 민관주도의 나와 다름을 인정하는 인식 전환을 토대로 국내 체류 외국인을 포괄적으로 수용할 수 있는 다인종·다민족에 대한 지원 정책과 다양한 교육 프로그램 보완이 꾸준히 추진되어야 한다.

미 주

1) 송종호, "단일민족환상 깨고 다문화주의로의 '전환시대'," 「민족연구」 30호, 2007, p. 91.

2) 이민사회 또는 다문화사회라고 할 수 있는 이민자 비율이 학계에서 합의되지 않았다. 그러나 이민자 문제가 주로 발생하는 서구 선진국(OECD 회원국가에 한정해보면 이들 국가들의 이민자 비율이 10%를 넘는다. 예를 들면 프랑스(1999년 10%), 독일(2003년 12.9%), 영국(2004년 9.3%), 캐나다(2004년 18.9%), 미국(2004년 12.2%)이었다. 윤인진, "국가주도 다문화주의와 시민주도 다문화주의," 한국사회학회, 동북아시대위원회, 2007, p. 252.

3) 「중앙일보」 2008. 3. 7.

4) 윤인진(2007), pp. 252 - 253; 다문화자녀에 대한 또 다른 명칭인 코시안(Kosian)은 Korean과 Asian을 합친 말이다. 코시안은 민족 중심주의적 한국인의 의미를 넘어선다. 코시안의 의미는 국제결혼 코시안, 이주 코시안, 코시안 다문화 가족 등으로 분류된다. 현재 다문화 자녀 즉 코시안은 국제결혼 자녀, 이주 아동을 주로 지칭하여 사용한다. 국제결혼 가정의 코시안과 이주 가정의 코시안이 증가 추세다. 2006년 국민건강보험공단 자료에 의하면, 국제결혼 가정 코시안 출생 현황을 살펴보면 계속해서 증가하고 있다. 베트남, 필리핀, 태국, 일본 순이다. 박천응, "한국적 다문화 운동의 실천: 안산 국경 없는 마을 운동을 중심으로," 한국사회학회, 동북아시대위원회, 2007, p. 177.

5) 다문화가족을 지원하는 민간단체는 결혼이민자지원연대, 푸른시민연대, 이주여성인권센터, 이주・여성인권연대,'어울림' - 이주여성・다문화가족센터, 한국이주노동자인권센터, 부산외국인노동자 인권을 위한 모임, 국제외국인 센터, 다문화가족 공동체 '하늘마음', 안산외국인노동자센터, 부천이주노동자복지센터, 무지개 청소년 센터, 구미 가톨릭 근로자 문화센터, 아시아의 친구들 등 다양하게 집계되었다. 평택대학교 다문화가족센터 연구자료, 2007.

6) 이기정, "다문화사회의 문화적 지원정책 방향과 과제," 다문화정책포럼 제2차 기획세미나, 2008. 3. 19, p. 56.

7) 문화(culture)의 어원은 라틴어 'colo'에서 유래된 단어로 동사는 'colere'인데, '경작하다, 배양하다'의 뜻을 의미한다. 신현수, "문화적 전망에서 본 새터민 복지정책의 방향," 「다문화가족연구」 평택대다문화가족센터, 2007. 4, pp. 150 - 151.

8) 마르코 마르티니엘로, 윤진 역, 『현대사회와 다문화주의』 (서울: 한울, 2002), p. 88.

9) http://ko.wikipedia.org/wiki/%EB%8B%A4%EB%AC%B8%ED%99%94%EC%A3%BC%EC%9D%98(검색일: 2012. 3. 12).

10) http://home.pusan.ac.kr/~discuss/Paper/moon_060615.htm(검색일: 2012. 3. 10).

11) 강휘원, "한국 다문화사회의 형성 요인과 통합 정책," 「국가정책연구」 20(2), 2007, pp. 5 - 34.

12) 윤인진(2007), p. 259.

13) 이기정(2008), p. 56.

14) 윤인진(2007), p. 252.

15) 한경구 · 한건수, "한국적 다문화 사회의 이상과 현실: 순혈주의와 문명론적 차별을 넘어," 동북아시대위원회, 2007, p. 71.

16) 윤인진(2007), pp. 254 - 255.

17) 오경석 외, 『한국에서의 다문화주의: 현실과 쟁점』 (서울: 한울아카데미, 2007), p. 33.

18) 더 자세한 결혼이주여성에 대한 논의는 다음을 참조, 김혜순, "한국의 '다문화사회' 담론과 결혼이주여성: 적응과 통합의 정책마련을 위한 기본 전제들," 동북아시대위원회, 2006, pp. 13 - 41.

19) 한경구 · 한건수(2007), p. 73.

20) 제노포비아(xeophobia)는 이방인에 대한 혐오현상을 의미한다. 낯선 것 혹은 이방인이란 의미의 '제노'와 싫어한다는 뜻의 '포비아' 합성어인 제노포비아 현상은 이미 서구에서 큰 사회문제로 부각되고 있다. 이방인에 대한 무조건적인 혐오 현상은 심해질 경우 외국인, 이방인에 대한 무차별 폭행 등 범죄 행위로까지 나타난다. 「매일경제」 2008. 2. 12.

21) 이혜경, "이민 정책과 다문화주의: 정부의 다문화 정책 평가 자료," 동북아시대위원회, 2007, pp. 234 - 235.

22) 이혜경(2007), p. 265.

23) 오경석 외(2007), pp. 74 - 75.

24) 오경석 외(2007), pp. 70 - 71.

25) 법무부, 「통계자료」 2006 참조.

26) 통계청, 「인구통계자료」 2006 참조.

27) 통계청, 「인구통계자료」 2006 참조.

28) 여성가족부, 「통계자료」 2006 참조.

29) 이선옥, "한국에서의 이주노동운동과 다문화주의," 한국에서의 다문화주의 - 현실과 쟁점, (사)국경없는마을 학술토론회 발표논문집, 2007, p. 85.

30) 이혜경, "결혼이주자 가족정책 및 서비스 분석 모형," 「다문화가족연구」 평택대다문화가족센터, 2007. 4, p. 226.

31) 외국인정책위원회, "외국인정책 기본방향 및 추진체계," 제1회 외국인정책회의 보고서, 2006. 5. 26.

32) 윤인진(2007), p. 285.

33) 문경희, "충남 여성결혼이민자들을 통해 살펴본 결혼이민자 정책수요와 발전방안," 다문화정책포럼, 제2차 기획세미나, 2008. 3. 19, pp. 40 - 41.

34) 김남일, "열린 사회 구현을 위한 외국인정책 방향," 동북아시대위원회, 2007, p. 163.

35) 고기복, "한국사회 다문화 실태와 인식의 변화 - 다문화담론, 왜 인권이 이슈이어야 하는가?" 다문화정책포럼 제1차 토론회, 2008. 2. 12, pp. 4 - 6.

36) 김남일(2007), p. 154.

37) 고기복(2008), pp. 6 – 8.

38) 김남일(2007), p. 162.

39) 김남일(2007), pp. 161 – 162.

40) 「매일경제」 2006. 2. 12.

41) 김남일(2007), pp. 162 – 163.

42) 한국적 다문화 사회의 급속한 진행은 '저출산과 고령화' 외에 노동력 부족 현상에 따른 국제 노동력 이주의 확산에 기인한다. 중소기업과 영세사업장의 이주 노동자들에 의한 의존은 증가되고 있다. 이에 따라 정부의 산업연수생 폐지와 방문취업제도 등 제도적 보완도 추진되고 있다. 박천응(2007), p. 175; 소극적 내지 온건적 다문화주의는 음식, 음악, 종교, 생활방식 등의 개인적인 취향과 문화적 선택의 문제로 간주한다. 적극적 또는 강경한 다문화주의는 문화적(집단) 차이의 정치적인 결사 및 요구까지를 인정하는 것이다. 마르코 마르티니엘로, 윤진 역, 앞의 글, pp. 89 – 90.

43) 이기정(2007), pp. 59 – 60.

44) 김은미, "다인종 · 다민족화의 공간적 · 계급적 분석: 서울 지역을 중심으로," 동북아시대위원회, 2007, p. 135.

45) 박경서(2007), pp. 118 – 119.

46) 이기정(2007), p. 58.

47) 이혜경(2007), p. 245.

보론 : 윤영미 교수가 본 한국과 국제사회

4부

〈아프간 차리카기지 내 PRT 활동, 2012. 6. 20〉

GLOBAL

나라사랑하는 마음 되새기는 광복절 되자

8 · 15 광복 67주년을 맞아 감회가 새롭다. 1945년 8월 15일은 일본의 '무조건 항복'과 식민통치로부터 억압된 '자유'를 이 땅에 되찾은 역사적인 날이었다. 순국선열의 희생과 숭고한 애국정신이 잘 계승됐으면 한다. 동시에 그 잔혹했던 일제의 만행을 잊어서는 안 될 것이다.

1948년 8월 15일 유엔으로부터 유일하게 승인된 합법적인 대한민국 정부가 탄생됐다. 이로써 대한민국은 '자유민주주의와 자본주의 시장경제' 체제가 계승되고 있는 것이다. 또한 1950년 6월 25일 북한의 갑작스런 남침에 의한 전쟁의 위기 속에서도 참전용사와 유엔군의 희생과 헌신이 있었기에 자유민주주의는 굳건히 수호돼 왔다.

이제 참혹했던 전쟁의 폐해와 상처를 극복하고 원조를 받던 나라에서 주는 나라로 성장했으며, 세계 10위의 경제대국으로 성장했다. 전후 독립한 국가로는 유일한 사례다.

계속되는 세계경제 위기 속에서도 무역 1조달러 달성, 세계 7번째로 1인당 국민소득 2만달러와 인구 5000만명을 동시에 가입하는 '20 · 50클럽'의 쾌거를 달성했다. 북한 리스크에도 불구하고 피치와 무디스 등 해외 신용평가사는 한국경제 위기관리 능력에 신뢰감을 표명하기도 했다. 아울러 유해발굴감식단의 쉼 없는 노력으로 북한 땅에 잠들어 있던 국군 전사자의 '유해봉환'이 이뤄지기도 했다.

천안함 피격사건, 연평도 포격도발, 핵실험 등 북한의 위협 속에서도 굳건한 한 · 미 동맹을 바탕으로 일관된 대북 정책을 수행해 국가안보를 튼튼하게 다졌다. 특히, G20(주요 20개국) 정상회의와 서울 핵안보정상회의의 성공적인 개최는 국가 위상과 이미지 제고에 크게 기여했다. 한 · 유럽(EU), 한 · 미 자유무역협정(FTA) 체결과 최근 6 · 25전쟁 참전국 콜롬비아, 터키와의 FTA 추진 등 국내외 참전국 용사의 희생을 잊지 않기 위해 보훈외교도 활발하게 전개됐다.

청해부대의 '아덴만 여명작전'에서 보여준 해적퇴치 쾌거를 통한 삼호주얼리호의 구출과 분쟁지역인 아프간 오쉬노부대 파병 등 국익과 세계 평화 증진을 위해 힘써왔다. 현재 한반도 분단을 극복하고 통일시대 달성을 위한 비용 마련을 위해 이른바 '통일항아리'도 만들어졌다.

그 어느 때보다도 대한민국의 위상이 높아졌음은 부인할 수 없는 사실이다. 이를 토대로 더 나은 미래를 위해 국론이 결집되고 애국심이 고취돼야 할 시점이 아닐까 싶다. 애국심은 퇴행적인 복고적 사고가 아니라 대한민국을 지켜온 원동력이며 정체성의 근본인 것이다. 최근 종북주사파 논란과 노수희 범민련 부의장의 무단 방북으로 말미암아 자유민주주와 애국심의 소중함을 새삼 깨닫게 되는 계기가 됐다. 이제 광복의 진정한 의미를 되새겨보며 안보의식을 강화하고 국방력을 튼튼하게 갖추는 데 더욱 주력해야 할 것이다. <세계일보. 2012. 8. 13>

게티즈버그의 기억과 호국보훈의 의미

세계에서 가장 유명한 연설을 들라면 에이브러햄 링컨의 게티즈버그 연설(Gettysburg Address)을 떠올릴 수 있다. 미국의 남북전쟁이 한창이던 1863년 11월 19일, 링컨은 전몰자 국립묘지에 봉헌된 게티즈버그를 방문해 그 유명한 연설을 남겼다. 비록 2분간의 짧은 연설로 266단어에 불과했던 연설이 시대의 풍상을 이겨내고 우리 곁에 살아남은 이유는 무엇일까?

대부분의 사람들은 이 연설의 마지막 부분을 차지하고 있는 구절 –"국민의, 국민에 의한, 국민을 위한 정부(that government of the people, by the people, for the people)"–를 기억할 것이다. 사실 국민의 정부가 주권자를 정의한다면 국민에 의한 정부는 통치의 주체를 규정한다. 국민을 위한 정부라는 언표를 통해 통치의 목적이 국민의 권리와 이익임을 밝혀 놓고 있기 때문에 이보다 간명하고 본질적인 민주주의의 정의는 찾아보기 어렵다.

그러나 만약 이 연설의 원문을 읽어 본 사람이라면 핵심은 조국을 위해 목숨을 바친 이들을 위한 찬가(讚歌)라는 점을 쉽게 인식할 수 있다. 게티즈버그는 "조국을 살리기 위해 목숨을 바친 사람들에게 마지막 안식처"로 봉헌되고 있으며, "여기 목숨 바쳐 싸웠던 그 용감한 사람들"이 있었기 때문에 조국의 땅이 신성하게 축성(祝聖)될 수 있다고 말하고 있다.

링컨이 말하고 싶은 것은 아마도 그 다음 구절이 아닌가 한다. "용감한 이들이(조국을 위해) 여기서 수행한 일은 결코 잊히지 않을 것입니다. 그들이 싸워서 그토록 고결하게 전진시킨, 그러나 미완으로 남겨진 일을 수행하는 데 봉헌해야 할 사람들은 우리들 살아 있는 자들입니다. 우리 앞에 남겨진 그 미완의 큰 과업을 다하기 위해 지금 여기 이곳에 바쳐져야 하는 것은 우리들 자신입니다. 우리는 그 명예롭게 죽어 간 이들로부터 더 큰 헌신의 힘을 얻어 그들이 마지막 신명을 다 바쳐 지키고자 한 대의(大義)에 우리 자신을 봉헌하고, 그들이 결코 헛되이 죽어 가지 않았다는 것을 굳게 다짐합니다."

사실 인류 역사상 이처럼 결연한 추모사는 찾아보기 어렵다. 게티즈버그 연설에 견줄 만한 유일한 비교 사례는 아테네 페리클레스(Periclers)의 추모연설을 꼽을 수 있다.

페리클레스 연설이 아테네 시민들의 결연한 투쟁정신을 드러내는 데 있다면, 이에 비해 링컨의 연설은 '살아남은 자'의 의무를 강조하고 있다. 링컨은 조국을 위해 죽어 간 이들이 남긴 미완의 과제를 살아남은 자들이 수행해야 하며, 그들의 헌신을 결코 잊지 않겠다는 강렬한 결의를 밝힌 것이다.

다시 맞이한 호국보훈의 달 6월에 우리는 링컨의 연설을 기억하며 어떤 결의로 살아가고 있는지 되묻지 않을 수 없다. 조국을 위해 목숨을 바친, 혹은 치유할 수 없는 장애를 안고 살아가는 이들에 대한 추모와 보훈의 결의는 어느 정도인가. 우리는 그들이 끝내지 못한 과제를 완수하기 위해 어떤 결의와 의지를 갖고 있는가. 보훈의 정신이야말로 국가의 불멸을 가능케 하는 결정적 요소임을 링컨은 역설했던 것이다. 보훈이 곧 국가안보임을 천명했던 게티즈버그 연설을 다시 한 번 상기해 본다. <국방일보. 2011. 6. 28>

제2 연평해전 영웅을 기리며

9년 전 월드컵이 한창이었던 2002년 6월 29일 제2연평해전이 발생했다. 북한 경비정이 서해북방한계선(NLL)을 넘어 해군 경비정에 기습 포격을 가해 서해를 지키다 산화한 고 윤영하 소령 등 6명의 순국용사와 18명의 부상자들이 발생했다.

서해 바다의 주권을 지킨 영웅 이희완 소령(당시 중위)은 북한 함정에서 쏜 포탄에 다리 하나를 잃었다. 이 소령이 부함장으로 있던 참수리 357호는 꽃게잡이 어선에 대한 조업통제와 경계임무를 수행 중이었다. 그는 당시 상황을 다음과 같이 생생하게 증언한다. “오전 9시54분경 북한 경비정 2척이 NLL을 침범해 계속 남하하기 시작했다. 서해 연평도 해상에서 10시25분 북한 경비정 684호정이 차단기동을 하던 우리 고속정을 향해 갑자기 85㎜ 함포와 휴대용 로켓포로 기습 선제공격을 해왔다. 적의 포탄이 비처럼 쏟아졌고 우리 해군도 반격에 나섰다. 우리 대원들은 배 전체가 화염이 싸인 가운데서도 침착하게 응사했다. 10시56분경 31분간의 지옥 같은 전투가” 막을 내렸다. 북한 함정은 30여명의 사상자와 큰 피해를 입고 퇴각했다.

침몰한 참수리 357호는 2002년 8월 21일 오전 인양됐다. 비록 전사자가 발생했지만 북한의 도발에 제대로 반격한 우리 해군의 승전이었다. 그러나 한때 추모식이 없어질 위기까지 겪으며, 북한을 자극해선 안 된다는 이유로 승전의 의미를 담은 해전 대신 ‘서해교전’으로 기록됐다. 그러나 2008년 4월 이명박 정부는 제2연평해전으로 변경해 그 의미를 격상했다. 지난해까지 ‘추모식’ 성격이었던 행사가 올해부터는 ‘승전기념식’으로 바뀌면서 승리의 역사이자 고귀한 희생자들을 영원히 기억하게 됐다.

현재 용산 전쟁기념관의 참수리 357 안보전시관에서 실제 크기의 포탄 피격 자국까지 똑같은 모형으로 만나 볼 수 있다. 장렬히 전사한 영웅들은 해군의 차기 유도탄고속함으로 재탄생됐다. 이어 한상국함, 조천형함, 황도현함, 서후원함, 박동혁함으로 우리와 함께 ‘그날’을 기억하게 됐다.

호국보훈 달 6월을 보내고 있다. 제1, 2연평해전, 천안함 피격사건, 연평도 포격도발 등 북한의 위협적 도발과 기습공격에 대한 경각심을 다시 한 번 되새기고 싶다. 동시에 죽음을 두려워하지 않았던 순국선열과 호국영령들의 고귀한 희생과 눈물의 의미를 잊지 말아야 한다. 이 땅에 '자유와 평화'를 지키기 위해 희생한 용사와 유가족에 대한 존경과 예우를 더욱 높여야 한다. 우리에게 잘 알려진 1863년 11월 19일 링컨의 게티스버그 연설 역시 '살아남은 자'의 의무를 강조했다. 조국을 위해 희생한 이들의 헌신을 결코 잊지 말아야 함을 역설했다. 오늘 이 순간에도 북한은 무력도발을 포기하지 않은 채 우리를 향해 총구를 겨누고 있다. 국민의 단결된 안보의식과 나라사랑의 마음이 절실한 시점이 아닐 수 없다. <세계일보. 2011. 6. 29 >

호국보훈 의미를 되새기며

호국보훈의 달을 맞아 순국선열의 넋을 기리고 보훈의 진정한 의미를 되새겨보고 싶다. 비단 우리뿐만 아니라 미국도 국가를 위해 헌신한 전몰장병에 대한 예우에 각별하다. 1886년 링컨 대통령의 전몰장병을 위한 게티즈버그 추도연설을 비롯해 최근 오바마 대통령은 메모리얼데이 행사에서 "사랑하는 조국을 위해 그들 자신의 삶을 희생한 분들을 각별히 기억해야 한다"고 강조했다. 또 미군은 베트남전(1962～1975) 참전 50주년을 맞아 13년5개월의 기간을 베트남전 참전 기념기간으로 정했다.

물론 우리도 국가를 위해 산화한 호국영령과 위국헌신한 분을 기억하고 예우하기 위해 많은 행사와 사업을 전개하고 있다. 이들에 대해 국가가 끝까지 책임을 져야 한다는 의식을 국민에게 심어주기 위해 사명감을 갖고 많은 노력을 하고 있다.

그 일환으로 국방부 유해발굴감식단은 2000년부터 고국의 전장에 묻혀 있는 국군전사자 6600여구의 유해를 발굴하는 성과를 달성했다. 2012년 5월 25

일 뜻 깊은 유해봉환식이 거행됐다. 6·25전쟁 때 북한에서 전사한 12구의 국군 유해가 1953년 정전협정 이후 처음으로 국내로 귀환됐다. 이들은 2000년에서 2004년 사이 미국에 의해 북한땅에서 발굴돼 하와이의 미 합동전쟁포로실종자사령부(JPAC)에서 신원확인 절차를 거쳤고, 신원이 확인된 유해 2구는 62년 만에 가족의 품으로 돌아왔다. 현재 6·25전쟁 당시 13만명의 전사자 중 비무장지대(DMZ)나 북한지역의 미발굴 유해는 3만~4만구로 추정된다. 이들의 유해 발굴에 더욱 관심을 기울여야 할 것이다.

우리 모두는 '기억의 공동체'에 살고 있다. 그렇기 때문에 살아남은 자들은 조국을 지키기 위해 산화한 호국영령의 희생이 헛되지 않게 해야 한다. 그러나 우리 앞에 놓인 지금의 현실은 녹록지 않다.

종북세력이 '색깔론'을 전가의 보도처럼 앞세우며 반국가적 활동을 계속하는 동안 국가보안법은 민주화 세력을 탄압하는 악법으로 공격받았고, 친북·종북은 시대착오적인 이념분쟁으로 간주됐다. 이들은 6·25전쟁을 북침으로 간주하고, 천안함 피격사건이 북한 소행임을 부정하면서 김정은 3대 세습과 핵개발과 미사일 발사에 침묵했으며, 북한 주민의 실상과 강제 북송당하는 탈북자의 인권을 무시한 채 조국을 위해 기꺼이 목숨 바친 호국영령에게조차도 참배를 거부하고 있다.

우리는 고귀한 목숨조차도 희생하며 이 땅을 지켜낸 호국영령의 가치가 실추되지 않도록 노력해야 한다. 더욱 시급한 것은 국가가 종북세력과 국가파괴 행위가 용납되지 않도록 특단의 조치를 취해야 한다. 또 애국의 진정한 의미와 가치를 드높이는 '보훈문화' 정착에 국민의 지지와 참여가 진정 필요한 시점이 아닐까 싶다. <세계일보. 2012. 6. 11 >

'천안함 2주기'를 되새기며

2010년 3월 26일 백령도 서해상에서 경비임무를 수행하던 'PPC－772 천안함'이 북한의 기습적인 어뢰공격에 의해 침몰되었다. 천안함 승조원 46명이 자신들 꿈도 피워보지 못한 채 희생되었다. 당시 구조작업을 벌이는 도중에 고(故) 한주호 준위도 순직했다. 인양된 천안함이 전시되어 있는 평택 2함대에는 그동안 많은 시민과 장병의 안보현장 견학이 이어졌다.

국방부는 2012년 3월 26일을 '천안함 폭침, 응징의 날'로, 그리고 23일부터 27일까지를 공식 추모 기간으로 정했다. 지난달 말 해군2함대를 시작으로 다양한 훈련과 의미 있는 추모 행사가 이어졌다. 국방부는 강력한 대북 응징태세 확립을 위해 서북 도서와 서해 북방한계선(NLL) 일대에서 합동훈련과 전 · 후방 지역 작계시행 훈련, 무장 편대비행 등 실제 훈련을 실시되었다. 또 추모식을 전후해 지역별로 천안함 피격 규탄 · 안보다짐대회와 추모글 남기기, 천안함 용사 추모 걷기대회(대전현충원) 등 다양한 행사가 열릴 예정이었다.

이미 코레일은 지난 2월 28일 국립대전현충원 천안함 묘역에서 고(故) 장철희 일병 묘비에 명예사원증을 부착했다. 철도 기관사가 꿈이었던 고 장 일병은 우송대학교 철도전기신호학과에 다녔다. 당시 그는 군 입대 70일째, 천안함 승선 8일 만에 변을 당했다. 애석하게도 백일 휴가도 경험하지 못하고 싸늘한 주검으로 가족 품으로 돌아와야 했다.

'천안함 피격사건이 벌써 2주기가 되었어!'라고 무심히 지나칠 수도 있겠지만, 그렇지 않은 분이 더 많을 것이다. 최근 북한은 우리 정부에 대해 강도 높은 비난을 가하고 있으며, 핵 개발을 포기하지 않고 대화조차도 단절한 채 탈북자들에 대한 인권 유린을 서슴지 않고 있다. 또 장거리 미사일인 '광명성 3호 위성' 발사 계획을 발표해서 국제사회에는 더욱 염려가 가중되었다.

그런데 국민 중엔 여전히 천안함 피격사건을 북한 소행이 아니라고 부정하거나 의혹을 제기하기도 한다. 최근 안보현실 인지도 조사 결과에 따르면 '북한의 적화통일 전략을 모른다'고 답한 사람이 69%, 안다고 답한 사람이 31%였다. 자칫 남북한 분단과 대치 상황을 잊고 있는 것은 아닌지, 안타까운 우리 안보 현실을 잘 드러내고 있는 결과가 아닐까 싶다.

이 시점에서 우리는 강한 국가와 튼튼한 안보 구축을 위해 무엇을 진정으로 고민하고 성찰해야 할 것인가. 제2 '천안함 비극'이라는 역사가 반복되어선 안 된다. 호심탐탐 우리 안보를 위협하고 있는 북한의 추가 도발 가능성에 철저하게 대비해야 하고 도발 시에는 단호하게 응징 조치가 이뤄져야 한다.

이를 위해서는 국론 결집이 중요한데, 군은 확고한 안보태세를 확립하고 국민은 하나가 되어 군에 대한 전폭적인 지지와 신뢰를 보여야 한다. 국론 결집이야말로 북한의 경거망동에 경종을 울리는 최선책일 것이다. <매일경제. 2012. 3. 22>

역사 바로 세워야 한다

6·25 전쟁 이후 북한은 도발행위를 지속적으로 자행해 오고 있다. 이에 대해 우리 군도 꾸준히 전력 증강과 국방개혁 등 만반의 준비태세를 갖추고 있다. 특히 2010년 천안함 피격과 연평도 포격도발 이후 군은 기강 확립과 전투형 강군 육성에 주력하고 있다. 그런데 이 모든 것은 장병들이 '무엇을 지키고, 누구와 싸워야 하는지'에 대한 분명한 국가관, 대적관과 군인정신 함양이 바탕이 돼야 한다.

우리가 잘 인식하고 있듯이 입대 장병들에게 애국심과 군인으로서의 사명감은 무엇보다도 학교 역사교육을 통해 이뤄져야 한다. 2011년 8월 국방부는 현행 고교 한국사 교과서의 현대사 교육은 '우리 젊은이들의 안보의식을 약화시키는 주요요인'이 됐다고 지적했다. 이를 바로잡기 위해 지난 12일 국방부는 6종 중 4종 역사교과서의 '대한민국의 정통성에 대한 지적이 없고, 북한을 미화하고, 천안함 피격사건 등 북한의 주요 안보 위협 사례에 대한 서술이 없고, 국군의 유엔평화유지활동(PKO) 등 세계 평화유지 기여에 대한 서술 미흡과 부정적 측면 부각' 등에 대한 왜곡 · 편향 · 축소 실태를 근거로 개정을 요청했다. 국방부가 교육과학부에 요청한 집필 개정의 주요 내용은 첫째, 대한민국 건국 발전과정의 올바른 기술로 '역사적 정통성'을 명확하게 해야 하며 둘째, 북한은 안보위협과 실패한 체제임을 적시하고 우리의 평화와 안보를 위협해왔으며 셋째, 국군은 조국 수호와 국가 발전에 기여한 역할에 대한 합당한 평가가 이뤄져야 한다는 것이다.

그렇다면 미국, 영국, 프랑스 등 주요 선진국의 역사교육과 방향은 어떠한가. 선진국은 이미 지속적인 역사 교과서 개정과 교육을 통해 국민에게 '국가에 대한 자긍심'과 '국가를 위한 희생에 대한 존경과 국가의 무한책임' 등을 달성할 수 있었다. 이들 국가는 반국가적이고 부정적인 자국사와 체제에 대해 긍정적인 역사 교육의 방향 전환과 핵심 가치 정립에 주력해왔다. 이들 역시 정부와 국회 · 국민 차원에서 수십 년간 다양한 노력을 통해 '역사 바로세우기'에 많은 노력을 기울였음을 상기할 필요가 있다. 예컨대 국방부가 교과부에 요청한 교과서 집필기준은 저자들이 교과서 집필 과정에서 반드시 따라야 하는 '가이드라인'이다. 집필기준 개정을 요청받은 교과서는 올해 10월까지 지침이 하달되고 내년 3월을 전후해 제작되며 이후 검증을 거친 뒤 2013년부터 학교별로 활용될 예정이다.

국사편찬위는 한국사 집필기준 작성위원(6명)을 선정하고, 전문가 의견을 수렴해 기준을 마련하기로 했다. 교과서 집필은 각 출판사가 집필진을 자체 구성해 직접 작성하게 되었다. 이들 6명의 작성위원에게 역사적 소명의식을 가지고 집필기준을 마련해 역사 교과서가 왜곡되지 않고 특정 국가나 이념에 치우친 좌편향된 시각을 지양하고, 정확한 사실을 토대로 객관적으로 서술해야 함을 당부하고 싶다. <세계일보. 2011. 8. 30>

반국가적 행위가 용납되지 않는 사회적 분위기를 조성해야

2012년 3월 24일 우리사회를 경악하게 하는 일이 발생했다. 바로 조국통일범민족연합(범민련) 남측본부 노수희 부의장이 불법적으로 북한을 방문한 것이다. 그는 통일부의 허가 없이 베이징을 거쳐 평양에 밀입국했다.

노 부의장은 무단 방북이후 평양 김일성 광장에 걸린 대형 초상화에 조화를 바치고, 김일성 생가인 만경대에서 머리를 조아리고 방명록에 주적 북한을 찬양하고 정부를 반인륜적이고 반민족 범죄집단으로 매도했다. 이어 김일성과 김정일 부자의 시신이 안치된 금수산태양궁전을 참배하고 찬양의 조화를 바쳤다. 수행 안내원과 '김일성 장군의 노래'까지도 불렀다. 예상대로 그는 지난 15일 북한이 미사일까지 동원하면서 이례적으로 김일성 광장에서 열린 인민군 열병식, 즉 김일성 100회 생일인 태양절 행사에도 참석했다.

이런 불법 이적행위를 서슴지 않는 그는 누구인가. 그는 60대 후반으로 1990년 11월 범민련 출범부터 관여해왔다. 당시 남북한과 해외동포의 재야단체들을 연계해 독일 베를린에서 활동을 시작했다. 남측본부는 1995년 출범했는데, 재야에서 반정부적이고 맹종적인 종북(從北) 단체들의 수장 역할을 유지해왔다.

이 단체는 김일성부자 찬양 일색과 북한의 위협적 도발 등을 미화하고, 친북반미 여론을 조장하는 등 남남갈등을 부추겨 왔다. 정부정책에 대해 대국민 선동과 반정부 집회를 주도했다. 결국 1997년 범민련은 대법원으로부터 이적단체 판결을 받았지만 아직 해산되지 않았다.

그는 북한의 3대 세습과 탈북자들에 대한 인권유린에 침묵하고, 천안함과 연평도 사건과 같은 무력도발을 외면하고, 식량을 구걸하면서 수억 달러가 소요되는 핵개발과 결국 실패로 끝난 '광명성 3호' 장거리 미사일 발사를 감행하고 있는 북한정권을 신봉하고 찬양하고 있다.

대한민국은 '사상의 자유와 표현의 자유'를 얼마든지 누릴 수 있는 국가다. 그러나 이 모든 활동은 법의 테두리 안에서 향유되어야 한다. 이 시점에서 가장 우려되는 점은 어른들의 무분별한 반국가적 및 친북 이적활동이 청소년들의 인성과 교육에 미치는 부정적인 영향인 것이다.

한국청소년연구원이 2009년과 2011년 전국 2학년 중학생 1000－5300여명 대상으로 성인이 됐을 때 각종 항의 활동에 참여할 의사에 대해 설문조사를 실시했다. 합법적인 방식을 지지하는 '평화집회 참여'는 2%나 감소했고, '길을 막고 항의집회'를 하겠다는 비합법적인 활동 참여는 9%, 스프레이로 벽에 항의 표어 그리기는 4.37%까지 증가했다. 우려스러운 일이 아닐 수 없다.

이와 관련 어른들이 자행하는 불법집회, 국민통합을 저해하고 사회갈등을 조장하고, 북한을 찬양하는 반국가적 행위가 용납되지 않는 사회적 분위기를 조성해야 한다. 아울러 청소년대상으로 북한의 실상과 인권유린 상황을 낱낱이 알리고 자유민주주의 가치와 국가안보의 소중함에 대한 교육을 더욱 강화해야 할 것이다. <데일리안. 2012. 4. 18>

국보법은 유지되어야 한다

2011년 12월 1일은 국가보안법(이하 국보법) 제정 63주년을 맞는 날이었다. 이날 보수와 진보 진영은 각각 국보법 존치와 폐지를 촉구하는 행사를 개최하는 등 우리 사회에 국보법 존폐에 대한 찬반 논란이 끊이지 않고 있다.

잘 알려진 대로 국보법의 핵심 조항은 7조인 '찬양・고무죄'로 '사상과 표현의 자유' 명목 하에 행해지는 공공연한 이적표현 및 주장을 규제하기 위한 것이다. 그런데 이 7조가 없다면 공개적인 장소에서 한국의 자유민주적 기본질서를 위협하는 연방제 통일, 주체사상 선동, 주한미군 철수 주장, 북한체제 찬양, 미화 및 대남 선동 활동에 대해 규제할 수 없다.

만약 국보법을 폐지하고 형법 등으로 대체할 경우 북한과 연계된 다양한 범죄에 대응하기에는 턱없이 부족하고 북한의 간첩도 처벌할 수 없기 때문에 심각한 안보공백 우려가 제기된다.

현실적으로 국보법과 관련된 법원 판결은 북한이 '반국가단체'임을 분명히 하고 있고, 한총련·남북공동선언실천연대·범민련 등의 이적성을 명시한다. 그러나 현행 국보법은 이런 이적단체의 소속원은 처벌해도 단체에 대해 따로 규제할 근거가 없다. 현행 국보법에 이적단체를 '강제해산'할 수 있거나 처벌할 수 있는 법적 조항이 없기 때문에 1997년 대법원에서 이적단체로 판결된 범민련과 그 외 단체들은 광우병 불법시위, 평택미군기지 이전 반대, 제주해군기지 반대 등 이적활동을 계속해 왔던 것이다.

최근 국보법의 이런 한계점을 보완하기 위해 국회의원 19명이 '이적단체의 해산과 활동금지' 조항이 포함된 국보법 개정안을 발의했다. 향후 이적단체들에 대해 강제해산이나 법적 처벌 등 후속조치를 할 수 있도록 법적 근거를 마련하게 됐다.

그러면 현 시점에서 국보법 폐지 논란에도 불구하고 왜 오히려 이 법이 유지되고 더 강화돼야 하는가. 천안함 피격사건과 연평도 포격도발 등의 계속되는 북한의 '무력도발'과 북한이 일관되게 주장해 오는 '민족해방 인민주주의' 전략은 궁극적으로 국보법 폐지를 선동해 오고 있다는 점을 잊지 말아야 할 것이다.

무엇보다도 정부와 국회는 대한민국의 국가적 위기상황을 인식하고 이적세력 퇴치를 위해 필요한 법적 조치를 조속히 마련해야 한다. '사상과 표현의 자유'를 인정하는 자유민주주의 체제라 하더라도 반국가 활동을 제재하거나 규제할 수 있을 때 국가안보와 국민의 자유가 확보될 수 있음을 강조하고 싶다.

선진국 독일조차도 반 헌법단체에 대해 해산명령 및 활동금지 조치를 할 수 있도록 규정하고 있음을 상기할 필요가 있다. 국보법의 존치와 강화에 대한 국민적 공감대 형성과 지지가 절대적으로 필요한 시점이 아닐 수 없다. <세계일보. 2011. 12. 8>

국가안보와 마키아벨리의 선택

선거철이 다가올수록 어떤 인물을 선택할 것인지에 대한 고민이 생기게 마련이다. 사람이 바뀐다고 정치가 크게 달라질 것 같지는 않지만 변화는 새로운 사람을 선택하는 데 있음은 부인할 수 없다. 현대 정치학의 아버지라는 마키아벨리(Niccolo Machiavelli, 1469~1527)라면 어떤 선택을 할까. 정치인은 '사자의 힘과 여우의 간교함'을 두루 갖춰야 살아남을 수 있다는 주장 탓에 '권모술수'의 화신으로 인식되고 있지만 사실 마키아벨리의 고민은 국가의 생존과 번영에 있었다.

16세기 이탈리아는 도시국가들이 난립한 상태에서 주변 열강으로부터 심한 외압에 놓여 있었다. 이때 피렌체공화국이 생존할 수 있는 방책을 군주의 차원에서 모색했던 것이 '군주론'이다. 여기서 그가 강조하고자 했던 것은 단순히 권력의 획득이나 유지가 아니라 공화국의 생존과 번영이었다. 이를 위해 강력하고도 지혜로운 권력이 필요했던 것이다. 그가 사자와 여우를 빌려 정치권력의 이미지로 삼았던 것도 그러한 권력만이 강대국의 탐욕 앞에 놓인 도시공화국의 생존을 보장할 수 있다는 현실주의적 신념의 표현에 다름 아니다. "무엇보다 먼저 무장하라(Before all else, Be armed!)"라는 경구도 불안한 국제정세에서 생존을 위해서는 자신의 힘을 기를 수밖에 없다는 당연한 주장이다.

우리가 주목할 마키아벨리의 저술은 1531년 출판된 '로마사 논고'다. 이 책에는 조그만 부족이었던 로마가 어떻게 지중해를 제패하는 위대한 국가로 성장할 수 있었는지를 탐구하고 있다. 마키아벨리는 어떤 외부의 원군이나 용병에 의존하지 않았으며 자신들의 힘으로 위대한 공화국을 건설한 로마군대의 위대함을 상찬한다. 하지만 로마가 위대한 이유는 단순히 군사력만의 문제는 아니라는 점을 마키아벨리는 강조한다.

진정한 위대함은 공동체를 향한 정치지도자들의 헌신과 기백에 있다는 점이다. 로마는 카르타고의 한니발 군대와의 카나이 전투(BC 216)에서 7만여 대군이 몰살당하는 참패를 당했다. 그 전투의 사망자에는 두 명의 집정관과 두 명의 감찰관, 29명의 장군, 그리고 80명의 상원의원이 포함됐다. 이는 당시 로마를 통치했던 인원의 거의 30%에 가까운 숫자다. 절체절명의 위기상황에서 로마의 정치지도자들은 자신의 생명을 걸고 국가를 지키기 위해 전쟁터로 나섰던 것이다. 이들의 헌신과 열정이 있었기 때문에 다른 시민들도 조국 로마를 위해 결연히 목숨을 바칠 수 있었다. 더욱 눈부신 것은 이러한 패배에도 불구하고 로마는 평화를 구걸하는 그 어떤 조치도 취하지 않았다. 오히려 그들은 노인과 노예들마저 무장시키며 한니발 군의 로마입성을 대비했다. 피난과 협상에 익숙한 우리로서는 부러운 일이 아닐 수 없다.

이러한 정신을 마키아벨리는 '로마인의 기백'이라 표현했다. 그 어떤 어려움에도 굴하지 않고 국가를 위해 헌신할 수 있는 정치지도자야말로 나라를 살리고 문명을 일으킬 수 있지 않을까. 바로 이런 기백에 찬 지도자가 있었기 때문에 로마는 지중해를 제패하고 세계를 호령하는 대제국으로 발전할 수 있었던 것이다. 그가 살아난다면 공동체에 대한 헌신과 기백을 갖춘 정치인이 누구인지 물을 것 같다. <국방일보. 2012. 2. 17>

유럽의 독재자 '루카셴코식'국가건설

최근 세계는 독재국가에 대한 정권 붕괴 여부에 관심이 쏠리고 있다. 아프리카 튀니지를 시작으로 이집트와 리비아 등 중동 주변국가들의 시민혁명은 도미노처럼 이어졌다.

미국의 외교전문지 포린 폴리시는 이집트의 호스니 무바라크의 뒤를 이어 북한의 김정일 정권을 비롯해 현재 정권이 무너질 가능성이 있는 5명의 독재자를 지적했다. 리비아의 무아마르 카다피, 짐바브웨의 로버트 무가베, 쿠바의 카스트로 형제, 벨라루스의 알렉산드르 루카셴코를 거명했다. 이들의 공통점은 오랜 통치기간, 민족 학살, 야권 탄압, 언론 및 인터넷 통제, 기아, 실업 등이다.

특히 벨라루스의 루카셴코는 '유럽의 마지막 독재자'로 불린다. 1991년 구 소련의 붕괴 이전에 이미 1990년 독립을 선언했다. 당시 15개의 독립국가로 형성된 포스트 소비에트 공간에서 벨라루스의 지도자들은 지정학적 특수성을 중심으로 독특한 형태의 새로운 국가건설(state-building) 과정에 착수했다. 이 나라는 라트비아, 폴란드, 러시아, 우크라이나, 리투아니아로 둘러싸인 내륙국가로 해군이 존재하지 않는다. 색체의 마술사로 잘 알려진 표현주의 화가 마르크스 샤갈의 고향도 벨라루스의 비테프스크 지방이다.

루카셴코는 1994년 집권 이후 탈냉전기 세계화의 보편적 추세였던 정치적 민주화와 자유시장 경제발전보다는 '권위주의적 대통령제와 시장사회주의'를 국가발전의 기저로 선택했다. 그는 2010년 12월 말 대선에서 79.67%의 압도적인 지지로 4선에 성공했는데 합법적으로 2015년까지 대통령직을 유지할 수 있게 됐다. 그를 포함해 10명의 후보들이 경합했던 대선에서 2위를 차지한 야권 후보는 고작 2.56%의 득표율을 차지했고 나머지 8명은 2% 이하의 지지율을 기록했다.

상황이 이렇게 되자 그의 압승에 항의하는 부정선거 의혹이 제기되기도 했다. 수도 민스크를 중심으로 대규모 시위가 발생했다. 지난 2006년 대선 이후와 마찬가지로 대규모 시위는 당국의 무력진압과 야권후보의 체포, 반체제 인사들의 대규모 검거 및 체포 등으로 일단락됐고 유럽연합(EU)과 미국의 거센 비판과 외교관계의 단절로 이어졌다. EU의 공정한 선거를 전제로 했던 30억 유로(Euro) 지원도 중단됐다. 1999년 벨라루스와 연방창설조약까지 맺고 2010년 관세동맹까지 맺은 러시아 역시 민주주의 후퇴의 전형에 대해 비난을 하지 않을 수 없었다.

그렇다면 벨라루스 국민들의 루카셴코에 대한 지지는 무엇을 의미하는 것일까. 그는 언론통제와 반정부 단체의 탄압 그리고 자신의 독재정권을 유지하기 위해 '프로파간다'를 지속했다. 2010년 경제위기 속에서도 경제성장을 주도했고 '안정과 경제성장'을 강조하면서 실리추구의 대외정책을 고수했다. 이처럼 인권과 자유의 억압, 매스컴의 통제에도 불구하고 그에 대한 높은 지지는 지배계층의 안정적인 경제성장과 복지정책 확대, 통합되지 못한 야권 등에 기인한다.

그러나 권위주의 독재정치의 종말은 무엇인지 세계 역사는 역력히 보여주고 있다. 루카센코 또한 민주주의에 대한 국민의 열망을 빵으로만 막을 수 없을 것이다. <국방일보. 2011. 2. 25>

사이버 안보도 '유비무환'

최근 우리 사회에 사이버테러가 급증하고 있다. 이미 2003년 1월 25일 발생한 인터넷대란과 국회, 국방연구원, 해양경찰청, 원자력연구소 등 국가·공공기관 해킹사태와 같은 사이버테러를 경험했다. 사이버테러는 순간적이고 전면적으로 발생하기 때문에 국가기간망의 정보시스템이 오작동되거나 마비를 초래해 사회혼란과 국가안보를 위협한다. 특성상 '시공간'을 초월해 발생하기 때문에 현실공간에서의 테러보다 훨씬 추적과 검거가 어렵다.

특히 북한의 디도스(DDoS·분산서비스거부) 공격 사례가 속출했다. 디도스 공격은 2000년 이후 급속히 발전한 공격기법으로 인터넷 등 전체 네트워크의 마비보다는 '특정 목표'를 정해서 공격하는 경우에 많이 사용된다. 2009년 7·7 공격과 이번 3·4 농협전산망 공격에서 보여주듯 북한은 사이버테러를 장기간 치밀하게 준비해 왔다. 과거 북한의 공격은 일시적으로 전산장애를 부르는 수준에 그쳤지만 이젠 전산망에 직접 침투해 데이터를 삭제하는 등 그 위험성이 군사도발에 못지않을 만큼 매우 심각한 수준이다.

북한은 고도로 훈련된 1000여명의 전문 해커요원으로 구성된 막강한 사이버 군사력을 보유하고 있다. 북한은 유사시를 대비해 우리의 사이버 방어능력을 계속 시험할 것이며 사회혼란 조성을 위해 도발을 멈추지 않을 것이다. 공격 목표 대상도 원전, 공항, 지하철 등 파급 영향이 큰 국가기간망으로 확대되는 등 과감해지고 다양해질 것이다. 이처럼 북한의 디도스를 이용한 총성 없는 전쟁이 지속되지 않도록 사전에 철저한 대비체제 구축이 필요하다.

미국과 영국 등 선진국은 사이버 환경에 대처하기 위해 민관 합동 대응체제 구축과 관련법 제·개정을 통해 철저히 대비하고 있다. 개인정보 보호와 사생활 침해 우려에도 휴대전화를 포함한 모든 통신수단의 합법감청이 보장될 수 있도록 통신업체의 감청설비와 기술지원을 의무화하고 있다.

하지만 북한의 호전적 사이버테러 위협에 대한 우리의 법적·제도적 대응 실태는 어떠한가. 사이버 안보위협 관련법과 제도적 정비는 제대로 규정돼 있지 않다. 사이버공격 대응에 상대적으로 취약한 '민간분야'의 보안 강화가 더욱 절실하다. 농협 등 민간 주요 기관의 경우 정보통신기반보호법에 의거, '주요 통신기반시설'로 지정돼 있지만 동법 제7조 3항에 따라 사고 예방과 복구 등에 필요한 기술지원을 금지하고 있다. 북한에 의한 민간기관 대상의 대규모 사이버 공격이 발생할 경우 우리의 국가 사이버 수사기관이 직접 대응할 수 없음을 의미한다.

현재 일부 정치권과 시민단체가 사생활 침해 등을 이유로 '통신비밀보호법' 개정안을 '휴대전화도청법'으로 왜곡해 국회에서 제대로 처리되지 않고 있다. 이 개정안은 간첩, 산업스파이, 국제 테러리스트 등 국가안보나 범죄수사를 위한 것이지 일반국민을 대상으로 한 것이 아니다. 현 시점에서 우리에게 시급한 대책이 무엇인지를 진지하게 고려해 봐야 할 것이다. <세계일보. 2011. 5. 17>

對北 정보수집 강화해야

최근 국방일보에서는 과거 8세기 몽골족을 통일하고 유라시아대륙에 걸쳐 대제국을 건설했던 칭기즈칸의 핵심 전략커뮤니케이션을 '속도, 정보, 기술, 심리, 통합'의 키워드로 집약했다. 21세기 국가안보 차원에서 '저비용 고효율'의 정책과 연관성 있는 전략커뮤니케이션은 모든 국가들이 추구하는 것이다.

특히 우리 사회에 특정 대상과 지역에 대한 정보수집과 분석과 관련해 '휴민트'란 용어가 있다. 휴민트는 말 그대로 '사람'을 의미하는 '휴먼(human)'과 '정보' 또는 '첩보'를 뜻하는 '인텔리전스(intelligence)'가 합성된 것. 순 우리말로 '인적정보' 또는 '대인정보'을 의미한다. 특정 정보원이나 일반 내부협조자 등 인적네트워크를 활용해 얻은 정보 또는 정보수집 방법이다.

2011년 12월 17일 김정일 북한 국방위원장의 사망 소식이 알려지면서 소위 국가정보원 대북라인의 휴민트 능력이 소위 '있다, 없다'가 논란이 되었다. 김정일의 사망 정보를 미리 입수하지도 예측하지도 못했다는 이유로 2011년12월 22일 열린 국회 긴급 현안 질의에서 국정원에 대한 여야 의원들의 질타가 이어졌다. 심지어 국정원장 경질, 국정원이 휴민트의 대부분을 탈북자들에게 돈을 주고 산다는 말도 나왔고 예산 삭감과 무용지물 해체론까지 난무했다.

김정일의 사망은 미국, 일본, 중국, 러시아도 알지 못했고 전 세계 모든 정보기관이 그의 사망을 몰랐다. 또 북한 최영림 총리와 김락희 부총리 등 북한 최고위층조차도 그의 사망 사실을 몰랐다. 이는 국정원의 정보력 부재보다는 북한의 실상과 특수성이 훨씬 더 심각한 문제인 것이다. 북한은 지구상에서 가장 폐쇄적이고 비밀스러운 독재국가이자 철의 장막을 치고 있는 곳이다. 북한 내부의 핵심 지도층도 몰랐고 그의 사망 시기와 장소에 대해 여전히 북한에서도 의문투성이였다. 한마디로 그의 갑작스러운 죽음과 연관된 내부사정을 속속들이 알기란 여간 어려운 것이 아니었다.

잘 알려진 대로 2008년 김정일이 뇌졸중 발병 이후 여타 대북 소식통들이 '김정일 건강 악화, 호전'을 번복하면서 혼란을 초래했던 와중에서도 국정원만이 그의 건강상태가 좋지 않음을 일관되게 경고해 왔다.

국정원은 부족한 인적네트워킹에도 김정일의 건강상태가 정상이 아님을 지속적으로 경고했다. 국정원이 국회정보위에 보고했다는 그간의 언론보도 내용만 보아도 국정원이 얼마나 정확히 그의 건강상태를 파악하고 있었는지를 잘 알 수 있다. 하지만 국정원이 그의 죽음까지 예측한다는 것은 더 이상 인간의 영역이 아니라 신의 영역을 요구한 셈이었다.

그간 국정원은 대북 정보 수집을 위해 인적 정보망 확보와 최신 정보력 확충에 노력해 왔다. 그럼에도 불구하고 국정원이 대북 라인을 강화하기 위해 미국과 주변국들과의 정보 교류와 수집 등에 더 주력해야 할 시점이 아닐까 싶다. <매일경제. 2012. 2. 21>

포스트 김정일 체제와 러시아의 선택

갑작스러운 북한 김정일의 죽음으로 러시아도 역시 불안정한 김정은 체제의 향방에 관심이 쏠렸다. 2008년 이후 불거진 김정일의 건강 악화설과 급사 그리고 이틀이나 지나서 발표된 공식 사망 등 여전히 많은 의문점이 제기되고 있지만, 러시아는 김정은에게 조전을 보내는 등 차분하면서 발 빠른 외교적 행보를 보여줬다.

러시아는 '김정은 3대 세습 체제'를 인정했고 드미트리 메드베데프 대통령과 세르게이 라브로프 외무장관을 중심으로 신속하게 조의를 표명했다. 주러 북한 대사관에 조문소를 설치하는 등 집권 여당인 '통합러시아당'과 야당인 '러시아 공산당' 등의 의원들과 유력 인사들을 중심으로 조문이 이어졌다.

현재 '포스트 김정일 북한제체'에 대한 주변 4강의 공통적인 이해관계가 잘 반영되고 있듯이, 러시아는 김정은 체제의 불안정과 당과 군 엘리트의 갈등에 의한 급진적 상황 변화나 북한 사회의 혼란은 자국의 대한반도 정책과 부합하지 않는 것으로 간주되었나.

그동안 러시아는 김정일 통치 하의 북한과 '강온 외교관계'를 유지해 왔다. 이런 가운데 2011년 8월 메드베데프 대통령과의 김정일은 정상회담을 통해 양국 관계를 새롭게 모색했다. 양국의 최대 관심사였던 남・북・러 가스관 및 전력망 연결 사업과 시베리아횡단철도(TSR)와 한반도종단철도(TKR) 연결 등의 경협에 집중됐다. 이들 경협사업 중 약 750㎞의 북한을 통과하는 가스관 연결은 북한의 개혁개방을 앞당길 수 있는 중요한 남・북・러 경협이 될 것임에 의심의 여지가 없었다. 물론 이 가스관 연결의 최대 걸림돌인 북한의 핵 문제 해결에 대해 러시아는 북한의 조건 없는 6자회담 재개 입장을 지지했다. 결국, 러시아는 북한의 중국 편향의 정책 변화 유도와 자국의 북한에 대한 영향력 증대를 꾀했다.

러시아는 한국・중국・미국과 마찬가지로 2012년 새로운 정권 창출을 앞두고 있었다. 2011년 11월에 치러진 총선 이후 블라디미르 푸틴 총리가 이끌고 있는 집권 여당이 다수당이 됐지만, 선거부정 논란과 민주화 시위로부터 자유롭지 못했다. 2012년 3월 초 대선을 앞두고 러시아 정계의 변화와 개혁을 요구하는 국내정치 상황 때문에 유력한 후보인 푸틴은 김정은 체제하의 북한 정세가 불안정한 것을 원하지 않았다.

아울러 러시아는 2012년 9월 가을 북한과 국경을 접하고 있는 블라디보스토크에서 아시아태평양경제협력(APEC) 정상회담의 성공적 개최를 앞두고 극동지역의 경제개발이 한창 진행 중이었다.전략적 차원에서 러시아는 WTO 가입이라든가 극동지역의 정치안정과 경제발전, 북한과의 관계 정상화와 한국을 포함한 아태지역에서의 자국 위상 강화를 위해 김정일 사후 북한과 선린관계 및 우호관계 유지를 선호했다.

앞으로 러시아의 대북한 정책은 김정은 후계 체제의 안정과 구축을 지원하는 등 북한 관리에 주력하면서 지나친 북한의 친중국화를 지양하고 중국의 영향력 견제 및 북한 급변사태 발생 시 국경지역의 안정화를 추구할 것이다. 동시에 러시아는 북한의 비핵화 및 6자회담 촉구와 한반도 평화체제를 위해 한국과의 외교적 공조체제를 유지할 것이다. <국방일보. 2011.12.27>

北, 핵보다 국민 먹여 살리는 게 우선

2012년 4월 북한의 로켓 발사에 대해 유엔 안보리 산하 북한제재위원회는 추가 제재안을 확정했다. 기존의 대북 제재 대상 이외에 압록강개발은행, 청송연합, 조선흥진무역회사가 추가돼 11개로 확대됐다. 북한 기업의 자산은 동결되고 유엔 회원국과의 거래가 전면 금지됐다. 이제 중요한 것은 제재결의를 이행하는 것인데 중국을 포함한 유엔 회원국은 성실히 의무를 다해야 할 것이다.

이어 워싱턴 DC 인근 캠프 데이비드 별장에서 5월 18~19일 열린 G8(주요 8개국) 정상회의에서 미국을 비롯한 정상은 "북한이 도발의 길을 계속 걸을 경우 더 심한 고립에 직면할 것"이라고 경고했다. G8 정상은 북한이 핵프로그램과 관련한 국제규범을 준수하는 것이 중요하다는 점도 강조했다.

이와 같은 국제사회의 추가 제재 및 경고 메시지와는 별도로 한・미는 북한의 도발과 핵무기 같은 대량살상무기(WMD) 개발에 대응하기 위해 구체적인 방안을 모색해 왔다. 지난달 말 미 국방부 청사에서 열린 제1차 한・미 통합국방협의체(KIDD)에서는 핵확산 방지, 우주분야의 연합연습, 생물학전・사이버전 대응 등이 집중적으로 논의됐다.

주요 협의 내용으로는 우선, 북한의 가능한 핵 도발 시나리오에 대한 대응방안을 구체화하고 한・미 확장억제정책의 실효성 제고를 위한 공동연구와 고위정책 결정자 대상의 세미나가 진행된다. 또한 북한이 핵무기를 보유하고 있다는 가정 하에 연합군사연습도 추진된다. 특히 한・미는 북한의 생물학전 능력 등 비대칭 위협에 대해 발생 가능한 상황에 대응하기로 했다. 한국국방연구원(KIDA)의 '동북아안보정세분석' 자료에 의하면, 북한이 보유한 화학작용제 2500~5000t을 전량 화학탄으로 제조한다면 62만5000~125만발을 만들 수 있는 양이라고 한다. 북한의 생화학전 능력은 가히 위협적이라 할 수 있다.

국방부는 2011년 말부터 올해 초까지 '생물테러 대응 의무지원지침'이란 제목의 문건을 전군에 배포했다. 이 지침서는 생물무기 테러 발생을 조기에 파악하고, 신속하고 효과적인 의료지원으로 인명피해를 최소화하기 위해 제작됐다. 아울러 미국 단독으로 훈련을 진행했던 우주분야에 대해 처음으로 공동 대응하기로 합의했다. 한편 한・미는 사이버 협의 채널의 기능과 역할 역시 강화하기로 했다. 북한의 사이버전 전담부서, 부대 규모 등이 상당할 것으로 분석돼 사이버전의 우려도 배제할 수 없기 때문이다.

현재 한・미는 북한의 대남위협에 대응하고 국가안보를 위해 정치군사적으로 전방위적 대비태세를 더 강화하고 있다. 또 북한이 '나쁜 행동'으로 인해 스스로 고립이 심화되고 정권유지가 어렵게 될 것이란 메시지를 지속적으로 보내고 있다. 따라서 북한은 추가 핵실험과 도발위협을 중단하고 한반도 평화와 북한 주민의 생존권 보장을 위한 정책적 결단을 내려야 할 것이다. <세계일보. 2012. 5. 21>

식량구걸 北 미사일이 웬 말

북한의 장거리 로켓 발사 시점이 다가오면서 국내외 긴장이 고조되었다. 북한은 2000년대 이후 핵무기 개발을 위한 핵실험과 대량살상무기 개발에 주력해 왔다. 북한은 예고했던 2012년 4월 12~16일 광명성 3호를 발사하면서 4번째 장거리 미사일 실험을 감행했다. '지구관측위성'을 발사할 계획이라고 주장했지만, 인공위성 발사체와 장거리 미사일은 기술적으로 동일하다. 과거 북한은 2009년 조총련 기관지 조선신보를 통해 "위성용 로켓과 대륙간탄도미사일(ICBM)은 표리일체"라고 보도했다. 북한은 위성발사 계획이 군사적 목적을 내포하고 있음을 스스로 인정한 셈이다.

이번 시험발사에서 정상대로 궤도를 통과한다면 북한의 탄도미사일 개발 기술은 상용 가능한 것으로 평가되었다. 대포동 1호 발사 때보다 비행거리가 2배 이상 돼 비록 실패하지 않는다면 최소한 3000km를 훨씬 초과하는 비행거리를 기록할 것으로 예측되었다. 북한의 '위성 발사'는 핵 개발 완성을 위한 일련의 과정이자 핵실험을 위한 장거리 탄도미사일 기술 확보가 주된 목적이었다.

북한의 장거리 미사일 발사와 핵실험 강행은 유엔 안보리 결의 1718호와 1874호(2조)에 따라 탄도미사일과 관련된 모든 활동 중단의 제재를 받았다. 북한의 이런 불법행위는 국제법적 구속력을 갖는 안보리 결의를 정면으로 위반하는 것이다. 모든 국가는 위성을 개발·발사할 수 있지만 북한에 이 같은 권리가 허용되지 않는 것은 핵실험과 장거리 미사일 시험발사 등 국제규범을 무시하고 국제평화를 위협하기 때문이다.

2012년 3월 말 서울 핵안보정상회의에 참석한 미국을 비롯한 6자회담 당사국들은 북한의 도발행위에 대해 즉각적인 중단을 촉구했다. 다른 참가국도 비정상적인 북한정권에 대한 비난과 대화 촉구 등 국제사회의 강온 양면 공조가 더 확대되고 있다.

무엇보다도 우리는 발사에 소요되는 비용에 주목해야 한다. 발사체 개발에 3억 달러, 발사장 건설에 4억 달러, 위성 개발에 1억5000만 달러 등 약 8억5000만 달러의 막대한 비용이 소요되는 것이었다. 이 비용으로 식량을 구매한다면 중국산 옥수수 250만t, 쌀 141만t, 밀가루 212만t톤으로 북한 주민 1900만 명의 1년 치 식량을 공급할 수 있는 것으로 추산된다. 또 미국으로부터 받기로 한 영양지원 24만t을 10년 이상 계속 받을 수 있는 규모에 해당된다.

북한은 막대한 비용을 장거리 미사일 개발에 탕진하면서 매년 각국과 국제기구에 '식량 구걸'을 반복하고 있다. 북한의 '인민우선 정책'이 얼마나 허구인지를 전 세계에 적나라하게 보여주는 것이다. 북한은 한반도 안보를 위협하고 전 세계의 평화를 깨뜨리는 무모한 행동을 즉각 멈추고 굶주리는 주민을 더 이상 외면해서는 안 될 것이다. <세계일보. 2012. 4. 3>

北이 보여줘야 할 건 신뢰와 진정성

북한 김정일 국방위원장의 갑작스러운 사망으로 권력을 승계 받은 김정은 당 중앙군사위원회 부위원장은 자신의 권력세습을 공고히 하면서 내부 결속 강화에 주력하고 있다. 2012년 신년공동사설에서 유훈통치를 운운하면서 선군정치의 지속성을 강조하는 등 고단한 북한 주민에 대한 희망의 메시지보다는 김정일의 행적 띄우기에 급급했다.

김정은은 계속해서 핵 보유와 미사일 개발을 늦추지 않고 있다. 그는 취약한 자신의 권력기반을 공고히 하기 위해 당과 군 중심의 기득권 세력의 특권과 부귀를 보장하고 있다. 북한은 1990년대 이후 지속된 경제난과 식량난 속에서 권력부패 심화, 특권층과 불만계층 간의 갈등 등 불안정과 불확실성이 내재돼 있다. 김정은 역시 무력도발에 대한 진정성 있는 사과도 없이 주한미군 철수를 주장하고 정부의 대북 정책을 비난하고 있다. 최근 뉴욕타임스는 김정은은 손뼉 치는 방식, 걸음걸이, 살찐 배, 겹으로 여미는 코트, 짧게 자른 옆머리, 이중턱조차 할아버지 김일성과 닮았다고 보도했다. 또 권력기반이 취약한 북한 정권에 대해 "할아버지를 닮은 김정은이 북한에서 신격화된 김일성을 따라하는 것은 새로운 지도자를 만들기 위한 전략이자, 왕조 시대를 연상케 하는 부자간 권력승계를 정당화하려는 것"으로 분석했다.

국내 한 북한 전문가의 김정일에 대한 '공소권 없음' 주장도 있었다. 주요 요지는 2010년 3월 발생한 천안함 피격사건과 11월 연평도 포격도발의 주범으로 지목된 김정일이 죽었으니 형사법적으로 개인적인 공소권 소멸은 당연하며, 후계자인 아들 김정은에게 일련의 도발에 대한 책임을 묻지 말고 현 정부는 새로운 대북 접근과 대화를 해야 한다는 것이다.

물론 아직도 천안함 피격 사건이 북한의 소행이 아니라고 믿는 사람도 있다. 그런데 천안함과 관련해 러시아 TV에서는 새로운 접근을 제시해 눈길을 끌었다. 2012년 1월 말 러시아 'TV－첸트르(TV－Center)'는 다큐멘터리 영화 '조선의 왕자 김 동지'를 통해 천안함 사건이 북한의 소행임을 인정했다. 러시아 방송이 이 사건에 대한 책임을 북한으로 돌린 셈이다. 2년 전 북한의 무력도발로 연평도가 쑥대밭이 됐다. 북한 관련 다양한 의견과 주장 때문에 자칫 46용사의 거룩한 희생과 순국이 폄하돼서는 안 된다. 그동안 대한민국을 수호하기 위해서 얼마나 많은 희생이 있었는가. '기억의 공동체'의 의미를 다시 한 번 되새겨봐야 한다.

우리의 안보를 호시탐탐 위협하고 있는 북한에 의해 더 이상 휘둘려서는 안 된다. 항시 북한의 도발에 대비해 만반의 준비태세를 갖추어야 할 것이다. 총선과 대선을 앞두고 한반도의 안정과 평화를 위해 정부와 국민의 총체적인 노력이 요구되는 시점이다. <세계일보. 2012. 2. 8>

미얀마의 개혁과 북한의 선택

독재국가로 고립되었던 미얀마에 많은 변화가 일고 있다. 중동의 민주화가 미얀마에도 영향을 주는 듯했다. 미얀마는 1962년 군사 쿠데타 이후 수십년 동안 독재체제를 유지해 왔지만 결국 개혁의 길을 선택했다. 2011년 3월 민간정부를 출범시킨 테인 세인 대통령은 영웅이 되었고, 1948년 영국으로부터 독립한 후 영국 총리 데이비드 캐머런이 처음으로 미얀마를 방문했다. 미얀마에 그동안 갈망하던 '새로운 정치와 역사'가 이렇게 시작되었다.

2012년 4월 1일 보궐선거가 민주적으로 진행된 이후 압승을 거둔 야당 '국민민주주의연맹'(NLD)의 지도자이자 민주화 운동의 상징인 아웅산 수치 여사의 역할에 여러 나라의 관심이 뜨거웠다. 이미 유럽연합(EU)은 올해 초 미얀마의 개혁 조치들을 높게 평가했으며 각료들에 대한 비자발급 금지 조치를 해제하는 등 제재를 일부 완화했다. 미국도 미얀마에 대한 제재 완화에 동참했고, 일본이 수천억엔 규모 부채를 탕감해 주기로 했으며, 중국 · 인도 등도 적극적으로 경제지원에 나섰다.

북한의 혈맹국인 중국은 1970년대 말 '시장중심적' 개혁 · 개방을 통해 30년이 넘은 현재 주요 2개국(G2)의 반열로 들어섰다. 또 1970년대 중반 사회주의 통일 이후 낙후된 사회주의 경제체제와 빈곤에서 신음하던 베트남 역시 1980년대 후반 '국가중심적' 개혁 · 개방을 통해 성공적으로 경제발전을 달성했다.

이렇게 주변 아시아 사회주의 국가들은 물론 미얀마도 국제사회의 요구를 수용해 고립에서 벗어나 새로운 국가발전의 장을 열었다. 하지만, 북한은 어떠한가. 북한은 세계에서 가장 고립된 3대 세습체제의 절대권력 공고화에 주력하면서 북한주민은 만성적인 식량난에 고통을 받고 있다. 또 소수 핵심 특권계층의 충성심 속에 대규모 정치범수용소가 현존하는 최악의 인권 탄압을 지속하고 있다.

더욱이 북한은 몰락해 가는 사회주의 체제 고수를 위해 한반도와 국제사회의 안보를 위협하는 핵보유국을 자처하고 김정은은 불안정한 정권 유지에 급급하고 있다. 김정은이 2012년 4월 15일 김일성 탄생 100년을 맞는 태양절 행사를 통한 당·정·군 장악에 성공했을지 모르지만, 시장중심적이나 국가중심적 개혁·개방 정책 없이 북한의 '강성대국' 건설은 절대적으로 불가능할 것이다.

이명박 대통령은 북한의 미사일 발사 실패 이후 가해진 유엔 안보리 강경 제재의 국제사회 압박과 달리 유화적 대북 메시지를 보냈다. 주요 핵심은 북한의 변화와 그런 변화를 우리 정부는 수용할 수 있고 지지 및 지원해 줄 수 있다는 것이었다. 물론 미얀마처럼 북한이 핵을 포기하고 개혁 또는 개방을 선택한다면, 국제사회도 북한에 가해진 제재를 완화하고 각종 지원을 할 것이다.

북한국방위원회 제1위원장으로 추대된 김정은은 스스로 국제적 고립을 자처하지 말고 핵무기 개발과 미사일 발사 등 군비 경쟁과 추가도발을 하루속히 포기해야 한다. 동시에 북한은 연일 계속되고 있는 적반하장의 대남 도발 협박을 중단해야 한다. 벼랑 끝에 선 북한 권력층이 정권을 유지하고 경제 파탄에서 벗어날 수 있는 유일한 길은 중국, 베트남과 최근 미얀마처럼 개혁·개방을 단행하고 국제사회와 대화와 협력의 길을 모색하는 것이다. <서울신문. 2012. 5. 11>

김정은 파격 행보, 개혁·개방의 시작일까

미키마우스가 등장하는 서구식 공연 연출, 처 공개, 리영호 숙청, 왕자루이 접견 및 경제발전 강조 등 7월 이후 김정은의 정치행보가 국내외 이목을 끌기에 충분했다. 여기에 경제관리 개편 소식이 겹치면서 일각에서는 북한이 정책방향의 키를 개혁으로 틀지 않았냐는 기대 섞인 전망도 나오고 있다. 과연 그런지 이번 경제관리 개편동향을 몇 가지 측면에서 살펴볼 필요가 있다.

첫째, 경제관리 개편의 구체적인 내용이 어느 정도 개혁적인가 하는 문제다. 알려진 바로는 협동농장 분조 규모 축소, 기업의 경영자율권 확대, 물가 · 임금 조정, 당 · 군 산하 기업의 내각 이관이 핵심이다. 2002년 '7 · 1 조치' 당시 실험했던 처방들로 계획경제의 효율성 제고를 목표로 한다. 하지만 결과는 아무도 모른다. 정권의 의도와 다른 변화가 나타날 수도 있다. 중국의 개혁도 시작부터 시장경제가 최종 목표였던 건 아니었다. 초기 개혁조치 대부분은 이념적으로 수용 가능한 것들이었다. 다만 중국은 집단영농방식 철폐(인민공사 해체)를 통해 농업생산성을 크게 높여 개혁을 심화 · 발전시킬 수 있는 발판을 마련했던 점이 지금 북한이 저울질하고 있는 경제관리 개편방안과 차이 나는 부분이다.

둘째, 정책 집행에 필요한 비용 충당 문제다. 북한이 경제관리 개편 성과를 보려면 적절한 초기 투자가 필수적인데, 내부 재원이 턱없이 부족하다. 북한도 이를 의식한 듯 작년 말부터 외국인투자 관련 법령을 대폭 손질하고 합영투자위원회를 전담기구로 지정하는 등 외자유치를 위한 법 · 제도 정비에 힘써왔다. 그런데 외국투자자들이 중시하는 인프라 확충, 국제 규범 및 상거래 관행 준수 등 하드웨어 · 소프트웨어 측면의 노력은 미흡하다. 또 가장 확실한 투자국인 한 · 미와의 관계 개선에 미온적인 점은 특히 아쉽다. 북한은 국제사회의 핵 포기 요구를 무시하고 '핵 보유국'임을 헌법에 명기한 데 이어 최근에는 이른바 '동상파괴 음모'를 발표하면서 '초강경 물리적 대응' 등 비방 · 협박 공세를 멈추지 않고 있다.

셋째, 간부와 주민들의 정책 지지 및 동참 문제다. 김정은은 집권 이후 연설과 담화를 통해 '인민생활 향상'과 '경제강국 건설'을 강조해 왔다. 공격적인 민생현장 방문과 함께 모든 기관에 식량 · 생필품 증산을 독려하는 등 주민 배려 제스처를 취하고 있다. 그러나 주민 반응은 차갑다.

'경제관리 개편'을 지시하면서도 '선군정치 · 사회주의 원칙 고수'라는 조건을 내걸 수밖에 없는 세습정권의 리더가 '경제 살리기' 정책을 뚝심 있게 밀어붙이지 못할 거라는 인식이 북한 내부에 폭넓게 퍼져 있다는 뜻이다.

종합해볼 때, 최근 북한의 행보는 진정한 의미의 개혁 · 개방과는 간극이 있지만 변화의 몸짓임은 분명하다. 그리고 그 변화는 북한이 우리의 일관된 대북정책, 국제사회의 대북제재, 김정일 급사 등으로 크고 작은 난관에 부딪히자 생존을 위해 어쩔 수 없이 선택한 결과로 보인다. 지금의 작은 변화가 1인 독재체제 및 집단주의 완화, 핵 포기와 글로벌 스탠더드 존중, 군수경제의 민수 전환 등과 같은 본질적 개혁 · 개방의 서곡(序曲)이길 기대해본다. <헤럴드경제. 2012. 8. 17>

국방개혁안 처리 더 늦춰선 안 돼

현재 한반도 주변 동북아시아 국가들은 군의 현대화와 전력증강 등 국방개혁에 박차를 가하고 있다. 우선 중국은 인민해방군 개혁과 군 전력의 현대화를 적극 추진 중이며 동시에 지역패권 추세까지 보이고 있다. 중국은 이미 미국의 스텔스 전투기 F－22 '랩터'에 필적하는 '젠－20 스텔스기' 개발에 성공했다. 세계 최초 대함 탄도탄(ASBM)인 둥펑－21D 미사일 개발도 꾸준히 추진 중이며, 동아시아의 첫 항공모함 바랴크호(6만7500ｔ)도 진수했다. 향후 중국 해군은 연근해 방어에서 '대양해군'으로 작전 범위를 확대할 계획이다.

일본은 어떤가. 일본은 2010년 12월 발표한 '신방위계획대강'에서 북한의 군사적 위협과 중국 군사력 증강을 국제사회의 우려로 명시했다. 특히 일본은 남중국해에서 중국을 견제하기 위해 자위대 '전국 균형' 배치에서 오키나와와 남서제도 배치로 전환하기로 했다. 남서제도에 육상자위대 병력 증원과 오키나와에는 F－15 전투기를 2배로 늘리기로 했다. 해상자위대가 보유한 6척의 이지스함에 탄도미사일방어(BMD) 능력도 갖추기로 했다.

군사대국 지위 회복에 주력하고 있는 러시아도 2010년 신군사독트린 발표 이후 150년간 지속된 6개 지역 군관구 체제를 4개 전략사령부 체제로 전환하는 등 군 조직과 지휘통제 체제를 바꾸고 있다. 지상군 여단은 신속대응 능력 강화를 위해 조직 슬림화와 장비 현대화를 추진하고 있다. 러시아의 `국가계획 2015`에는 2020년까지 6000억달러 규모 장비 현대화와 현재 30%에 불과한 신무기 비율을 2020년까지 70%로 확대하는 내용도 담고 있다.

영국, 독일, 프랑스 등 유럽 선진국들도 현재 각국의 안보 상황과 정치 상황에 부합하는 국방개혁을 추진 중이다. 이들 국가의 주된 국방개혁은 '합참 중심의 지휘권 강화와 합동성 제고', '조직의 슬림화'로 요약된다. 물론 이들 국가가 이런 개혁을 추진할 때 의회나 정치권 등 내부의 강력한 반발에 직면하는 일도 종종 있다. 하지만 이들 국가는 변화하는 안보 환경에 알맞게 개혁을 진행해 왔기 때문에 오늘날 군사 강국의 위상을 유지하고 있는 것이다.

미국도 예외가 아니다. 미국은 의회가 주도해 골드워터 – 니콜스 법(Goldwater – Nichols Act)을 제정했다. 당시 육 · 해 · 공군의 명백한 입장 차이와 군 지휘구조 변경에 대한 의회의 심각한 반대에 직면했지만 군의 합동성 강화 차원에서 여야 의원들은 합의를 성공적으로 이끌어냈다.

우리의 현실은 어떠한가. 한국 역시 중대한 안보변화 흐름에 직면해 있다. 이에 2011년 3월 국방부는 '국방개혁 기본계획 11 – 30'을 발표했다. 합참의장에게 합동군사령관의 역할을 부여하고, 작전지휘계선에 각군 참모총장을 포함시켜 군을 전투 임무 중심으로 전환하고, 각 군 본부와 작전사 통합, 장군 정원 조정 등 슬림화를 한다는 게 주된 내용이다. 결국 군의 합동성을 강화하고 좀 더 슬림하면서 더 강한 군을 만들자는 것이다. 또 국방개혁안은 2015년 한미연합사가 해체되고 전시작전통제권의 한국군으로 전환에 대비하며, 북한의 국지도발 위협에 대응할 수 있는 능력을 강화하기 위해 적극적 억제전략 개념도 수용했다. 즉 북한의 도발의지 자체를 무력화하는 토대를 마련한 것이다.

국회가 나서 국방개혁의 관련 입법 조치를 적극 추진해야 하는데 그렇지 못한 실정이다. 사실상 국방개혁 관련법이 국회에 상정된 지 수개월이 지났지만 답보 상태에 놓여 있다. 국회는 초당적 차원에서 하루빨리 싸워서 이기는 전투형 강군 육성을 위해 조속한 국방개혁 법안 개정에 주력해야 한다. 국익과 안보 현실을 직시하는 국회의 모습을 기대해 본다. <매일경제. 2012 1. 7>

국민의 사랑·관심 있어야 선진强軍 된다

2011년 10월 1일은 제63주년 국군의 날이다. 한국군의 발전을 기념하는 날이자 조국을 지켜온 군의 위용과 전투력을 국내외에 과시하고 장병의 사기를 드높이는 날이다. 특히 2011년은 충남 계룡대에서 사뭇 다른 행사가 펼쳐졌다. 기존의 행진 대신에 육해공 3군이 입체적인 합동작전을 펼쳤다. KF－16기를 비롯한 항공기가 상공을 날며 전술기동 편대비행 등을 선보였다. 처음으로 6·25전쟁, 연평해전, 아덴만 여명작전 등에 참전한 용사와 해외 파병용사, 그리고 석해균 선장 등도 참석했다. 또 우리 군의 해외 파병에서 중추적인 역할을 하고 있는 특전사 요원과 해병대의 집단강하 시범도 선보였다.

국군의 날은 1950년 10월 1일 육군 3사단 23연대 병사들이 강원 양양에서 최초로 삼팔선을 돌파해 북진한 날을 기념하기 위해 1956년 9월 14일 국무회의에서 제정되었다. 현재 나라마다 자국군의 위상을 기념하는 날의 제정 배경과 의미는 다르지만 행사는 대대적으로 진행된다. 특히 러시아는 제2차 세계대전 승전일인 5월 9일 모스크바 크레믈궁 앞 붉은광장에서 대규모 기념행사를 치른다. 드미트리 메드베데프 대통령과 블라디미르 푸틴 총리가 참석한 가운데 1991년 옛 소련 붕괴 이후 최대 규모의 병력과 첨단 무기 등을 동원한 군사 퍼레이드를 펼치는 등 승전 66주년 행사를 거행했다. 이날 최대 규모인 2만명의 병력과 100여기의 첨단 무기가 동원된 군사 퍼레이드가 붉은광장에서 진행되었고, 러시아 전역 23개 도시에서도 군사 퍼레이드와 기념 행진이 펼쳐졌다. 러시아는 오일달러로 인한 경제성장, 강대국 지위 회복에 대한 자신감, 국가 개혁, 군의 사기 진작과 군사력 강화 의지를 대내외에 과시하고자 하는 의도를 역력히 드러냈다.

우리는 국군의 날을 어떻게 맞이해야 할까. 현대 한국군은 1945년 8·15 광복과 더불어 창설된 이후 눈부신 발전에 발전을 거듭해왔다. 1950년 6·25 전쟁 이후 폐허가 된 나라에서 짧은 시기에 경제건설과 민주화의 달성에 우리 군은 지대한 역할을 수행해왔다. 따라서 국가의 번영과 발전에 기여한 군을 절대로 평가절하해서는 안 된다. 한반도의 평화와 자유 수호에 헌신적으로 앞장서온 군의 중요성과 장병의 사기 진작이 왜 필요한지 되새겨 보는 날이 되어야 한다. 강조하자면 최첨단 장비를 갖춘 효율적 군대이자 군의 존재에 대한 민족적 긍지와 자부심을 한껏 느낄 수 있는, 온 국민 한마음 축제의 장이 되었으면 한다.

계속되는 북한의 위협과 도발 속에서 장병들은 불철주야 국민의 재산과 생명을 지키고 글로벌 코리아의 위상을 전 세계에 떨치기 위해 주어진 임무에 최선을 다하고 있다. 무엇보다도 한반도를 넘어 동북아와 전 세계 평화와 안정에 기여할 뿐 아니라 최고의 전투력을 갖추고 새롭게 도약하는 군에 대한 국민의 적극적인 지지와 관심이 더욱 필요한 시점이 아닐까 싶다. <세계일보. 2011. 9. 29>

한미 국방장관회담 성과와 의미

로버트 게이츠 미국 국방장관이 2011년 1월 9일부터 시작된 중국과 일본 방문을 마치고 지난 14일 오후 국방장관 회담을 위해 한국을 방문했다. 게이츠 장관은 2010년 7월 서울에서 열린 한미 외교 · 국방장관이 참석한 '2+2 회담' 이후 6개월 민에 한국을 방문했다. 특히 김관진 국방부장관 취임 이후 처음으로 열린 회담으로 몇 가지 의미 있는 성과를 도출했다.

우선 게이츠 장관은 한반도 현안 대응해법으로 양국의 '외교와 군사' 협력 강화를 촉구했다. 그는 남북대화를 거쳐 6자회담 개최의 수순을 밟아야 함을 재확인했다. 북한에 대해 군사적 강경대응을 주도하는 미 국방장관이 한반도 문제 해결을 위한 남북 직접 '대화'라는 외교적 '협상'을 강조한 점이 주목되었다.

우리 정부가 제시한 '선(先) 남북관계 개선, 후(後) 6자회담 재개' 기조를 재확인했다. 즉 양국은 '남북대화'를 거쳐 '6자회담'을 지지하고 있다는 분명한 메시지를 북한에 전달했다. 아울러 양국 장관은 올 한 해 남북문제 해결을 위해 주력할 것과 북핵문제 해결을 위해 협력을 공고히 하기로 했다. 남북대화 재개의 선행 조건으로 북한의 남북대화에 대한 전향적인 태도와 '진정성' 있는 자세 변화를 보인다면 6자회담 재개도 가능하다는 점을 재차 강조했다.

결과적으로 양국 장관은 북한에게 천안함 피격사건과 연평도 포격도발에 대한 책임 있는 조치와 추가 도발 방지 확약, 군사적 모험주의를 포기한다는 분명한 의지와 국제사회의 의무를 다하겠다는 구체적인 '액션'을 취해 줄 것을 북한에 촉구했다.

또 북한은 2005년 9 · 19 공동성명에 따른 비핵화 의무를 이행하고, 우라늄 농축 프로그램(UEP) 개발 중단, 미사일 실험의 모라토리엄(유예) 선언 등의 약속을 지킬 것을 강조했다. 게이츠 장관은 대화와 압박의 현행 '투트랙(Two track)'의 대북정책 기조를 적절히 운용할 것임을 재천명했다.

계속해서 양국 장관은 한미동맹의 주요 현안 과제인 전시작전통제권 전환을 위한 '전략동맹 2015'의 철저한 준비와 이행을 위해 최선을 다하기로 했다. 또 북한의 위협 도발을 억제하기 위해 2010년에 이어 올해도 한미 연합대비태세를 강력하게 유지하기로 했다.

특히 한미 해군이 참여하는 한반도 해상 전역에서 연합해상훈련의 확대 실시와 중요성에 의견을 교환했다. 무엇보다 이번 회담을 통해서 양국 장관은 변화하는 한반도 안보위협 요소를 재평가하고 북한의 군사도발 억제를 촉구했다. 북한이 추가 도발하면 강력하게 응징한다는 원칙도 재확인했다.

또 양국 장관은 남북대화의 전제조건 충족을 거듭 강조함으로써 한반도 현안 대응에 대한 군사적 공조를 공고하게 다지는 의미 있는 회담을 이끌었다. 이를 기반으로 그 어느 때보다 한미동맹이 더욱 공고하게 유지되고 양국의 군사협력과 교류가 더욱 확대되길 기대해 본다. <국방일보. 2011. 1. 17>

동북아 안보와 제주해군기지 건설의 의미

동북아지역의 해양 도서영유권 분쟁은 한치 앞을 내다보기 어려울 정도로 확대되고 있다. 독도에 대한 일본의 지속적인 영유권 주장과 동해표기 논란까지 제기되면서 한일관계가 더욱 악화되고 있다. 이미 전례 없는 일본 자민당 보수우익 의원 세 명의 울릉도 방문 시도는 실패했지만, 2011년 4월부터 준비되었고 9월 중 다시 방문을 시도할 것으로도 알려져 있다. 또 일본은 지난 8월 2일 발간된 2011년 방위백서에 독도 영유권 주장을 표기했다.

한편 중국의 해군력 증강 움직임 역시 심상치 않다. 중국은 2011년 8월 10일 서해에서 항공모함 시험운항을 했다. 또 중국은 2020년까지 추가로 2척의 핵 추진 항모를 건설한다는 계획이고, 3개의 항모전투단을 갖추게 되면 해군의 작전범위가 서태평양과 인도양으로 확대된다. 이는 중국이 남사군도, 조어도에 이어 이어도에 이르기까지 해양력을 선점하게 되는 것이다. 현재 중국은 하이난섬(해남도) 남쪽에 대규모 해군기지를 건설하고 있음을 주지해야 할 것이다.

심지어 중국은 이어도를 쑤엔지오로 부르고 자국의 영토라고 주장을 펼치면서 호심탐탐 우리와 해양분쟁을 유도하고 있다. 우리는 실효적 지배를 하고 있는 이어도에 첨단 관측장비와 헬리콥터 착륙장을 갖춘 과학기지를 구축했다. 하지만 해양에 대한 억제전력을 확충하고 이어도에 대한 해양주권을 수호하기 위해 신속대응 가능한 전방기지 구축이 절대적으로 필요하다.

만약 이어도에서 예기치 못한 분쟁이 발생시 부산작전사령부에서 출발하려면 21시간(481km)이 걸리지만 현재 이어도의 중국 거점인 서산다오에서는 13시간(287km)이 소요됨으로 중국해군이 우리보다 무려 8시간 먼저 이어도에 도달할 수 있다. 제주해군기지가 건설되면 불과 8시간(174km) 거리로 우리가 중국보다 5시간 먼저 이어도에 도착할 수 있기 때문에 이어도 근해에 돌발 상태 발생시 우리해군의 즉각 대응이 가능해질 것이다.

지정학적으로 제주도 및 남방해역은 전쟁발발은 물론 평시 북한의 침투로부터 방어하기 위해 군사전략 측면에서도 매우 중요한 곳이다. 북한 공격시 후방방어의 전략적 요충지 확충도 시급한데, 제주해군기지는 한반도 해역의 지리적 중앙위치로 유사시 전력운용의 융통성과 기동성을 제공할 수 있는 거점 역할을 할 수 있다.

국가생존권 차원에서 이어도에서 인근 제주기지의 해군기동부대의 신속대응능력을 갖춰 충돌의 사전 예방 및 사전 방지할 수 있는 감시 및 보호 여건을 구축해야한다. 향후 제주해군기지에 위치할 해군 기동전단 함정들은 NLL은 물론 독도와 이어도에 까지 기동해 원해작전을 위해 사용될 수 있다. 제주해역을 통과하는 해외 수출입 의존도가 무려 99.7%에 이른다. 동시에 원유수입을 포함해 주변 대륙붕 개발을 통한 해양자원의 잠재적 가치도 고려해봐야 한다.

천혜의 비경을 자랑하는 '평화의 섬' 제주해군기지 건설은 국가 안보·경제·자원 주권을 수호하기 위해 반드시 지연 없이 진행되어야 한다. "평화를 바라거든 전쟁을 준비하라"는 격언이 있듯이 평화는 우리가 지킬 힘이 있을 때만 존재한다는 것을 잊지 말아야 할 것이다. <konas. 2011. 8. 24>

독도 실효지배 강화하라

세계 곳곳에서 다양한 분쟁이 발생하고 있다. 동북아시아에서는 국가 간 협력의 최대 걸림돌인 해양 영유권 분쟁이 뜨거운 감자로 부상했다. 한·일 독도 문제와 중·일 조어도(釣魚島), 러·일 남쿠릴 4도를 둘러싼 영유권 분쟁이 그 핵심 쟁점이다.

최근 이런 영토분쟁은 일본의 역사왜곡과 더불어 당사국의 민족주의가 강하게 접맥되면서 더욱 가열되는 양상을 띤다. 특히 러·일 영토분쟁도 예외가 아니다. 러·일 영토분쟁 지역인 남쿠릴 4도는 구소련이 연합국으로부터 제2차 세계대전 참전의 대가로 점령하게 됐다. 이에 일본은 역사적으로 1855

년 양국이 맺은 시모다 조약에 근거해 자국의 '고유영토'임을 주장하면서 4도의 '일괄 반환'을 요구하고 있다. 그러나 러시아는 국제사회에서 국경은 변경될 수 있으며 이미 1951년 샌프란시스코 조약에 의해 합법적으로 자국의 영토임을 인정받았다며 '실효적 지배'를 고수하고 있다. 이미 1956년 구소련은 일·소 공동선언에서 명시한 2도 반환 이후 평화조약 체결을 제안했지만 일본의 거절로 해결되지 못했다.

그 후 1980년 중반부터 양국은 정상회담을 통해 수차례의 영토반환 협상을 진행했지만 뚜렷한 성과를 달성하지 못했다. 2008년 드미트리 메드베데프 러시아 대통령이 집권한 이후 일본과 협상은 더욱 어려워졌다. 최근 동북아의 외교안보 환경의 변화와 일본 내 더욱 거세지는 보수우익 진영의 민족주의와 역사왜곡과 더불어 러시아 내에서도 일본과의 영토 협상에 반대하는 여론과 민족주의 성향이 거세졌다.

심지어 구소련부터 러시아에 이르기까지 역대 지도자 중 처음으로 2010년 11월 초 메드베데프 대통령은 구나시리 섬을 전격 방문했다. 분쟁 섬지역이 자국의 영토이며 실효적 지배를 국내외에 보여준 행보였다. 예상대로 일본의 간 나오토 총리와 정계의 반발로 이어졌고 지난 2월 7일 '북방영토 수호의 날' 행사를 통해 러시아를 강력하게 비난했다.

당시 메드베데프 대통령과 푸틴 총리는 2개 섬 반환 협상에 다소 소극적이었다. 아울러 러시아 내 야당, 군부, 분쟁 섬지역의 거주민 등 다양한 사회계층은 일본과의 영토 협상에 강력하게 반대했다. 2010년 12월 초 러시아 내 1600명을 대상으로 했던 여론조사에서 응답자의 약 80%가 분쟁 섬의 일본 반환에 반대했다. 결국 러시아 내 한 치의 땅도 일본에 양보할 수 없다는 여론이 점점 더 강해지고 있다. 러시아는 일본에 2개 섬 반환 후 평화조약 체결보다는 분쟁 섬지역의 경제개발 및 군비증강과 군 현대화를 적극적으로 추진 중이다. 또 한국과 중국에 개발협력을 제안하는 등 실효적 지배를 한층 강화하고 있다.

러·일 분쟁 섬지역에 대한 러시아의 이런 정책이 우리에게 주는 시사점은 무엇일까. 독도에 대한 일본의 분쟁 지역화 움직임이나 영유권 주장에 대해 우리 정부의 일관된 대일 외교정책과 실효적 지배 강화가 더욱 중요한 시점이다. <세계일보. 2011. 5. 2>

국가의 운명과 해양안보

강대국은 타고나는 것이 아니라 만들어지는 것이다. 국력을 키워 자신의 의지를 투사할 능력이 있으면 강대국으로 부상하지만 그렇지 못하면 아무리 위대한 제국이라도 몰락하고 마는 것이 역사의 교훈이다. 우리는 인류역사를 통해 세계를 제패했던 많은 나라를 기억하고 있다. 기원 전 5세기 페르시아 제국을 격퇴하고 지중해를 장악했던 그리스의 아테네와 7개 부족연합으로 출발해 세계 제국을 건설했던 위대한 로마 제국, 신대륙 개발을 주도하면서 15세기 최강국으로 떠올랐던 스페인, 그리고 이러한 스페인의 무적함대를 격파하고 급기야 오대양 육대주에서 거대한 식민지를 건설했던 영국의 운명 또한 이러한 명제에서 크게 벗어나지 않는다.

이러한 국가들이 세계 패권국으로 부상하는 데 있어 한 가지 공통점은 강력한 군사력을 키웠다는 점에 있다. '강대국의 흥망'의 저자인 폴 케네디(Paul Kennedy)가 잘 지적했듯이 수준 높은 경제력과 강력한 군사력의 조화에서 강대국은 등장할 수 있다. 경제력만 갖고는 어떤 규제력도 작동하지 않는 국제사회에서 국가의 의지와 이해를 반영하기 어려우므로 이에 상응하는 군사력이 필요한 것이다.

여기서 흥미로운 점은 이들 패권국은 모두 바다를 통해 세계로 나갔다는 점이다. 아테네와 로마가 제국으로 성장하는 데 결정적으로 중요한 역할을 했던 것은 해군력 강화였다. 밀집보병을 중핵으로 했던 아테네가 2차 페르시아 전쟁을 앞두고 200척의 해군 함대를 구축했다는 것이나, 로마가 카르타고와의 전쟁에서 해군을 양성했다는 것은 잘 알려진 이야기다. 스페인과 영국 그리고 오늘의 최강대국 미국 역시 해군력을 중심으로 세계 강국으로 성장할 수 있었다.

이러한 국가에 바다가 중요했던 것은 단지 상징적 차원의 강대국이 되기 위한 것이 아니었다. 바다를 통해 세계무역이 이뤄지고 국가 이익을 구현할 수 있었기 때문이다. 중국이 주변 국가에 각종 경제원조와 친선을 통해 '진주 목걸이'라고 하는 중국의 해군기지 벨트를 건설하고자 하는 것도 주변 해양에서 이동의 자유를 확보하는 것이 국가 이익에 무엇보다 중요하기 때문이다. 반도국인 한국이나 섬나라 일본의 사정은 더하면 더하지 절대 덜하지 않다.

2006년 한국을 방문한 케네디 교수가 "현재 세계에서 테러 위협과 해양 영유권 관련 갈등이 커지고 있는 만큼 한국이 해양력을 배양하기 위해서는 충분한 해군력 확보가 필요하다"고 주장했다는 점도 우리의 이해를 도와준다. 그는 "한 국가의 해양 산업은 국가의 물리적 보호 장치인 해군력이 받쳐주지 않으면 발전에 한계가 있다"며 "한국 해군 전력이 아직 대양해군이라고 할 수 없는 만큼 에너지, 상품수송로 보호 등 안보적 측면의 관심이 더 필요하다"는 점을 강조했다. 그의 날카로운 통찰에서 우리는 무엇을 배울 것인가.

제주 강정마을 해군기지 건설문제로 온 나라가 시끄러웠던 상황에서 미래지향적 국익이 무엇인지에 대한 진정한 고민이 필요하다고 본다. 한국의 지정학적 상황과 주변국과의 경쟁 관계를 고려하지 않고 관념적인 이상만 주장하는 태도는 국익에 들어맞지 않는다. 국익은 기실 나 자신의 구체적인 이익이 될 수밖에 없다는 점을 인식한다면 해결의 실마리도 풀 수 있을 것이라 기대해본다. <국방일보. 2012. 3. 30>

한국군의 빛나는 전통, 이순신 정신

누군가를 그리워할 수 있다는 것은 축복받은 일이다. 그러한 인물이 그의 적들마저 거부할 수 없는 위대한 업적을 남겼다면 더욱 행복한 일이다. 한국인에게 바로 그러한 그리움의 대상 가운데 우뚝 솟은 분이 이순신(李舜臣) 장군이다.

러일전쟁(1905)을 승리로 이끈 일본의 도고 헤이하치로(東鄕平八郎) 제독은 이순신 장군을 이렇게 평했다. "영국의 넬슨과 나를 비교하는 것은 가능한 일이지만, 군신(軍神)인 이순신과 비교하는 것은 신에 대한 모독이다." 그가 이순신 장군을 그렇게 높이 산 것은, "국가로부터 아무런 지원도 없이, 훨씬 나쁜 상황에서 매번 승리를 이끌어냈기 때문"인 것이다.

2012년 4월 28일. 이순신 탄신을 맞아 다시 펼쳐본 '난중일기'에는 장군의 철저함과 결연함이 묻어났다. 장군에 대한 칭송은 끝이 없지만, 필자는 두 가지 관점에서 장군의 위대함을 발견한다.

우선 전력상의 우위를 확보하기 위해 노력했다는 점이다. 많은 사람은 이순신의 위대함을 절대적인 전략의 약세에도 뛰어난 전술로 일본군을 무찌른 것으로 돼 있지만, 그러한 주장은 사실과 다소 거리가 있다. 국방일보에 '임진년, 다시 쓰는 이순신 전'을 연재했던 순천향대학 이순신연구소 소장인 임원빈 교수가 지적했듯이 "이겨 놓고 싸우는" 것이 장군이었다. 충분한 전력이 확보되지 않거나 적의 동정이 파악되지 않으면 출전하지 않을 만큼 신중했다.

명량해전을 예외로 한다면 23전23승의 신화는 전력의 우위와 그의 신중함의 결과라고 생각한다.

더 큰 위대함은 바로 이러한 신중함에도 불구하고 싸워야 할 때 싸움을 피하지 않은 투혼(鬪魂)이 아닐까 한다. 정유재란 직후 칠천량 해전(1597년 7월)의 패배로 조선 수군은 궤멸한 상태에서 남겨진 판옥선은 13척. 200여 척의 일본 함대가 밀어닥치는 바다에서 그는 결연히 싸울 것을 결심한다. 이렇게 13대200의 절대적 열세에서 싸운 것이 명량해전(1597년 9월)이었다. '생즉사 사즉생'(生 死 死 生)의 정신으로 나섰던 결의는 테르모필레(Thermopylae) 전투(기원전 480년)에서 30만 페르시아 대군과 맞섰던 300명의 스파르타 용사를 연상케 한다. 전투 초기 그의 판옥선은 대포를 쏘며 선두에 서서 적함을 향해 돌진했다. 하지만 다른 함선들은 오히려 뒤로 빠지는 형국이었다. 이어 장군의 투혼에 마음을 다잡은 다른 함선들이 공격에 뛰어들기 시작하면서 전세는 달라지기 시작했다. 어떻게 보면 그 '얼마 동안'이 명량해전의 승패를 좌우하는 순간이었으리라. 죽음을 두려워하지 않는 투혼으로 절대적인 전력의 열세에도 승리를 이끌어낸 해전사의 빛나는 사례가 아닐 수 없다.

필자는 장군의 위대함을 유비무환(有備無患)의 정신과 사즉생의 투혼으로 이해한다. '이겨 놓고 싸우는' 철저함과 진중함, 죽음을 두려워하지 않고 싸울 수 있는 투혼이 그를 위대한 영웅으로 만든 것이다. 바로 이러한 정신이 한국군의 빛나는 전통으로 살아 있다고 믿고 싶다. <국방일보. 2012. 5. 1>

해외 파병부대 그 값진 희생과 헌신

2012년 6월 중순, 필자는 정부합동성과평가단 일원으로 아프가니스탄 · 바레인 · 아랍에미리트연합(UAE) 등 세 곳의 해외 파병부대를 방문했다. 민간 여성으로 무려 50도가 웃도는 폭염과 하루 두 번 전투 헬기를 타고 작전지역을 넘나드는 것이 다소 힘든 일정이었지만 무척 보람된 시간이었다. 이런 어려움을 한순간에 날려버릴 만큼 우리 파병부대가 보여준 그 지역에서의 위상과 저력은 상상 이상이었다.

아프간 파르완 주의 동맹군 바그람기지에 주둔 중인 오쉬노부대에 비상 사이렌이 울린 것은 밤 12시 32분이었다. 적대세력의 포탄공격이 시작되자 우리 부대는 일순간에 전투태세에 돌입했다. 다행히 큰 문제 없이 상황은 30분 만에 종료됐지만 긴장감만은 오래 이어졌다. 오쉬노부대는 이런 상황에서 헌신적으로 아프간의 안정화와 재건에 주력하고 있었다.

또 지난 2년 동안 지방재건지원팀의 활동은 보건진료와 학교 건립 등을 통해 빛을 발하고 있었다. 미국의 현지 사령관은 우리군을 '잘 알려지지 않은 영웅'이라 칭송했고, 군기나 임무수행 능력에 있어 세계 최고 수준임을 인정하고 있었다. 현지어로 '친구'를 의미하는 오쉬노부대는 '희망의 전도사'로서 테러와 마약으로 고통 받고 있는 아프간 현지인들에게 새로운 삶의 기회를 제공해주었다.

바레인의 청해부대는 선박호송 및 다국적군과 경계 작전을 통해 안전한 선박항해를 지원하고 있었다. 우리나라로서는 대부분 수출의 90% 이상을 해양을 이용하고 있기 때문에 수에즈 운하를 통과하는 무역선박 보호는 국운과 직결되는 중요한 과업이 아닐 수 없다.

특히 청해부대는 지난해 아덴만에서 소말리아 해적을 소탕한 일로 칭찬이 자자했고, 리비아 사태가 발생했을 때 안전한 교민철수를 성공적으로 수행함으로써 높은 평가를 받기도 했다. 에너지 부국으로 호르무즈 해협의 길목에 위치한 UAE에는 아크(Akh · 친구를 의미함)부대가 파병돼 있다.

한국과 UAE는 2006년 11월 군사협력에 관한 협정을 체결한 이후 활발한 교류협력을 증진해 왔다. UAE군과 아크부대를 '원팀(one team)'으로 부를 정도로 신뢰도가 높았다. 현지에서 우리 군의 뛰어난 우수성을 인정하고 있었고, 엄정한 군기 하에 절도 있는 병영생활과 과학적인 병영관리시스템을 높게 평가하고 있었다.

이처럼 해외 파병부대는 각자의 주어진 임무에 최선을 다하고, 현지에서 한국을 알리고 위상을 높이는 데 많은 기여를 하고 있었다. 테러의 위험과 혹독한 날씨에도 불구하고 지역 재건과 안정화에 헌신하고 있는 우리 군이 너무나 자랑스러웠다. 파병에 대한 우려 섞인 목소리도 있지만, '국익과 세계 평화'를 위해 국민의 지지와 성원이 필요한 시점이 아닐까 싶다. <국방일보. 2012. 8. 6>

〈정부합동성과평가단으로서 필자의 아프간 카불에서 차리카기지로 헬기로 이동 중, 2012. 6. 17〉

'희망의 전도사' 오쉬노 부대와 국가안보

아프간의 차리카 오쉬노(현지어로 친구라는 뜻) 부대에서 올려다 본 밤하늘은 무척 인상적이었다. 한국에서는 보기 드문 수많은 별이 밤하늘을 장식하고 있었다. 그런데 사방이 2000m 이상의 산악지대로 둘러싸인 기지는 고요함과 적막감이 감돌았다. 필자는 지난달 중순 이곳을 방문했다. 아프간에는 평화와 재건을 위해 오쉬노 부대가 파견돼 있다.

한국군은 2010년 7월부터 파르완주 바그람 동맹기지에서 활동을 개시했고, 이어 2011년 11월 말부터 독자적인 차리카 기지를 건설했다. 350여명의 오쉬노 부대 장병은 사막의 더위와 힘든 여건 속에서도 지방재건지원팀(PRT)의 활동을 경호하고 탈레반 테러집단과 같은 적대세력의 공격 예방에 주력하고 있다. 기지 내 PRT 역시 구슬땀을 흘리면서 현지인에게 보건의료, 교육훈련, 경찰훈련 활동을 펼치고 있다.

아프간 방문을 통해 한 국가의 운명을 결정짓는 '국가안보와 정치 리더십'에 대해 많은 생각을 하게 됐다. 한국 병원을 찾는 수많은 환자를 헌신적으로 진료하는 의사와 간호사의 모습에서, 학교에서 글을 익히고 높은 경쟁률을 뚫고 직업훈련원에서 열심히 훈련을 받는 현지 청년의 모습에서 만감이 교차했다. 현재 계속되는 '국가 재건과 부흥'을 위해 아프간 정부는 다각적인 노력을 쏟고 있다.

이를 위해 국제사회의 지원도 계속되고 있는데, 최근 일본에서 열린 아프간 지원국 회의에서 80여개의 기관과 국가가 향후 4년간 160억 달러 이상을 지원하기로 결정했다. 대조적으로 김정은 독재체제에서 식량난에 허덕이며 인권을 유린을 당하는 북한 주민의 모습이 연상되면서 안타깝고 애석한 마음을 떨칠 수가 없었다.

얼마 전 노수희 범민련 남측본부 부의장이 김정일 죽음을 애도하기 위해 무단 방북했다가 북한 체류 104일 만에 버젓이 판문점을 통해 돌아왔다. 그는 김정은의 극진한 대접을 받으며 노골적으로 북한 정권을 찬양하고 옹호했다.

현재 애국가를 인정하지 않는 종북 주사파 출신 국회의원이 활동하고 있을 뿐만 아니라, 북한으로부터 한마디 사과도 없는데 금강산 관광 재개를 주장하며 남북경색의 책임을 정부 탓으로만 돌리고 북한의 도발에도 조건 없는 대화를 촉구하는 세력도 존재한다. 하지만 이제 북한이 핵보유국임을 헌법에 명문화한 상황에서 도발행태가 원천적으로 달라졌음을 분명히 인식해야 한다.

아울러 한강의 기적을 일으키고, 세계 7번째로 20 · 50((1인당 국민소득 2만 달러 · 인구 5000만 명) 클럽에 가입하는 등 끊임없이 발전하는 대한민국을 보며 국민의 한 사람으로서 자부심과 긍지를 느끼는 계기가 됐다. 대한민국이 더 발전하기 위해서는 국력을 키워야 하는데, 무엇보다 국론이 결집되고 나라 사랑하는 마음이 모아져야 한다. 이를 위해 국가안보의 초석이자 가장 중요한 역할을 담당하는 일선 장병을 상대로 대한민국 바로 알기 정신교육이 더 강화되기를 바란다. <세계일보. 2012. 7. 13 >

〈정부합동성과평가단으로서 필자의 아프간 차리카기지 오쉬노부대 방문, 2012. 6. 17〉

해외파병은 국가안보의 초석이다

탈냉전기 전 세계는 내전·테러·국가 간 분쟁·난민 발생·인권유린·자연재해 등 다양한 위협에 직면해 있다. 이런 국제사회의 분쟁해결과 인도적 지원을 위해 유엔은 유엔평화유지군(PKO) 활동을 대폭 확대하고 있다.

2013년은 한국이 1991년 유엔에 가입한 이후 PKO 활동을 시작한 지 20년이 되는 해다. 한국군은 1993년 소말리아 상록수부대 파병을 시작으로 전 세계의 분쟁지역에서 평화와 재건, 군과 민간인과 협력해 수행하는 민사(民事)작전 등 활발한 활동을 펼치고 있다. 또 한국군의 우수성, 기강, 현지 활동 등 운용 측면에서 최고수준의 역량을 보여주고 있어 유엔과 국제사회로부터 큰 찬사를 받고 있다.

특히 62년 전 6·25전쟁 당시 한국에 5만 달러의 물자지원을 제공했던 레바논에서 동명부대가 활동하고 있다. 2007년 7월 파병됨에 따라 한국군 최장기 파병기록을 세우고 있다. 동명부대는 한국에서 8000㎞ 떨어진 이역만리 땅에서 현지인들로부터 '신이 주신 선물'이라는 칭송을 받으면서, 지역 재건과 민사작전 수행 등 주어진 임무를 충실히 수행하고 있는 것이다.

필자는 2012년 6월 17일부터 23일까지 정부합동평가단원으로 아프가니스탄, 아랍에미리트연합(UAE), 바레인 등을 파병부대의 현지 활동과 정세파악을 위해 방문했다. 가장 인상적이었던 점은 장병들이 한국군 특유의 성실성과 친화력으로 현지 문화를 존중하면서 활발한 민사활동을 전개, 국가 위상과 한국 붐을 일으키는 주역으로 자리 잡고 있었다는 사실이다. 아프가니스탄에서는 '희망의 전도사'로 불리는 350여명의 오쉬노부대가 지난 2년 동안 지방재건팀(PRT)의 보건진료와 학교 건립 활동 등을 경호하고 지역 안정화에 힘쓰고 있었다.

UAE의 아크부대는 UAE 특전부대의 교육훈련을 지원하고, 연합연습 등의 임무를 수행하고 있었다. 지난 2년 동안 UAE군의 정예화 및 작전수행능력 향상을 이끌었다. 더불어 사막 및 고온의 환경에서 한국군의 전투수행 능력도 높아졌다.

UAE 총참모부는 한국군을 미국·영국·프랑스·호주보다 더 신뢰, '한 팀'(One Team)으로 간주했다. 심지어 '아크 열풍'은 한국어 배움과 K팝 등으로도 잘 표출되고 있었다. '아덴만의 영웅'인 청해부대는 소말리아 해역과 주변에서 선박의 안전한 항해를 위해 연합해군과 지속적인 활동을 전개, 그 명성 역시 자자했다.

비록 짧은 방문 기간이었지만 현지인들이 한국군의 활약에 대한 찬사와 높은 평가에 긍지와 자부심을 느낄 수 있었다. 혹독한 사막의 날씨와 테러위험 속에서도 강인한 군인정신으로 국익과 한국군의 국제적 명성을 드높이는 장병들의 헌신과 열정에 감사와 찬사를 다시 한 번 보낸다.

한국은 6 · 25전쟁 당시 유엔으로부터 16개국의 전투병 파병과 5개국의 의료지원, 42개국의 물자지원을 받았다. 현재 전쟁의 폐허 속에서 세계 경제 10위권으로 성장했으며, 세계 각국에 도움을 주는 나라로 변모했다. PKO 활동의 참여는 군사외교이자 보은외교의 일환이며, 유사시 국제사회의 지원을 확보하는 데 도움이 되는 것이다. 앞으로 정부와 군은 더 활발하게 국가적 및 군사적 역량을 발휘해야 하며, 한국군의 선진화와 국제화에 국민의 적극적인 지지와 참여가 필요하다. <서울신문. 2012. 8. 27>

〈정부합동성과평가단으로서 필자의 UAE 알 아인 아크부대 방문, 2012. 6. 22〉

숲의 가치 에너지 절약으로 지키자

공자는 '세 사람이 가면 필히 스승이 있게 마련이다'고 했지만, 홀로 걷는 숲에서 더 많은 삶의 스승을 만나게 된다. 호젓하게 걷는 숲길에서 자연의 신선함과 삶의 이치를 배우기 때문이다. 숲은 우리에게 신선한 공기를 제공한다. 숲속의 공기는 120개의 화학 합성물로 구성되는데 이 중 70개만이 성분을 분석할 수 있다. 그중 가장 유익한 화합물을 모노테페네스라고 하는데, 이 화학물질은 우리 폐 속으로 들어가 상쾌한 기분을 느끼게 해준다. 또 이는 막강한 항암작용으로 우리를 보호해 준다. 그러나 정말 값진 선물은 자연과의 일체감일 것이다.

숲속의 나무가 우리에게 주는 삶의 교훈은 무엇일까. 튤립나무는 유난히 크고 화려한 꽃을 피우는데, 개화한 지 24시간 안에 가루받이를 끝내야 씨앗을 맺을 수 있다. 이 나무는 꽃을 피우는 어른 나무가 되기까지 거의 20년이 걸린다. 일단 꽃이 피기 시작하면 200년 동안 꽃을 피울 수 있다. 이렇게 오랜 시간 동안 하늘을 떠받쳐온 튤립나무에게 경외의 인사를 보내지 않을 수 없다.

한국의 중부지방 숲에서 가장 많이 만나는 나무는 참나무, 즉 도토리나무다. 도토리는 우리 조상들이 흉년이 들어 곡식이 모자랄 때 주워 먹던 음식이었다. 옛날에 도토리를 주울 때 지켜야 할 한 가지 원칙이 있다. 도토리는 눈에 보이는 것만 주워야지 낙엽을 뒤지거나 해서 찾아내면 안 된다. 왜냐하면 누군가 숲에 있는 도토리를 다 주워 간다면 그 뒤에 온 사람들은 그마저 주워 먹을 수 없게 된다. 이처럼 숲은 자연이 단순히 유용성으로 설명할 수 없는 생명의 이치를 배우게 한다. 인간의 관점에서 삶의 유용성을 초월한 자연의 이치를 자신들의 몸으로 보여주고 있다.

소나무는 단순한 목재 그 이상이다. 나무의 유용성은 판자나 집을 지을 때 쓰는 기둥이 아니다. 우리의 삶과 죽음이 결코 인간의 시간으로 판단할 수 없듯이 자연을 통해 영원한 흔적을 남기게 된다는 것임을 상기할 필요가 있다. 최근 정부, 국방부, 지자체, 기업 등을 중심으로 '저탄소 녹색성장' 정책이 활발하게 진행되고 있다. 태양과 바람 등의 자연의 힘을 이용한 신재생에너지 개발에 주력하고 재생 불가능한 에너지 소비를 줄이고 절약해야 한다. 또 연료전지와 바이오 에너지 등의 대체에너지 개발에도 주력해야 한다. 이산화탄소 발생을 줄이고 자연친화적인 발전을 추구해야 한다. 역시 중요한 문제는 실천이다. 실행 가능한 정책을 제시하는 것도 필요하지만 우리의 마음가짐도 중요하다.

지속가능한 '저탄소 녹색성장'을 달성하기 위해 진정으로 숲이 우리에게 전해주는 가치를 몸소 느끼는 것이 우선돼야 하지 않을까 싶다. 자연의 소중함과 숲길의 의미를 깨닫는다면 자연을 파괴하는 에너지를 낭비하는 마음도 사라질 것이기 때문이다. <세계일보. 2010. 11. 24>

지속 가능한 '국방녹색성장'을 위하여

전 세계는 기후변화로 상징되는 '환경' 위기와 고유가로 일컫는 '에너지' 위기에 직면해 있다. 신흥 개발도상국의 경제개발과 세계 인구의 지속적인 증가로 인해 에너지 부족 현상이 가중되고 가격상승도 가속화되고 있다. 이런 가운데 미국 · 일본 · EU 등 선진국들은 녹색기술 육성과 환경규제를 통해 관련 산업의 발전을 이끌어내고 녹색시장을 선점하고 일자리 창출에 주력하고 있다.

한국은 세계 10대 에너지 소비국이자 에너지의 97%를 해외수입에 의존하고 있는 에너지 다소비 국가다. 또 국내 산업 전체의 75.3%를 차지하는 석유 · 화학 · 철강 등은 에너지 다소비 산업에 속한다. 결국 국가적으로 온실가스 감축 의무 부과에 따른 경제적 부담을 피할 수 없다.

정부는 2008년 7월 이미 '저탄소 녹색성장(Low Carbon, Green Growth)'을 새로운 국가비전으로 제시했다. '녹색성장'은 '환경(Green)'과 '성장(Growth)'의 두 가치를 포괄한다. 녹색성장은 환경적으로 온실가스와 환경오염을 줄이는 지속 가능한(substantiality) 발전이며, 경제적으로 녹색기술과 청정에너지로 신성장 동력과 일자리를 창출하는 국가발전 패러다임을 의미한다. 정부는 2030년까지 석유 · 석탄의 화석에너지 의존도를 낮추고 클린에너지 비중을 대폭 확대하기로 했다. 즉 석유 · 가스 자주개발률을 40%, 신재생에너지 비중을 11%, 원자력 비중을 41%까지 확대한다는 목표를 설정했다.

이처럼 지속 가능한 한국적 '에너지체제'의 구축은 녹색성장을 통한 환경과 경제성장의 시너지를 극대화하는 것으로 화석연료의 소비가 국내외적으로 급격하게 감소하는 것을 전제로 한다. 미래 에너지체제의 구축을 달성하기 위해 에너지절약, 에너지 효율의 향상, 신재생에너지로의 전환이 필수적 요소이고, 정부와 국민, 기업과 시민사회가 주축이 돼 실천에 앞장서야 한다.

물론 군도 예외가 아니다. 군은 국방운영과 군사력 육성에 있어 환경과 조화를 이루는 국방분야의 '국방녹색성장'을 추진하고 있다. 국방녹색기술의 핵심은 저탄소 기반의 고효율 · 친환경 기술과 기술융합형 신개념 무기체계의 소요 기술개발을 의미한다. 국방녹색기술 개발의 가장 큰 파급효과는 에너지 안보에 대비하고 민간분야 녹색기술을 견인하며, 국가 R&D 투자의 유연성을 제공하고, 미래 방산녹색시장을 선점할 수 있다는 점이다. 현재 군이 추진 중인 전투형 녹색강군 건설은 잔반 줄이기부터 최근 기능성 군복과 에너지 고효율화 기술을 적용한 무기체계 구축에 이르기까지 광범위하다.

지속적으로 '국방녹색기술 연구개발 체제 구축'과 '선택과 집중'에 의한 국방녹색기술 개발은 선순환 구조로 발전돼야 한다. 군은 국방녹색기술 연구개발 기반 구축, 모델링 시뮬레이션(M&S) 기반 군사운용 및 양병체계 기술 개발, 저탄소 미래에너지 기반 체계적용 기술개발과 전문인력 양성 및 관련기업 육성 등에 더욱 주력해야 한다. 군이 추진 중인 친환경 '국방녹색성장'은 녹색기술개발이 필수적이기 때문에 정부의 다각적인 재정 지원이 절실한 시점이 아닐까 싶다. <국방일보. 2011. 10. 28>

글로벌 녹색외교의 의미와 성과

'변화와 협력'의 21세기 글로벌 외교는 국가 간 상호 국익 증진과 국가 안보의 핵심으로 더욱 중요해지고 있다. 현 정부의 외교 역시 주요 이슈에 능동적으로 대처하면서 책임 있는 국가로서의 위상 제고에 목적을 두고 있다. 또 취임 초부터 적극적으로 추진해 오고 있는 세일즈외교와 녹색외교는 다양한 성과를 달성했다.

최근 유럽 3개국을 방문했던 이명박 대통령은 첫 번째 방문국인 독일에서 통일과 세일즈외교에 이어, 두 번째 방문국인 덴마크에서 녹색외교를 획기적으로 주도했다. 이 대통령은 지난 12일 라스 루커 라스무슨 덴마크 총리와 정상회담을 갖고 '한 · 덴마크 녹색협력을 위한 공동선언'을 발표하는 등 녹색성장 분야에서 '동맹관계(Green Growth Alliance)'를 체결했다.

우리 외교 역사상 녹색동맹 관계를 맺는 것은 처음 있는 일이었다. 현재 덴마크는 녹색혁명과 관련 분야를 주도하고 있는 국가로서 우리와 '녹색혁명, 녹색성장, 기후변화 대응' 등 공동의 전략적 목표를 위해 긴밀하게 협력할 수 있게 된 것을 의미한다. 덴마크는 1970년대 이후 2배 이상 경제가 성장했지만 에너지 소비량은 늘지 않고 있는 이른바 '성장과 환경'을 동시에 달성하고 있다. 또 덴마크는 2050년까지 화석연료를 쓰지 않겠다는 계획도 추진 중이다.

양국은 이런 비전과 기술을 공유하기 위해 양국 정부와 기업, 연구기관 등과 9개의 협력 양해각서를 체결했다. 특히 풍력과 바이오매스 발전, 통합 수자원 기술과 생명공학이 중점 협력 분야로 확정됐다. 또 이 대통령은 덴마크 공과대학(DTU)에서 열린 글로벌 녹색성장연구소(GGGI) 코펜하겐 사무소 개소식에 참석했다. GGGI는 이 대통령이 2009년 12월 덴마크를 방문해 코펜하겐 기후변화 정상회의에 참석했을 때 기조연설에서 설립 계획을 발표한 이후 출범한 기구다. 녹색성장 연구와 전략 제시 등을 목적으로 하고 있으며, 우리가 주도하는 최초의 국제기구로서 코펜하겐 사무소는 첫 해외지사이자 유럽

지역 사무국 역할도 할 것으로 전망된다.

그동안 논의됐던 양국 관계는 전략적 동반자 관계로 격상됐다. 덴마크는 우리의 10번째 전략적 동반자 관계를 수립한 국가가 된 셈이다. 이로써 장·차관급을 포함한 외교부 간 정기 정책협의회를 개최하고 정기적인 고위 인사교류를 통한 정치적 대화가 더욱 강화될 것이다. 2011년 7월 초 발효 예정인 한-EU FTA를 앞두고 양국의 상호 호혜적인 경제와 통상협력이 확대될 것으로 기대되었다.

동시에 북한문제와 관련, 양국은 북한이 우라늄 농축 프로그램(UEP)을 포함해 모든 핵 프로그램 관련 활동 즉각 중단을 계속해서 촉구하기로 했다. 양국은 양자·지역·다자 및 국제 이슈에서 긴밀한 협력 등 모든 분야에서의 국제협력과 공동의 이익을 공유하며, 글로벌 이슈 해결에 중심적 역할을 하고, 국제기구 입후보에 대한 상호지지 증진 가능성에 대한 긴밀한 대화를 포함해 다자기구에서의 협력도 더욱 강화될 것이다.

향후 덴마크의 앞선 녹색기술과 한국의 빠른 성장동력을 결합하기로 했듯이 정부는 글로벌 코리아를 달성하기 위해 외교의 '공간적 범위'의 확대와 녹색외교의 행보는 지속돼야 할 것이다. <국방일보. 2011. 5. 20>

참고문헌

제1장

* 본 장은 「국제정치연구」 12(2), 2009년 12월에 실린 글을 수정 및 보완했음. 공동저자는 선문대 허태회 · 윤황 교수임.

김기정 · 이행, “민주화와 한국외교정책: 이론적 분석의 틀 모색,” 「국제정치논총」 32(2), 1992.

김달중, 『외교정책의 이론과 이해』(서울: 도서출판 오름, 1998).

김성한, “한반도평화체제구축과 한미동맹의 미래,” 「2001년도 한국정치학회 국방 · 안보학술회의 논문집」 2001.

김수민 · 윤황, “북한의 6자회담 협상전략 · 전술: 평가와 전망,” 「세계지역연구논총」 26(3), 2008.

김용호, “대북정책과 국제관계이론,” 「한국정치학회보」 36(3), 2002.

김재한, “김대중 정부의 대북정책 평가: 의도와 능력,” 「통일전략」 2(2), 2002.

김창희, “노무현 정부의 대북정책과 남북관계의 방향,” 「한국동북아논총」 8(2), 2003.

김학성, “대북포용정책의 중간평가와 향후과제,” 통일연구원개최 학술회의, 2000.

김홍수, “참여정부의 전반기 대북정책평가와 과제,” 「국제정치연구」 8(2), 2005.

배종윤, “한국외교정책 결정과정의 관료정치적 이해,” 「국제정치논총」 42(4), 2002.

성경륭 · 윤황, “이명박 정부의 대북정책: 주요 쟁점과 추진방향,” 「평화학연구」 9(2), 2008.

성경륭, “김대중-노무현 정부와 이명박 정부의 대북정책 추진전략 비교: 한반도 평화와 공동번영 정책의 전략, 성과, 미래과제,” 「한국동북아논총」 13(3), 2008.

손병권, “부시행정부의 대북정책: 북미 양자대회로의 전환,” 「국방연구」 52(1), 2009.

안문석, “북한 핵실험에 대한 한국의 대북정책 결정과정 분석: 관료정치 모델의 적용,” 「한국정치학회보」 42(2), 2007.

서병철 편저, 『분단 극복을 위한 초석-한국과 독일의 분단과 통일-』(서울: 도서출판 매봉, 2003).

이인호, “통일지상주의는 현실 외면한 복고주의: 남남갈등 해결의 길- 상호이해와 협력 그리고 사회통합,” 2009, http://www.hani.co.kr(검색일: 2009. 9. 27).

이창헌, “노무현 정부 대북정책의 성과와 평가,” 「정치정보연구」 1(1), 2008.

이헌경 · 윤황, “북핵문제 해결을 위한 미국과 북한의 외교안보전략,” 「평화학연구」 8(1), 2007.

정경환, “신정부 대북정책의 원칙과 방향,” 「통일전략」 3(1), 2003.

조한범, 『남남갈등 해소방안 연구』(서울: 통일연구원, 2006).

최종철, “관료정치와 외교정책.” 김달중 편저. 『외교정책의 이론과 이해』(서울: 도서출판 오름, 1998).

최진욱 · 강동원, "북한의 국가-사회관계 변화와 대북정책 거버넌스 개선방안," 「국방연구」 52(2), 2009.
통일부, 『통일백서』 1997-2008.
하영선, "한국외교정책 분석틀의 모색," 「국제정치논총」 28(2), 1998.
허태회, "부시공화당 정부의 한반도정책과 남북관계," 「극동문제」 1월호, 2001.
______, "9.11이후 대테러전쟁과 한반도정세: 미국의 전략과 영향," 「안보학술논집」 13(1), 2002.
______, "향후 대북정책의 과제와 보완방안," 「대북포용정책과 한반도평화」, 통일정책연구소 개최 국제학술회의 발표논문집, 2002.
Allison, Graham T, Essence of Decision: Explaining the Cuban Missile Crisis (Boston: Little, Brown and Company, 1971).
Azaar, Edaward, "The Use of Semantic Dimensions in the Scaling of International Events," International Interactions 17, 1981.
Bolton, John, "Beyond the Axis of Evil: Additional Threats from WMD," Heritage Lectures, No.743(May 6), 2002.
Campbell, Kurt, "The Cusp of Strategic Change in Asia," Orbis. Summer, 2001.
Cha. Victor, "Korea's Place in the Axis," Foreign Affairs, New York, May/June, 2002.
Daalder, Ivo, "A New Agenda for Nuclear Weapons," The Brookings Institution, January 9, 2002.
Hanlon, Michael O, "Cruise Control: A Case for Missile Defense," The National Interest. No. 67(Spring), 2002.
Klare, Michel and Daniel Thomas, World Security: Challenges for a New Century (New York: St. Martin's Press, 1994).
Lake, David and Robert Powell, Strategic Choice and International Relations (New Jersey: Princeton University Press, 1999).
Lee, Rensselaer and Raphael Perl, "Terrorism, the Future, and U.S. Foreign Policy," CRS Report, IB95112(May 30), 2002.
Niksch, Larry, "North Korea's Nuclear Weapons Program," CRS Report, December 6, 2007.
Przystup, James, "Anticipating Strategic Surprise on the Korean Peninsula," Strategic Forum, No. 190(March), 2002.
Rumsfeld, Donald, "Transforming the Military," Foreign Affairs, New York(May/June), 2002.
「로동신문」, 2008. 4. 1.
「민주조선」, 2008. 3. 27.
「연합뉴스」, 2008. 4. 1.
「조선중앙통신」, 1999. 6. 19.

제2장

* 본 장은 2010년 10월 13일 충청국제정치학회·한국동북아학회 공동학술대회에서 발표한 논문을 수정 및 보완했음.

김근식, "대북포용정책의 개념, 평가, 과제; 포용의 진화 관점에서,"「한국과 국제정치」제24권 1호(봄), 통권 60호, 2008.

류길재, "이명박 정부의 북핵 정책: 노무현 정부와의 비교적 맥락에서,"「한반도포커스」제8호, 경남대학교 극동문제연구소, 2010. 7/8.

박건영, "대북정책의 새로운 접근,"「국제정치논총」제38집 2호, 1998.

박재민, "김대중 정부 시기 남북한간 상호성에 관한 연구,"「국제정치논총」제43집 1호, 2003.

서재진, "남북상생공영을 위한 비핵개방 3000 정책의 이론적 체계 연구," 통일연구원, 2008.

성경륭, "김대중－노무현 접부와 이병박 정부의 대북정책 추진전략 비교: 한반도 평화와 공동번영 정책의 전략, 성과, 미래과제,"「한국동북아논총」제48집, 2008.

엄상윤, "이명박 정부의 대북정책 구상과 남북한 관계 전망,"「평화학연구」9권 1호, 2008.

이기동, "노무현 정부와 이명박 정부의 대북 접근방식 비교,"「북한연구학회보」제12권 제2호, 2008.

이명박 대통령 취임 2주년 대북정책 설명자료, 통일부, 2010.

이수석, "남북관계의 새로운 패러다임 구현과 상생공영의 대북정책," inss.re.kr/app/dnfilelog.act?hash=fd5ea0adb77c2edf9b9cda9f77e...(검색일: 2010. 9. 13).

이형욱 역,『북한의 선택』(서울: 매일경제, 2007).

통일부,『통일백서』2008.

한반도 선진화재단 외교안보통일패널,『21세기 새로운 대북정책 패러다임』(서울: 한반도 선진화재단, 2007).

황장엽,『개인의 생명보다 귀중한 민족의 생명』(서울: 시대정신, 1999).

허태회・윤영미・윤황, "한국정부의 대북정책 변수 분석과 대북정책의 안정성 확보방안: 김영상 정부의 출범이후,"「국제정치연구」제12 2호, 2009. 12.

Niesen, Klaus, Jessop, Bob and Hausner, Jerzy, "Institutional Change in Post－Socialism," in Strategic Choice and Path－Dependency in Post－Socialism (Aldershot: Edward Elgar Publishing Company, 1995).

Stark, David, "Introduction," East European Politics and Societies, vol. 6, no. 1, 1992.

Keohane, Robert, "Reciprocity in International Relations," International Organization, 40, 1986.

Kaplan, Robert D, "When North Korea Fails," Atlantic Monthly, October, 2006.

Klingner, Bruce, "Lee, Bush affirm strong bilateral partnership," The Heritage Foundation Commentary, April 23, 2008.

「KBS 9시 뉴스」2010. 10. 15.

www.unikorea.go.kr(검색일: 2010. 8. 10).

www.unikorea.go.kr(검색일: 2010. 10. 2).
www.unikorea.go.kr(검색일: 2010. 10. 4).

제3장

* 본 장은 2010년 11월 26일 충북평화통일포럼에서 발표한 글을 수정 및 보완했음.

김정수, "'통일기금' 논의의 실효적 방향," 「Online Series」 CO 10－35, 통일연구원, 2010.
서재진, "남북상생공영을 위한 비핵개방3000 정책의 이론적 체계 연구," 통일연구원, 2008.
류길재, "이명박 정부의 북핵 정책: 노무현 정부와의 비교적 맥락에서," 「한반도포커스」 제8호, 2010. 7－8.
『대북정책 이렇게 해왔습니다』, 통일부, 2010. 2.
오경섭, "제3차 당대표자회의와 후계체제: 평가와 전망," 「정세와 정책」 2010. 11. 『유쾌한 리서치－통일세 도입 관련 조사』 MBC, 2010. 8. 17.
이형욱 역, 『북한의 선택』 (서울: 매일경제, 2007).
이서행 외, 『통일시대 남북공동체: 기본구상과 실천방안』 (서울: 백산서당, 2008).
유영옥, 『한반도 통일정책론』 (서울: 학문사, 1996).
윤영미, "노무현 정부의 대북정책과 이명박 정부의 비핵개방3000의 비교," 충청국제정치학회 한국동북아학회 공동학술대회 발표논문, 충북대학교 사회과학연구소, 2010년 10월 13일.
양운철, "독일통일 20년에 비추어 본 통일세 논의," 「정세와 정책」 2010. 11.
조윤영, "6.25 전쟁의 의미와 안보," 경기지역 대학생 통일문제 대토론회, 민주평통통일자문회의 경기지역회의, 2010. 4. 27.
정주신, "북한의 권력승계와 남북관계 전망," 충청국제정치학회 한국동북아학회 공동학술대회 발표논문, 충북대학교 사회과학연구소, 2010년 10월 13일.
허태회 · 윤영미 · 윤황, "한국정부의 대북정책 변수 분석과 대북정책의 안정성 확보방안: 김영상 정부의 출범이후," 「국제정치연구」 제12, 2호, 2009.
황상현, "통일세 도입 논란," 「Brown Bag Seminar」 2010. 10. 17.
「통일시대」 2010. 6.
「중앙일보」 2010. 9. 8.
article.joinsmsn.com/news/articl...D4385572(검색일: 2012. 1. 18).
http://article.joinsmsn.com/news/article/article.asp?total_id=4462754(검색일: 2012. 1. 16).
http://article.joinsmsn.com/news/article/article.asp?total_id=4396928(검색일: 2012. 1. 16).
http://sunday.joins.com/article/view.asp?aid=18516(검색일: 2010. 11. 16).
http://article.joinsmsn.com/news/article/article.asp?total_id=4434876(검색일: 2012. 1. 18).
http://article.joinsmsn.com/news/article/article.asp?total_id=4489802(검색일: 2012. 1. 16).
http://article.joinsmsn.com/news/article/article.asp?total_id=4494538(검색일: 2012. 1. 16).
http://article.joinsmsn.com/news/article/article.asp?total_id=4455105(검색일: 2012. 1. 15).

http://article.joinsmsn.com/news/article/article.asp?total_id=4442918 (검색일: 2012. 1. 14).

제4장

* 본 장은 2012년 2월 27일 전쟁과 평화연구소 주관 학술회의에서 발표한 글을 수정 및 보완했음.

국방군사연구소, 『한국전쟁 피해 통계집』 (1996).
김동춘, 『전쟁과 사회 우리에게 한국전쟁은 무엇이었나』 (서울: 돌베개, 2000).
김성우 외, 『한국전쟁사』 (서울: 진영사, 2008).
김태희, "국제전으로서의 한국전쟁과 동서냉전," 「국제정치논총 특집」 한국국제정치학회, 1990.
김창훈, 『한국외교 어제와 오늘』 (서울: 다락원, 2003).
이기택, 『국제정치사』 (서울: 일신사, 2000).
안병직 편, 『한국 민주주의의 기원과 미래』 (서울: 시대정신, 2011).
이인호 외 편, 『대한민국 건국의 재인식』 (서울: 기팔랑, 2009).
온창일, 『휴전을 둘러싼 한미관계 한국전쟁전후 민족격동기의 재조명』 (서울: 한국전쟁연구회, 1987).
윤영미, 『21세기 세계정치와 상생의 외교전략』 (서울: 두남, 2010).
주시후 외, 『한국전쟁사』 (서울: 한국학술정보, 2011).
John Woronoff, Korea's Economy: Man made Miracle (Arch Cape, Oregon: Pace International, 1983).
Robert D. Schulzinger, U.S. Diplomacy Since 1900 (Oxford: Oxford University Press, 1998).

국방TV 「코리아 리포트」 2012. 7. 27.
「국방일보」 2012. 6. 6.
「국방일보」 2012. 8. 6.
「조선일보」 2012. 7. 12.
「국방일보」 2012. 7. 13.
「국방일보」 2012. 6. 26.
「부산일보」 2012. 6. 20.
「동아일보」 2012. 6. 26.
「연합뉴스」 2011. 8. 20.
「연합뉴스」 2012. 7. 14.
「연합뉴스」 2012. 7. 12.
「연합뉴스」 2009. 7. 27.
「한국일보」 2012. 5. 10.
「코나스 인터넷신문」 2012. 7. 13.

http://blog.naver.com/3609ksk/130141042121(검색일: 2012. 7. 10).
http:/www.mpva.go.kr/(검색일: 2012. 7. 18).
http://blog.naver.com/3609ksk/130141042121(검색일: 2012. 7. 10).
http://www.withcountry.mil.kr(검색일: 2012. 7. 15).
http://www.unmck.or.kr/kor/index.php(검색일: 2012. 6. 29).
http://www.koreanwar60.go.kr/(검색일: 2012. 7. 1).
http://www.koreanwar60.go.kr/:(검색일: 2012. 7. 12).
http://www.mnd.go.kr/(검색일: 2012. 7. 18).
http://www.archives.go.kr/(검색일: 2012. 7. 12).
http://www.mopas.go.kr/(검색일: 2012. 6. 28).

제5장

* 본 장은「행안부연구논총」행전안정부, 2012년에 실린 글을 수정 및 보완했음.

강석승, "동북아 해양안보환경의 변화와 한국안보,"「군사논단」통권 제29호, 2001년 겨울호.
김용직 외,「탈냉전기 동북아시아 국제협력의 쟁점: 영토분쟁과 민족주의 연구보고서」성신여자대학교 동아시아연구소, 2005. 12.
윤명철,『장보고시대의 해양활동과 동아지중해』(서울: 학연문화사, 2002).
윤영미,『동북아시아의 외교와 안보』(서울: 두남, 2010).
이서항, "동북아 해양안보강화 협력방안 연구,"「외교안보연구원 정책연구」2003. 10.
정필수 외, "지속가능한 개발을 위한 동북아 해양정책 비교연구,"「해양수산개발원 연구보고서」2002. 12.
최재용, "동북아 환경협력의 현재와 미래대외경제정책연구원,"「정책보고서」2007. 10.
홍지표, "동북아 해양안보,"「외교통상부 보고서」2002.
황진회, "남북의 상생과 번영을 위한 해양 협력,"「북한 해양수산 리뷰」2010. 1. 31.
국토해양부 해사안전정책관실,「2008년 해적사건 발생 동향」2009.
「외교통상부 자료」1998.
「강원일보」2011. 4. 6.
「매일경제」2011. 1. 28.
「연합뉴스」2011. 2. 14.
「한겨레」2011. 11. 19.

Bateman, San, "Economic Growth, Maritime Resources and Naval Arms in East Asia – A Deadly Triangle?," Marine Policy 22, No. 4–5, 1998.
Birnie, P, "International Environmental Law: Its Adequacy for Present and Future Needs," in A. Hurrell and B. Kingsbury(eds), The International Politics of the Environment: Actors,

Interests and Institutions (New York: Oxford University Press, 1992).
Chan, Jane, Southeast Asia Maritimes Security 3rd Quarter (Singapore: S. Rajaratnam School of International Studies, Nanyang Teachnological Univ., 2008).
Lim, Robyn, The Geopolitics of East Asia(Abingdon: Routledge, 2005).
Nye, Joseph S. Jr., “Soft Power and American Foreign Policy,” Political Science Quarterly, Vol. 119, No. 2, Summer 2004.
Tow, William, Ramesh Thakur, and In-Taek Hyum, eds., Asia's Emerging Regional Order: Reconciling Transitional and Human Security(Tokyo: Untied Nations Univ. Press, 2000).
Paik, Jin-Hyun, “Maritimes Security in East Asia: Major Issues and Regional Responses,” Journal of International and Area Studies, Vol. 12. No. 2, 2005.
Van Dyke, Jon M., Lewis M. Alexander and Joseph R. Morgan, eds., International Navigation: Rocks and Shoals Ahead? (Honolulu: The Law of the Sea Institute, University of Hawaii, 1988).
ICC INTERNATIONAL MARITIME BUREAU, Piracy And Armed Robbery Against Ships Report for the Period , 1 January - 31 March 2009.
UNEP/NOWPAP IG. 13/9, Report of the Thirteenth Intergovernmental Meeting on the NOWPAP, Jeju, Korea, 20-21 October, 2008.
UNEP/NOWPAP IG. 10/10, Report of the Tenth Intergovernmental Meeting on the NOWPAP, Toyama, Japan, 24-26 November 2005.
http://home.pufs.ac.kr/~medistudy/fbbs/upload/1035434707(검색일: 2011. 7. 12).
ask.nate.com/knote/view.html?num=370027(검색일: 2011. 7. 12).
http://blog.naver.com/polman17/140016908455(검색일: 2011. 7. 24).
http://home.pufs.ac.kr/~medistudy/fbbs/upload/1035434707(검색일: 2011. 7. 15).
http://www.yonhapnews.co.kr/bulletin/2011/03/16/0200000000AKR20110316151 3http://home.pufs .ac.kr/http://blog.kor야.re.kr/900952652236(검색일: 2011. 8. 13).
http://radiation-ages.blogspot.com/(검색일: 2011. 8. 13).
http://blog.kor야.re.kr/900952652236(검색일: 2011. 8. 20).

제6장

* 본 장은 「평화학연구」 한국평화연구학회, 12(4), 2011년 12월에 실린 논문을 수정 및 보완했음.

강한구 외, 『군 주둔과 지역경제』 (서울: KIDA Press, 2005).
강휘원, “주한미군 이전에 따른 평택지역의 외부 의존적 발전전략의 한계와 대안의 모색,” 「한국정책연구」 5(2), 2005.
강휘원 · 윤영미, “주한미군의 평택이전과 정책순응 : 판별분석에 의한 순응요인의 탐색,” 「지방정부연구」 한국지방정부학회, 11(2), 2007.

「국방백서」 국방부, 2006.
권재상 역, Robert Mandel, 『The changing Face of National Security, 국가안보의 변모: 개념적 분석』 (서울: 간디서원, 2003).
김동성 외, 「군사시설로 인한 피해실태 및 민군관계 재정립 방안 연구」 경기개발연구원 보고서, 2008.
김영호 외, "주한미군의 재조정과 21세기 동북아 군사안보질서," 「국회국방위원회 정책보고서」 2005. 9.
김일수, "민주화 이후 안보문제 정치화 사례연구: 한미관계," 2007년도 한국국제정치학회 안보학술세미나 발표 논문, 2007. 9. 13.
김일영 · 조성렬, 『주한미군: 역사 · 쟁점 · 전망』 (서울: 한울, 2003).
경기개발연구원, 『미군기지 평택이전에 따른 주한미군과 지역사회의 갈등관리 및 협력제고 방안 연구』 (수원: 경기개발연구원, 2006).
_______, 『주한미군과 지역사회 통합에 관한 연구』 (서울: 경기개발연구원, 2001)
_______, 『남북문제 관련 경기도민 의식조사』 2006. 3.
_______, 경기개발연구원, 『미군기지 평택이전에 따른 주한미군과 지역사회간 갈등관리 및 협력제고 방안 연구』 (서울: 경기개발연구원, 2006).
_______, 『국방개혁 2020에 따른 군 구조 개편이 경기도에 미치는 영향 연구』 경기도. 2009.
김정익, "국방개혁의 추진에 따른 지상전력 발전과제와 방향," 「국방정책연구」 2006.
윤영미, "한미동맹과 신안보: 주한미군 재배치 현황과 전망을 중심으로," 「현상과 인식」 한국인문사회과학학회, 31(1/2호), 2007.
______ · 강휘원, "미군 주둔 지역주민의 인식 비교 및 정책적 함의 －동두천 및 평택 지역 주민을 대상으로－," 「2006년 국방정책 연구보고서」 국방부 정책과제.
______, 『동북아시아의 외교와 안보』 (서울: 두남, 2011).
______, "탈냉전기 미군주둔 지역의 합리적 재조정과 협력적 민군관계 방안에 대한 고찰," 「한국동북아논총」 한국동북아학회, 3(56), 2010.
「외교안보연구원 정책 보고서」 2003. 10. 17.
이상현, "국방개혁 2020 조정안 평가," 「정세와 정책」 5(2), 2009.
장정민 외 3인, 「주한미군기지 이전에 따른 평택시 주민의식 조사 및 중장기 발전구상」 2004. 11, 국토연구원 위탁과제.
최강, "한반도 군비통제와 주한미군의 장래: 병존과 가능성의 한계," 「전략연구」 한국전략문제연구소, 통권 제27호, 2003. 3.
최용환, "군사시설 관련 실태와 개선방안 보고서," 경기개발연구원 (2008. 12. 19).
______, "지역사회의 입장에서 본 주한미군 재배치 문제: 평택 사례를 중심으로," 제13권 제1호 (통권 제24호), 「국제관계연구」 2008년 봄호.
법률 제7271호(공포 2004/12/31, 시행일 2005/4/1). 일부개정(2005/8/4, 법률 7678호).
「평택시 장기종합발전계획」 (2005. 5).

「국방일보」 2007. 9. 11, 2010. 12. 24, 2011. 3. 30.

「중앙일보」 2010. 6. 28.
「연합뉴스」 2009. 04. 27, 2010. 10. 21.
「세계일보」 2008. 5. 21.
「한국일보」 2011. 3. 29.
「NewsDaily」 2011. 3. 29.
「서울신문」 2011. 3. 30.
「아주경제」 2010. 12. 17.
「평택시민신문」 2003. 10. 23.

Buzan, Barry, People, States & Fear: An Agenda for International Security Studies in the Post－Cold War Era (Boulder, Colorado: Lynne Rienner Publishers, 1991.

Cha, Victor D. "Globalization and the Study of International Security," Journal of Peace Research. 37(3). (2000).

Dibb, Paul. "The Revolution in military affairs and Asian Security," Survival, Winter 1997/1998.

Gates, Robert M. "A Balanced Strategy: Reprogramming the Pentagon for a New Age," Foreign Affairs. 88(1), (2009).

Julian R. Friedman, Alliance in International Policies, Boston Massachusetts: Allyn and Bacom Inc. (1970).

Kagan, Robert. "Power and Weakness," Policy Review. 113. (2002).

Kerr, Pauline. "Human Security," Contemporary Security Studies. Ed. by Alan Collins. Oxford: Oxford Univ. Press. (2007).

Stephen M. Walt, The Origins of Alliances, Ithaca, N.Y: Cornell University Press, 1987.

Tertrais, Bruno, "The Changing Nature of Military Alliances," The Washington Quarterly, Vol. 27, No. 2 (Spring, 2004).

media.daum.net/politics/view.htm...POL%3DR9(검색일: 2011. 5. 3).
blog.joins.com/media/folderListS...D2512368(검색일: 2011. 5. 3).
www.segye.com/Articles/News/Arti...26cid%3(검색일: 2011. 5. 6).
blog.naver.com/PostView.nhn%3Fbl...l%3Dtrue(검색일: 2011. 5. 6).
blog.naver.com/PostView.nhn%3Fbl...type%3D0(검색일: 2011. 5. 14).
www.mnd.mil.kr/USFKrelocation_new/main/index.jsp(검색일: 2011. 5. 12).
http://www.kyeongin.com/news/articleView.html?idxno=565529(검색일: 2011. 5. 1).

제7장

* 본 장은 「한국시베리아연구」 27(1), 2012년 4월에 실린 글을 수정 및 보완했음. 공동저자는 인하대 이진영 교수임.

고재남, "트랜스 카프카즈 · 중앙아시아의 '신거대게임'과 러시아의 대," 외교안보연구원, 2005. 2.

______, "이명박 대통령의 대중앙아 2개국 정상회교의 성과 및 과제," 외교안보연구원, 2009. 6. 3.

김대성, 『중앙아시아 사회의 이해』 (서울: 외국어대학교 출판부, 2009).

김명섭, "코리아, 러시아, 유라시아: 거대변동과 장기지속의 지정학," 『한국과 국제정치』 제26권 제1호, 2010년(봄).

김재두 외, 『왜 에너지 안보인가』 (서울: KIDA Press, 2007).

김형건 외, "한-우즈베키스탄 자원개발 협력방안 연구," 「에너지경제연구원 정책보고서」 2008. 12.

박상남, 『현대 중앙아시아』 (서울: 한신대학교출판부, 2010).

성원용, "新아시아시대 한국의 對중앙아시아 진출 전략," 제2차 중앙아시아 국내학술대회 세미나 발표 논문, 한양대학교, 2010, 12. 1.

이대우, "이명박 정부 신아시아 외교구상," 「정세와 정책」 2009. 4.

이성규, "중앙아시아 자원개발 협력 현황과 과제," 「중앙아시아경제」 제1권 1호, 2010. 6.

이장규 · 이석호, 『카스피해 에너지전쟁』 (서울: 올림, 2006).

이재영 · 박상남, "중앙아시아의 부상과 한국의 대응전략," KIEP, 2007.

이재영 · 신현준, "한국의 주요국별 · 지역별 중장기통상전략: 중앙아시아," KIEP, 2007.

이재현, "2010년 신아시아 외교의 방향과 과제," IFANS FOCUS. IF2010-06K, 2010. 2. 18.

이홍섭, "중앙아시아의 부상과 미-러 관계: 에너지 자원과 9.11테러를 중심으로," 「중소연구」 Vol. 30 No. 2, 2006.

윤성학 외, "글로벌 금융위기 이후 한국의 대중앙아시아 진출전략," KIEP, 2009.

윤영미, "탈냉전기 카스피해 유전을 둘러싼 국제 갈등체제의 쟁점," 「사회과학연구(서강대)」 제13호, 2005,

______, "고유가 시대 에너지위기 대응 대안과 과제," 「군사저널」 No. 42, 2008.

______, 『21세기 세계정치와 상생의 외교전략』 (서울: 두남, 2010).

______, 『현대 러시아정치와 국제관계』 (서울: 두남, 2011).

장병옥, 『중앙아시아 국제정치의 이해』 (서울: 한국외국어대학교 출판부, 2001).

정수일, 『문명교류사 연구』 (서울: 사계절출판사, 2002).

______, 『실크로드 문명기행』 (서울: 한겨레출판, 2006).

Brzezinski, Zbignew K. The Grand Chessboard: American Primacy and the Its Geostrategic Imperatives (New York : Basic Books, 1997).

Cohen, A., "The New Great Game: Pipeline Politics in Eurasia," Caspian Crossroads, Vol. 1,

No. 2, Summer 2001.
Everett-Heath, Tom, Central Asia: Aspects of Transition (London: Routledge, 2003),
Grzymala-Busse, Anna and Pauline Jones, Luong, "Reconceptualizing the State: Lessons from Post-Communism," Politics and Society, Vol. 30, No. 4, 2002.
Karimov, Islam, Uzbekistan: On the Threshold of the Twenty First Century, Tashkent, 1997.
Hopkirk, Peter, The Great Game: The Struggle for Empire in Central Asia (NY: Kodansha International, 1994).
Hunter, S. T. Central Asia Since Independence (Westport: Praeger, 1996).
Lal, Rollie, Central Asia and Its Asian Neighbors Un Abridged: Security and Commerce at the Crossroads (Santa Monica: RAND Corporation, 2006).
M. Buyers, Lydia(edt.), Central Asia in Focus: Political and Economic Issues, (New York: Nova Science Pub Inc, 2003).
Rashid, Ahmed, The Resurgence of Central Asia (Karachi: Oxford University Press, 1994).
Rumer, Boris, Central Asia at the End of the Transition (New York: M.E. Sharpe, 2005).
「Russia-CIS Focus,」 2011. 6. 27. 117호.
「The Moscow News」 2010. 6. 9.
「연합뉴스」 2010. 2. 12.
http://uzb.mofat.go.kr/kor/eu/uzb/economy/both/index.jsp(검색일: 2011. 4. 3).
http://uzb.mofat.go.kr/kor/eu/uzb/economy/both/index.jsp(검색일: 2011. 4. 3).
http://www.mocie.go.kr(검색일: 2011. 4. 10).
http://www.president.go.kr(검색일: 2011. 4. 10).
Prof. Saidmukhtar Saidkasimov(MBD Academy of Uzbekistan, The Former Deputy Prime Minister of Uzbekistan, The Former Foreign Ministers of Uzbekistan(필자의 방문 인터뷰: 2011년 4월 16일).
Prof. Mirzokhid Rakhimov (The Head of the Department of the Contemporary History of Uzbekistan and International Relations, Institute of History, Uzbekistan Academy of Sciences(필자의 방문 인터뷰: 2011년 4월 16일).

제8장

* 본 장은 전북대학교 사회과학대학에서 열린 한국정치학회 추계학술회의 발표논문(2011 11월 4일)을 수정 및 보완했음.

고재경, "해외 환경정의 운동의 전개과정과 그 의미," 「환경과 생명」 통권 (14)호, 1997.
녹색성장위원회, 『녹색성장 국가전략』 2009.
김유정, "신재생에너지 정책동향 및 지속가능성 분석," 「과학기술정책지」 2005.
김임순, 『저탄소 녹색성장: 기후변화를 중심으로』 (서울: 북스힐, 2009).
미래기획위원회, 『녹색성장의 길』 (서울: 중앙 Books, 2009).

박재목, 『우리 눈으로 보는 환경사회학』 (서울: 창비, 2004).
박재홍, 『저탄소 녹색성장 기본법 – 한국의 미래 새로운 패러다임』 (서울: 이담북스, 2011).
안드레아스 베바(저), 박승재(역), 『자연이 경제다』 (서울: 프로네시스, 2009).
이현화, 『저탄소 녹색성장을 위한 태양광발전』 (서울: 기다리, 2009).
임성진. "이명박 정부의 녹색성장정책의 한계와 대안," 에너지시민회의 출범 워크샵, 2009. 3. 1.
오용선 · 최용재, "저탄소 녹색성장의 세계 동향과 한국의 특성," 「환경사회학연구」 제13집 2호, 2009.
오진규, "지속가능발전을 위한 에너지부문 전략 연구 – 제조업부문 에너지소비 요인분해 연구," 에너지경제연구원, 2003.
윤순진, "한국의 에너지체제와 지속가능성: 지속불가능성의 지속에 대한 분석을 중심으로" 「경제와 사회」 79호, 2008.
______, "지속가능한 에너지체제로의 전환을 위한 에너지정책 개선방향 : 재생가능에너지 관련 법 · 제도에 대한 비판적 검토를 바탕으로," 「한국 사회와 행정연구」 14권 1호, 2003.
______ · 장미진, "자동차 배기가스 오염, 환경정의 관점에서 바라보기: 문제의 구성과 해부, 대안의 탐색." ECO 2005년 하반기 9호, 2005.
윤영미, 『21세기 세계정치와 상생의 외교전략』 (서울: 두남, 2010).
이명박 대통령 2008년 8 · 15경축사(http://www.korea.kr: 검색일: 2011. 10. 13).
정수복, "환경정의와 녹색 민주주의," 「환경과 생명」 통권 제14호, 1997.
전재경, "지속가능발전과 녹색성장," 「서강법학」 제11집 2호, 2009.
차재권, "지속가능발전에서 녹색성장으로: 환경담론의 한국적 진화 혹은 퇴화? 2011 한국정치학회 추계학술회의 발표논문, 전북대학교 사회과학대학, 2011. 11. 4.
황규희, 『저탄소 녹색성장 분야 인력양성방안 연구』 (서울: 한국직업능력개발원, 2009).

Beck, Urlich, Risk Society: Towards a New Modernity (London: Sage, 1992).
Connelly, S. "Mapping Sustainable Development as a Contested Concept," Local Environment 12 – 3, 2007.
EREC, "Renewable Energy Scenario To 2040 – Half of the Global Energy Supply From Renewables in 2040," 2004.
Energy Information Agency, "Renewable Energy Annual 2000, Department of Energy," Washington, D.C. 2000.
Faber, Daniel, ed., 1988. The Struggle for Ecological Democracy: Environmental Justice Movement in the United States. New York, NY: The Guilford Press, 1988.
Hughes, Thomas, Networks of Power (John Hopkins University Press 1993).
Hoffman, Steven. "Negotiating Eternity: Energy Policy, Environmental Justice and the Politics of Nuclear Waste," http://www.me3.org/issues/nuclear/hoffman.pdf(검색일: 2012. 1. 26).
Langdon. Winner, "Energy Regimes and the Ideology of Efficiency," in George Daniels H. and

Mark H. Rose (eds.), Energy and Transport: Historical Perspectives on Policy Issues (Sage Publications, 1982).
Lenssen, Nicholas and Christopher Flavin, "Sustainable Energy for Tomorrow's World: The Case for an Optimistic View of the Future," Energy Policy, Vol. 24, No. 9, 1996.
UNESCAP, Green Growth at a glance: Statical Yearbook for the Pacific, 2009.
WCED, Our Common Future (Oxford: Oxford University Press, 1987).

「한국일보」 2011. 10. 21.
http://geozoonee.tistory.com/611(검색일: 2011. 10. 23).
http://blog.daum.net/jsw0622/59(검색일: 2011. 10. 23).
k.daum.net/qna/view.html%3Fqid%3D459Ms(검색일: 2011. 10. 15).
http://wacid.kins.re.kr/SNF/snf10.aspx(검색일: 2012. 2. 20).
http://www.gasnews.com/news/articleView.html?(검색일: 2012. 2. 23).
http://naretis.energy.or.kr/AttachFile/nNotice/201202/N1152/20120207152012679.hwp(검색일: 2012. 2. 25).

제9장

* 본 장은「다문화가족연구」 평택대다문화가족센터, 2008년 4월에 실린 글을 수정 및 보완 했음.

강휘원, "한국 다문화사회의 형성 요인과 통합 정책,"「국가정책연구」 20(2), 2007.
고기복, "한국사회 다문화 실태와 인식의 변화 - 다문화담론, 왜 인권이 이슈이어야 하는가?" 다문화정책포럼 제1차 토론회, 2008. 2. 12.
김남일, "열린 사회 구현을 위한 외국인정책 방향," 한국사회학회, 한국적 "다문화주의"의 이론화, 동북아시대위원회, 2007.
김남국, "심의 다문화주의: 문화적 권리와 문화적 생존,"「한국정치학회보」 39(1), 2005.
김범수 외, 『다문화사회복지론』 (서울: 양서원. 2007).
김은미, "다인종 · 다민족화의 공간적 · 계급적 분석: 서울 지역을 중심으로," 한국사회학회, 한국적 "다문화주의"의 이론화, 동북아시대위원회, 2007.
김혜순, "한국의 '다문화사회' 담론과 결혼이주여성: 적응과 통합의 정책마련을 위한 기본 전제들," 한국사회학회, 동북아 다문화시대 한국사회의 변화와 통합, 동북아시대위원회, 2006.
문경희, "충남 여성결혼이민자들을 통해 살펴본 결혼이민자 정책수요와 발전방안," 다문화정책포럼 제2차 기획세미나, 2008. 3. 19.
마르코 마르티니엘로, 윤진 역, 『현대사회와 다문화주의』 (서울: 한울, 2002).
박경서, "한국적 다문화정책의 주요이슈와 과제 토론문," 다문화정책포럼 제2차 기획세미나, 2008. 3. 19.

박천응, “한국적 다문화 운동의 실천: 안산 국경 없는 마을 운동을 중심으로,” 한국사 회학회, 한국적 “다문화주의”의 이론화, 동북아시대위원회, 2007.
설동훈 외, “결혼이민자 가족 실태조사 및 중장기 지원정책방안 연구,” 여성 가족부, 2006. 12.
신현수, “통문화적 전망에서 본 새터민 복지정책의 방향,” 「다문화가족연구」 평택대다문화가족센터, 2007. 4.
오경석 외, 『한국에서의 다문화주의: 현실과 쟁점』 (서울: 한울아카데미, 2007).
이기정, “다문화사회의 문화적 지원정책 방향과 과제,” 다문화정책포럼 제2차 기획세 미나, 2008. 3. 19.
이선옥, “한국에서의 이주노동운동과 다문화주의,” 한국에서의 다문화주의 – 현실과 쟁 점, (사)국경없는마을 학술토론회 발표논문집, 2007.
이혜경, “이민 정책과 다문화주의: 정부의 다문화 정책 평가 자료,” 한국사회학회, 한국적 “다문화주의”의 이론화, 동북아시대위원회, 2007.
윤인진, “국가주도 다문화주의와 시민주도 다문화주의,” 한국사회학회, 한국적 “다문화주의”의 이론화, 동북아시대위원회, 2007.
송종호, “단일민족환상 깨고 다문화주의로의 ‘전환시대’,” 「민족연구」 2007. 30.
한경구 · 한건수, “한국적 다문화 사회의 이상과 현실: 순혈주의와 문명론적 차별을 넘어,” 한국사회학회, 한국적 “다문화주의”의 이론화, 동북아시대위원회, 2007.
평택대학교 다문화가족센터 연구자료, 2007.
「매일경제」 2008. 2. 12.
「중앙일보」 2008. 3. 7.
외국인정책위원회, “외국인정책 기본방향 및 추진체계,” 제1회 외국인정책회의 보고서, 2006. 5. 26.
대통령자문 빈부격차 · 차별시정위원회, 여성결혼이민자 가족의 사회통합 지원 대책, 2006.
통계청 인구통계자료, 2007.
통계청인구통계자료, 2006.
법무부결혼이민자료, 2006.

Anderson, Benedict, Imagined Community(London: Routledge, 1991).
Charney, Evans, “Identity and Liberal Nationalism,” American Political Science Review, 97(2), 2003.
http://home.pusan.ac.kr/~discuss/Paper/moon_060615.htm(검색일 2012. 3. 10).
http://kdaq.empas.com/knowhow/view.html?num=105725&ps=kl&pq=(검색일 2012. 3. 9).

preface

저자소개

윤 영 미(Yeongmi, Yun)

- 충주 출생으로 충주여고를 졸업하고 이화여대 정치외교학과를 졸업했다. 애버딘대학교(Aberdeen, 영국)에서 국제관계학 석사와 글라스고대학교(Glasgow, 영국) 정치학박사를 받았다.
- 2005년부터 평택대학교 외교안보전공 교수로 재직 중이다. 현재 국방홍보원 국방(FM)의 '국방광장'과 국방(TV)의 '코리아 리포트' 진행자(MC), 국방부 정책자문위원, 행정안전부 정책자문위원, 해군 및 해병대 발전자문위원, 한국정치학회 이사 및 국제정치학회 이사 등으로 활동 중이다. 국방부 합참정책자문위원, 국방부 자체 및 기관평가위원, 통일부 정책자문위원, 민주평통자문위원, 경기도선거관리위원과 한국정책방송(KTV)의 'e-Korea 2부' 진행자(MC), 고려대학교 평화연구소의 연구교수 등을 역임했다.
- 『현대 러시아정치와 국제관계』(두남, 2012), 『동북아시아의 외교와 안보』(두남, 2011), 『21세기 세계정치와 상생의 외교전략』(두남, 2010), 『러시아 자본주의 혁명』(전략과문학, 2010, 공역), 『동아시아 철도네트워크의 역사와 정치경제학 I』(리북, 2008, 공저), 『현대 비교정치론』(명인, 2007, 공역), 『중앙아시아의 문명과 반문명』(리북, 2007, 공저), 『혁명은 TV로 중계 되지 않는다』(산해, 2006, 공역) 등과 "An Analysis of the Multilateral Cooperation and Competition between Russia and China in the Shanghai Cooperation Organization: Issues and Prospects," "An Analysis of Characteristics of Korea's Multiculturalism: Policies and Prospects(SSCI)," "주한미군과 평택지역 재배치에 대한 고찰: 협력적 거버넌스 구축과 과제," "남쿠릴 4도를 둘러싼 러 · 일 영유권 분쟁과 민족주의 - 메드베데프(Medvedev) 정부를 중심으로 -," "국가전략 차원에서의 한국의 에너지 외교에 대한 고찰," "전략적 미래 한미동맹과 주한미군 평택재배치의 함의," 등 다수의 논문과 공저가 있다.

글로벌시대 한국과 국제협력

초 판 1쇄 발행 —— 2012년 9월 15일
초 판 2쇄 발행 —— 2013년 2월 28일
초 판 3쇄 발행 —— 2013년 11월 1일
지은이 —— 윤 영 미
펴낸이 —— 전 두 표
펴낸곳 —— 도서출판 **두남**
서울시 강동구 성내로6길 34-16 두남빌딩
신 고 : 제25100-1988-9호
TEL : 02) 478-2065, 2066, 2067, 2311
FAX : 02) 478-2068
E-mail : dunam1@unitel.co.kr
http://www.dunam.co.kr

정가 21,000원

ISBN 978-89-6414-372-8 93320